39,90

A Nova Economia Internacional

Visite a **Web Site** da Campus
ACELERE
SEU CONHECIMENTO
http://www.campus.com.br
NOVIDADES, CADASTRO,
LANÇAMENTOS,
COMPRAS
Catálogo Completo e Interativo

Preencha a ficha de cadastro no final deste livro
e receba gratuitamente o informativo da Campus

Reinaldo Gonçalves • Renato Baumann
Otaviano Canuto • Luiz Carlos Delorme Prado

A Nova Economia Internacional

Uma Perspectiva Brasileira

EDITORA
CAMPUS

Capa:
Wox Promoção & Design

Copidesque:
Laura Silva Neves

Editoração Eletrônica:
BAW LTDA.

Revisão Gráfica:
Roberto Facce/Gypsi Canetti/Marcia Borges

Projeto Gráfico:
Editora Campus Ltda.
A Qualidade da Informação.
Rua Sete de Setembro, 111 - 16º andar
20050-002 - Rio de Janeiro - RJ - Brasil
Telefone: (021) 509-5340 - FAX (021) 507-1991
E-Mail: info@campus.com.br

ISBN 85-352-0257-9

Ficha Catalográfica
CIP - Brasil. Catalogação-na-fonte.
Sindicato Nacional dos Editores de Livros, RJ

N811   Gonçalves, Reinaldo
             A nova economia Internacional : uma perspectiva brasi-
         leira / Reinaldo Gonçalves... [et al]. – Rio de Janeiro :
         Campus, 1998

             Inclui bibliografia e apêndice
             ISBN 85-352-0257-9

             1. Relações econômicas internacionais. 2. Economia. I.
         Gonçalves, Reinaldo.

97-1774   CDD 337
                                     CDU 33(100)

98 99 00 01   6 5 4 3 2 1

Os Autores

REINALDO GONÇALVES

Professor titular de economia internacional do Instituto de Economia da Universidade Federal do Rio de Janeiro. Economista formado pela UFRJ, curso de mestrado em engenharia da produção (COPPE), mestre em economia (EPGE-FGV) e Ph.D. (Universidade de Reading, Inglaterra). Livre-docente em economia internacional pela UFRJ. Ex-economista da Divisão de Questões Monetárias e Financeiras Internacionais da UNCTAD (Genebra, 1983-87). Ex-presidente do Instituto de Economistas do Rio de Janeiro (1995-96). Consultor de vários organismos e organizações não-governamentais no Brasil e no exterior. Autor de inúmeros capítulos de diversas obras e dos livros *Ó Abre-alas: Nova Inserção do Brasil na Economia Mundial* (Ed. Relume-Dumará) e *Empresas Transnacionais e Internacionalização da Produção* (Ed. Vozes). Também é autor de mais de uma centena de trabalhos publicados em vários países: Chile, México, Venezuela, ex-Iugoslávia, Coréia do Sul, Índia, Japão, Estados Unidos, Inglaterra, França, Itália, Suíça e Suécia.

RENATO BAUMANN

Professor do Departamento de Economia da Universidade de Brasília, bacharel e mestre em economia pela UnB, doutor em economia pela Oxford University. Técnico licenciado do IPEA. Diretor do escritório da CEPAL no Brasil desde 1995. Recebeu o prêmio Haralambos Simeonidis da ANPEC pela melhor tese de mestrado em 1978 e melhor tese de doutorado em economia. Autor de cinco livros e dezenas de artigos técnicos no Brasil e no exterior.

OTAVIANO CANUTO

Professor do Instituto de Economia da UNICAMP, ex-coordenador da pós-graduação e ex-diretor associado do IE/UNICAMP. Doutorado em economia no IE/UNICAMP e consultor em análise de custo-benefício. Autor do livro *Brasil e Coréia do Sul: Os (Des)caminhos da Industrialização Tardia* (Ed. Nobel). Co-autor do livro *Reestruturação Industrial e Competitividade Internacional* (Ed. Seade), ganhador do prêmio Haralambos Simeonidis.

LUIZ CARLOS DELORME PRADO

Professor do Instituto de Economia da Universidade Federal do Rio de Janeiro. Mestre em engenharia da produção (COPPE-UFRJ) e Ph.D. pela Universidade de Londres. Presidente do Conselho Federal de Economia. Autor de mais de quarenta artigos publicados em revistas científicas e técnicas, anais de congressos e suplementos de jornais diários. Consultor de organismos internacionais e de organizações não-governamentais. Autor de vários capítulos de livros e co-autor de livros como *Mercosul: União dos Povos do Cone Sul* (Ed. FASE/PACS/UFRJ) e *Na Corda Bamba: Ensaios sobre a Cultura da Inflação* (Ed. Relume-Dumará).

A Nova Economia Internacional: Uma Perspectiva Brasileira

Sumário Detalhado

APRESENTAÇÃO

Este livro se destina aos cursos de graduação universitária que abordam o tema da economia internacional. Ele também pode ser utilizado como bibliografia de base nos cursos de extensão e especialização que tratam desse tema ou como bibliografia de apoio em cursos de administração, direito, engenharia e ciências sociais que, de uma forma ou de outra, abordam temas vinculados ao sistema econômico internacional e à inserção do Brasil nesse sistema.

O livro está dividido em quatro partes que compõem, de um modo geral, a área de economia internacional. A Parte I trata do comércio internacional, a Parte II examina o investimento internacional, a Parte III analisa o problema do ajuste do balanço de pagamentos no âmbito da estabilização macroeconômica e a Parte IV discute temas relativos aos sistemas monetário e financeiro internacionais. O livro está preparado para um curso integral de economia internacional com duração de dois semestres. As partes I e II podem ser tratadas no primeiro semestre e as partes III e IV no segundo semestre. Nos cursos de extensão e especialização pode-se extrair seções específicas de cada uma das partes ou usá-las integralmente. Por exemplo, em um curso de especialização com ênfase em comércio exterior pode-se usar toda a Parte I do livro, enquanto em um curso mais orientado para os fundamentos teóricos pode-se concentrar a discussão no Capítulo 1.

Os apêndices apresentam uma análise técnica mais elaborada a respeito de modelos macroeconômicos em economias abertas e podem ser utilizados inclusive em cursos de pós-graduação de economia. O curso básico de economia internacional em nível de graduação pode, entretanto, ser feito sem o uso desses apêndices. Nesse sentido, um único curso de um semestre de macroeconomia aberta pode incluir a Parte III e os apêndices.

As quatro partes do livro estão estruturadas da mesma forma: inicialmente há o tratamento conceitual, analítico, teórico e institucional associado ao tema e, em seguida, há uma análise específica sobre as relações econômicas internacionais do Brasil referentes ao tema. Assim, na Parte I discute-se o comércio internacional do Brasil no Capítulo 4. O tema dos fluxos de investimento internacional no Brasil é tratado no Capítulo 8 da Parte II. Os temas de política de ajuste de balanço de pagamentos e de política cambial no Brasil são examinados no Capítulo 14 da Parte III. E, por fim, no Capítulo 17 da Parte IV, analisam-se as relações entre o Brasil e os sistemas monetário e financeiro internacionais.

Este tratamento específico das relações entre o Brasil e o sistema econômico internacional é um dos traços distintivos do livro. Em todas as partes da obra há a preocupação de apresentar os elementos do que pode ser considerada a "fronteira do conhecimento" na área de economia internacional. Outra característica que o diferencia dos outros textos é o enfoque abrangente, tratando de todos os principais temas no debate atual como, por exemplo, Mercosul, ALCA e globalização. Ademais, há uma preocupação de uma visão balanceada das questões teóricas que transcende os limites da grande maioria dos livros texto que se restringem à ortodoxia na ciência econômica. Há, assim, todo um esforço de análise teórica e histórica no sentido de contrabalançar o enfoque ortodoxo com a abordagem heterodoxa.

A "divisão do trabalho" foi feita da seguinte forma: Parte I (Luis Carlos Prado), Parte II (Reinaldo Gonçalves), Parte III e Apêndices (Otaviano Canuto) e Parte IV (Renato Baumann).

PARTE I

Comércio Internacional

A análise dos determinantes do comércio internacional está na origem da economia internacional, uma das disciplinas mais consolidadas nas ciências econômicas. Além do exame das causas do comércio internacional, os economistas têm se preocupado em analisar questões como origem, destino, determinação da quantidade e dos preços e os efeitos das trocas internacionais.

O Capítulo 1 apresenta os fundamentos da teoria do comércio internacional, tendo como referência o contexto histórico que influenciou o próprio desenvolvimento da ciência. Assim, discutem-se a teoria da vantagem absoluta de Adam Smith, a teoria da vantagem comparativa de David Ricardo e a teoria neoclássica. O capítulo examina também os desenvolvimentos teóricos mais recentes que enfatizam o papel das economias de escala e da estrutura de mercado.

O Capítulo 2 trata da discussão sobre protecionismo e livre comércio. Os efeitos das políticas comerciais e a evolução das negociações comerciais multilaterais também são analisados neste capítulo, que dá maior ênfase às organizações multilaterais cujo objetivo é regular as relações comerciais entre as nações, ou seja, o GATT e a OMC.

O Capítulo 3 discute a interação entre comércio internacional e desenvolvimento econômico. Mostra a origem do debate moderno sobre comércio e desenvolvimento e analisa as relações entre comércio e progresso técnico, as estratégias de substituição de importações e promoção de exportações. Examina também a teoria da integração econômica e as relações entre integração e desenvolvimento. No final do capítulo há uma discussão específica sobre experiências recentes de integração econômica regional, com ênfase no NAFTA e no Mercosul.

O Capítulo 4 aborda o comércio internacional do Brasil, apresentando os seus principais antecedentes históricos e enfatizando as relações entre o papel do Estado, a industrialização e o comércio internacional. São ainda temas deste capítulo a liberalização comercial, a formação de blocos econômicos e a política comercial brasileira recente.

CAPÍTULO
1

Teoria do comércio internacional

SURGIMENTO DE UMA ECONOMIA MUNDIAL

As relações econômicas entre povos distintos antecedeu o estabelecimento de relações políticas e culturais pacíficas entre eles. Comércio e saque, diplomacia e conquista não eram ações opostas, mas complementares. A transformação das relações econômicas internacionais de uma atividade muito próxima ao conflito armado em uma atividade relativamente pacífica e ordenada por um sistema jurídico internacional, aceito tácita ou explicitamente por todos os países, tem sido um processo lento e, ainda, inacabado.

O Estado nacional moderno e a economia internacional moderna surgiram simultaneamente. O processo de integração de regiões e cidades semi-autônomas em um Estado nacional foi um processo ao mesmo tempo político e econômico. Em sua dimensão política este processo deu origem ao Estado absolutista, e em sua dimensão econômica levou ao surgimento do sistema que ficou conhecido como mercantilismo. Foi a expansão comercial dos Estados nacionais modernos que criou as condições institucionais para a criação de uma economia mundial e a base econômica para o desenvolvimento do capitalismo industrial. Foi também essa expansão econômica que levou à aventura comercial e imperial dos países da península Ibérica, à conquista européia do continente americano e à colonização do Brasil.

Como país somos herdeiros dessa estranha mistura de tradicionalismo, patrimonialismo e dinamismo comercial que foi o Portugal renascentista. Nossa história é ainda testemunha e produto do alvorecer do capitalismo moderno. A transformação do comércio internacional de atividade econômica marginal — em uma sociedade essencialmente agrária e autárquica — em uma atividade econômica central no processo de desenvolvimento econômico, e motor do crescimento de algumas importantes economias nacionais, é a razão da viabilidade econômica e política para que nos tornássemos uma nação.

Em uma sociedade tradicional, os comerciantes dividiam-se entre os que atuavam no comércio de longa distância, que normalmente dependia de transporte por via marítima, e os que atuavam no mercado local. O comércio de longa distância dependia essencialmente de uma rede de feitorias, de cidades e mercados, onde fosse possível comprar e vender produtos. Esse comércio era garantido pela capacidade bélica das comunidades de comerciantes ou dos soberanos que os apoiavam de prover a autodefesa de seu negócio ou a abertura de mercados. A distribuição dos produtos do comércio no interior de estados territoriais, no entanto, dependia do custo do transporte, que por sua vez era função da existência de infra-estrutura de estradas e da segurança dessas. Por outro lado, a substituição da comercialização de mercadorias exóticas de alto preço por produtos de grande consumo a preços moderados não seria possível sem a monetização da economia e a previsibilidade das instituições — isto é, da existência de regras conhecidas, direito de propriedade e proteção legal. Esses foram os bens sociais fornecidos pelos nascentes Estados nacionais que permitiram o desenvolvimento do comércio internacional.

Apesar do vasto esforço de investigação dos historiadores econômicos, podemos apenas ter uma vaga idéia do volume e do valor do comércio internacional antes do século XIX. Mas sabemos que entre 1750 e 1914 o valor do comércio mundial aumentou mais de cinqüenta vezes.[1] A Revolução Industrial dependeu de produtos vindos de diversas partes do mundo para que o salto econômico que acarretou não se extinguisse rapidamente por falta de matérias-primas, de alimentos e, em menor medida, de mercados.

Entre 1750 e 1850 a importação de algodão da Grã-Bretanha multiplicou-se várias vezes. Quantidades cada vez maiores de pluma de algodão foram compradas, primeiro da Índia e do Brasil e depois dos EUA, para alimentar a demanda crescente das fiações e dos teares britânicos. A produção norte-americana chegou a crescer sessenta vezes entre 1790 e 1810, isto é, no curto período de vinte anos. Entre 1800 e 1850 as importações totais britânicas, de longe o maior país mercantil do mundo, cresceram mais de quatro vezes, e entre 1850 e 1913 cresceram oito vezes.

Mas não foi só esse país que obteve do exterior uma crescente quantidade de produtos básicos para sua economia. Vários estados germânicos, e posteriormente a Alemanha unificada, passaram a depender de forma significativa não apenas de matérias-primas do exterior, mas de alimentos para sua crescente população urbana. Este fenômeno repetiu-se em todas as nações européias, grandes e pequenas. Se as maiores importações de países como a Holanda, Bélgica e Suíça foram de alimentos durante a segunda metade do século XIX, em 1913 todos estes tinham nas matérias-primas industriais (lã, algodão, ferro, carvão, alumínio) os principais produtos de importação.

---

[1] A fonte dos dados históricos sobre comércio internacional desta seção é Woodruff, 1975.

No século XIX a natureza e o montante das exportações tiveram, também, um papel de grande importância no crescimento (ou na estagnação) de economias periféricas. Canadá, Austrália e Argentina foram casos de sucesso, em um modelo de crescimento derivado das exportações, característico de países de colonização recente. Países como o Brasil, o Chile e a África do Sul viram suas economias se expandirem dado o dinamismo das exportações de café, salitre e cobre e metais preciosos.

Nos 150 anos compreendidos entre a Revolução Industrial e a Primeira Guerra Mundial o mundo se transformou em uma economia que, embora dividida em algumas dezenas de Estados nacionais, caracterizava-se por elevado grau de integração. O processo de globalização que se seguiu ao fim das guerras napoleônicas em 1815, no período que foi chamado de cem anos de paz (1815-1914), fez com que nenhum país do mundo pudesse ignorar seu papel na complexa rede de relações comerciais internacionais. Por essa razão o tema comércio internacional foi progressivamente adquirindo uma grande importância no debate político e intelectual do mundo contemporâneo. No caso da economia política tal tema está na própria origem dessa disciplina. O objetivo da próxima seção é mostrar como surgiu e evoluiu o debate sobre os ganhos do comércio exterior no pensamento econômico, na visão dos mercantilistas e dos economistas clássicos.

MERCANTILISMO: A ECONOMIA POLÍTICA DO ESTADO ABSOLUTISTA

A economia política, que surge na Europa ocidental no século XVIII, faz parte de uma revolução cultural que criou a visão moderna de mundo. Esta é filha do Iluminismo e, na Grã-Bretanha, está estreitamente ligada à corrente filosófica que ficou conhecida como empirismo inglês. Esta é, sobretudo, produto das mudanças culturais, intelectuais e institucionais que criaram as condições para o surgimento do capitalismo industrial. A Revolução Industrial, a rápida formação de uma economia mundial, o surgimento da idéia de Estado nacional e, portanto, uma visão contratual de governo, são acontecimentos contemporâneos, ou muito pouco anteriores, à publicação dos primeiros livros de economia política.

Mas o marco inicial do surgimento de idéias modernas, isto é, pós-medievais no campo do pensamento econômico, é o conjunto de doutrinas de política econômica que acompanharam a consolidação do absolutismo e dos primeiros estados-nações europeus, conjunto este que ficou conhecido como mercantilismo.

A sociedade medieval, construída sobre as ruínas do império universal romano, caracterizava-se por uma dualidade peculiar. A vida econômica era mergulhada na economia natural; as estruturas jurídicas, regulamentação e sistemas de pesos e medidas eram essencialmente locais e consuetudinários. O poder era de fato exercido pelo nobre local, ou, nas cidades livres, por um governo municipal. Entretanto, essa mesma sociedade sentia-se unida, em toda a extensão da Europa ocidental e grande parte da Europa central, por fazer parte da cristandade, sob a liderança espiritual e, em alguns casos, temporal da Igreja católica romana. O absoluto predomínio ideológico e religioso do catolicismo impunha uma visão do mundo como um sistema organizado, segundo uma ordem divina, imutável, onde as visões de progresso e mudança técnica e/ou social eram completamente estranhas.

O mundo medieval era ao mesmo tempo particularista, ou seja, baseado no poder local, e universalista, baseado na hegemonia cultural e religiosa da Igreja, que impunha imensas barreiras a mudanças no *status quo*. O mercantilismo como sistema econômico é uma reação à ordem medieval, opondo-se simultaneamente ao poder local do nobre rural ou da cidade livre e ao poder universal, supranacional da Igreja católica e seu aliado temporal, o imperador do Sacro Império Romano-Germânico.

Nesse sentido, a política comercial mercantilista, reforçando o poder do monarca absoluto, defende a unificação econômica, jurídica e administrativa nacional e sustenta a necessidade de se reforçar o poder nacional para permitir a sobrevivência do Estado-nação contra ameaças externas. Nacionalismo e absolutismo são, portanto, as contrapartidas políticas do mercantilismo.

O mercantilismo implica a formulação de políticas nacionais, e esse conjunto de doutrinas vislumbra a possibilidade e a necessidade do progresso econômico, que é criado pela ação política do Estado, como fundamento da consolidação do poder nacional.

A riqueza, para o mercantilismo, só interessa como fonte de poder do Estado. Mas, diferentemente do pensamento medieval, a investigação sobre a origem da riqueza e as formas de incrementá-la são as principais questões no campo da teoria e da política. Nesse sentido, o mercantilismo é o ponto de partida de uma agenda de pesquisa que culminaria no pensamento clássico.

O núcleo da visão econômica mercantilista são suas concepções sobre o papel da moeda e sobre a origem da riqueza das nações. A conexão entre política monetária e política comercial é central em seu sistema, determinando a natureza das políticas econômicas mercantilistas. Para eles o dinheiro era, em uma terminologia moderna, um fator de produção. Sob esse aspecto, dinheiro seria uma "riqueza artificial", em oposição a terra, que seria uma "riqueza natural". A taxa de juros seria, portanto, uma renda baseada na primeira, assim como a renda da terra era baseada na segunda.

Esta visão acarretava a identificação de dinheiro com capital. Nas palavras do filósofo inglês John Locke (1696, p. 52):

> O dinheiro tem um duplo valor... Em primeiro lugar, o que permite obter, em forma de juros, uma renda anual; e isto tem o mesmo caráter que o do solo, cujo rendimento se denomina Renda, en-

quanto o do dinheiro se chama juros do capital... Em segundo lugar, o dinheiro tem um valor quando, por meio da troca, nos serve para satisfazer às necessidades e atender às comodidades do corpo, o qual apresenta o caráter próprio de uma mercadoria. [2]

Locke, que foi também um importante pensador mercantilista, observava que só existiam dois meios para se aumentar a massa de dinheiro existente em um país: extraí-lo das próprias minas ou obtendo-o por outros países. A descoberta de minas depende da natureza, e essas estão distribuídas irregularmente no mundo. Para obter dinheiro do estrangeiro, há apenas três caminhos, segundo Locke, "*a força, o empréstimo ou o comércio*". (Locke, 1696, p. 71)

Ou seja, a riqueza da sociedade cresceria com a massa de dinheiro existente, e o aumento dessa massa dependia essencialmente do comércio exterior. Para que isso ocorresse, a balança comercial de um país deveria ser superavitária. Portanto, a discussão sobre o que faz um país ser um grande exportador e as políticas necessárias para viabilizar o superávit comercial são importantes para que o comércio cumpra seu papel de gerador de riqueza.

A aquisição de moeda e metais preciosos não deveria, segundo a doutrina mercantilista, ser entesourada. Heckscher chama a importância que os mercantilistas davam à circulação monetária de postulado da circulação. Essa é uma diferença fundamental em relação à economia medieval. A visão medieval também sustentava a idéia de acumulação de metais preciosos. Estes, no entanto, deveriam ser entesourados para uma emergência nacional, normalmente associada à guerra ou à fome, ocasionada pela quebra de colheitas. Para os mercantilistas o papel da moeda era o de proceder a transformação de uma economia natural em uma economia monetária: "pois ali onde falta dinheiro, o comércio decai, ainda que haja abundância e mercadorias baratas...".[3]

A idéia que os mercantilistas tinham quanto à importância do estoque de moeda para as relações de troca com o exterior era a razão principal da aspiração à acumulação de metais preciosos. Os países que tivessem relativamente menos dinheiro que os outros teriam de "vender barato e comprar caro". O raciocínio para se chegar a essa conclusão era curioso.

Na visão mercantilista, qualquer estoque de dinheiro seria suficiente para atender a qualquer volume, grande ou pequeno, de circulação. A necessidade de aumentar o estoque de moeda decorria do fato de que a economia mundial é formada por vários países, com diferentes estoques de moeda. O

---

[2] Heckscher, 1943 (sua obra clássica), foi o primeiro autor a observar esta característica do mercantilismo de considerar o dinheiro um fator de produção.
[3] Malynes, 1622, citado por Heckscher, 1943, p. 660.

estoque de moeda determinaria o valor das mercadorias produzidas domesticamente. O valor de uma mercadoria, expresso em moeda metálica, deveria ser igual em todo o mundo. Este, contudo, era determinado pelo nível de preço do país produtor. Portanto, um país com pequeno estoque de metal precioso venderia seus produtos ao seu nível de preço e compraria um produto do exterior ao nível de preço do outro país. Assim, segundo Locke (1696, p.19):

> Semelhante estado de pobreza (*isto é, pobreza de dinheiro*) ainda que não determine uma escassez de nossas mercadorias nacionais, dentro de nosso próprio país, acarretará, não obstante, as seguintes desditosas conseqüências: Primeira, preços muito baixos para nossos próprios produtos; segunda, preços muito altos para todos os produtos estrangeiros; e ambas as coisas nos trarão a pobreza, já que o comerciante quer obter por suas mercadorias, o mesmo aqui que em qualquer outra parte, o mesmo número de onças de prata, e isto nos obriga a pagar o dobro do valor dos demais países, que dispõem de maior abundância de dinheiro.

Para os mercantilistas, portanto, o aumento do estoque de moeda tinha um efeito inverso à visão de todas as outras correntes econômicas a partir de David Hume: uma variação positiva dos estoques elevaria o valor da moeda nacional no exterior e produziria uma taxa de câmbio favorável. Entretanto, os mais importantes autores mercantilistas argumentavam que a prática medieval de proibir a exportação de metais preciosos era impossível de ser implementada. Os grandes exemplos dessa dificuldade eram os casos de Espanha e Portugal, cujo crime de exportação ilegal de metais preciosos era punido com a morte e, no entanto, foram países que transferiram a maior parte dos metais preciosos obtidos em suas colônias americanas para outros países europeus.[4] O único instrumento eficiente para garantir o aumento do estoque de moeda em um país seria a geração de um superávit na balança comercial. A variável-chave a ser controlada não seria o movimento de metais preciosos, mas o movimento de mercadorias.[5]

---

[4] Essa visão é defendida por Bodino,1568; Petty, 1662 e Locke, 1691.

[5] Os mercantilistas consideravam a exportação e importação de moedas e metais preciosos diferentes da exportação e importação de mercadorias, sendo causadas por razões distintas e atendendo a diferentes necessidades. A Inglaterra derrogou a proibição de exportar metais preciosos não-amoedados e moedas estrangeiras muito cedo, em 1663. Na França, embora fosse mantida a proibição de exportação de metais preciosos sem autorização do governo, as licenças para fazê-lo eram dadas com grande liberalidade. Na maioria dos outros países economicamente importantes procurava-se controlar o fluxo de metais preciosos apenas pelo controle da balança comercial. Ver Heckscher, 1943, pp. 694-695.

Como o dinheiro, na concepção mercantilista, não era produzido pelo Estado, mas era uma dádiva da natureza, a única estratégia compatível com o aumento do estoque de moeda de um país que não tinha minas era uma política comercial que promovesse o aumento da exportação e a redução da importação. Nessa visão o protecionismo é um instrumento que visa proteger a circulação monetária doméstica, e não a produção doméstica.

Finalmente, o concepção mercantilista defendia a unificação econômica doméstica e a liberdade de comércio no interior do território nacional. Nesse sentido, sua ação restringiu as aduanas e pedágios impostos por nobres feudais, racionalizou os sistemas de pesos e medidas, unificou o regime monetário e a legislação nacional, aumentou a confiabilidade no sistema legal e na defesa da propriedade privada, reduziu o poder das guildas e promoveu a liberdade da indústria. O mercantilismo criou as condições materiais para a monetização da economia e para a consolidação do Estado moderno.[6] Sem essa monetização da economia e sem o Estado moderno, não haveria capitalismo industrial. Foram, portanto, as mudanças institucionais feitas por influência das concepções mercantilistas que permitiram o capitalismo moderno.

Resumindo: o mercantilismo é um sistema econômico caracterizado pelas seguintes proposições básicas:

* A riqueza da sociedade cresce com o crescimento do estoque de meios de pagamento.
* Dinheiro é uma dádiva da natureza, e não um bem produzido pelo Estado.
* Dinheiro é igual a capital, isto é, é um fator de produção.
* O aumento da produção e comércio doméstico depende, além do estoque de meios de pagamentos, da unificação econômica e liberdade de comércio no interior das fronteiras nacionais.
* O crescimento do estoque de meios de pagamento de um país depende da produção das minas nacionais ou do superávit na balança comercial. Portanto, para um país sem minas, uma política comercial baseada no protecionismo e na promoção de exportação é a única estratégia compatível com o aumento do poder nacional.

---

[6] Max Weber afirma que a premissa mais geral para a existência do capitalismo moderno é a contabilidade racional do capital como norma para todas as grandes empresas lucrativas, que se ocupam da satisfação das necessidades cotidianas. Para ser possível tal contabilidade racional é necessário, segundo esse autor, (1) a apropriação de todos os bens materiais de produção (terras, instrumentos, máquinas etc.) como propriedade de livre disposição pelas empresas lucrativas autônomas; (2) liberdade mercantil, isto é, liberdade de comércio contra toda limitação irracional desse, como proibição ao exercício profissional por monopólio gremial, inexistência de mercado livre de trabalho ou de produtos etc.; (3) técnica racional; (4) direito racional; (5) trabalho livre; (6) comercialização da economia. Isto é, para Max Weber o surgimento do capitalismo moderno pressupõe a possibilidade de uma orientação exclusiva, para a satisfação das necessidades, em um sentido mercantil e de rentabilidade. Ver Weber, 1923, pp. 237-238. Esses pressupostos foram plenamente atendidos dentro dos princípios teóricos do mercantilismo.

A teoria do comércio internacional do mercantilismo é, por um lado, um aspecto fundamental de seu sistema e, por outro, o ponto de partida para o debate teórico nessa disciplina até os dias de hoje. Os temas introduzidos pelo mercantilismo que vão permear os debates futuros são: (i) Qual é a relação entre comércio exterior e riqueza nacional, ou, em uma terminologia moderna, entre comércio internacional e desenvolvimento econômico? (ii) O comércio exterior deve ser livre, como o comércio doméstico, ou este deve ser administrado, em benefício dos interesses nacionais?

TEORIAS CLÁSSICAS DO COMÉRCIO INTERNACIONAL

David Hume

No campo da economia internacional David Hume é, sem dúvida, o primeiro economista moderno. Embora a influência de Hume como filósofo tenha ofuscado o brilhantismo de seu trabalho como economista, é de sua autoria uma hipótese que suplantaria os argumentos mercantilistas em defesa do superávit comercial. Essa tese, conhecida pelo seu nome em inglês, *specie flow-price hypothesis* (hipótese do preço-fluxo de metais preciosos), propõe que um superávit comercial continuado não é possível, nem desejável.

Hume, tal como os mercantilistas, acreditava que um superávit comercial levaria necessariamente à transferência de metais preciosos ou moedas metálicas do país deficitário para o país superavitário. Mas, diferentemente deles, acreditava que tal transferência levaria não ao crescimento da riqueza de um país, e sim ao crescimento dos preços dos produtos produzidos domesticamente. Esse aumento do nível doméstico de preço teria como conseqüência fazer com que as exportações desse país ficassem relativamente mais caras no resto do mundo, reduzindo a procura delas no exterior.

Da mesma forma, o país deficitário perderia metais preciosos. Isto reduziria o nível de preços doméstico, aumentando a procura de seus produtos no exterior. Desse modo, o país superavitário tenderia a exportar menos e importar mais, e o país deficitário a exportar mais e importar menos, e em ambos os casos a balança comercial tenderia para o equilíbrio.

Mas o ponto central do pensamento econômico de Hume é a visão de que fatores reais, e não o aumento do meio circulante, determinavam a prosperidade de uma nação. E que tal prosperidade, e não o acúmulo de metais preciosos, era o único fundamento confiável para a segurança de uma nação. Por sua vez, o aumento dos mercados que o comércio exterior promove, e o atendimento das necessidades internas que ele possibilita fazem com que o florescimento deste beneficie todas as nações mercantis. Em uma linguagem moderna: o comércio não seria, como pensavam os mercantilistas, um jogo de soma zero, mas sim um jogo de soma positiva.

Hume escreveu pouco mais de cem páginas sobre assuntos econômicos. A maior parte desses escritos são panfletos contra as idéias mercantilistas.

Mas sua influência sobre o pensamento econômico, em especial na área de economia internacional, não pode ser subestimada. Hume foi o primeiro defensor do livre comércio, como pode ser percebido por uma referência citada com freqüência:

> Deve-se... considerar que, pelo crescimento da indústria entre as nações vizinhas, o consumo de todas as diversas espécies de mercadorias também crescerá; e embora manufaturas estrangeiras interfiram com elas no mercado, a demanda por esses produtos podem ainda manter-se ou crescer... Nós não precisamos ficar apreensivos, que todos os objetos de nossa indústria irão acabar, ou que nossas manufaturas, enquanto elas se mantiverem no mesmo nível de nossos vizinhos, correrão o risco de ficar ociosas. A emulação pelas nações rivais serve principalmente para manter a indústria viva em todas elas. E todos os povos serão mais felizes se possuírem uma variedade de manufaturas, que se tiverem uma única grande manufatura... Eu devo portanto ousar reconhecer que, não apenas como um homem, mas como um súdito britânico, eu rezo pelo florescimento do comércio da Alemanha, Espanha, Itália e mesmo da França. Eu contudo tenho certeza de que a Grã-Bretanha, e todas essas nações, prosperarão mais se seus soberanos e ministros adotarem esses amplos e benevolentes sentimentos uns para os outros.[7]

A teoria de Hume foi a base do sistema monetário do padrão ouro. Os princípios do livre-cambismo, posteriormente desenvolvidos por Smith e Ricardo, combinaram-se com a hipótese de *specie flow-price* para a criação de uma nova ordem econômica internacional. Esta ordem pretendia ser liberal, politicamente simétrica, impessoal, com mecanismo de ajuste automático, dependendo apenas da flexibilidade dos preços domésticos e do crescimento da produção internacional de ouro para determinar os níveis domésticos de preço e o equilíbrio nas balanças comerciais de todos os países mercantis.

Adam Smith e a teoria das vantagens absolutas

Adam Smith, tal como Hume, foi um filósofo na tradição do empirismo inglês. Entretanto, ao contrário de Hume, seus escritos filosóficos, em especial seu interessante tratado *Teoria dos Sentimentos Morais*, foram ofuscados por seu trabalho como economista.[8] Sua grande obra econômica foi *Uma*

---

[7] Citado por Rostow, 1990, p. 30.
[8] As primeiras publicações de Smith foram dois artigos no *Edinburg Review*, sobre temas filosóficos. Em 1759 ele publicou sua *Theory of Moral Sentiments*. Dois anos depois incor-

Investigação sobre a Natureza e as Causas da Riqueza das Nações. Ela é considerada a obra seminal da escola clássica de economia política.

Seguindo a tradição de David Hume, uma parte importante do trabalho de Smith é de questionamento das idéias mercantilistas.[9] O tema comércio internacional é um dos aspectos centrais de seu pensamento. A pergunta que dá nome ao livro, a natureza e as causas da riqueza das nações, que, como já mencionamos, é uma questão essencial para os mercantilistas, é respondida de uma forma totalmente distinta destes. A riqueza das nações é o resultado do aumento da produtividade do trabalho.[10] Esta, por sua vez, é conseqüência da divisão do trabalho.[11] A divisão do trabalho, é o resultado da propensão da natureza humana de trocar, negociar e vender um produto em troca de outro.[12] A divisão do trabalho, no entanto, é limitada pela extensão do mercado.[13] Uma vez que o comércio internacional aumenta o mercado para os produtos produzidos domesticamente, ele permite o aprofundamento da divisão do trabalho, contribuindo para aumentar a riqueza das nações. Por intermédio do comércio internacional um país exporta as mercadorias que consegue produzir mais barato que os demais, e importa aquelas que produz mais caro, produzindo, desta forma, mais dos produtos que faz com maior eficiência e consumindo mais produtos do que seria capaz na ausência do comércio internacional.

Nos livros-textos de economia internacional, Smith costuma ser citado, quase que exclusivamente, como autor da idéia de vantagens absolutas. Isto é, para Smith, o comércio internacional seria possível tão-somente quando o tempo de trabalho necessário para produzir pelo menos um produto fosse inferior àquele do exterior.[14] O pensamento de Smith, no entanto, é muito mais rico e complexo que isto. Ele, por exemplo, observa que quando o produto de qualquer ramo da indústria excede a demanda interna de um

---

porou em uma nova edição de seu tratado filosófico um apêndice intitulado *"Considerations Concerning the First Formation of Languages"*. Em 1776 ele publicou *Inquiry into the Nature and Causes of the Wealth of Nations*. Depois disso o único trabalho publicado por Smith foi sua carta sobre a morte de Hume, em 1776. No final de sua vida Smith mandou destruir vários manuscritos, com exceção de alguns poucos ensaios. Esse material provavelmente era de suas aulas sobre religião natural, jurisprudência e retórica. Uma cópia das notas de estudantes de seu curso sobre jurisprudência foi posteriormente encontrada e publicada sob o título de *Lectures on Justice, Police Revenue and Arms*. Ver as notas de William Benton da edição da *Encyclopaedia Britannica* da *Wealth of Nations*.

[9] Smith (1776, p. 344) considerava Hume "de longe, o mais ilustre filósofo e historiador da atualidade". E em muitos sentidos foi um seguidor das idéias do pensador escocês.

[10] Smith, 1776, p. 3; ver também p. 183, onde Smith afirma que "a riqueza real ou a pobreza de um país... dependerá contudo da abundância ou escassez dos bens de consumo".

[11] Ibid., p. 4

[12] Ibid., p. 6

[13] Ibid., p. 8

[14] Isto é, a vantagem absoluta é a possibilidade de um país de produzir um bem com menor emprego de trabalho — o único fator de produção para a economia política clássica — do que no resto do mundo.

país, o excedente deve ser mandado para o exterior e trocado por alguma coisa que tenha demanda em casa. Para ele, "sem tal exportação uma parte do trabalho produtivo de um país deve cessar, e o valor de sua produção anual diminuir".[15] (Smith, 1776, p. 161) Ele também argumenta que o excedente do produto importado, pago com o excedente doméstico, pode ser trocado mais uma vez por um produto demandado domesticamente.

Smith afirmava que os metais preciosos são um produto como qualquer outro. Portanto, um país grande produtor de metais preciosos seria naturalmente um exportador deste produto, porque o preço dos outros produtos cotados em ouro ou prata, no país com minas, seria mais alto do que no país sem minas. Esta seria a razão pela qual tanto Portugal como Espanha, mesmo com severíssima legislação contra exportação de metais preciosos, eram grandes exportadores desses produtos. A grande oferta doméstica de ouro e prata em Portugal e Espanha teria, então, como único efeito, fazer com que a produção de produtos agrícolas e manufaturados ficasse desestimulada, sendo que a exportação de metais preciosos, reduzindo o nível de preços doméstico, seria favorável e não perniciosa a esses países.[16]

Finalmente, como bom observador de seu tempo, Smith recomendava que a liberalização do comércio exterior, da qual ele era um grande defensor, não fosse feita açodadamente. Para ele:

> O empreendedor de uma grande manúfatura, que, em função da súbita abertura do mercado doméstico ao exterior, é obrigado a abandonar seu negócio, irá sem dúvida sofrer consideravelmente. A parte de seu capital que era normalmente empregada na compra de materiais e no pagamento dos empregados poderá, sem muita dificuldade, talvez achar outro emprego. Mas aquela parte que está imobilizada em prédios e instrumentos do comércio dificilmente poderá ser abandonada sem considerável perda. Um cuidado justo, portanto, com seu interesse requer que mudanças desse tipo nunca devam ser introduzidas subitamente, mas devagar, gradualmente, e após avisá-lo com muita antecedência. (Smith, 1776, p. 201)

Adam Smith é um pensador de grande profundidade teórica e forte fundamento filosófico. Suas idéias são muitas vezes difundidas de forma caricatural, não sendo incomum a referência a elas por pessoas que nunca o

---

[15] Ver Smith, 1776, p. 161. O argumento de Smith de que o comércio internacional leva ao uso de recursos que de outra forma ficariam ociosos foi chamado por Myint de teoria do canal de escoamento do excedente (em inglês, *Vent for Surplus*). Ver a seção sobre comércio e desenvolvimento.
[16] Esse fenômeno de um produto cuja grande procura internacional faz com que a produção de outros produtos fique desestimulada é conhecido na literatura de comércio exterior como *dutch disease*.

leram. Sua contribuição para a teoria do comércio é de grande importância, não apenas em decorrência de sua argumentação sobre os ganhos do comércio, aspecto que seria mais apropriadamente tratado por Ricardo, mas por relacionar o comércio exterior à acumulação de capital, ou, em uma linguagem moderna, ao desenvolvimento econômico.

David Ricardo e a teoria das vantagens comparativas

A teoria do comércio internacional chega ao apogeu na economia política clássica com David Ricardo. A principal contribuição desse autor foi sua teoria das vantagens comparativas. A proposição de que as vantagens comparativas são a causa última dos ganhos do comércio é uma idéia poderosa que sobreviveu a todo o debate acadêmico até os dias de hoje. A teoria neoclássica do comércio internacional, que tem no modelo Heckscher-Ohlin-Samuelson sua principal contribuição, é, em última análise, uma elegante discussão sobre os fundamentos do conceito de vantagens comparativas e os ganhos do comércio exterior, dentro do universo conceitual dessa corrente de pensamento.

A teoria ricardiana de vantagens comparativas pode ser resumida na seguinte proposição: o comércio bilateral é sempre mais vantajoso que a autarquia para duas economias cujas estruturas de produção não sejam similares. Isto é, se duas economias, produzindo cada uma dois produtos, por exemplo vinho e tecidos, empregarem na produção desses produtos uma quantidade de trabalho Lv e Lt, no país S, e Lv^* e Lt^*, no país N, é necessário e suficiente que $Lv/Lt \neq Lv^*/Lt^*$ para que o comércio entre eles seja possível.

Note-se que para Ricardo os salários w no interior de uma economia seriam sempre iguais. Levando-se em conta que o custo de se produzir uma unidade de vinho no país S seria $Lv.w$ e uma unidade de tecidos seria $Lt.w$, logo os preços relativos no interior dessa economia dependeriam apenas da quantidade de trabalho necessária para produzir cada bem, e não do nível de salário. Em países distintos os salários podem ser diferentes, mas também para o país N o custo de produzir uma unidade de vinho seria Lv^*w^*, e uma unidade de tecido seria Lt^*w^*, sendo igualmente apenas relevante as quantidades relativas de trabalho para produzir vinho e tecido. Nesse modelo é necessário e suficiente que as quantidades relativas de trabalho para produzir vinho e tecido em cada economia sejam distintas para que o comércio exterior seja vantajoso para ambas.

Ricardo apresenta sua teoria usando o exemplo do comércio entre Portugal e Inglaterra, usado originalmente por Smith, para mostrar os ganhos do comércio exterior. Afirma esse autor que se Portugal não tivesse relações com o exterior, em vez de empregar a maior parte de seu capital na produção de vinhos, comprando tecidos para suas necessidades domésticas na Inglaterra, ele teria que dividir seu capital para produzir também estes produtos. Nesse caso ele certamente obteria menos tecidos, e com qualidade inferior, do que se recorresse à importação destes.

A quantidade de vinho que seria dada para a troca por tecidos na Inglaterra não é determinada, segundo o modelo ricardiano, pelas quantidades absolutas de trabalho para produzir os dois produtos em ambos os países. Pelo contrário: dependeria apenas da quantidade relativa destes. Assim, exemplifica Ricardo, suponha-se que na Inglaterra fossem necessários 100 homens por um ano para produzir uma determinada quantidade de tecido; e que fossem necessários 120 homens pelo mesmo tempo para produzir uma determinada quantidade de vinho. Imagine ainda que em Portugal fossem necessários 90 homens para produzir a mesma quantidade de tecido e 80 para produzir a mesma quantidade de vinho que na Inglaterra. Nesse caso seria do interesse da Inglaterra dedicar-se exclusivamente à produção de tecidos e de Portugal exclusivamente à produção de vinho. Assim, embora a Inglaterra desse em pagamento pelos vinhos, que custaram o trabalho de 80 homens, tecidos que custaram o trabalho de 100, ela poderia obtê-los mais baratos do que se produzisse domesticamente. Nesse caso, a mesma quantidade de vinho iria custar o equivalente ao trabalho de 120 homens por um ano. Por outro lado, Portugal pagou por uma quantidade de tecidos que iria custar o equivalente ao trabalho de 90 homens durante um ano uma quantidade de vinho equivalente ao trabalho de 80 homens durante esse período. Desta forma, ambos lucraram com a operação.

O modelo ricardiano de comércio internacional implica, portanto, a especialização de cada país na exportação do produto do qual tem vantagens comparativas. Quaisquer dois países lucrarão no comércio bilateral, a não ser na circunstância altamente improvável que a estrutura de custos relativos desses países fosse idêntica.[17] O aumento da taxa de lucro da economia não é necessariamente um resultado do comércio exterior. A variação da taxa de lucro ocorre tão-somente no caso de variação dos salários reais. A taxa de lucro do comércio exterior será necessariamente igual à taxa de lucro do resto da economia. (Ricardo, 1921 p. 129) Os salários reais, por sua vez, são determinados pelo custo dos produtos de sua cesta de consumo, em especial o custo do trigo. O custo do trigo, por sua vez, é determinado, entre outros fatores, pela renda da terra. O comércio exterior, ao impedir o uso da terra marginal que acarreta o aumento da renda da terra, permite assim a manutenção da taxa de lucro, ou no caso de abandono de terras marginais, o aumento desta.

Ricardo nem sempre explicitou as premissas de seu modelo. A atenção a essas premissas permite-nos compreender as limitações na aplicação dessa abordagem. O modelo ricardiano pressupõe o comércio de dois países, com dois produtos. Essa premissa, no entanto, é facilmente descartável.[18] A se-

---

[17] Por essa razão a afirmação de que um país muito pobre, como a Etiópia, por exemplo, tem pouco comércio com um país rico, como os EUA, digamos, porque não tem vantagens comparativas com este, é totalmente errônea.

[18] Para um modelo clássico generalizado ver o artigo de Dornbusch, Fischer & Samuelson (1977).

gunda premissa do modelo é que só existe um fator de produção, o trabalho, e que este é perfeitamente móvel no interior de um país, e imóvel internacionalmente. A terceira premissa é que há diferentes tecnologias em diferentes países. Na verdade, o uso de diferentes tecnologias é uma explicação possível para diferentes estruturas de preços relativos em diferentes países. A quarta premissa é que a balança comercial está sempre equilibrada e o custo dos transportes é igual a zero. Finalmente, há rendimentos constantes de escala.

O conceito de vantagens comparativas é uma dessas idéias econômicas que ultrapassam em muito o limite do debate acadêmico, com freqüência levando a uma confusão entre a teoria e doutrina, isto é, entre um modelo explicativo de como o mundo funciona, e uma recomendação de como o mundo deveria funcionar. O conceito de vantagens comparativas pode ser aplicado indistintamente em uma ordem internacional liberal ou em um mundo de economias planificadas. Por exemplo, o comércio exterior entre Cuba e a ex-União Soviética, durante os anos de Guerra Fria, pautava-se pela troca do açúcar cubano pelos manufaturados soviéticos. Esta estrutura de comércio entre esses dois países, que não se pautavam por sinais de mercado, pode ser perfeitamente explicada por vantagens comparativas, isto é, por custos diferenciados para produção de mercadorias distintas.[19] Ou seja, o que podemos concluir do modelo ricardiano é que mais comércio é melhor que menos comércio, o que não implica necessariamente livre mercado.[20] Por fim, o conceito de vantagens comparativas não pode ser aplicado olhando-se apenas para um país; este é um conceito relativo e, portanto, só tem sentido considerando-se a estrutura de produção de pelo menos dois países. Nosso desafio é, portanto, compreender o significado desse conceito no momento em que foi formulado, e ainda compreender suas limitações para aplicação ao mundo real.

A TEORIA NEOCLÁSSICA DO COMÉRCIO INTERNACIONAL

Origens

Os princípios básicos da chamada teoria pura do comércio internacional foram formulados por dois economistas suecos, Eli Heckscher e Bertil Ohlin. Mas foi o economista norte-americano Paul Samuelson que deu o formato analítico, com uso de argumentos baseados em linguagem matemática que, atualmente, caracteriza essa abordagem.

Heckscher nasceu em Estocolmo, em 1879, e estudou história e economia na Universidade de Upsalla nos últimos anos do século XIX. Este notável economista sueco especializou-se em história econômica. Entre os 36

---

[19] Mucchielli, 1991, pp. 42-43 faz uma interessante discussão sobre algumas falsas interpretações do conceito de vantagens comparativas.
[20] Ver, a respeito desse ponto, Samuelson, 1939.

livros e 174 artigos em revistas acadêmicas que publicou, a maior parte classifica-se nessa especialidade. Seu livro sobre mercantilismo (Heckscher, 1931) é um dos mais importantes trabalhos de história econômica da literatura mundial, sendo até hoje a principal referência para o estudo do tema.[21] Sua influência foi essencial para o crescimento dessa área na Suécia, sendo que deve-se essencialmente a ele a criação de cursos de pós-graduação em história econômica em várias universidades suecas.

Mas foi um pequeno artigo sobre teoria do comércio internacional que o fez famoso na literatura econômica ocidental. Este artigo, publicado originalmente em sueco em 1919, foi traduzido para o inglês sob o título *Effects of Foreign Trade on Distribuition of Income* ("Efeitos do Comércio Exterior na Distribuição da Renda").[22] Este trabalho, posteriormente desenvolvido por seu ex-aluno Bertil Ohlin, foi a origem da teoria do comércio internacional centrada nas relações entre as dotações de fatores de produção e padrões de comércio internacional.[23]

O ponto de partida do pensamento de Ohlin foi a versão de Cassel para o modelo walrasiano de equilíbrio geral. A determinação final das quantidades e preços relativos nesse modelo de equilíbrio geral dependia, em primeiro lugar, da dotação de fatores; em segundo, da tecnologia, na forma de coeficientes de insumo-produto, e em terceiro, das preferências dos consumidores.

Ohlin modificou esse modelo, inspirando-se em Heckscher, para aplicá-lo ao estudo do comércio internacional e inter-regional. Dessa forma, partiu de uma economia composta por regiões onde a mobilidade dos fatores era perfeita em seu interior, mas imperfeita ou inexistente entre elas. Essas regiões autárquicas seriam um sistema em miniatura do modelo de Cassel de equilíbrio geral em economias fechadas. O preço relativo dos produtos poderia ser diferente entre elas devido ao fato de possuírem distintas dotações de fatores de produção, distintas tecnologias e preferências dos consumidores. Ohlin alterou sua abordagem, em uma segunda aproximação, postulando que as regiões diferiam apenas na dotação dos fatores de produção, tendo portanto tecnologia e preferências similares. Esta seria a premissa

---

[21] Apenas uma pequena parte da obra de Heckscher foi traduzida para línguas estrangeiras. Uma bibliografia completa de Heckscher foi publicada em 1950 pelo Ekonomisk-historiska Institutet, de Estocolmo, onde esse economista trabalhou por muito tempo. Entre suas obras importantes em sueco, fonte de longos anos de pesquisa primária consta uma *História Econômica da Suécia* desde o reinado de Gustav Vasa, e o livro *Industrialismo, seu Desenvolvimento de 1750 a 1914*. Contudo, recomenda-se ao leitor interessado em história econômica ler dois ensaios brilhantes publicados em inglês, Heckscher 1929 e 1939.

[22] A tradução para o inglês foi publicada em 1949, em um livro organizado por Ellis & Melzler, 1949.

[23] Bertil Ohlin nasceu em 1899 em Klippan, Suécia, e estudou matemática, estatística e economia na Universidade de Lund. Posteriormente, graduou-se em economia na Escola de Administração de Estocolmo, em 1919. Ohlin fez seu mestrado em Harvard, obtendo seu Ph. D na Universidade de Estocolmo, sob a orientação do grande economista sueco Gustav Cassel.

básica do que ficou posteriormente conhecido como modelo Heckscher-Ohlin.

Esse modelo permitia mostrar que, no caso simples de dois fatores, dois produtos e duas regiões, o comércio que surgiria, uma vez que cada região saísse do isolamento, seria baseado na troca de produtos produzidos relativamente mais baratos em cada região. Esses produtos eram aqueles cuja produção requeria relativamente maior quantidade do fator abundante em termos domésticos.

O terceiro grande nome entre os principais formuladores da teoria neoclássica do comércio internacional foi Paul Samuelson. Este foi um dos mais influentes economistas deste século. Ele contribuiu, mais do que qualquer outro economista, para a transformação do método de argumentação em artigos acadêmicos da forma literária e diagramática do período anterior à Segunda Guerra Mundial para a ênfase na linguagem matemática que vem dominando a economia nos últimos trinta anos.[24]

A contribuição de Samuelson para a teoria pura do comércio internacional foi, principalmente, o desenvolvimento do trabalho da escola sueca, formalizando e desenvolvendo a teoria sobre ganhos de comércio, apresentando um novo tratamento do problema da transferência e discutindo em profundidade a questão da equalização dos preços de fatores.[25] Por esta razão o conjunto dos quatro teoremas que formam o núcleo da teoria pura do comércio internacional é chamado por muitos autores de teoria de Heckscher-Ohlin-Samuelson.

Quatro teoremas fundamentais

Enquanto o modelo ricardiano considerava as diferenças de tecnologia entre os países como a base do comércio exterior, a teoria de Heckscher-Ohlin-Samuelson concentra-se nas diferenças nas dotações domésticas dos fatores de produção e na diferença na intensidade do uso dos fatores na produção de diferentes produtos nesses países. Nesse caso o custo de produção de cada mercadoria é determinado endogenamente e será diferente para países distintos em autarquia, mesmo que todos tenham acesso à mesma tecnologia. Essa teoria permite, portanto, explicar os padrões de comércio exclusivamente pela dotação de fatores, e leva ao surgimento das bases teóricas para os conflitos domésticos de distribuição de renda (Jones, 1984, p. 14).

O núcleo dessa teoria são quatro proposições (ou quatro teoremas) que englobam os resultados fundamentais da teoria pura do comércio internacional. São eles:

---

[24] O livro de Samuelson, *1947 (Foundations of Economic Analysis)* é um marco da economia matemática. No verbete sobre Samuelson, escrito por Stanley Fischer para o *The New Palgrave Dictionary of Economics*, este descreve a abordagem desse economista citando um moto de Willard Gibbs: "A matemática é uma linguagem."
[25] Sobre esta ultima questão Samuelson escreveu com Stolper um famoso artigo, que ficou conhecido como teorema Stolper-Samuelson, de que trataremos adiante.

- Teorema de Heckscher-Ohlin — um país exportará o produto que usa de forma intensiva o fator que é relativamente abundante domesticamente.
- Teorema da equalização do preço dos fatores — em sua dimensão externa o teorema afirma que, sob certas condições, será suficiente o livre comércio de bens finais para a equalização dos preços dos fatores internacionalmente; em sua dimensão interna, o teorema afirma que, com o preço constante das mercadorias, uma pequena mudança na dotação de um fator de produção não afetará o preço dos fatores.
- Teorema de Stolper-Samuelson — um crescimento no preço relativo de uma mercadoria aumenta o retorno real do fator usado intensivamente na produção dessa mercadoria e reduz o retorno da outra mercadoria.
- Teorema de Rybczynski — se o preço de um produto for fixo, um aumento na dotação de um fator acarreta um crescimento mais que proporcional na produção da mercadoria que usa o fator relativamente de forma intensiva e uma queda absoluta da produção da outra mercadoria.

Teorema de Heckscher-Ohlin

Para discutir o teorema de Heckscher-Ohlin partimos das seguintes premissas:
1. Dois países N e S produzem os mesmos dois produtos, em um mercado competitivo domesticamente. Cada produto é produzido separadamente empregando dois fatores de produção, trabalho e capital, cujas notações são respectivamente L e K para o país S, e L* e K* para o país N. A oferta destes no interior de cada país é perfeitamente inelástica — (modelo 2x2x2).
2. A tecnologia empregada pelos dois países é idêntica e tem retornos constantes de escala.
3. Cada país tem dotação distinta de fatores de produção. O país S tem maior dotação relativa do fator trabalho. Se chamarmos de w o preço de L em S, e w* o preço de L* em N, a maior dotação relativa de L pode ser determinada pelo fato de que, em autarquia, w < w*.
4. Cada país compartilha padrões de preferências idênticos e homotéticos.[26]

As quatro premissas são ainda insuficientes para garantir a validade do teorema. Antes de prosseguir, porém, vamos discutir o equilíbrio doméstico dessas economias em autarquia. A Figura 1.1.a ilustra um conjunto de curvas de indiferença para um indivíduo típico no país S. Todos os pontos de uma curva de indiferença U representam o mesmo nível de bem-estar para o consumidor. Um consumidor maximiza sua utilidade, dadas as restrições

---

[26] O adjetivo homotético é derivado do substantivo homotetia, que em geometria é a propriedade de figuras semelhantes e semelhantemente dispostas. Observe-se que como o preço de L e L* em autarquia depende não apenas da oferta, mas também da demanda, as preferências idênticas e homotéticas, em conjunto com a premissa de tecnologias idênticas, garantem a consistência da premissa anterior.

da curva de orçamento, escolhendo uma cesta de produtos representada pelo ponto de tangência E da curva de indiferença U1.

No modelo, no entanto, resultados válidos dependem das preferências da comunidade como um todo, implicando que se postule a existência de um conjunto de curvas de indiferença comunitária (ou curva de indiferença social) com propriedades similares às curvas de indiferença dos indivíduos. A condição necessária e suficiente para a existência dessas curvas é que todos os consumidores tenham preferências idênticas e homotéticas. Nesse sentido acrescentamos uma condição à lista de premissas do modelo de Heckscher-Ohlin:

5. Não apenas os países, mas todos os consumidores em cada país têm preferências idênticas e homotéticas. Isto é, assumimos que a sociedade pode maximizar seu bem-estar como se fosse um indivíduo e que um maior nível de bem-estar para a sociedade implica um maior nível de bem-estar para cada indivíduo nessa sociedade.[27]

Para discutir o lado da oferta de uma economia em autarquia apresentamos na Figura 1.1b uma curva de possibilidades da produção (ou curva de transformação) que mostra o produto máximo possível, com os fatores de produção disponíveis, em uma dada economia para produzir duas mercadorias V e T. A inclinação da curva PP representa o preço relativo de V com relação a T. A produção ocorrerá, em uma economia de livre-concorrência, no ponto E' em que a curva de preço tangencia a curva de possibilidade da produção. Nesse ponto o produto total é otimizado, ou seja, a esses preços relativos qualquer mudança nos níveis de produção de qualquer produto acarreta redução do valor da produção nacional.

O equilíbrio do mercado, em autarquia, dá-se no ponto em que se igualam a demanda e a oferta de cada bem, a um dado nível de preços relativos. O nível de preço de equilíbrio é dado pelo inclinação da linha de preços relativos PP, no ponto de tangência Ea com a curva de indiferença comunitária Ua e com a curva de possibilidade de produção QQ. (Ver Figura 1.1c.)

---

[27] Vousden, 1990, enfatiza o caráter heróico das premissas que equiparam as preferências da comunidade com as preferências individuais. No entanto, essa suposição facilita enormemente a apresentação desse teorema.

Figura 1.1
Modelo Heckscher-Ohlin

Figura 1.1a Equilíbrio no consumo

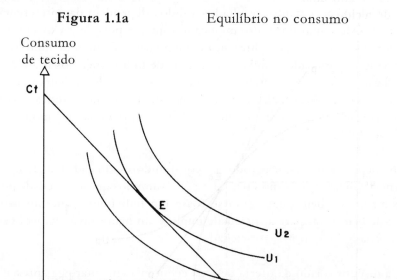

Figura 1.1b Equilíbrio na produção

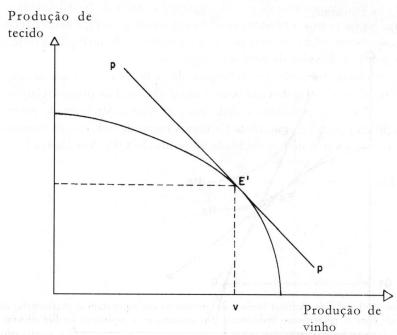

Figura 1.1c Equilíbrio em autarquia

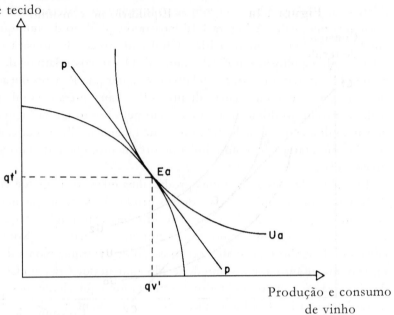

Produção e consumo
de tecido

Figura 1.1d Equilíbrio em livre mercado

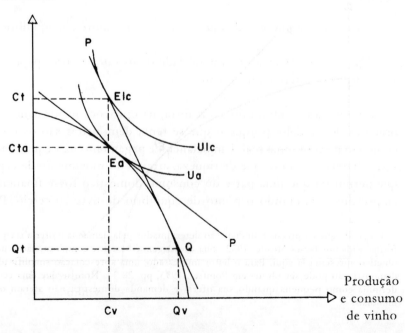

Produção e consumo
de tecido

A abertura do mercado ao comércio exterior implica que o preço de equilíbrio não é mais determinado pela oferta e demanda doméstica. Os preços relativos de cada produto ajustam-se para equalizar a oferta e a demanda na economia mundial.[28] A Figura 1.1d mostra o equilíbrio de autarquia Ea e o equilíbrio de livre comércio Elc. A linha de preços P* mostra os preços relativos de equilíbrio em escala mundial. Os preços relativos de livre comércio P* diferem dos preços relativos de autarquia P. A produção doméstica será aquela em que a curva de preço P* é tangente à curva de possibilidade de produção doméstica, que é dado pelo ponto Q, na Figura 1.1d. O consumo doméstico é dado pelo ponto de tangência Elc da curva de indiferença comunitária Ulc, com a linha de orçamento, que é de fato a linha de preços relativos P*.

Em tal modelo esta economia produz uma quantidade Qv de vinho e Qt de tecidos, consumindo Cv e Ct desses produtos. Note-se que nesse caso a economia exporta vinho e importa tecido. Sua exportação é equivalente a Qv-Cv. O consumo de tecido dessa economia é igual a Ct. Note-se que o consumo de vinho não se altera da posição de autarquia para a de livre comércio; no entanto, o consumo de tecido aumenta de Cta para Ct. O ganho da abertura ao comércio exterior foi, portanto, equivalente, nesse caso, ao quadrilátero Ct.Elc.Cta.Ea, o que significou um aumento de bem-estar dos consumidores desse país, da curva de indiferença comunitária Ua para a curva de indiferença comunitária Ulc.

A validade desse exemplo gráfico do teorema de Heckscher-Ohlin depende de mais duas premissas para o modelo:

6. A balança comercial dos dois países está sempre em equilíbrio.

7. Não existe reversão na intensidade de uso dos fatores para o mesmo produto internacionalmente.

A premissa 6, embora pouco realista, não provoca maior dano na interpretação do modelo, porque o que se tenta demonstrar são os efeitos do comércio na economia real. Um balanço de pagamento não-equilibrado causaria alterações no estoque de riqueza, através do movimento de capitais, o que permitiria que uma parte do consumo doméstico fosse financiada por empréstimos, alterando o ponto de equilíbrio de livre comércio. Pode-se,

---

[28] A idéia de que os preços mundiais são determinados pela demanda e oferta recíprocas foi formalizada por James Meade (1952). Sua abordagem é bastante complexa, não sendo nosso objetivo apresentá-la aqui. Para o leitor interessado, uma apresentação simplificada de sua demonstração pode ser obtida em Pomfret, 1993, pp. 28-34. Note-se que uma economia é definida como pequena quando sua oferta e demanda domésticas não afetam os preços mundiais.

nesse caso, sempre argumentar que estamos preocupados é com o equilíbrio de longo prazo, onde os níveis de riqueza devem se ajustar ao equilíbrio do balanço comercial.

Já a premissa 7 é de grande importância e acarreta uma séria limitação ao modelo. Ela implica que não apenas os países usem a mesma tecnologia, mas que uma mercadoria que seja produzida de forma capital-intensiva domesticamente também o seja no exterior. Mas, se os processos produtivos são independentes, não há nada que garanta que os fatores de produção não sejam usados de forma reversa na mesma curva de possibilidade de produção. (Ver Jones, 1984, p. 621.) Como exemplo, vamos supor que os Estados Unidos e a Tailândia produzam dois produtos: arroz e tecidos. Ambos têm acesso à mesma tecnologia, tanto para arroz como para tecido. Entretanto, nos Estados Unidos os fazendeiros preferem usar pouca mão-de-obra e muitos equipamentos, enquanto na Tailândia a produção é feita com muita mão-de-obra e pouco equipamento. No caso norte-americano a intensidade do uso de capital na produção de arroz seria inclusive maior que para a produção de têxtil. Já no caso da Tailândia isso seria o inverso. Nesse exemplo, o padrão de comércio entre os dois países ficaria indeterminado, não sendo aplicável o modelo de Heckscher-Ohlin.

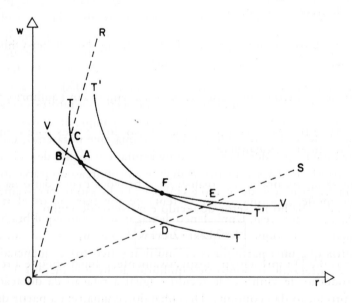

Figura 1.2
Intensidade dos fatores, preço dos fatores e preço dos produtos

Teorema da equalização dos preços dos fatores

Passamos, agora, para a discussão da segunda das proposições centrais da teoria pura do comércio internacional: o teorema da equalização do preço dos fatores de produção.

Para discutir esse teorema vamos recorrer à Figura 1.2, que mostra duas curvas, VV e TT, representando os pontos em que a combinação do salário real w e do custo do capital r leva a um retorno real igual a zero, respectivamente no setor produtor de vinhos e no setor produtor de tecidos. Isto é, um ponto qualquer da curva VV representa um nível de salário real e um custo de capital que permite que uma unidade de vinho seja vendida pelo seu preço de mercado, com taxa de lucro zero. Da mesma forma, um ponto qualquer na curva TT representa uma combinação do salário real e do custo de capital que implica que uma unidade de tecido possa ser vendida por seu preço de mercado com taxa de lucro zero.

Como os salários reais e o custo de capital não podem ser diferentes em dois setores da mesma economia, porque neste caso os fatores se moveriam para o setor de melhor remuneração até sua total equalização, as coordenadas do ponto A representam o único lugar compatível com o equilíbrio do mercado, isto é, onde as taxas de lucro nos dois setores é igual a zero.

Desde que tal equilíbrio seja consistente com a dotação de fatores da economia, o preço dos fatores seria determinado exclusivamente pela posição das curvas VV e TT, portanto pela tecnologia e pelo custo das mercadorias. Como, em livre mercado, a tecnologia e o preço das mercadorias é igual internacionalmente, a remuneração dos fatores de produção é sempre igual em todo o mundo, como dispõe o teorema da equalização do preço dos fatores.[29]

Entretanto, deve-se observar que esse teorema é verdadeiro para os casos em que o ponto A seja compatível com a dotação de fatores dessa economia. Ou seja, para que ambos os fatores sejam completamente empregados, a razão de K/L para o conjunto da economia, que notaremos como k, deve ser uma média ponderada da razão de capital e trabalho de cada setor: onde os pesos λLt e λLv são respectivamente a proporção do trabalho total empregado para produção de tecido e vinho, e kt e kv são respectivamente a relação capital-trabalho no setor de tecido e no setor de vinho.

$$k = \lambda Ltkt + \lambda Lvkv$$

Os pontos B e D representam, respectivamente, o lugar em que a relação K/L na produção de vinho e de tecido é igual à relação da dotação dos fatores de produção da economia. Desenhando-se uma reta a partir da origem passando pelos pontos B e outra da origem passando pelo ponto D temos o espaço geométrico ROS onde (a) o preço dos fatores são localmen-

[29] Essas curvas foram originalmente introduzidas por Samuelson (1962), mas o tratamento delas neste texto foi baseado no trabalho de Jones e Neary, 1990.

te independentes de suas respectivas dotações e (b) a economia produz os dois bens. Essa área pode ser chamada de "cone de diversificação".[30]

Teorema de Stolper-Samuelson

O mesmo gráfico que usamos para demonstrar o teorema da equalização do preço dos fatores pode ser usado para discutir o terceiro dos teoremas fundamentais da teoria pura do comércio internacional: o teorema de Stolper-Samuelson. Este teorema, originalmente proposto por W. Stolper e Paul Samuelson em um artigo de 1941, trata da relação do preço dos fatores com o preço das mercadorias transacionadas. Enquanto o teorema anterior mostra que o preço dos fatores, dadas certas condições, é independente de sua dotação, o teorema de Stolper-Samuelson mostra que, entretanto, os preços dos fatores são dependentes do preço das mercadorias que produzem.

Este teorema mostra que uma mudança no preço relativo das mercadorias V e T, isto é, das duas mercadorias produzidas e transacionadas internacionalmente no modelo Heckscher-Ohlin, leva a uma alteração mais que proporcional no preço de ambos os fatores. Por exemplo, um aumento do preço de tecido com relação ao preço de vinho acarreta um aumento mais do que proporcional do preço do fator usado intensivamente na produção desse produto, ou seja, do capital.

Isto pode ser visto na Figura 1.2. O crescimento do preço do tecido implica no deslocamento da curva TT para T'T', o que leva ao deslocamento do ponto de equilíbrio do preço relativo dos fatores de A para F. Tal deslocamento leva inequivocamente a um aumento da taxa de retorno do capital, r, e a uma redução real no salário real w.

Este teorema foi formulado originalmente para discutir o efeito de uma tarifa que alterasse o preço de um produto importado, sem afetar os preços mundiais. Neste caso, haveria uma transferência de renda para o fator usado abundantemente na produção da mercadoria protegida. Se um país S (que em nosso modelo tem uma dotação relativamente abundante de mão-de-obra) resolvesse proteger sua indústria de tecido (que, no nosso exemplo, é produzida em todo o mundo com uso relativamente abundante de capital), estaria também aumentando mais que relativamente a taxa de retorno do capital sobre os salários reais.

Pomflet, 1993, mostra esse "efeito de ampliação"[31] que caracteriza o teorema de Stolper-Samuelson de uma forma intuitiva e muito engenhosa que reproduzimos em seguida. Uma vez que o teorema de Stolper-Samuelson se

---

[30] O conceito de cone de diversificação foi discutido originalmente em McKenzie (1955), mas seu tratamento por Jones & Neary, 1990, mostra os limites da aplicabilidade do teorema da equalização do preço dos fatores.

[31] A expressão "efeito de ampliação" (*magnification effect*) foi proposta por Jones (1965), e tem sido utilizada na análise do teorema de Stolper-Samuelson. Este termo enfatiza o mecanismo de aumento do retorno real de um fator, em função do aumento exógeno do preço de um produto em que este fator é usado em abundância.

aplica a quaisquer mudanças relativas no preço das mercadorias, pode-se prová-lo a partir de movimentos arbitrários dos preços relativos. Suponha que o preço do tecido cresça 10% e que o preço do vinho permaneça inalterado. O crescimento do Pt pode ser dividido em maior custo para o trabalho e para o capital empregado na produção de tecido. Esses custos não podem ter subido na mesma proporção porque a razão dos preços dos fatores Pk/PL (ou r/w) se alterou. Isto é, uma vez que não há fatores de produção ociosos, um aumento exógeno no preço do tecido que acarrete uma variação positiva na oferta deste implica um aumento da demanda (e, portanto, do preço) do fator usado intensivamente na fabricação desse produto.

Se tanto Pk como PL (ou a taxa de retorno do capital, r, e os salários reais, w) crescerem mais que 10 %, então o preço do tecido teria de crescer mais que 10%. Se ambos crescerem menos que 10%, isto também seria verdade para o preço dos tecidos. Portanto, para que o preço dos tecidos cresça exatamente 10%, é necessário que o preço do capital cresça mais que 10% e o do trabalho menos que 10%.

O preço do vinho, entretanto, não se alterou. Neste caso, como houve uma alteração em kv, os salários reais teriam que ter crescimento negativo e a taxa de retorno do capital positivo. Portanto, pode-se estabelecer uma ordem nas mudanças proporcionais no preço dos fatores e dos produtos:

$$\uparrow_r > \uparrow_T > \uparrow_V > \uparrow_w$$

Teorema de Rybczynski

O quarto e último dos teoremas fundamentais discutidos nessa seção, o teorema de Rybczynski, trata de uma relação similar à discutida pelo teorema de Stolper-Samuelson. Entretanto, a relação discutida não é mais a relativa às alterações na taxa de retorno dos fatores devido à alteração no preço das mercadorias, mas sim, uma vez que o preço dessas se mantenha inalterado, quais alterações uma mudança na dotação dos fatores acarreta no nível de produção das mercadorias. Ou seja, enquanto o teorema de Stolper-Samuelson discute variações nos preços das mercadorias e dos fatores, o teorema de Rybczynski discute o efeito da variação das quantidades dos fatores sobre as mercadorias produzidas. Segundo esse teorema, com o crescimento da oferta de um fator de produção pode-se observar um "efeito de ampliação", com crescimento mais do que proporcional do produto da mercadoria que usa de forma intensiva o fator cuja oferta se expandiu.

O efeito do aumento da oferta de um fator de produção é ilustrado na Figura 1.3, onde desenhou-se as linhas KK e LL representando a combinação dos produtos tecido e vinho, compatíveis com o pleno emprego de uma dada dotação de fatores de produção capital e trabalho, respectivamente. Esses pontos podem ser representados como linhas retas, porque sabemos

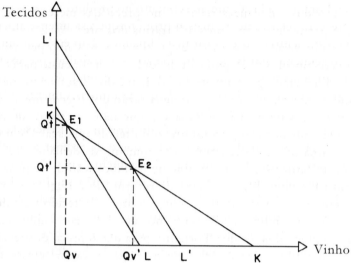

Figura 1.3
Dotação dos fatores e teorema de Rybzcynski

pelos teoremas anteriores que, uma vez que o preço das mercadorias são mantido constante, o preço dos fatores e a razão k dos fatores de produção também serão constantes. Portanto, mantido constante o preço das mercadorias, podemos ignorar a substituição dos fatores para analisar o efeito do crescimento de suas ofertas.[32]

Essas curvas têm inclinação constante porque o k de ambos os setores é necessariamente fixo, dado que o preço dos fatores não se altera. Portanto, o montante que o produto de um setor deve contrair para liberar recursos suficientes para a produção de uma unidade adicional do outro produto é independente do nível do produto. A linha KK é menos inclinada porque, dado um aumento da produção do setor intensivo em trabalho, a redução da produção da mercadoria intensiva em capital dá-se mais em função das restrições da oferta de trabalho do que da oferta de capital. Finalmente, a inclinação negativa de ambas as curvas é explicada pelo fato de que, para uma determinada dotação de fatores, o crescimento do produto e da demanda de um fator deve ser compensado pela redução do produto e da demanda de um outro fator.

Seja E1 o ponto de equilíbrio no qual ambos os fatores estão em pleno emprego. Suponha que pelo crescimento da população haja um aumento da oferta de mão-de-obra que leve LL a deslocar-se para a direita. O novo equilíbrio é, portanto, E2, ponto em que a produção de V subiu de Qv para Qv' e a produção de T caiu de Qt para Qt'. Se a oferta de ambos os fatores se

[32] Ver a interessante discussão desse teorema em Vousden, 1990, pp. 13-15.

alterar, embora possa haver um crescimento no produto de ambas as mercadorias, crescerá relativamente mais o produto que usa intensivamente o fator cujo crescimento da oferta for mais dinâmico. Isto é, se em uma economia em crescimento um fator de produção — o trabalho, por exemplo, — crescer relativamente mais que outro fator — o capital, digamos, — o setor mais dinâmico da economia será aquele que usa intensivamente o fator com maior taxa de expansão (trabalho).

Finalmente, o "efeito de ampliação" do teorema de Rybcynski pode ser mostrado intuitivamente da mesma forma que o de Stolper-Samuelson. Suponha que a oferta de força de trabalho aumente em 10%. Com preços inalterados, o equilíbrio dos preços dos fatores não se altera. Logo, com dois produtos, o produto de ambos não poderia crescer mais do que 10%, porque isto exigiria mais capital; no entanto, também não poderia crescer menos do que 10%, pois nesse caso haveria mão-de-obra desempregada. Então, o produto que usasse intensivamente trabalho deveria crescer mais do que 10%. Porém, a expansão do produto desse setor implicaria deslocamento de capital do setor intensivo neste fator. Como a oferta de capital não se alterou, para que tal fato ocorra é necessário que haja uma queda da produção da mercadoria que usa intensivamente o fator capital.

ECONOMIAS DE ESCALA, CONCORRÊNCIA MONOPOLÍSTICA E COMÉRCIO INTRA-INDUSTRIAL

Na década de 1980 a literatura acadêmica sobre comércio internacional foi marcada pelo desenvolvimento de uma série de modelos que discutiam as implicações de economias de escala ou de concorrência monopolística na teoria neoclássica do comércio internacional.[33]

Em 1985 Paul Krugman e Elhanan Helpman publicaram um livro (*Market Structure and Foreign Trade: Increasing Returns, Imperfect Competition and International Economy*) a que normalmente se atribui o marco inicial do que ficou conhecido como Nova Economia Internacional.[34] A grande produção acadêmica de Krugman e o fato de esse autor ser, além de competente teórico, um grande divulgador de idéias levou muitos economistas a concluir que presenciava-se um novo ciclo de inovação teórica nesse campo de conhecimento.[35]

Entretanto, os temas e as idéias discutidas nessa abordagem não são novos, e sua única originalidade reside no tratamento formal de questões já

---

[33] Dois artigos de Krugman (1979 e 1980) marcam o início deste ciclo de trabalhos sobre comércio internacional enfocando economias de escala e competição imperfeita.

[34] Ver, por exemplo, Warsh, 1993, p. 86. O nome Nova Teoria do Comércio Internacional também tem sido atribuído aos novos modelos de comércio internacional.

[35] Krugman tem escrito com freqüência na imprensa diária e em publicações como a revista *Foreign Affairs* que alcançam um público mais amplo do que o formado por economistas acadêmicos. Além disso, Krugman é autor, juntamente com Maurice Obstfeld, de um popular manual de economia internacional nos Estados Unidos.

discutidas há meio século. Charles P. Kindleberger (1993, p. 56), autor de muitos livros importantes de economia internacional e durante muitos anos professor dessa disciplina no MIT (Massachusetts Institute of Technology), refletiu bem o mérito relativo dos novos modelos de comércio internacional quando afirmou, sem esconder uma certa dose de ironia: "Eu confesso alguma irritação com a defesa de Krugman de que sua teoria do comércio internacional é nova somente porque oferece uma verdade já bastante usada em forma de equação."[36] Não obstante, vale a pena tratar esses temas como extensões do modelo de Heckscher-Ohlin, com ênfase em algumas alterações relevantes nas conclusões dos quatro teoremas básicos da teoria pura do comércio internacional, devido ao abandono de algumas de suas premissas.

A especialização decorrente da abertura do comércio internacional, aumentando o mercado para produtos antes restritos ao âmbito doméstico, faz com que a existência de economias de escala aumente ainda mais os ganhos de comércio. Embora esse fato seja reconhecido há longo tempo, tal característica não teve um papel relevante na teoria pura do comércio internacional porque, em muitos casos, modelos de economias de escala fazem com que os padrões de comércio internacional fiquem indeterminados.[37] Quer dizer, embora não seja difícil demonstrar que, em um modelo 2x2x2, a economia de escala é razão suficiente para que haja especialização e ganhos com o comércio internacional, a determinação da natureza de sua especialização é exógena ao sistema, isto é, depende da história. Ou, no caso particular das economias de escala serem segmentadas nacionalmente, do tamanho do mercado em autarquia.

Isso pode ser demonstrado por um modelo muito simples proposto por Pomfret (1993), que apresentamos graficamente na Figura 1.4. Suponha duas economias idênticas, com rendimentos crescentes de escala para a produção de duas mercadorias T e V. Note que com essa premissa a curva de possibilidade de produção é convexa em relação à origem. Na ausência de comércio exterior, ambos os países produzirão e consumirão a combinação de produtos E1. Com o comércio exterior, ambos se especializarão na produção de um produto, e seu consumo aumentará para E2.

Como observamos nesse exemplo de grande simplicidade, a existência de rendimentos crescentes de escala é condição suficiente para a criação de comércio, mesmo para economias idênticas, porque a mudança de autarquia para uma economia aberta ao comércio exterior leva a um ganho de bem-estar. En-

---

[36] O próprio E. Helpman, em seu *survey* sobre teoria do comércio internacional, retornos crescentes de escala e concorrência imperfeita para o *Handbook of International Economics*, remonta a Marshall e apresenta o debate entre Knight e Graham na década de 1920 sobre o tema. Kindleberger (1993, p. 56), discutindo a originalidade da Nova Economia Internacional, lembrou que seu livro texto, publicado em 1953, discorreu longamente sobre economias de escala em comércio exterior, baseado em artigo de John Williams, de 1929. Lembra ainda que Kenneth Arrow formalizou o modelo de Marshall de custos decrescentes no longo prazo, o que foi rapidamente incorporado à teoria do comércio internacional.

[37] Ver Ohlin,1933, cap. 3.

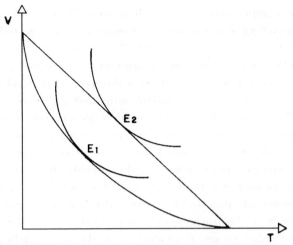

Figura 1.4
Comércio internacional com economias de escala

tretanto, o padrão do comércio é completamente indefinido. Isto é, não podemos dizer, a priori, quem se especializará na produção de T ou de V. Contudo, se duas economias com dotações relativas de fatores idênticas, mas com diferentes tamanhos de mercado interno, produzindo em autarquia duas mercadorias, uma com rendimentos constantes e outra com rendimentos crescentes de escalas, com livre comércio a economia de maior mercado interno se especializará na produção do produto com rendimentos crescentes de escala.

A discussão sobre economias de escala no comércio internacional exige, no entanto, a especificação da natureza dessas características. Isto é, se as economias de escala são (i) internas à firma ou se são (ii) externas à firma e internas à indústria. No primeiro caso as economias de escala dependem do tamanho da firma individual, mas não necessariamente da indústria como um todo. No segundo caso as economias de escala dependem do tamanho da indústria, mas não necessariamente da firma individual.[38]

Tanto as economias de escala externas ou internas levam do mesmo modo. à indeterminação dos padrões de comércio. Economias internas de escala são, no entanto, mais difíceis de tratar porque elas são inconsistentes com mercados perfeitamente competitivos (Pomfret, 1993, p. 84).

Em mercados perfeitamente competitivos os preços são dados para a firma individual. Nesse nível de preço a empresa poderá vender o que conseguir produzir a um custo médio igual ou inferior ao preço de mercado.

---

[38] Helpman, 1984, p. 330, observa que o conceito de indústria para a definição de economia externa é controverso na literatura. A visão mais amplamente difundida é que uma economia nacional é a unidade adequada de análise. Entretanto, pode-se também imaginar que uma economia internacional integrada pelo comércio exterior é a unidade adequada para analisar economias de escala externas.

Com concorrência imperfeita as firmas podem influenciar os preços de mercado. Nesse caso, para aumentar suas vendas elas têm de reduzir seus preços.

No caso da existência de uma única firma em um mercado, temos um monopólio puro. Nessa situação a firma produzirá até um nível em que a receita marginal da venda de uma unidade adicional do produto iguale o custo marginal. A receita marginal para o monopolista é sempre inferior ao preço porque para vender uma unidade adicional a empresa é obrigada a reduzir todos os preços, e não apenas o do último produto vendido.

Quando uma estrutura de mercado é caracterizada não por uma única empresa, mas por um pequeno número delas, todas com poder de influenciar o mercado, temos uma situação de oligopólio. Essa é a estrutura de mercado mais comum de ser encontrada, porque normalmente os lucros de um mercado monopolizado são um fator de atração para a entrada de outras firmas.[39] Nesse cenário, a política de preços dessas empresas será interdependente, ou seja, a decisão de cada empresa sobre o preço de seus produtos interfere e influencia a decisão das outras empresas.

Há dois padrões clássicos de mercados oligopolizados: o oligopólio concentrado e o oligopólio diferenciado. No primeiro caso, um número pequeno de empresas que produzem bens suficientemente homogêneos ou escassamente diferenciados controla toda a produção ou sua maior parte. No segundo as firmas diferenciam seus produtos de seus concorrentes por meio de expedientes como marca, design etc. Estas também consideram o preço cobrado por seus concorrentes como dado; isto é, consideram que esses, dada a diferenciação de seus produtos, têm pouca relevância para sua política de preços. O modelo de competição imperfeita em oligopólios diferenciados é conhecido na literatura como concorrência monopolística. Neste caso, dada a diferenciação dos produtos sob o ponto de vista dos consumidores, o conceito de indústria perde seu significado e o conceito de mercado é válido apenas se se distingue o mercado "particular" dos produtos de cada empresa e o mercado geral, que compreende estes e seus substitutos mais próximos (Labini, 1966, p. 27).[40]

O debate sobre economias externas de escala distingue o caso em que o mercado nacional é segmentado (sendo então o tamanho do mercado interno o fato relevante) do caso em que o tamanho do mercado deve ser consi-

---

[39] Entretanto, a entrada efetiva de outras firmas depende das barreiras à entrada, do tamanho do mercado, de quase-renda geradas pelo monopólio etc.

[40] Kaldor, em celebrado artigo de 1935, argumenta que na concorrência imperfeita existe uma cadeia de grupos oligopolistas que compõem o mercado. Isto é, uma empresa está em concorrência direta com algumas poucas outras que, por sua vez, concorrem com outras, e assim por diante. Labini (1966, pp. 28) argumenta que a importância da observação de Kaldor é que ele mostra que o mercado onde vigora a concorrência imperfeita não está de todo disperso e, portanto, a unidade para a análise teórica não é a empresa isolada, mas o grupo de empresas que estão em concorrência direta.

derado em escala internacional. Se não há segmentação do mercado nacional, aplica-se na análise dos fluxos de comércio o mesmo instrumental analítico do modelo Heckscher-Ohlin. Isto é, nesta situação os níveis relativos de produção das mercadorias transacionadas são determinados apenas pela dotação de fatores, já que o tamanho do mercado relevante é idêntico para todos os países. Portanto, mantêm-se válidos os quatro teoremas básicos da teoria pura do comércio internacional.

Tal fato não ocorre quando se supõe economias nacionais de escala. Neste caso o tamanho do mercado interno será fundamental na determinação dos fluxos de comércio. Em um modelo 2x2x2, onde ambos os países têm idêntica dotação relativa de fatores, com rendimentos constantes de escala para um produto e crescentes para o outro, se um dos países for maior que o outro, este terá, em autarquia, um preço menor para o produto com economias de escala que o outro país. Contudo, o preço dos produtos e os retornos dos fatores de produção em autarquia não servem como indicadores do padrão do comércio, com a abertura do mercado (Helpman, 1990, p. 339).

Há muito sabe-se que retornos crescentes de escala, em nível nacional, resultam em equilíbrios múltiplos, que são difíceis de tratar analiticamente (Chipman, 1965; Ethier, 1979; Helpman, 1990). Entretanto, pode-se demonstrar que neste caso os quatro teoremas centrais do modelo Heckscher-Ohlin ficam indeterminados. Com retornos nacionais crescentes de escala, países com diferentes dotações de fatores têm diferentes preços de fatores, mesmo se as dotações relativas forem idênticas. Neste caso os diferentes preços dos fatores de produção, afetando os custos relativos, afetarão os padrões de comércio. O caso padrão para países idênticos, com tamanhos distintos, será o da especialização no produto de maior mercado interno. Mas, para países com diferentes dotações relativas de fatores, tanto o teorema de Stolper-Samuelson — que trata dos efeitos de um aumento autônomo do preço de um produto no retorno relativo dos fatores — como o teorema de Rybczynski — que trata do efeito de um crescimento autônomo na dotação de um fator sobre o produto relativo dos bens produzidos nacionalmente — são alterados de modo considerável.

No tocante ao teorema de Stolper-Samuelson, sua validade baseia-se no fato de que a relação entre o preço das mercadorias e o retorno dos fatores é independente do nível do produto. Uma vez que as mudanças no nível do produto afetam os custos absolutos e relativos de produção, o efeito de um aumento de preço de uma mercadoria sobre o retorno real dos fatores depende dos efeitos que a mudança do nível do produto provoca na estrutura setorial de custos. Neste caso, o retorno dos fatores se altera pela variação do preço de um dos produtos, mas também pela variação no custo devido à diferença de escala de produção. Portanto, um aumento no preço de um produto pode fazer com que o retorno do fator usado intensivamente em sua produção cresça, não se altere ou seja reduzido, dependendo do efeito indireto da escala de produção sobre o custo. O teorema de Rybczysnski, com retorno nacionais de escala, também fica indeterminado. Neste caso o crescimento de qualquer fator pode fazer com que o produto que o usava abundantemente se expanda, fique inalterado ou decresça, dependendo dos efeitos que o aumento da escala de produção provoque na estrutura de custo.[41]

O debate sobre concorrência monopolista, no entanto, é o campo mais relevante para a discussão do comércio internacional no período recente, porque a maior parte do comércio mundial ocorre não entre países que especializam-se na produção de produtos distintos, mas entre países que comercializam os mesmos produtos. Ou seja, a maior parte do comércio mundial não ocorre segundo o modelo centro-periferia, onde o padrão do comércio é dado pela exportação de produtos primários ou manufaturados, de baixo nível tecnológico, em troca de produtos industriais ou de alto nível tecnológico, mas entre países que exportam e importam produtos similares, como, por exemplo, França e Alemanha, que exportam e importam carros entre si.[42]

A explicação desse fenômeno baseia-se no fato de que produtos similares são vistos pelos consumidores como diferentes, em função de características reais ou imaginárias, de marca, preferências individuais etc. Assim, um Mercedes, embora sirva tão bem para o transporte de passageiros quanto um Renault, tem um papel simbólico diferente no imaginário dos consumidores, podendo por isso ser vendido com preços bastantes distintos, para mercados também distintos.

Isto é, em um mercado de concorrência imperfeita, em que a concorrência se faz com a diferenciação de produtos, os ganhos do comércio podem vir com o aumento de variedades de produtos disponíveis para o consumidor. Em função da existência de economias de escala e de barreiras à entrada, nenhum país produz todos os produtos manufaturados possíveis, mas cada um pode produzir diferentes tipos (ou marcas) de produtos similares.[43]

O comércio intra-industrial de um produto em um país determinado é medido pela seguinte fórmula:

$$T_i = \boxed{\frac{(x+m)-|x-m|}{x+m}}$$

[41] Helpman, 1990, pp. 341-348, faz uma excelente resenha do debate sobre economias nacionais de escala, apresentando uma demonstração formal de suas implicações para o modelo Heckscher-Ohlin.

[42] Observe-se, contudo, que a maior parte das exportações dos países subdesenvolvidos ainda se inscreve dentro do modelo centro-periferia. Apenas alguns poucos NICs asiáticos e latino-americanos têm uma expressiva parte de suas exportações compostas de produtos manufaturados com razoável nível de tecnologia incorporada.

[43] Ver sobre o tema o artigo clássico de Dixit e Stiglitz, 1977. Para uma discussão didática sobre o assunto, ver a resenha de S. Smith (1994).

Onde x e m são respectivamente a exportação e a importação do produto, usando-se, em geral, o índice de agregação de três dígitos do SITC (Standard International Trade Classification) e |x-m| é o valor absoluto das exportações menos as importações desse produto.

Quando x ou m tem valor zero, todo comércio é interindustrial. Isto é, o país só exporta, ou só importa esse produto. Quando todo o comércio é intra-industrial, Ti é igual a 1.[44]

A maior parte do comércio mundial é intra-industrial, sendo este o modelo padrão nas relações econômicas entre países desenvolvidos. Algumas relações demonstradas empiricamente indicam a natureza desse comércio. Primeiro, o nível do comércio mundial é positivamente relacionado com a renda per capita. Segundo, este é claramente maior no setor manufatureiro do que no setor primário. Por fim, existe uma relação entre comércio intra-industrial no que diz respeito à distância e ao nível de liberalização do comércio. Países vizinhos costumam ter uma maior parte do comércio bilateral na forma intra-industrial. A redução de barreiras comerciais aumenta a relação do comércio intra-industrial sobre o comércio total.

RELEVÂNCIA E TESTES EMPÍRICOS

A teoria neoclássica do comércio internacional é uma das áreas da economia mais desenvolvidas e de maior influência na visão de mundo, não apenas de economistas acadêmicos, mas de vastos setores de formadores de opinião, inclusive empresários, jornalistas, políticos etc. Entretanto, muitas proposições geralmente imputadas a essa teoria são muito mais posições doutrinárias do que conclusões baseadas nos modelos teóricos de grande elegância formal e sofisticado refinamento lógico desenvolvidos por essa corrente de pensamento. Os quatros teoremas fundamentais dessa abordagem pressupõem o estrito cumprimento de premissas, sem as quais esses modelos não fazem sentido. O levantamento de cada premissa tem implicações para a validade dos modelos, e vários economistas fizeram carreira estudando as implicações do abandono de algumas delas.

Por exemplo, abandonando-se a premissa de país pequeno, um aspecto relativamente menor no modelo Heckscher-Ohlin, pode-se chegar à conclusão de que, dependendo da natureza da elasticidade da oferta e da demanda de um bem no mercado internacional, o teorema Stolper-Samuelson tem seus efeitos invertidos. Isto é, suponha que uma barreira comercial imposta por um grande importador mundial reduza a demanda por um bem e seu preço internacionalmente. Se a queda no preço desse bem for suficiente para fazer com que este acabe por ser ainda mais baixo no mercado doméstico

---

[44] A referência padrão para o tema de comércio intra-industrial é a coletânea de Grubel e Lloyd, 1975. Pomfret, 1993, cap. 3, também apresenta uma excelente discussão sobre esse tema.

desse país do que antes da imposição da tarifa, o retorno real do fator usado abundantemente para produzir esse bem deverá cair.[45] Entretanto, o teorema de Stolper-Samuelson é um dos mais robustos entre os teoremas fundamentais: ele exige apenas uma pequena parte das premissas requeridas para o conjunto do modelo Heckscher-Olhin, sendo por isso muito mais amplamente aplicado do que, por exemplo, o teorema da equalização do preço dos fatores. A validade deste último depende do total de premissas do modelo.[46]

O teorema da equalização dos preços dos fatores sempre encontrou mais resistências à sua aceitação do que o de Rybczynski ou o de Stolper-Samuelson. Isto porque uma observação rápida na economia mundial é suficiente para mostrar que a remuneração dos fatores de produção é extremamente distinta entre os países. Dadas suas premissas, no entanto, suas conclusões são inquestionáveis. Aliás, pode-se demonstrar que um perfeito substituto do livre comércio seria a autarquia, com perfeita mobilidade dos fatores. Neste caso, como mostrou Mundell (1957), há também equalização dos preços dos fatores e maximização da utilidade ao mesmo nível do caso de livre comércio, com fatores de produção imóveis internacionalmente.

Testes empíricos para o modelo de Heckscher-Ohlin também têm trazido resultados irregulares. Desde a década de 1960, após um famoso estudo de Leontief, verificou-se que a proposição básica sobre padrões de comércio internacional do modelo Heckscher-Ohlin, isto é, que em livre comércio os países exportarão o produto intensivo no fator relativamente abundante domesticamente, não é de fácil aplicação para o caso dos EUA. Leontief (1953) concluiu que os EUA exportavam produtos intensivos em mão-de-obra e importavam produtos intensivos em capital. Essa conclusão ficou conhecida como paradoxo de Leontief. Por outro lado, inúmeros estudos mostram que entre países industrializados o comércio intra-industrial, que não é tratado pelo modelo de Heckscher-Ohlin, é mais freqüente que o comércio interindustrial.

Os quatro teoremas fundamentais da teoria pura do comércio internacional não são capazes de demonstrar que o livre comércio de todos os produtos, com todos os países e sob qualquer circunstância é necessariamente a melhor escolha de política comercial. Tal proposição é uma doutrina econômica, baseada em modelos de economia normativa, cujas conclusões estão longe de ser definitivas. A teoria, contudo, mostra de forma inegável as condições em que o livre comércio leva a ganhos de comércio e, ainda, apresenta fortes indícios de que mais comércio é melhor que menos comércio, um

---

[45] Esse caso é conhecido como paradoxo de Metzler. Ver Metzler, 1949a. Para um tratamento simplificado, ver Pomfret, 1993, p. 43.

[46] Um problema tanto do teorema de Stolper-Samuelson como do de Rybczynski é que eles não são generalizáveis de um modelo 2x2x2 para um modelo n x n x n. Tentativas de fazê-lo implicam o uso de premissas mais heróicas ou conclusões mais restritas. Ver sobre isto Chipman, 1989, pp. 931-932.

conhecimento, aliás, que remonta à discussão sobre os ganhos do comércio em Adam Smith.

A teoria neoclássica de comércio internacional, particularmente o modelo Heckscher-Ohlin, é de grande utilidade para o estudo de equilíbrio parcial. Por exemplo, podemos discutir o comércio bilateral de sapatos entre os Estados Unidos e o Brasil usando-se o modelo de Heckscher-Ohlin. Como a tecnologia para a produção de sapatos é difundida internacionalmente, é razoável supor que as tecnologias norte-americana e brasileira na produção de sapatos sejam similares. Nesse caso, na ausência de barreiras ao comércio bilateral podemos imaginar que o Brasil tende a aumentar suas exportações de sapatos para esse país, deslocando indústrias locais, até o momento em que teoricamente equalize o custo do trabalho entre o Brasil e os Estados Unidos. Mas como a indústria de sapatos não é suficientemente importante nos Estados Unidos para alterar o nível dos salários na economia, teríamos um caso de completa especialização, onde a produção norte-americana de sapatos seria zero, sendo que capitais e mão-de-obra nessa indústria seriam deslocados para atividades mais intensivas em capital. Justamente porque o modelo Heckscher-Ohlin é uma razoável aproximação do mundo real, o setor produtor de calçados dos Estados Unidos solicitou (e obteve) a imposição de barreiras não-tarifárias à importação desse produto de países em desenvolvimento.

Inversamente, países com dotações de fatores similares tendem a ter suas transações caracterizadas por elevada percentagem de comércio intra-industrial. Uma proposição geral seria, portanto, que quanto mais similares forem as dotações domésticas de fatores de produção, a infra-estrutura material e social desses países, inclusive renda per capita e nível educacional, maior será a proporção de comércio intra-industrial desses países. Este é o modelo de comércio entre países desenvolvidos ou entre países em desenvolvimento com estruturas produtivas similares, como, por exemplo, o Brasil e a Argentina. Quanto mais diferentes forem as dotações domésticas de fatores de produção, e maiores as diferenças de renda per capita e outros indicadores de infra-estrutura material e social, o comércio terá maior probabilidade de ser caracterizado por um modelo centro-periferia, onde o comércio será majoritariamente interindustrial.

Entendido como um instrumento para a compreensão de determinados problemas, o modelo neoclássico de comércio internacional é válido e de grande interesse em questões concretas. Visto como fundamento de uma doutrina simplificadora quanto ao funcionamento da economia mundial, tal abordagem é parcial e distorcida. Por esse motivo, encerramos esta seção com uma lição de um velho mestre de economia internacional, Charles Kindleberger: "Economia é uma caixa de ferramentas, como afirmou Joan Robinson e como Schumpeter não cansava de repetir. Diferentes problemas requerem diferentes modelos de análise." (Kindleberger, 1993, p. 59)

CAPÍTULO
2

Protecionismo e políticas comerciais

A ECONOMIA POLÍTICA DA PROTEÇÃO COMERCIAL

Desde Adam Smith a defesa do livre comércio como mecanismo gerador de ganhos de bem-estar e de difusão do desenvolvimento econômico vem recebendo o apoio da maioria dos economistas. Entretanto, a visão contrária, isto é, de que não há evidências de que o livre comércio acarrete necessariamente ganhos de bem-estar, vem sendo desde então defendida por um grupo minoritário porém influente de economistas, em geral de países em desenvolvimento, periféricos ao centro mais avançado de sua época, tais como Hamilton, no século XVIII, List, no século XIX, e Prebisch, no século XX. Mais recentemente, na discussão sobre política comercial estratégica, vários economistas de países centrais vêm apresentando novos argumentos defendendo o uso de intervenção estatal para corrigir falhas de mercado nas relações econômicas internacionais e aumentar a capacidade de geração de renda doméstica, ou redistribuir domesticamente os ganhos do comércio exterior.[1]

Portanto, o debate sobre protecionismo e liberalização comercial tem em sua origem duas visões conflitantes sobre ganhos de comércio e a natureza do desenvolvimento econômico. Se há sempre aumento de bem-estar com o livre comércio, se o desenvolvimento econômico difunde-se para outros países pelos mecanismos de mercado, principalmente pelo comércio internacional, o livre comércio seria a política comercial mais adequada, tanto aos países mais desenvolvidos como aos menos desenvolvidos. Por outro lado, se as relações econômicas internacionais não são sempre um jogo de soma positiva, e se em uma situação de livre comércio nem sempre está garantida a melhoria de bem-estar, nem que o desenvolvimento econômico se difunda espontaneamente para outros países, é possível que existam situ-

---

[1] A bibliografia sobre política comercial estratégica é vasta; podemos citar Krugman, 1993; Magee, 1994; Laussez e Montet, 1994.

ações em que uma política comercial protecionista seja a mais adequada para alguns países.

Mesmo entre economistas a visão favorável ao livre comércio varia enormemente com o período histórico ou com o país de origem. Frey, Pommerehne, Schneider e Gilbert, 1984, mostraram que enquanto 79% dos economistas norte-americanos acreditam que proteção reduz o bem-estar, entre os economistas alemães essa proporção é de 70%, entre os suíços 47%, entre os austríacos 44% e, entre os franceses, apenas 27%. Se tal pesquisa fosse feita em meados do século XIX, certamente o número de norte-americanos e alemães favoráveis ao livre comércio seria bem menor, enquanto a quase totalidade dos economistas ingleses e um número expressivo de franceses seriam favoráveis ao livre comércio. Da mesma forma, a economia mundial nos últimos duzentos anos tem se caracterizado por elevado nível de protecionismo, mesmo considerando-se que este oscila significativamente dependendo dos países e períodos considerados.

O principal argumento levantado no século XIX contra a visão de que o livre comércio levava a ganhos de bem-estar era a idéia da defesa da indústria nascente. Isto é, em uma economia com ganhos crescentes de escala as industrias dos países retardatários não conseguiriam obter a escala mínima de produção para concorrer com aquelas de países mais avançados. Nesse sentido, justificava-se proteger provisoriamente a indústria nascente contra a concorrência de indústrias maduras de países mais avançados. Essa proteção não seria absoluta nem eterna, mas apenas suficiente para permitir que os níveis de desenvolvimento dos países mais atrasados convergissem (*catch up*) com os dos países mais avançados.

A idéia de rendimentos crescentes de escala não era estranha ao pensamento clássico, afinal, o mecanismo de ganhos de comércio exterior imaginado por Adam Smith era essencialmente baseado em economias crescentes de escala, ou seja, para Adam Smith era o tamanho do mercado que, permitindo aumentar a divisão do trabalho, reduzia o custo de produção. Portanto, a idéia de proteger provisoriamente a indústria era defendida por conhecidos teóricos do protecionismo como Hamilton e List, mas não era rejeitada, como caso particular, por defensores do livre comércio como John Stuart Mill.

O argumento da indústria nascente tem, entretanto, seus problemas. Ela pressupõe que a indústria não tenha condições de investir para obter retorno a longo prazo. Tal investimento seria possível por intermédio do mercado de capitais, de empréstimos de bancos de investimentos ou de empréstimos de instituições de fomento do governo. Portanto, a proteção seria necessária apenas se a taxa de retorno do investimento não pagasse seu custo. Nesse caso, seria possível argumentar que tal indústria não compensaria o investimento e, então, a tarifa apenas reduziria o bem-estar do país, sem retorno a longo prazo. Finalmente, o argumento pressupõe um governo que tenha condições de discernir qual indústria valeria a pena ser protegida, isto é, em quais setores novas indústrias domésticas seriam capazes de atender ao mercado doméstico e competir com empresas estrangeiras, garantido um período inicial de transferência de recursos da sociedade.

Perda do consumidor e bem-estar social

Com a teoria neoclássica o debate se tornou mais complexo. Em um modelo de equilíbrio parcial pode-se construir uma situação em que uma tarifa é uma medida racional e é compatível com a manutenção do preço doméstico e mesmo com a redução do preço mundial. Por outro lado, em um modelo de equilíbrio geral a introdução de uma tarifa e, portanto, de uma imperfeição do mercado, seria incompatível com um ótimo paretiano.

Vejamos, inicialmente, um modelo de equilíbrio parcial mostrando perdas devidas à imposição de tarifa (ver Figura 2.1).

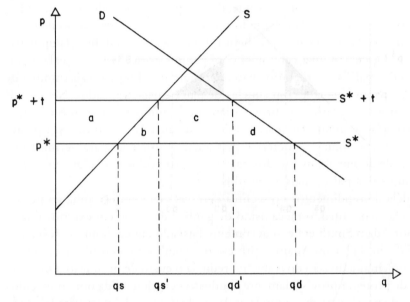

Figura 2.1
Modelo de equilíbrio parcial de proteção tarifária imposta por país pequeno

A Figura 2.1 ilustra o equilíbrio de mercado de uma indústria de um país pequeno, com livre comércio. A premissa de país pequeno implica que o preço mundial dos produtos importados p^* é dado, isto é, a curva de oferta mundial S^* é infinitamente elástica. Nesse caso a produção doméstica é qs e a demanda doméstica é qd, sendo que a importação corresponde a qd - qs.

Uma vez que o governo resolve impor uma tarifa *ad valorem* sobre a importação desse produto, o preço doméstico aumenta para $p^* + t$. A esse novo preço a demanda doméstica cai de qd para qd', e a oferta doméstica aumenta de qs para qs'.

Nessa situação poderíamos verificar os efeitos sobre a tarifa no nível de bem-estar da seguinte maneira:

a — A perda dos consumidores corresponde à soma das áreas a+b+c+d; eles perderiam pela redução do consumo desse produto e pela alta de preço deste;

b — os produtores domésticos desse bem ganham pelo aumento da produção, correspondente à área a;

c — o governo ganharia com o aumento de sua receita tributária, correspondente à área c;

d — a perda líquida social do país seria, portanto, o resultado da subtração entre o total das perdas e o total dos ganhos, o que corresponde a b+d.

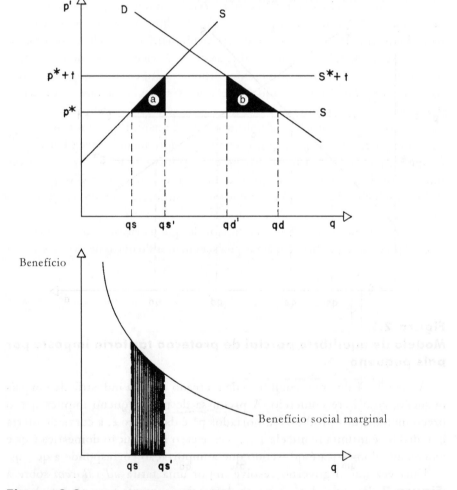

Figura 2.2
Proteção tarifária em um contexto de falha de mercado (benefícios sociais marginais)

O modelo descrito na Figura 2.1, no entanto, ignora ganhos sociais que o aumento da produção doméstica pode acarretar. Estes podem ser, por exemplo, a absorção de mão-de-obra, antes empregada fora da economia de mercado em um setor de subsistência, ou, ainda, o efeito multiplicador do aumento da produção doméstica.

O modelo representado a seguir na Figura 2.2 capta esses efeitos, acrescentando uma curva de benefícios sociais marginais, correspondentes ao aumento da produção. Nesse caso, a área sombreada abaixo da curva BS é maior que os triângulos de bem-estar social, a e b, sombreados no gráfico superior da figura. Isto sugere que os benefícios sociais marginais foram maiores que as perdas de bem-estar devidas à imposição da tarifa. A política tarifária, então, não apenas não causou prejuízos como acarretou um ganho líquido de bem-estar.

Um outro modelo, em que as tarifas seriam vantajosas, pode ser ilustrado pela Figura 2.3. Neste caso a premissa é de rendimentos crescentes de escala para a indústria doméstica de um determinado bem, como televisão colorida, digamos, em um país pequeno. Isto é, aos preços vigentes no mercado internacional a oferta em livre comércio é infinitamente elástica. Suponha que o país representado ficou atrasado em relação ao resto do mundo na produção desse bem. Ao preço internacional p*, não haverá início de produção nacional, pois o custo de produzir domesticamente a quantidade mínima de televisores qm (correspondente a, por exemplo, um lote de uma única fábrica) qlc é superior ao preço p*. Entretanto, no caso da introdução da tarifa t, o preço internacional fica superior ao preço doméstico em todos os casos, permitindo o surgimento de uma oferta doméstica. Com o crescimento da produção doméstica o preço interno irá caindo até se estabilizar em pa. Nesta situação o consumo doméstico do bem será maior do que na situação de livre comércio, e o preço de equilíbrio em autarquia será menor do que o de livre comércio.

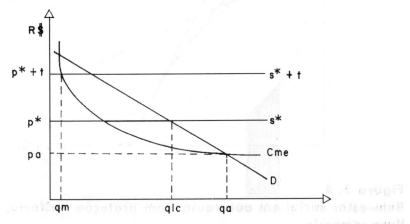

Figura 2. 3
Proteção tarifária em um contexto de falha de mercado (rendimentos crescentes de escala)

Em um modelo de equilíbrio geral pode-se demonstrar quais tarifas acarretam redução de bem-estar social. Na Figura 2.4, apresentamos três níveis de bem-estar: o primeiro corresponde à situação de autarquia Ea, onde são produzidos e consumidos dois bens, vinho e tecido. No terceiro apresentamos a situação de livre comércio Elc, que em nosso modelo implica especialização, e maior nível de bem-estar. Em uma situação intermediária introduzimos a tarifa que permite alguma produção nacional de tecido Et e um nível de bem-estar intermediário.

Observe-se, contudo, que esse modelo implica a aceitação das premissas da teoria de Herckscher-Ohlin. Suas conclusões são, portanto, "tão boas como suas premissas" (Grossman). Isto é, tal modelo permite-nos afirmar que o livre comércio é a melhor política comercial no comércio bilateral de países que empregam tecnologias similares e têm preferências idênticas que os permitem produzir em autarquia os mesmos bens, com custos diferentes, em vista das diferentes dotações de fatores de produção. Tal modelo não é aplicável para casos de economias crescentes de escala, nos termos da discussão realizada no Capítulo 1.

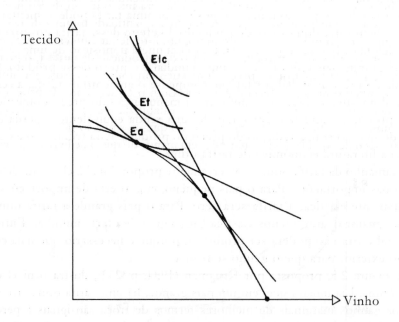

Figura 2. 4
Bem-estar social em autarquia, com proteção tarifária, e em livre comércio

País grande e tarifa ótima

Na discussão anterior a premissa de país pequeno estava implícita. Isto é, partíamos do pressuposto de que o mercado mundial era tão maior que o doméstico que a oferta e a demanda mundiais eram infinitas aos preços de mercado. Entretanto, em muitos casos a participação de um país na oferta e demanda mundiais é tão significativa que influencia os preços internacionais. Na hipótese de país grande, portanto, a demanda e a oferta domésticas são relevantes para os preços internacionais. Países como Brasil, EUA, China, Índia e Rússia são países de grande população, grande extensão territorial e grande demanda atual ou potencial. Uma teoria de comércio internacional aplicada a esses países deve, em várias situações, considerar a hipótese de país grande.

Observe-se, contudo, que o conceito de país grande é econômico, não geográfico. Por exemplo, a Arábia Saudita é um país grande no que se refere à oferta de petróleo, e o Chile no tocante à oferta de cobre. Pelo lado do consumo, o país grande por excelência são os EUA. Este país tem não apenas uma das maiores rendas per capita do mundo, mas também é o terceiro maior em tamanho de população. Os EUA são o maior importador mundial, sendo que sua demanda doméstica influencia o preço internacional de vários produtos.

No caso de um país grande, a imposição de uma tarifa pode aumentar o nível de bem-estar doméstico, dependendo do efeito dessa tarifa nos preços internacionais. Isto é, suponha a situação em que a imposição de uma tarifa por um grande país reduza o consumo mundial e o preço desse produto. Se a queda do preço mundial for tal que compense o aumento da tarifa, a economia doméstica poderá se beneficiar da manutenção do preço doméstico desse produto, e ainda se apropriar de uma renda equivalente à perda do resto do mundo com a redução do preço do produto. Esta tributação é chamada na literatura econômica de tarifa ótima.

O tamanho da tarifa ótima é inversamente proporcional à elasticidade da oferta das importações. Para o país pequeno, cuja oferta de importações é infinitamente elástica, a tarifa será zero. Para o país grande a tarifa ótima será tão maior quanto menos elástica for a curva de oferta mundial. Entretanto, tal tarifa não poderá ser proibitiva, porque é necessário que haja comércio exterior para que o ganho se realize.

A Figura 2.5, proposta por Krugman (1994, p. 232), ilustra o nível de tarifa ótima. Ela mostra que, em um país grande, há uma tarifa ótima To, na qual os ganhos marginais de melhores termos de troca são iguais à perda marginal de eficência das distorções da produção e do consumo. A tarifa Tp representa um nível de tributação proibitivo, onde a importação é igual a zero.

O conceito de tarifa ótima mostra como um país grande pode se beneficiar impondo uma perda sobre o resto do mundo. Um exemplo do uso de tarifa ótima é a tributação norte-americana sobre o suco de laranja brasileiro. Mesmo com elevada tributação o Brasil continua suprindo parte do mer-

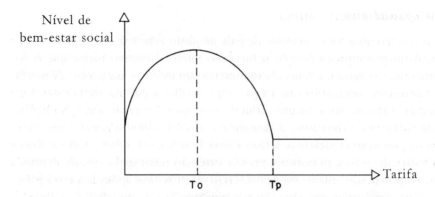

Figura 2.5
Tarifa ótima

cado norte-americano, perdendo, contudo, parte de sua receita para o governo norte-americano. É possível supor que o consumidor norte-americano não seja tão prejudicado, uma vez que em livre concorrência, o menor custo de produção no Brasil poderia fazer com que os produtores norte-americanos menos eficientes abandonassem essa atividade; entretanto, a maior demanda externa dos EUA aumentaria o preço no mercado internacional. Nesse caso, o preço vigente no mercado poderia ser similar ao atual. Com a tributação norte-americana, contudo, os produtores brasileiros perdem uma parte de sua renda, em benefício do governo norte-americano.

É possível fazer um raciocínio similar para a oferta de um país grande. Neste caso, com demanda internacional inelástica, um produto doméstico poderia ser tributado pelo governo, ou ainda sua oferta ser controlada por produtores domésticos, de tal forma que o aumento do preço leve a um aumento de receita maior do que à perda por redução do consumo. O Brasil, com o programa de valorização do café, beneficiou-se de sua situação de país grande. Os países produtores de petróleo, reunidos na OPEP, também se beneficiaram da inelasticidade da demanda mundial desse bem na década de 1970. O problema dessa política é que ela, aumentando a lucratividade da produção desse bem, estimula no longo prazo a entrada de novos concorrentes, com a futura redução do preço internacional e do poder de mercado desses países. Entretanto, se durante o período em que foi possível manter essa situação esses países investiram produtivamente a renda adicional, as perdas futuras poderão ser menores que os benefícios gerados durante um período limitado de tempo.[2]

---

[2] A visão predominante entre historiadores econômicos é que o Brasil beneficiou-se com a política de valorização do café, particularmente depois da década de 1930, quando reduziu o impacto negativo da crise internacional. A defesa clássica desta tese está em Furtado, 1963. Essa não é, entretanto, uma visão unânime, e há vários autores que defendem a hipótese de que os prejuízos de tal política foram maiores que seus benefícios. Ver, por exemplo, Peláez, 1972.

Proteção efetiva

O nível tarifário, sobretudo no caso de produtos industrializados, não pode ser adequadamente medido pelo nível das tarifas nominais. Isto porque uma tarifa sobre o produto final incide não apenas sobre o valor adicionado domesticamente, mas sobre os produtos e serviços importados. Neste caso, uma melhor forma de medir o grau de proteção dos produtores domésticos seria verificar a diferença sobre a tributação do produto final e aquela feita sobre os insumos importados. Isso significa que, para construir uma medida de proteção efetiva, devemos levar em conta o total da estrutura de proteção, tanto o valor adicionado domesticamente, como os insumos importados.

Para um produto particular a tarifa nominal *ad valorem* é o aumento proporcional entre o preço desse produto acrescido dos tributos que incidem sobre ele, e seu preço em livre comércio, ou seja :

$$T_n = \frac{p - p^*}{p^*}$$

Onde:
Tn = Tarifa nominal
p = preço doméstico do produto, isto é, pós-tarifação
p* = preço do produto, em livre comércio

Podemos definir a proteção efetiva de um setor como o aumento proporcional do valor adicionado por unidade de produto, relativa ao seu preço em livre comércio. A proteção efetiva pode ser medida pela seguinte fórmula:

$$TE = \frac{P_J^* T_J - \sum_i T_i P_i^* a_{ij}}{P_j^* - \sum P_i^* a_{ij}}$$

Onde:
Pj* = Preço do produto j, em livre comércio
Pi* = Preço do insumo i, em livre comércio
Tj = Tarifa *ad valorem* do produto J
Ti = Tarifa *ad valorem* do insumo i
aij = Valor percentual do insumo i necessário para produzir uma unidade
     de j

A tarifa efetiva é maior à medida que aumenta a diferença entre a tarifa nominal sobre o produto final e a tarifa sobre os insumos usados por uma indústria determinada. Um exemplo numérico pode facilitar a compreensão. Suponhamos que a proteção nominal da indústria automobilística no Brasil seja de 35%. Vamos imaginar três situações:

A montadora x, que produz um carro popular, que importa como insumo 10% do valor total do veículo.

A montadora y, que produz um carro médio, que importa como insumo 25% do valor total do veículo.

A montadora z, que produz um carro de luxo, que importa como insumo 50% do valor total do veículo.

Suponhamos que a tarifa nominal média sobre os insumos seja de 10% em todos os três casos. Como estamos medindo a tarifa em termos proporcionais, o valor de venda do automóvel não influi em nosso cálculo. Para facilitar a compreensão, vamos supor que o valor de venda dos automóveis corresponda a 100 unidades monetárias.

A tarifa efetiva *ad valorem* sobre o automóvel produzido pela montadora x, seria:

$$Te = \frac{(100x0,35) - (10x0,10)}{100 - 10} = \frac{34}{90} = 0,38$$

Note-se que, nesse exemplo,

$$tj=35\%; \ ti=10\% \quad e \quad \sum_i p_i^* a_{ij} = (100x0,10) = 10$$

Similarmente, a tarifa efetiva sobre o automóvel produzido pela montadora y seria:

$$Te = \frac{(100x0,35) - (25x0,10)}{100 - 25} = \frac{32,5}{75} = 0,43$$

E a tarifa efetiva *ad valorem* sobre o automóvel produzido pela montadora z seria:

$$Te = \frac{(100x0,35) - (50x0,10)}{100 - 50} = \frac{30}{50} = 0,60$$

Como mostra o exemplo anterior, quanto maior for a participação dos importados, e maior for a diferença entre a tarifa sobre o produto final e a tarifa sobre os insumos, maior será a tarifa efetiva. Desta maneira, uma forma usual de proteger o produto final de uma determinada indústria é fazer uma estrutura tributária onde as alíquotas crescem proporcionalmente ao valor adicionado. Tal política estimula a permanência ou o desenvolvimento de atividades econômicas mais complexas na economia nacional, permitindo que matérias-primas e insumos com menor grau de elaboração industrial tenham preços similares aos do mercado internacional.

A discussão acima indica que mesmo dentro do instrumental teórico neoclássico o debate sobre livre comércio e proteção não é conclusivo: os modelos de equilíbrio geral indicam que o livre comércio é a melhor alternativa mundial de política econômica, mas muitos modelos de equilíbrio parcial indicam que, para um país determinado, esta nem sempre é a melhor política. Por outro lado, modelos de equilíbrio geral são sempre problemáticos, são válidos apenas com premissas muito irrealistas, e sua capacidade de representar o mundo real é muito limitada. Isto é, como foi mostrado no capítulo anterior, os melhores *insights* levantados por modelos de equilíbrio geral são quando os consideramos de validade limitada, isto é, como modelos de equilíbrio parcial. Esta perda da inocência da teoria normativa do comércio internacional foi observada por Krugman, com sua tradicional competência polemista, quando afirmou que "há ainda fortes argumentos para o livre comércio como uma boa política econômica, mas nunca poderá ser novamente afirmado que esta é a única política que a teoria econômica indica ser sempre a correta". (Krugman, 1995, p. 21)

Mas se o debate teórico não é conclusivo, isto é, há argumentos convincentes para a defesa do livre comércio, assim como para a defesa de uma política comercial, a história torna-se o fiel da balança do debate. E se o livre comércio não é necessariamente a política econômica ideal, que alternativas existem a ela? Este é o tema do debate sobre política comercial estratégica que será desenvolvido na próxima seção.

POLÍTICA COMERCIAL ESTRATÉGICA

A política comercial estratégica pressupõe a aceitação da idéia de que há falhas de mercado que podem ser corrigidas pela intervenção governamental. Mas implica, ainda, a possibilidade de haver objetivos econômicos e não econômicos a serem perseguidos por instrumentos de políticas públicas. Ou seja, a escolha dos instrumentos de política econômica dependem dos objetivos que se pretende atingir com esses instrumentos.

Por exemplo, se um governo entende privilegiar como objetivo nacional ser (ou se manter) uma potência militar mundial, a proteção e estímulo de setores industriais ligados à indústria bélica será uma política razoável. Os grupos opostos a tal objetivo certamente se oporão também ao tratamento diferencial para esse tipo de indústria. As diversas políticas de governo nos EUA protegendo, subsidiando e apoiando setores industriais militarmente sensíveis são exemplos práticos desse tipo de opção política.

Da mesma forma, se um país julga necessário desenvolver uma indústria doméstica de bens de consumo duráveis, como ocorreu no Brasil a partir do governo de Juscelino Kubitschek, entendendo que este é um meio para aumentar a produção doméstica de riqueza e reduzir os níveis absolutos de pobreza, é razoável supor o uso de diversos instrumentos de política econômica para alcançar tais objetivos.

Em outras palavras, a política comercial estratégica pressupõe a existência de objetivos estratégicos, isto é, interesses a serem defendidos, tratando, portanto, dos instrumentos para alcançar tais objetivos. Neste sentido tal questão está intimamente ligada ao debate de dois importantes temas contemporâneos: economia internacional e desenvolvimento, e economia internacional e poder, que é o campo da economia política internacional.

Ao entrarmos no debate sobre política comercial estratégica estamos também nos afastando de um mundo onde o instrumental teórico das teorias clássicas e neoclássicas mostra-se eficiente. Um mundo de concorrência perfeita, e de rendimentos constantes de escala, com produtividade marginal decrescente, não é compatível com interações estratégicas entre firmas. Ademais, tal mundo é de difícil compatibilização com introdução de custos de transação, com economias de aprendizado (*learning-by-doing*), com pesquisa e desenvolvimento, com implicações econômicas de distintas realidades culturais e institucionais. Este é um mundo discutido por novas correntes econômicas, tais como o institucionalismo, o neo-schumpeterianismo, a economia política internacional, algumas abordagens pós-keynesianas e algumas abordagens pós-marxistas.

Nosso ponto de partida nessa discussão será a introdução do governo nas disputas de grandes firmas pela apropriação de rendas geradas em mercados oligopolizados como, por exemplo, o mercado de aeronaves comerciais.[3] Suponha que, em vista da existência de economias de escala, o mercado mundial só comporte uma indústria de aviões a jato de 50 passageiros para curta distância e vôos regionais. Isto é, caso duas empresas operem nesse mercado as duas serão deficitárias; em contrapartida, se apenas uma empresa permanecer nesse mercado, então ela poderá realizar lucros extranormais. Nesse caso um país pode aumentar sua renda interna, em prejuízo de outros países, se assegurar que essa indústria esteja localizada em seu território, e não no exterior.

Suponha que haja dois países capazes de produzir este bem, por exemplo, Brasil e Canadá. Suponha que haja uma firma em cada país que possa produzir os bens: Embraer e Bombardier. Para simplificar a discussão e centrar o argumento na relação entre exportação e renda nacional, vamos partir da premissa de que nenhum desses países tem um mercado interno para seus aviões, sendo que toda a sua produção é para a exportação.

Vamos representar essa situação em um jogo proposto por Krugman (1994, pp. 24-26), por meio de uma matriz que ilustra os ganhos das empre-

---

[3] Esse exemplo baseia-se em Krugman, 1995, p. 24.

sas brasileira e canadense em diversas situações de mercado (Figura 2.6) A escolha da Embraer de fabricar ou não fabricar o produto é representada pelas letras maiúsculas F e N e a da Bombardier pelas letras minúsculas f e n. Nesse modelo, se ambas resolvem fabricar o avião e competir entre si, as duas perderão 5% do valor investido. Se apenas uma estiver fabricando o avião, será possível obter um retorno de 50% sobre o investimento e, conseqüentemente, a outra não lucrará (nem investirá) nada. Por fim, se as duas decidem não produzir, ambas não lucrarão nada. Estas situações estão descritas na matriz, respectivamente, na região superior esquerda, nas regiões superior direita e inferior esquerda, e na região inferior direita.

Bombardier

	f		n	
F (Embraer)	-5	-5	50	0
N (Embraer)	0	50	0	0

Figura 2.6
Matriz de lucros obtidos pela Bombardier e Embraer

Suponha, contudo, que a empresa canadense começou a fabricar seu avião antes da Embraer. Nesse caso não haveria incentivo para a Embraer entrar nesse mercado, e a produção e o retorno do investimento ficariam no Canadá. Entretanto, vamos supor que o governo brasileiro resolvesse subsidiar a produção desse avião no Brasil no valor de 10% do capital investido pela empresa. Nesse caso a matriz dos lucros da empresa apresentaria a seguinte forma (Figura 2.7):

Bombardier

	f		n	
F (Embraer)	5	-5	60	0
N (Embraer)	0	50	0	0

Figura 2.7
Matriz de lucros obtidos pela Embraer, com subsídio, e pela Bombardier

A empresa canadense fica submetida a um dilema nesta situação: mesmo tendo iniciado antes de seu concorrente, sua posição não basta para impedir a entrada da empresa brasileira, que poderá manter-se indefinidamente no mercado, mesmo que a Bombardier continue produzindo, porque, com o subsídio, a Embraer sai de uma posição de prejuízo para a de um pequeno superávit. Nesse caso a empresa canadense é forçada a retirar-se do mercado e o lucro da empresa brasileira eleva-se a 60. Note que se posteriormente o governo brasileiro retirar o subsídio, o resultado será apenas uma redução do lucro da empresa de 60 para 50, mas ela continuará produzindo, pois não haverá interesse da empresa canadense em desafiar sua posição, realizando um prejuízo.

Este é um caso que é chamado por Brander, 1993, de subsídios para redirecionamento de lucros (*profit-shifting subsidies*). O exemplo mostrou o uso de jogos estratégicos para analisar o comportamento das firmas em situações distintas. O argumento básico ilustrado por esse jogo é que a ação do governo pode alterar o jogo estratégico entre firmas nacionais e estrangeiras. Com concorrência imperfeita as empresas domésticas podem ter um melhor desempenho se os concorrentes estrangeiros forem induzidos a contrair sua produção, ou a expandi-la de forma mais lenta do que normalmente fariam. Tais políticas, portanto, podem aumentar a competitividade de empresas nacionais na medida em que o governo contribui para deter seus maiores competidores.

É claro que o sucesso de tais políticas depende também do comportamento dos governos estrangeiros. Uma eventual retaliação do governo estrangeiro pode levar a um resultado diverso, sendo possível inclusive que ambos os países percam. Podemos imaginar um cenário de relações econômicas internacionais onde diferentes situações que variam de cooperação a conflito resultam em diferentes resultados para o nível de bem-estar desses países.

Imagine que dois países, o Brasil e os EUA, digamos, realizam um expressivo comércio bilateral. Há quatro possíveis situações que representam as relações dos estados nacionais com suas respectivas empresas e entre si. A primeira seria a da cooperação entre eles, o que permitiria um resultado positivo para ambos os países no comércio bilateral. A segunda e a terceira situações seriam quando apenas um país coopera e o outro país atua ajudando indiscriminadamente suas empresas a ganharem mercado às custas de seu parceiro comercial. Uma quarta situação seria uma guerra comercial entre os dois países, com efeitos negativos para ambos.

Estas alternativas são ilustradas no jogo estratégico mostrado na Figura 2.8. No quadro superior esquerdo é apresentada a situação de cooperação, quando ambos os países têm um retorno de 100 com seu comércio bilateral. Nas situações descritas nos quadros superior direito e inferior esquerdo, temos a situação em que um dos países atua como livre-atirador (*free rider*),[4] isto é, ele atua unilateralmente beneficiando suas empresas, enquanto que o outro país é indiferente aos interesses de suas empresas. No quadro inferior direito temos a situação de guerra comercial, em que os dois países tentam apoiar suas respectivas empresas às custas de seu parceiro comercial.

	EUA c	EUA n
Brasil C	100 100	500 10
N	10 500	50 50

Figura 2.8
Conflito e cooperação na política comercial

Este exemplo, no entanto, ainda abstrai que a relação econômica dos países não é simétrica. Isto é, uma guerra comercial traz prejuízo para ambos os países, mas não necessariamente na mesma proporção. Da mesma forma, os benefícios do comportamento de livre-atirador dependem da relutância do governo do parceiro comercial em retaliar.

A hipótese de que a relação de poder entre os países é assimétrica e que tal assimetria possui implicações para a ordem econômica internacional tem sido defendida por várias correntes de pensamento há pelo menos cinqüenta anos, na literatura da economia do desenvolvimento e na de economia política internacional. A título de ilustração vamos fazer uma breve referência a três dessas correntes.

A primeira delas, que ficou conhecida como cepalismo ou desenvolvimentismo, tem como seu principal teórico Raul Prebisch.[5] Este economista argentino, por vários anos secretário-geral da CEPAL (Comissão Econômica para a América Latina), sustentava que a divisão da economia mundial entre

---

[4] A expressão inglesa *free rider*, traduzida livremente como livre-atirador, indica o agente econômico (ou ator social) que se recusa a seguir a regra do jogo. Essa ação pode ser racional e proveitosa se apenas um indivíduo (ou um pequeno número) age assim, mas ela é inconsistente se for generalizada. Por exemplo, embora seja racional para um indivíduo só chegar a uma festa depois desta já estar razoavelmente animada, tal comportamento não é possível para todos os indivíduos, pois, afinal, algumas pessoas têm de chegar antes para animar a festa. Outro exemplo é o de pedir a alguém em uma fila de cinema que compre seu ingresso: embora isso possa fazer com que um indivíduo que aja dessa maneira evite esperar na fila, se todos resolverem fazer a mesma coisa estará criado um verdadeiro caos na porta do cinema.
[5] Ver Prebisch, 1949, onde este autor apresenta pela primeira vez suas idéias, e Prebisch, 1985, onde ele faz importantes reflexões sobre o conjunto de sua obra.

um centro dinâmico, composto de países industrializados, e uma periferia, formada por países subdesenvolvidos, implicava que os ganhos do comércio exterior fossem desigualmente distribuídos entre esses dois conjuntos de países. Isso ocorreria porque nos países centrais a introdução de progresso técnico e o respectivo aumento de produtividade em produtos de sua pauta de exportações refletiam-se, sobretudo, no aumento das remunerações do trabalho, e só acessoriamente no nível de preços, enquanto na periferia toda inovação significava redução do preço dos produtos exportados, com manutenção dos níveis de salários reais. Isto se daria porque o movimento sindical ativo nos países desenvolvidos obrigava o empresariado a atender parte de suas reivindicações salariais com os ganhos do crescimento da produtividade. Na periferia, no entanto, a existência de um setor tradicional, com imensa reserva de mão-de-obra desempregada ou subempregada, mantinha os salários reais no setor moderno da economia em níveis reduzidos. Esses dois fenômenos combinados levariam à deterioração dos termos de intercâmbio dos países periféricos com os países centrais.[6]

A teoria da estabilidade hegemônica foi originalmente formulada por Kindleberger (1970), mas foi desenvolvida e aprofundada por Keohane, 1980. Ela sustenta que estruturas hegemônicas de poder, dominadas por um único país, são mais propícias ao desenvolvimento de relações econômicas internacionais baseadas em regras estáveis e aceitas, sendo que a decadência da potência hegemônica leva a uma maior instabilidade nas relações econômicas internacionais. Dessa forma, uma economia mundial liberal e aberta implicaria a existência de uma potência econômica claramente dominante. A decadência da Grã-Bretanha, sua relativa fraqueza no período entreguerras e a perda da hegemonia norte-americana no período recente explicariam, portanto, a instabilidade econômica internacional nesses períodos.

A teoria do sistema mundial moderno foi proposta pela primeira vez por Emmanuel Wallerstein (1974), sendo que recentemente Giovanni Arrighi (1996) tem sido um de seus principais teóricos. Tal abordagem supõe que a economia mundial contemporânea deve ser vista como um única unidade de divisão de trabalho com múltiplos sistemas culturais. A economia mundial é a unidade de análise relevante, sendo que o mundo moderno deve ser entendido como um sistema onde suas várias partes (os Estados nacionais) estão relacionadas por meio de diversos mecanismos, mas submetidas a uma dinâmica econômica que é fundamentalmente global.

Essas três abordagens são apenas algumas das muitas teorias sobre a relação entre política e economia internacional. Várias proposições discutidas acima foram testadas pelo estudo de experiências históricas, com maior ou menor grau de aderência à realidade. Entretanto, independente de seu po-

---

[6] Os termos de intercâmbio ou de troca referem-se à relação entre preços de exportação e de importação.

der explicativo, elas nos permitem concluir com segurança que as relações econômicas internacionais são um fenômeno complexo, e que elas não podem ser entendidas recorrendo-se apenas a alguns poucos modelos formais de análise econômica. A natureza das políticas comerciais estratégicas e suas implicações para a economia internacional podem ser, portanto, melhor compreendidas estudando-se a estrutura do comércio internacional em uma perspectiva histórica. Este será o objetivo da próxima seção.

Negociações comerciais multilaterais, GATT e OMC

A ordem econômica internacional do pós-guerra

Ao fim da Segunda Guerra Mundial, o grande desafio a ser enfrentado pelos países ocidentais vencedores era a construção simultânea de uma paz duradoura e de um novo modelo de sociedade capitalista. Esperava-se que essa nova institucionalidade não produzisse uma instabilidade política e econômica que levasse ao avanço do socialismo, então enormemente fortalecido. Para alcançar esses objetivos era preciso construir uma ordem econômica internacional que estabelecesse regras sob as quais as forças de mercado pudessem atuar, permitindo a previsibilidade das estratégias de investimentos empresariais. Por outro lado, era necessário estabelecer salvaguardas para evitar que os países europeus mais afetados pela guerra pudessem ser levados a crises ou à estagnação econômica que colocariam em risco a estabilidade dos países de influência ocidental.

As experiências desastrosas de desvalorização competitiva e das políticas protecionistas do período entre guerras geraram uma profunda convicção entre os economistas britânicos e norte-americanos (que mais ativamente participaram do desenho dessa nova ordem econômica) de que taxas de câmbio fixas eram fundamentais para a estabilidade dessa nova ordem liberal.

Embora houvesse profundas divergências quanto às bases do novo sistema financeiro internacional, isto é, se este deveria ter como pilar uma moeda escritural administrada supranacionalmente ou fundar-se na principal moeda da época (o dólar), havia consenso quanto à necessidade de criar-se um fundo de estabilização, gerido por uma agência supranacional, que fizesse face às crises temporárias de balanço de pagamentos. Este fundo abria um mecanismo de curto prazo para países que, sem esse suporte, só teriam como alternativa as condenadas políticas de desvalorização cambial ou protecionismo alfandegário.[7]

---

[7] Note-se que, nesse contexto, tanto J. M. Keynes, pela Inglaterra, como B. D. White, pelos EUA, concordavam que era necessário controlar administrativamente o fluxo de capital de curto prazo, que poderia gerar instabilidades para esse sistema. O artigo VI, Seção 1(a) do tratado original do FMI dispunha que "no caso de um fluxo de saída de capital desestabilizador ou excessivamente elevado, o Fundo poderá recomendar a um país membro medidas de controle desse movimento".

O FMI foi criado neste contexto para viabilizar um sistema multilateral de comércio e pagamentos que fosse compatível com elevados níveis de emprego e renda, e, ainda, impedisse as práticas de depreciação competitivas que tinham gerado tanta instabilidade no período entre guerras.[8]

O Banco Mundial, como passou a ser conhecido o BIRD (Banco Internacional para Reconstrução e Desenvolvimento), teria por função contribuir para a reconstrução da economia dos países destruídos pela guerra, incentivando os países beneficiários a desenvolverem políticas de crescimento de longo prazo. Nesse sentido, a própria criação do BIRD implicava o reconhecimento de vantagens para políticas de planejamento econômico e refletia, também, uma preocupação quanto à questão do desemprego, um fantasma ainda não completamente exorcizado depois da tragédia da década de 1930. Procurava-se, portanto, evitar que a desmobilização dos exércitos levasse novamente à mobilização de novos exércitos, desta vez não de soldados, mas de desempregados — o caldo ideal para a difusão de idéias comunistas, para o nacionalismo radical ou qualquer onda de radicalismo. Na época temia-se principalmente a deflação do pré-guerra, sendo que a "inflação rastejante", com crescimento econômico e redução do desemprego, era preferível a um risco de deflação e crise econômica. (Prado,1993)

A criação de uma Organização Internacional do Comércio (ITO — International Trade Organization) seria, portanto, o terceiro pilar da nova ordem internacional, ao lado do Banco Mundial (BIRD) e do FMI. Seu papel seria construir um sistema de comércio mundial com regras definidas, o que facilitaria o funcionamento das forças de mercado onde as restrições ao comércio fossem progressivamente reduzidas. Esse sistema de comércio internacional teria, ademais, de estar subordinado à preocupação com a estabilidade política e econômica dos Estados nacionais, o que para a época significava a garantia de se relacionar o tema comércio com os temas emprego e desenvolvimento.

A Carta de Havana e o GATT

Em 1946 o Conselho Econômico e Social da recém-criada Organização das Nações Unidas, em sua primeira reunião, aprovou uma resolução para realizar uma conferência para preparar os estatutos da ITO. Depois da reunião de um comitê preparatório em outubro de 1946, em Londres, realizou-se uma primeira assembléia em Genebra, entre os meses de abril e novembro de 1947. A reunião em Genebra tinha em sua agenda três grandes temas de negociação: a preparação da Carta da ITO, as negociações do acordo geral de redução multilateral de tarifas e o estabelecimento de regras gerais para as negociações sobre medidas tarifárias.

---

[8] Para um apresentação detalhada da criação do FMI, ver Salomon, 1975, cap. II.

Os Estatutos da ITO foram discutidos e aprovados em uma conferência mundial realizada em Havana, em 1948. Naquela ocasião foi assinada pelos 53 países presentes a Carta de Havana, criando a ITO em março de 1948. O documento aprovado estabelecia que a ITO tinha por objetivos:

1. Promover o crescimento da renda real e da demanda efetiva em uma escala mundial.
2. Promover o desenvolvimento econômico, particularmente dos países não-industrializados.
3. Garantir acesso em igualdade de termos a produtos e mercados para todos os países, levando-se em conta as necessidades de se promover o desenvolvimento econômico.
4. Promover a redução de tarifas e outras barreiras ao comércio.
5. Impedir ações prejudiciais ao comércio internacional dos Estados nacionais mediante a criação de alternativas, isto é, oportunidades crescentes para o comércio e para o desenvolvimento econômico.
6. Facilitar negociações para problemas no campo do comércio internacional relativos a emprego, desenvolvimento econômico, política comercial, práticas empresariais e política de *commodities*.

A não-ratificação pelo congresso norte-americano da Carta de Havana condenou a ITO à morte prematura. Seria impensável uma organização que tratasse de comércio que não tivesse a maior nação mercantil como parte.

Nesse sentido, os últimos temas da reunião de Genebra de 1947, que formavam um acordo provisório chamado de GATT — Acordo Geral de Tarifas e Comércio —, cujos princípios tinham origem nas ações norte-americanas para redução negociada de suas elevadas tarifas da década de 1930, tornaram-se por *default* a base do sistema de comércio internacional por quase cinqüenta anos.

Menos elaborado que a Carta de Havana, o GATT não era uma organização internacional, mas um tratado. Isto é, formalmente não deveria ter membros, mas partes contratantes ou países signatários. Este tratado estabelecia em seu artigo XXIX que, quando a Carta de Havana entrasse em vigor, a aplicação de sua parte II, que tratava dos aspectos mais substanciais da gestão do comércio internacional, seria suspensa. Vale a pena comparar alguns artigos do GATT com os artigos da Carta de Havana, para analisar as diferenças.

O GATT é baseado em dois princípios básicos: (1) o príncipio da não-discriminação; (2) o princípio de benefícios mútuos. O primeiro é tratado no artigo I do GATT que estabelece a cláusula de nação mais favorecida. Ou seja, os países membros comprometem-se a extender às outras partes contratantes qualquer vantagem, favor, imunidade ou privilégio concedido a qualquer outro país.O segundo é tratado no artigo XVIII, onde são estabelecidas as regras de negociações tarifárias que regerão as famosas rodadas do GATT. Neste artigo dois parágrafos são importantes: o que determina que as negociações devem ser efetuadas, principalmente, entre os países cujas trocas representam uma parte substancial de seu comércio exterior, e o que estabelece que a compensação para reduções tarifárias deve ser a concessão de vantagens que afetem um valor igual de fluxo de comércio.

Outros artigos relevantes do GATT são:
• O artigo XI, que proíbe restrições quantitativas às importações; note-se, contudo, que o artigo XII estabelece as condições de não-aplicação do artigo XI, justificadas com salvaguardas para o balanço de pagamento.
• O artigo XIII, que estabelece que quotas devem ser aplicadas de forma não-discriminatória.
• O artigo XXIII, que estabelece o princípio de não-redução das concessões e vantagens outorgardas pelas partes e estabelece regras para a solução de disputas.
• O artigo XXIV, que estabelece as condições pelas quais a formação de áreas de livre comércio e união alfandegárias são permitidas.

Enquanto na Carta de Havana as questões de natureza tarifária só aparecem a partir do capítulo IV (artigo XVI), depois de capítulos sobre Emprego e Atividade Econômica e sobre Desenvolvimento Econômico e Reconstrução, o GATT é um tratado preocupado quase que exclusivamente com a administração do comércio a partir do interesse das grandes nações mercantis. Somente depois que as Nações Unidas, pressionadas pelos países em desenvolvimento, conseguiram criar uma Conferência sobre Comércio e Desenvolvimento, a UNCTAD, sob a liderança de um dos mais criativos e certamente o mais influente economista latino-americano do pós-guerra, Raul Prebisch, é que o GATT incorporou, relutantemente, a parte IV, intitulada Comércio e Desenvolvimento. Esta, no entanto, nunca alterou de forma substancial o caráter do GATT.

O GATT e a criação da OMC

Em 49 anos de existência o GATT teve oito rodadas de negociações multilaterais de comércio.[9] A primeira foi em Genebra, em 1947, simultaneamente com as negociações sobre a assinatura desse acordo. A segunda foi em Annecy, na França, em 1948. A terceira foi em Torquay, nos anos de 1950-51. A quarta foi novamente em Genebra, em 1955-56.

As primeiras negociações, depois da Rodada de Genebra de 1947, trataram principalmente da ampliação de membros do tratado. Em 1947, 23 países, entre eles o Brasil, participaram das negociações, quando foram feitas

---

[9] Ou em inglês *rounds of MTN (Multilateral Trade Negotiations)*.

45 mil concessões tarifárias, cobrindo a metade do comércio mundial. Em 1955-56, na segunda Rodada de Genebra, o número de signatários chegou, com a adesão do Japão, a 33 países. No entanto, as rodadas de Annecy, Torquay e Genebra (1955-56) progrediram muito pouco em termos de concessões tarifárias.

A quinta foi a Rodada Dillon, em 1961-62, que, embora tenha sido realizada em Genebra, ficou conhecida pelo nome do secretário de Comércio dos EUA na época. Esta foi a primeira rodada depois da criação da Comunidade Econômica Européia (CEE) em 1957, e como conseqüência sua pauta se concentrou nas negociações em torno da tarifa externa comum desse tratado de integração. As concessões da nova comunidade em termos de produtos manufaturados foram reduzidas. Não foram feitas concessões na área de produtos agrícolas, embora essa fosse a mais afetada, em função da política agrícola comum empreendida pela recém-criada CEE. Ainda durante a Rodada Dillon foi negociado um acordo sobre produtos têxteis de algodão, que tratava esses produtos de forma distinta de outros produtos manufaturados. Nesse caso as regras do GATT não se aplicariam, já que esse produto era intensivo em mão-de-obra e relativamente pouco intensivo em tecnologia, permitindo que os países em desenvolvimento logo fossem competitivos nesses produtos. O acordo teve de início aplicação limitada, mas foi rapidamente estendido em tempo e abrangência.[10]

A sexta foi a Rodada Kennedy, entre 1964 e 1967, também em Genebra. Este foi um período de rápido crescimento do número de países signatários. No início das negociações o GATT tinha 46 países membros, sendo que ao final da rodada esse número chegou a 74. Esse crescimento se deveu à entrada de grande parte dos novos países africanos, como resultado do processo de descolonização que caracterizou essa década. Na ocasião houve um grande avanço nas negociações tarifárias de produtos manufaturados, com uma redução média de 35% nas tarifas desses produtos nos países da OECD. Essa rodada também foi importante por ter incluído a Parte IV no tratado. Os artigos dessa parte foram negociados após o Grupo dos 77, isto é, o bloco de países em desenvolvimento nas Nações Unidas, ter conseguido criar a UNCTAD (United Nations Conference on Trade and Development) em 1964, pressionando por um tratamento diferenciado que vinculasse comércio internacional e desenvolvimento econômico.A sétima foi a Rodada Tóquio, entre 1973 e 1979. Nesta rodada 99 países, representando cerca de 90% do comércio mundial, participaram das negociações. A tarifa média de

---

[10] Em 1961 foi assinado o *Short-Term Agreement on Cotton Textiles*. Em 1962 esse acordo foi transformado no *Long-Term Arrangement on Cotton Textiles*, que levou a quatro sucessivos Acordos de Multifibras entre 1974 e 1994. O mercado de têxteis não foi liberalizado até o momento. Embora a Rodada Uruguai tenha previsto a progressiva integração de têxteis nas regras do GATT, cerca de 49% dos produtos cobertos pelo acordo multifibras deverá ser liberalizado somente em 2005. Ver Hekman e Koteski, 1995, p. 209.

importações sobre produtos industrializados dos países desenvolvidos foi reduzida para 6%. Progressos foram feitos com a legalização de tratamento preferencial tarifário e não-tarifário para os países em desenvolvimento. Entretanto, as restrições ao comércio de produtos industrializados e agrícolas desses países, particularmente no caso de têxteis e produtos alimentares, permaneceram. Também foram negociados nessa ocasião códigos que tratavam de produtos especiais ou de barreiras não-tarifárias. Esses códigos resultaram da objeção dos países em desenvolvimento à ampliação da disciplina do GATT em determinadas áreas. Essa resistência impedia que se alcançasse a maioria de dois terços necessária para emendar os artigos do GATT. Dessa forma, era possível que um conjunto de países chegasse a um acordo sobre um determinado tema, sem a participação de todos os signatários do GATT. A oitava e última foi a Rodada Uruguai, que se realizou entre 1986 e 1994. As negociações desenvolvidas nesse período foram de grande complexidade e abrangência, sendo a mais longa das rodadas. Como resultado dessas negociações, em abril de 1994 foi divulgada na Ata Final da Rodada Uruguai de Negociações Multilaterais a criação de uma Organização Mundial do Comércio (WTO — World Trade Organization).

Entre 1947, quando se iniciou a primeira rodada do GATT em Genebra, e 1987, quando os acordos das negociações da Rodada Tóquio foram integralmente aplicados, o GATT obteve expressivo sucesso na negociação de redução de barreiras tarifárias, sobretudo de produtos manufaturados. Depois do sucesso da Rodada Tóquio o comércio de manufaturados, em especial o comércio intra-industrial, voltou a crescer aceleradamente, após um período de desaquecimento. Isso foi decorrente em parte da estratégia global das corporações transnacionais e, em parte, produto da recuperação das economias dos países industriais depois da instabilidade na economia internacional provocada pela "estagflação" nos países desenvolvidos nos anos 70 e a crise da dívida externa dos países em desenvolvimento nos primeiros anos da década de 1980. No entanto, a Rodada Uruguai veio com uma agenda que trazia grandes inovações: entre elas estavam a discussão da liberalização do setor de serviços (o GATS — General Agreement on Trade in Services), a discussão das TRIMs (Trade Related Investment Measures) e a questão da propriedade intelectual (TRIPs — Trade Related Intelectual Property Rights).

Os países em desenvolvimento, no entanto, tinham prioridades distintas nessa negociação. Como já foi dito, quando em 1987 o efeito total das reduções tarifárias da Rodada Tóquio se faziam sentir, a tarifa média dos países desenvolvidos era inferior, para a maior parte dos casos, ao custo do transporte. Entretanto, entre 1980 e 1990 as BNT (barreiras não-tarifárias) cresceram continuamente, sendo que em 1990, 17,5% do comércio mundial de todas as origens era coberto por medidas não-tarifárias. Para os países em desenvolvimento essa porcentagem era muito maior, representando cerca de 23% do comércio em 1990 (Tussie, 1994). Essas medidas são ainda fortemente concentradas na exportação de manufaturados intensivos em mão-de-obra, o que implica que grandes segmentos do comércio internacional estão excluídos da liberalização ocorrida nesse período. O sistema de comércio a partir da Rodada Uruguai caminhou, no entanto, em direção distinta da pretendida pelos principais países em desenvolvimento. A agenda do GATT até a Rodada Tóquio era substancialmente uma agenda negativa, isto é, tratava apenas do que Diana Tussie chamou de "integração superficial" (*shallow integration*), em oposição a "integração profunda" (*deep integration*). A partir da Rodada Uruguai caminhou-se na direção de uma agenda positiva que implicava a regulação de políticas domésticas dos governos nacionais que tivessem efeitos sobre o comércio internacional (*trade-interfering effects*).Tais temas eram de escassa relevância para países em desenvolvimento e, em alguns deles, eram francamente desfavoráveis. Por exemplo, a questão da harmonização dos direitos de propriedade intelectual, um dos temas mais caros da agenda, funda-se em lógica econômica questionável. Foi acordado que os proprietários de patentes têm direitos de monopólio por vinte anos, sem obrigação explícita de produzir a patente localmente. Ainda mais, os proprietários de patentes terão direitos exclusivos de importação, ou seja, os acordos de patentes não contribuem para o livre comércio, mas impedem o livre comércio de produtos que foram resultado de pesquisa e desenvolvimento tecnológico (P&D).

Nesse caso tal acordo poderá levar ao aumento do pagamento de royalties para inovadores estrangeiros, redução do potencial de competição e de oportunidades de P&D para os países do Terceiro Mundo e, ainda, a maiores preços para os produtos sob monopólio.[11] Tudo isso baseado no argumento de que sem tais medidas os investimentos em P&D que beneficiam toda a humanidade seriam reduzidos.

Finalmente acordou-se que o resultado final da rodada implicava a adesão a um novo GATT — 1994. Isto é, os resultados da negociação acarretariam a assinatura de um novo tratado com um conjunto de normas aplicado a todos integralmente (*single undertaking*), evitando-se portanto as implicações legais de reformar-se o GATT — 1947.

A criação de uma Organização Mundial do Comércio para supervisionar o GATT, o GATS e os acordos sobre os TRIPs foi proposta pelo Canadá, em 1990, e apoiada pela União Européia. Os Estados Unidos inicialmente se opuseram à idéia, uma vez que, tal como em 1947, o congresso norte-americano era extremamente avesso a tratados que limitavam a soberania

---

[11] Por exemplo, depois da assinatura da Lei de Patentes, os pagamentos ao exterior a título de assistência técnica no Brasil alcançaram em 1996 um bilhão de dólares. Isto representou um aumento de quase 50% sobre o ano anterior, e três vezes superior ao dispêndio de 1994. Ver Boletim da SOBBET, 1997.

desse país em assuntos comerciais. Entretanto, nas negociações sobre a ratificação ficava claro que tal organização não era distinta do GATT, no que se refere aos riscos de prejudicar interesses desse país (Hoekman & Kostecki, 1995, cap. 2). Por outro lado, uma organização com status similar ao Banco Mundial e ao FMI, com personalidade legal e imunidade diplomática em termos semelhantes às agências da ONU, aumentava a confiabilidade e efetividade da administração do comércio mundial.

O ato final da Rodada Uruguai e a criação da Organização Mundial do Comércio (OMC) foram assinados pelos ministros dos países membros em 15 de abril de 1994. A nova organização, tal como o GATT, era baseada em dois princípios: reciprocidade e não-discriminação. O objetivo da OMC, segundo seus estatutos, era ser "o quadro institucional comum para a condução das relações comerciais entre seus membros nos assuntos relacionados com os acordos e instrumentos legais conexos incluídos nos Anexos ao presente Acordo". Esses instrumentos legais conexos eram os Acordos Comerciais multilaterais, firmados sob a égide do GATT, e o GATT de 1994, documento que continha essencialmente as conclusões da Rodada Uruguai (ver Artigo II da OMC).

A principal instância da OMC é a Conferência Ministerial, que deve ocorrer a cada dois anos. Entre elas a organização é gerida por um Conselho Geral; este é assessorado por um Órgão de Resolução de Controvérsias e por um Órgão de Revisão de Políticas Comerciais (ver Figura 2.9). Três conselhos subsidiários e quatro comitês operam subordinados ao Conselho Geral.[12]

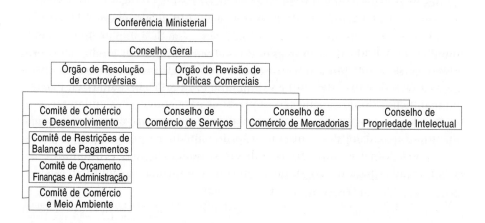

Figura 2.9
Organograma da OMC

---

[12] Existem também outros comitês funcionando subordinados aos conselhos subsidiários. Há também comitês que atuam administrando os Acordos Plurilaterais. Em 1995 havia mais de trinta conselhos e comitês na OMC. Ver Hoekman e Kostecki, 1996, p. 38.

A criação de uma Organização Mundial do Comércio com quase meio século de atraso levanta necessariamente a indagação de em que medida esta é uma reformulação do sistema de comércio internacional que de alguma forma possa recuperar algumas das questões da agenda da natimorta ITO.

A OMC é um desenvolvimento da estrutura organizacional do GATT de 1947, acrescida das conclusões da Rodada Uruguai e estruturada para tratar de forma mais abrangente e rigorosa as questões relativas ao comércio internacional a partir da agenda proposta pelos países desenvolvidos, que é profundamente distinta dos fundamentos que levaram à assinatura da Carta de Havana, em 1948.

O GATT criou as bases de um sistema de comércio internacional que pode ser melhor caracterizado como administrado do que liberal.[13] As regras do GATT nunca foram implementadas rigidamente quando os interesses dos países industriais avançados estavam em risco. Entretanto, na década de 1960 e início da de 1970 conseguiu-se, em alguma medida, o reconhecimento da aceitabilidade, sob determinadas condições, das demandas por uma discriminação positiva dos países em desenvolvimento.

A inversão dessa tendência deu-se, particularmente, a partir da segunda metade da década de 1970, com o crescente enfraquecimento dos Estados Unidos como potência hegemônica, o que levou este país a retornar à sua tradição do período anterior à Segunda Guerra Mundial de realizar ações agressivas bilaterais, ou plurilaterais, prioritaria ou paralelamente às discussões multilaterais[14]. Dois novos conceitos passaram a ser utilizados pelos negociadores norte-americanos a partir da Rodada Tóquio: comércio justo (*fair trade*), no lugar de livre comércio, e reciprocidade, no lugar de igualdade de oportunidades (Dias, 1996, p. 61).

A ênfase, portanto, era em aumentar o grau de interferência no comércio mundial impedindo que mecanismos de mercado prejudicassem interesses concretos de grupos de pressão no interior dos EUA. Nesse contexto, para os países em desenvolvimento a OMC, com todas as suas limitações, parecia um mal menor do que a sujeição às pressões para concessões unilaterais por parte das grandes potências. Vários analistas, no entanto, expressam dúvida quanto à capacidade dessa organização de impedir na prática que os países ou grupos de países industriais utilizem o poder de suas economias e de seus mercados para o não-cumprimento de compromissos multilaterais.[15]

---

[13] Maddison (1992) o chamou de liberalismo administrado. O liberalismo, no entanto, nunca se deu em áreas de interesse dos países em desenvolvimento. Ver Gonçalves e Prado, 1994. Ver também sobre o tema Dias, 1996, p. 64.

[14] Ver o excelente artigo de Dias (1996).

[15] Nesse sentido, Dias, 1996, p. 66, cita um editorial do *New York Times* comentando as diferenças entre o GATT e a OMC: "Os painéis do GATT podem decidir contra as leis dos Estados Unidos, mesmo com as regras atuais... Há uma diferença: com as regras atuais, os Estados Unidos podem vetar uma sentença contrária a seus interesses; com o novo acordo, não poderão. Mas, na prática, esta é uma diferença de menor importância, pois, embora os países possam adotar medidas retaliatórias contra os Estados Unidos, a maioria não o faz, com medo de que eles apliquem medidas retaliatórias, por seu lado. Isto é o que deve acontecer com o novo GATT; de qualquer maneira, o acordo não significa novas ameaças..."

Os argumentos a favor do comércio justo foram discutidos por Paul Krugman (1997) em instigante artigo. A idéia de comércio justo fundamenta-se na visão de que o livre comércio só é interessante se for recíproco, isto é, se os parceiros comerciais procederem de forma similar em sua política de liberalização comercial. Mas, afirma Krugman (1997, p. 113), se esse é o caso, a conclusão óbvia é que esses países devem também ter uma política econômica similar em questões que afetem o comércio no interior de suas fronteiras, não apenas no limite delas. Isto é, por que não exigir padrões internacionais para meio ambiente e relações trabalhistas, ou para política industrial e taxação doméstica?[16] Krugman critica tal visão argumentando que: (i) países distintos podem ter legitimamente diferentes visões sobre o que é o padrão razoável; e (ii) qualquer que seja a razão para a escolha de padrões diferentes de regulamentação, esta não é uma razão para impedir o comércio internacional, mas, ao contrário, tal como diferenças em gostos ou preferências, é mais uma razão para ganhos de comércio.

Krugman recorre a James Mill para argumentar que um defensor do livre comércio não constrói sua doutrina no pressuposto da reciprocidade. O livre comércio seria vantajoso mesmo que o outro país não procedesse de forma similar. Isto é, usando-se a metáfora de Mill, o comércio internacional é apenas uma técnica de produção, uma maneira de produzir bens importáveis, produzindo primeiro bens exportáveis e depois trocando-os pelos primeiros. Desta forma, haveria ganhos de comércio, desde que os preços relativos mundiais sejam por qualquer motivo diferentes dos custos de oportunidades domésticos. Portanto, sob o ponto de vista dos ganhos nacionais não importa se os diferentes preços relativos são resultado da diferença de recursos, da diferença de tecnologia, de gostos, de leis trabalhistas ou de padrões de controle ambiental. Tudo o que importa é a existência de diferenças para que haja ganhos de comércio (Krugman, 1997, pp. 115).

Krugman, como outros autores, adverte que ações unilaterais ou multilaterais que tentem impor padrões universais para normas ou legislações domésticas dos países membros da OMC podem prejudicar em vez de facilitar a liberalização do comércio mundial.[17] Entretanto, a tendência até agora demonstrada nas negociações na OMC, e em outros foros mundiais, é que essa prática vem se impondo no período recente.

O futuro da OMC

A OMC é o produto de cinqüenta anos de um comércio administrado que nunca foi completamente livre nem justo para os países em desenvolvimento.

---

[16] As primeiras seriam exigidas pelos defensores do meio ambiente e sindicalistas; as segundas seriam exigidas por empresários que reivindicam regras comuns para a concorrência empresarial.
[17] Ver a esse respeito o resultado de uma pesquisa realizada por um grupo de eminentes economistas e advogados sobre o tema de livre comércio e harmonização, coordenada por Jagdish Bhagwati e Robert Hudec, 1996.

Por outro lado, a OMC poderá ser mais um foro onde as ações protecionistas mais agressivas de alguns países ou grupo de países industriais possam ser questionadas. Viviane Dias (1996) resume este dilema em um texto elegante:

> Por um lado, países de desenvolvimento médio, como o Brasil, querem ter a proteção do direito internacional contra o poder arbitrário para definir as regras do jogo internacional exercido unilateralmente, nos últimos anos, pelos Estados Unidos. Mas, por outro lado, a inclusão de políticas nacionais na agenda internacional de comércio não só significa a redução da capacidade do Estado brasileiro para ajustar suas políticas às necessidades do desenvolvimento econômico e social, mas também a aceitação de padrões, procedimentos e legislações de países mais avançados, nas áreas acordadas internacionalmente. O pior cenário será aquele no qual os países com maior poder não respeitem o cerceamento às suas leis por instituições multilaterais, mas utilizem o seu poder para que outros países cumpram os acordos internacionais.

Relida meio século depois, sob a perspectiva de um país em desenvolvimento, a Carta de Havana seria uma melhor opção, como base de uma estruturação do comércio internacional, do que a OMC. Em especial a questão do emprego e a preocupação da relação entre comércio e desenvolvimento, como uma estratégia para associar uma ordem econômica liberal com uma ordem política estável, é mais relevante do que nunca. Por outro lado, este documento refletia um mundo com preocupações mais igualitárias, e em especial, profundamente influenciado por idéias keynesianas.[18]

A agenda da OMC, no entanto, trata de um mundo em que as idéias keynesianas expressas na Carta de Havana parecem estranhas relíquias. Em vez de se buscar um novo pacto social — tal como o pacto social-democrata do pós-guerra — que permita um horizonte estável para que as empresas privadas planejem seus investimentos produtivos, os países desenvolvidos têm procurado culpados para suas próprias políticas econômicas fracassadas.[19]

Por outro lado, a OMC será o fórum onde as questões do comércio internacional serão debatidas e onde será julgada a legalidade das ações unilaterais das grandes potências. Neste contexto, cumpre aos países de desenvolvimento médio, como o Brasil, terem uma diplomacia econômica ativa o

---

[18] Ver sobre a influência do keynesianismo no mundo do pós-guerra o interessante livro de artigos, Hall, 1989.

[19] Por exemplo, o *White Paper on Growth, Competitiveness, Employment*, documento oficial da União Européia, conclui que o desemprego estrutural da Europa é em grande parte devido à competição dos países em desenvolvimento cujo custo de produção a União Européia não pode alcançar. Ver EEC—Commision, 1993.

bastante para lutar no sentido de que a ordem econômica mundial se aplique igualmente a todos. Nas décadas de 1950 e 1960 estes países lutavam com tenacidade contra a ordem internacional enviesada a favor dos países industriais e lutavam, ainda, por discriminações positivas favoráveis aos países em desenvolvimento. O presente contexto internacional é, no entanto, muito diferente; este obriga-nos à articulação de difíceis ações defensivas para evitar que os acordos estabelecidos na Rodada Uruguai sejam aplicados apenas contra os países politica e economicamente mais fracos.

CAPÍTULO
3

Comércio e desenvolvimento

ECONOMIA INTERNACIONAL E TEORIA DO DESENVOLVIMENTO ECONÔMICO

Para os cidadãos dos países desenvolvidos, o principal problema macroeconômico contemporâneo é a questão do emprego. Entretanto, para a maioria da população mundial, que vive nas economias periféricas, a questão do desenvolvimento econômico é, ainda, a mais relevante.[1] Este tema, desde sua origem, está diretamente ligado à questão do comércio exterior.

A moderna teoria do desenvolvimento econômico remonta ao fim da Segunda Guerra Mundial. O conceito de desenvolvimento econômico era, até então, considerado sinônimo de crescimento econômico. No pós-guerra esse termo foi progressivamente adquirindo um novo sentido, à medida que se formava um novo ramo da economia, que discutia as questões econômicas do fenômeno do subdesenvolvimento.[2]

As pesquisas sobre a economia do desenvolvimento organizaram-se em oposição à economia neoclássica, particularmente à concepção que Hirschman (1986) chamou de monoeconomia, embora houvesse eminentes economistas dessa formação no debate sobre a teoria do desenvolvimento no pós-guerra.[3] Isto é, segundo os economistas do desenvolvimento, os paí-

---

[1] Para uma discussão detalhada da questão do desenvolvimento ver Prado, 1993.

[2] O conceito de subdesenvolvimento foi usado pela primeira vez no artigo de Rosestein-Rodan, publicado no *Economic Journal*, em 1943, ainda durante a guerra. Este artigo foi publicado em português na coletânea de Agarwala & Singh (1969). Este trabalho foi resultado das pesquisas do grupo de estudo organizado pelo Royal Institute for International Affairs, na Chatham House, em Londres, sobre problemas do subdesenvolvimento.

[3] Por exemplo, Jacob Vinner, o mais brilhante economista do desenvolvimento neoclássico de sua geração. Ver o depoimento de Celso Furtado, em seu livro de memórias *A Fantasia Organizada*, 1985.

ses subdesenvolvidos tinham características peculiares, que faziam com que o instrumental da análise econômica tradicional, que foi formulada para estudar os problemas econômicos dos países desenvolvidos, não fosse adequada para discuti-lo.

Essa concepção da inadequação dos instrumentos analíticos da teoria econômica ortodoxa a determinados fins encontrava respaldo no ataque à ortodoxia, empreendido nos anos 30 pela revolução keynesiana.a tradição keynesiana havia estabelecido firmemente a idéia da existência de duas classes de ciência econômica: uma tradição ortodoxa (ou clássica como chamava Keynes) que se aplicava ao "caso especial" em que a economia se encontrava plenamente empregada; e um outro sistema muito diferente de proposições analíticas e prescrições de políticas, que se aplicava quando havia grande desemprego de recursos humanos e materiais.

Nesse contexto, seria perfeitamente plausível formular uma teoria econômica aplicável a uma situação distinta daquela dos países desenvolvidos. Assim o caso especial seria a economia dos países desenvolvidos, enquanto que teria de ser formulado um novo instrumental para discutir o caso mais geral dos problemas dos países menos desenvolvidos.[4]

O segundo aspecto da economia do desenvolvimento, em oposição às teorias clássica e neoclássica de crescimento econômico, é a crítica à idéia difusionista. Isto é, a idéia de que os mecanismos de mercado seriam suficientes para fazer o desenvolvimento econômico fluir das regiões mais desenvolvidas às menos desenvolvidas.[5]

As teorias clássicas e neoclássicas de crescimento econômico consideram o comércio internacional um mecanismo essencial para a difusão dos frutos desse processo. Isto é, através do livre comércio os ganhos de produtividade são transmitidos recíproca e cumulativamente pela economia internacional, beneficiando todos os países que compõem esse mercado mundial.

Comércio e crescimento econômico estão estreitamente associados no pensamento de Adam Smith. Para ele a riqueza das nações era determinada pela produtividade do trabalho. Como vimos no Capítulo 1, este economista supõe uma função de produção com rendimentos crescentes de escala. A expansão dos mercados, que permite maior grau de divisão do trabalho, aumenta a produtividade. E, ainda, o comércio exterior permitiria que recursos naturais e mão-de-obra ociosa fossem incorporados ao processo produtivo. Mynt (1958) chamou essa abordagem de Smith de teo-

---

[4] Hirschman, 1986, chamou de Monoeconomia a visão de que a teoria econômica é universal, não havendo sentido, segundo tal visão, em tratar a realidade dos países em desenvolvimento como um caso especial. Para a discussão da idéia de caso especial ver o artigo de Dudley Seers, 1963.

[5] Hirschman (1986) faz uma tipologia das teorias do desenvolvimento de uma forma um pouco distinta da que eu faço. Para ele as duas características básicas da teoria do desenvolvimento são (i) a crítica à monoeconomia e (ii) a reciprocidade de vantagens.

ria do comércio internacional do "canal de escoamento do excedente" (*vent for surplus*). Esse conceito implica a hipótese de que quando um país previamente isolado entra no comércio internacional, ele tem uma capacidade ociosa de alguns recursos domésticos. A função do comércio não seria somente realocar os recursos já empregados, mas permitir o emprego da parcela desses que ficaria ociosa na ausência do comércio exterior. Por exemplo, terras poderiam não ser cultivadas, ou parte da força de trabalho poderia ficar parcialmente empregada em atividades de subsistência. Com a nova demanda por produtos, que não seriam consumidos domesticamente, essas terras poderiam ser usadas para sua produção e os camponeses poderiam aumentar suas horas de trabalho, viabilizando o aumento da produção.

Ricardo também desenvolve uma teoria de comércio e desenvolvimento. Esta, no entanto, difere da abordagem de Smith do "canal do escoamento do excedente" porque pressupõe que os recursos de um país estão plenamente empregados antes de que ele entre no comércio internacional. A função do comércio seria, portanto, realocar os recursos disponíveis de forma mais eficiente. Esta abordagem implica que, com um determinado padrão tecnológico e pleno emprego, recursos antes empregados na produção de um bem para consumo doméstico sejam deslocados para a produção de produtos para exportação. No modelo de Smith isso não é necessário, já que a produção adicional pode ser atendida com recursos ociosos (Mynt, 1958, p. 321).

Entretanto, Ricardo introduziu um conceito fundamental em sua discussão, estranho à teoria do crescimento de Adam Smith: para ele o volume da produção está sujeito à produtividade marginal decrescente. Esta se dá fundamentalmente na agricultura, já que a indústria beneficiaria-se de economias de escala. Como a taxa de lucro deve ser igual para o conjunto da economia, a incorporação de terras menos férteis para a produção de alimentos levaria ao aumento da renda da terra nas áreas mais férteis. Esse mecanismo conduziria à redução da taxa de lucro, já que os salários reais dos trabalhadores se manteriam constantes — ou seja, seus salários nominais acompanhariam o aumento do preço dos alimentos. O comércio exterior, assim como o progresso técnico, teria o efeito de contrapor-se à tendência da queda da taxa de lucro, pois este permitiria que o mercado doméstico fosse abastecido com produtos agrícolas importados, evitando, assim, a incorporação de terras menos férteis. Dessa forma, para Ricardo, o comércio exterior seria duplamente importante para o desenvolvimento econômico: pelo mecanismo de ampliar o mercado para os produtos industriais, sob a premissa de rendimentos crescentes de escala, e pelo mecanismo de evitar a queda da taxa de lucro, pela alternativa de importação de alimentos à produção doméstica, sob a premissa de rendimentos marginais decrescentes.

ORIGENS DO DEBATE MODERNO SOBRE COMÉRCIO E DESENVOLVIMENTO

O debate moderno sobre comércio e desenvolvimento, contudo, tem duas matrizes principais: a tese de Prebisch-Singer sobre deterioração dos termos de troca e a tese de Ragnar Nurkse sobre o comércio como motor do desenvolvimento.

A primeira foi formulada independentemente por Hans W. Singer e Raul Prebisch em 1950, e sustentava que havia uma tendência estrutural de deterioração dos termos de troca entre os países subdesenvolvidos, exportadores de produtos primários, e os desenvolvidos, exportadores de manufaturas (ver Singer, 1950; Prebisch, 1949).

A base estatística dessa formulação foi a evolução dos termos de troca da Grã-Bretanha entre 1873-1938, que seria o caso típico de país que exportaria manufaturados e importaria produtos primários. Houve grande controvérsia quanto à validade empírica dessa afirmação, desde críticas, tais como as formuladas por Viner (1953), até artigos que reiteravam a validade das evidências de Singer e Prebisch, tais como J. Spraos (1980).

Prebisch foi o mentor intelectual de uma geração de economistas, sociólogos e cientistas políticos que, reunidos na Comissão Econômica para a América Latina (CEPAL), formularam a abordagem que ficou conhecida como cepalina.[6] Segundo essa visão, o comércio internacional não levaria a um fluxo contínuo de países desenvolvendo-se em função dos ganhos do comércio ou pela difusão do progresso técnico dos países mais avançados para os mais atrasados: ao contrário, a integração das economias periféricas em escala mundial levou à modernização sob condições de heterogeneidade estrutural. Ou seja, o progresso técnico concentrava-se nas atividades exportadoras que se modernizavam. Uma vez que havia uma oferta elástica de mão-de-obra das atividades tradicionais e pouca organização sindical, os ganhos de produtividade não acarretavam aumentos salariais, mas redução de preços. Nesse sentido, a especialização na exportação de produtos primários levava à formação de uma economia dual: um setor moderno exportador e um setor tradicional de baixa produtividade. Essas economias seriam, portanto, especializadas e heterogêneas estruturalmente. Por outro lado, nos países centrais, o progresso técnico se difundia por toda a economia e gerava aumento de salários, já que o movimento sindical nesses países era melhor organizado e a homogeneidade da economia não permitia oferta elástica de mão-de-obra a baixo preço. Essas economias seriam, então diversificadas e homogêneas.

A segunda tese seminal do debate sobre comércio e desenvolvimento no pós-guerra foi proposta por Ragnar Nurkse, na Wicksell Lectures (Estocol-

---

[6] Entre os intelectuais latino-americanos que trabalharam na CEPAL destacam-se Celso Furtado, Aníbal Pinto, Maria da Conceição Tavares e Oswaldo Sunkel.

mo, 1959). Esta sustentava que no século XIX o comércio foi o motor do crescimento econômico.[7] Isto se deu porque a economia mundial era liderada pela Grã-Bretanha, que tinha uma alta propensão marginal a importar, gerando como subproduto de seu dinamismo industrial um grande mercado para matérias-primas e alimentos, provenientes das economias periféricas na América, na Europa e nas suas colônias. Isto teria permitido o rápido crescimento das economias que produziam alimentos e outros produtos em grande demanda naquele país.

No século XX, entretanto, o comércio internacional não seria tão importante para os países em desenvolvimento como no século XIX. Isto porque neste século dois fatores se combinaram para reduzir a importância relativa da demanda por matérias-primas e alimentos da periferia. Em primeiro lugar, com o crescimento da renda dos países desenvolvidos a propensão marginal a importar alimentos tendeu a cair. Isto é, em níveis mais altos de renda, a demanda por alimento cresce menos do que proporcionalmente ao crescimento da renda. E, ainda, a descoberta de toda uma tecnologia de produtos sintéticos reduziu a demanda por matérias-primas da periferia. Assim, o guano peruano foi substituído por fertilizantes preparados industrialmente, a borracha natural pela borracha sintética etc.

Em segundo lugar, os Estados Unidos, o novo país líder da economia mundial, diferentemente da Grã-Bretanha, era auto-suficiente em alimentos, além de ser uma economia mais fechada e protecionista. Nesse sentido, os EUA contribuíram menos do que a Grã-Bretanha para que seu dinamismo se propagasse para outras áreas do mundo por meio do comércio.

A idéia do comércio como motor do crescimento foi usada como base de explicação do sucesso das economias de colonização recente (*new settlements countries*) pela escola canadense de desenvolvimento econômico, que formulou a chamada teoria do produto dinâmico de exportação (*staple theory of economic development*).[8]

A visão de Nurkse sobre o papel do comércio no desenvolvimento econômico foi contestada por Irving Kravis (1970), em um artigo que obteve grande repercussão. Kravis argumentou que o comércio não foi o motor do crescimento, mas sim o resultado de um desenvolvimento econômico endógeno bem-sucedido. Usando o exemplo da economia norte-americana, Kravis argumentou que esse país ampliou drasticamente seu comércio, sobretudo de produtos alimentícios como trigo, em uma situação em que o preço internacional desses produtos estava caindo e a demanda internacional não estava crescendo aceleradamente. Segundo Kravis, o sucesso dos EUA como exportador é resultado do aumento doméstico da produtividade, produto da introdução de ferrovias, do melhor sistema de comercialização

---

[7] Essa conferência foi publicada em 1961. Ver Nurkse, 1961.
[8] Ver Waltkins, 1963; Forgarty, 1981.

e da maior eficiência dos produtores norte-americanos, que deslocaram concorrentes de outras regiões. Nesse sentido o comércio foi um caudatário do crescimento (em inglês, *handmaiden of growth*), e não o motor do crescimento.

COMÉRCIO E PROGRESSO TÉCNICO

O tema comércio e progresso técnico surgiu na literatura econômica associado à questão do investimento internacional, pois nessa literatura o investimento é considerado uma alternativa ao comércio internacional. Nessa abordagem seriam justamente as diferenças entre os níveis de desenvolvimento e as tecnologias utilizadas que explicariam os fluxos comerciais.

Foi um artigo de R. Vernon, publicado em 1966, que iniciou esse debate com a tese do ciclo do produto. Segundo essa proposição, o comércio internacional de produtos manufaturados seria explicado pela dinâmica da inovação nas corporações transnacionais. Essas firmas introduziriam inovações e desenvolveriam novos produtos, inicialmente no seu país de origem, atendendo à demanda doméstica. Com o aumento da produção, a firma inovadora começaria também a exportar, beneficiando-se da economia de escala. Em uma segunda fase, a firma decide investir no exterior, beneficiando-se de seu domínio da tecnologia, e do fato de que não é mais possível manter a quase-renda da inovação apenas com a exportação. Finalmente, com o produto entrando em sua fase de declínio, a firma mantém a produção apenas fora de seu país de origem, onde ainda há mercado para ele, enquanto introduz no mercado doméstico um novo produto.

O artigo de Vernon (1966) que levantou a tese do ciclo do produto tinha por objetivo estudar a dinâmica do investimento direto norte-americano no exterior. Mas sua teoria é importante para a explicação dos fluxos de comércio de produtos que operam em mercados de concorrência imperfeita. Os EUA estariam na liderança da inovação tecnológica no período da sua pesquisa em função de características particulares deste país. Isto é, o fato de os EUA terem a maior renda per capita do mundo e o maior mercado interno, e, ainda, elevado custo de mão-de-obra, baixo custo de capital e baixo custo de matérias-primas, acarretava um grande estímulo para a inovação tecnológica nas empresas desse país. A Figura 3.1 descreve o modelo do ciclo do produto.

Em seus estágios, iniciais os novos produtos tenderiam a não ser padronizados. Nesta fase seriam feitas experiências com processos de produção, com diferentes tipos de insumos e desenhos de produto final. Esta é uma fase em que os fornecedores não podem determinar uma alocação ótima, nem calcular eficientemente a relação entre a escala de produção e o nível de preços. Por fim, nesta fase a diferenciação do produto e dos fornecedores é elevada.

Em um segundo momento, em que o produto começa a entrar em uma fase de maturação, a demanda se expande, e começa a ocorrer um certo grau de padronização. Isto não quer dizer que os esforços de diferenciação do produto chegaram ao fim. Pelo contrário: tais esforços podem até intensificar-se à medida que os concorrentes procuram evitar a concorrência de preços. Entretanto, se o produto tiver uma alta elasticidade-renda da demanda, ou se for um substituto satisfatório para a mão-de-obra de alto custo, com o correr do tempo a demanda começará a crescer rapidamente em outros países adiantados, como os da Europa ocidental. Uma vez que o mercado se expanda em tais países, os empresários serão tentados a assumir o risco de lá estabelecer uma instalação produtiva.

Com novas instalações no exterior as exportações norte-americanas começam a crescer em ritmo mais lento, já que uma crescente proporção da produção doméstica de outros países adiantados é produzida localmente. Por outro lado, as novas regiões produtoras podem começar atividades de exportação para outros países de sua área de influência, reduzindo ainda mais as exportações norte-americanas.

Em uma terceira fase, onde os produtos já estão maduros e a produção é padronizada, o mesmo processo de transferência de fábricas entre os EUA e a Europa Ocidental começa a ocorrer com alguns países em desenvolvimento mais dinâmicos. Nesse caso, estas novas regiões produtoras começam também a substituir importações desses produtos podendo, inclusive, em um estágio final, também exportarem os mesmos para os países mais desenvolvidos. Nesta última fase é provável que os EUA deixem progressivamente de fabricar esse produto, uma vez que dada sua padronização, os seus elevados custos de mão-de-obra fazem com que seja mais conveniente importar tais produtos de regiões menos desenvolvidas, onde o custo de fabricação será menor.

A teoria do ciclo do produto tem alto poder explicativo para o desempenho da economia norte-americana nas décadas de 1950 e 1960. No entanto, na década de 1970 as posições das empresas norte-americanas como líderes incontestes da inovação tecnológica passaram a ser ameaçadas pelo grande dinamismo de empresas européias e japonesas. Por outro lado, o crescimento do número de empresas transnacionais, e uma orientação estratégica global de várias dessas firmas, fazem com que novos produtos sejam introduzidos simultaneamente em vários mercados. Nesse aspecto o poder explicativo da teoria para o comportamento das exportações e do investimento externo norte-americano reduziu-se.

Contudo, o conceito de ciclo do produto continua a ser útil para explicar a dinâmica de alguns produtos, uma vez que muitas firmas têm a maior parte de sua produção destinada ao mercado doméstico e mantêm ainda fortes características nacionais. Essas novas condições mundiais implicam, no entanto, a necessidade da formulação de outros conceitos para explicar a relação entre difusão tecnológica e comércio internacional neste fim de século.

Um modelo com algumas similaridades ao de Vernon foi desenvolvido independentemente pelo economista japonês K. Akamatsu na década de 1930, mas ficou acessível no Ocidente somente em 1962, com a publicação em inglês de um de seus artigos. Essa teoria apresenta uma descrição do ciclo de vida de várias indústrias no processo de desenvolvimento econômi-

Estados Unidos

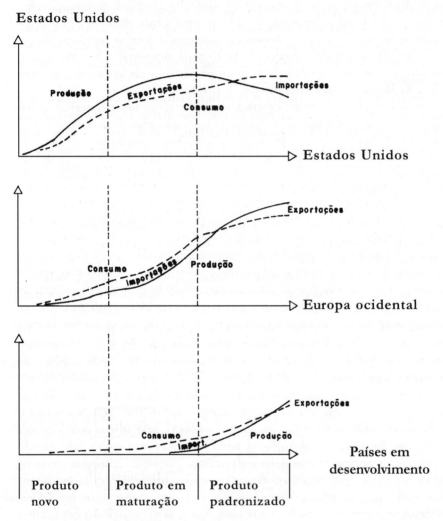

Obs.: Cus = Consumo nos EUA; Pus= Produção nos EUA ;
Ceo = Consumo na Europa ocidental; Peo= Produção na Europa ocidental
Ppd = produção nos países em desenvolvimento; Cpd = Consumo nos países em desenvolvimento.

Figura 3.1
Ciclo do produto

co e a realocação das indústrias de um país para outro, por meio do comércio e do investimento internacional, como resposta a mudanças de competitividade.

Segundo Akamatsu, o comércio é o veículo mais importante para transferir novos bens e tecnologias pelos países. As importações dos países mais avançados (*senshinkoku*) permitiria que novos produtos fossem introduzidos nos países seguidores (*koshinkoku*). É o comércio que permite a transferência de tecnologia e bens de capital para o país seguidor iniciar sua produção e, posteriormente, também transformar-se em exportador de bens e de tecnologia.

A teoria dos gansos voadores propõe um padrão de industrialização que ocorre em ondas e que implica uma divisão regional de trabalho baseada em uma hierarquia industrial e locacional. Em função dessa onda de difusão de tecnologia e capacidade produtiva em formato de um V em posição horizontal, (ou da formação dos gansos em vôo), o progresso econômico do país líder seria progressivamente transmitido aos países seguidores, que iniciariam sua produção no mesmo padrão tecnológico do país inovador.

Note-se que, nesse modelo, quando os países menos desenvolvidos iniciam sua produção já o fazem empregando a mais avançada tecnologia disponível. A produção regional seria, portanto, dividida segundo os diferentes custos de mão-de-obra e intensidade do uso desse fator, mas com o mesmo padrão tecnológico. O dinamismo gerado nesse processo levaria ao aumento do custo de mão-de-obra dos países seguidores, que por sua vez manteriam as atividades menos intensivas em mão-de-obra e transmitiram a tecnologia e a fabricação de parte de seus produtos para novos seguidores. Esse seria o modelo empregado na estratégia de desenvolvimento dos países asiáticos que, sob a liderança japonesa, entraram sucessivamente em um

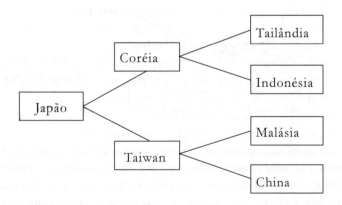

Figura 3. 2
Modelo dos gansos voadores

processo de crescimento econômico muito influenciado pelo dinamismo tecnológico regional.

SUBSTITUIÇÃO DE IMPORTAÇÕES E PROMOÇÃO DE EXPORTAÇÕES

O debate sobre as estratégias de desenvolvimento para fora ou para dentro (em inglês, *outward-oriented* ou *inward-oriented development strategy*) surgiu a partir da crítica de economistas ortodoxos ao modelo de substituição de importações aplicado, em especial, pelos grandes países latino-americanos.[9]

As idéias cepalinas sobre deterioração dos termos de intercâmbio e da relativa inelasticidade da demanda por produtos primários influenciaram as políticas econômicas na América Latina que tenderam a subestimar a capacidade de expansão das exportações da região. Tal fato explicaria a persistência de taxas de câmbio valorizadas e a ênfase no controle da importação via barreiras alfandegárias ou controles administrativos. A justificativa para essa valorização cambial era de que ela reduzia o preço das importações de bens de capital e produtos intermediários necessários para a continuidade da substituição de importações, fazendo com que as exportações tradicionais, com demanda externa inelástica, financiassem essas importações.

A crise do processo de substituição de importações na América Latina, que esgotou-se inclusive nos países mais dinâmicos da região na década de 1980, e o relativo sucesso de alguns países em desenvolvimento na América Latina e fora dela como exportadores de manufaturados (países conhecidos como NICs — Brasil e México, na América Latina, e Coréia, Taiwan, Cingapura e Hong Kong na Ásia) levou os países latino-americanos a recolocar a questão do mercado externo no centro de uma estratégia de crescimento econômico.

O modelo latino-americano de substituição de importações conseguiu resultados significativos no período posterior à Segunda Guerra Mundial até a década de 1980. Entre 1950 e 1980 o crescimento do PIB latino-americano foi de 5,5% a.a., um excelente desempenho em comparação a qualquer outro grupo de países (Teitel,1992, p. 357). Nesse período a estratégia dos grandes países da região foi usar o Estado como articulador de um projeto de industrialização e o protecionismo como instrumento de viabilização da construção da indústria nascente.

Embora a industrialização derivada da ação estatal não fosse um modelo implantado original ou exclusivamente na América Latina, tal ação teve características peculiares nessa região a partir da interpretação cepalina das particularidades da realidade latino-americana. Segundo essa interpretação: (i) a industrialização latino-americana seria destinada essencialmente ao atendimento do mercado interno; (ii) a dinâmica das exportações latino-ameri-

---

[9] Ver, por exemplo, Balassa, 1980.

canas estava necessariamente limitada devido ao menor crescimento do mercado mundial de produtos primários e à grande concorrência internacional em produtos manufaturados tradicionais, baseados no processamento de recursos naturais; e (iii) o objetivo final da industrialização deveria ser reproduzir em menor escala a estrutura industrial dos países líderes mundiais, em especial dos EUA.

Na década de 1970, o fim do crescimento acelerado da economia mundial do pós-guerra foi marcado pela crise do Sistema de Bretton Woods, pela crise do petróleo e pelo aparecimento da estagflação. Esta crise veio reforçar a ofensiva conservadora na teoria econômica que vinha, desde a década de 1960 com os monetaristas e desde a década de 1970 com os novos-clássicos, atacando duramente as políticas econômicas keynesianas. O pensamento conservador vinha nesse momento imputar a responsabilidade pela profundidade da crise na década de 1970 à intoxicação resultante de longo tempo de políticas intervencionistas de inspiração keynesiana.

Na América Latina, e em especial no Cone Sul, a crise mundial levou a dois principais tipos de resposta: (i) crescimento com endividamento e (ii) políticas neoliberais. O primeiro caso se aplica ao Brasil; o segundo caso ao Chile, Argentina e Uruguai. Essas duas respostas implicavam o abandono ou a reformulação das estratégias cepalinas tradicionais.

Argentina, Uruguai e Chile foram exceções no desenvolvimento latino-americano do pós-guerra. Ao fim da Segunda Guerra Mundial, eles eram os três países de maior renda per capita na América Latina, gerando cerca de 1/3 do PIB da região com apenas 17% da população. Em meados da década de 1970, esses países geravam menos de 1/4 do PIB regional. Enquanto entre 1945 e 1975 o PIB do resto da região cresceu à taxa anual de 6,2%, o PIB desses três países cresceu apenas à taxa de 3,5%. Desta forma, enquanto a Argentina ainda manteve sua posição de mais elevada renda per capita da América Latina, o Chile desceu de terceiro ao sétimo e o Uruguai do segundo ao quinto (Ramos, 1989, p. 11) .

A insatisfação com o resultado das políticas de desenvolvimento do pósguerra, que teria levado a esse péssimo desempenho de países que foram bem-sucedidos durante fases liberais anteriores, explica a rapidez com que as idéias neoliberais difundiram-se nessas regiões. Para o neoliberalismo latino-americano o sofrível desempenho econômico dos países da região teria como explicação a crescente e exagerada intervenção do Estado, que substituiu o mercado como principal mecanismo de alocação de recursos. Dessa forma a iniciativa privada tenderia a comportar-se como em um jogo de "soma zero" (busca por melhores preços fixados administrativamente, por créditos preferenciais, maior proteção alfandegária etc.), descuidando-se de sua missão própria, que é a criação de nova riqueza, e, mesmo quando isso ocorria, ela não foi estimulada a escolher as atividades mais rentáveis (Ramos, 1989, p. 18).

O neoliberalismo sul-americano propunha não apenas uma política de estabilização, mas uma nova estratégia de desenvolvimento econômico. Essa nova estratégia de desenvolvimento baseava-se em dois pressupostos: (i) o dinamismo intrínseco do setor privado como agente de desenvolvimento e (ii) a inquestionável eficácia do mercado, desde que livre do controle do Estado ou de pressões monopolísticas (Ramos, 1989, p. 21). Nesse sentido o fortalecimento do setor privado e a restauração do papel do mercado substituiriam o papel do Estado como principal agente indutor de crescimento e como árbitro na alocação privada de recursos.

A estratégia brasileira no mesmo período foi distinta. O Brasil, ao contrário desses países, teve crescimento acelerado no período do pós-guerra e foi capaz de responder à crise dos anos 70 acelerando suas exportações e aumentando seu endividamento externo.[10] Apostando que a crise internacional seria curta, o Brasil decidiu sustentar suas taxas de investimento industrial, mantendo seu nível de reservas internacionais, com subsídios às exportações, empréstimos internacionais, aumento de tarifas e restrições administrativas às importações. A política brasileira, no entanto, embora perseguindo o aprofundamento da substituição das importações, não podia ser considerada voltada para dentro, já que tinha como um de seus pilares o rápido crescimento das exportações e a atração de capitais internacionais.

Desde essa época, no Brasil como em outras partes da América Latina, muitos dos intelectuais formados na tradição do pensamento latino-americano passaram a repensar os princípios que nortearam a CEPAL, rejeitando particularmente a ênfase excessiva na substituição de importações, a falta de separação nítida entre a proteção de aprendizagem e a proteção espúria e, finalmente, a falta de uma ênfase maior na questão da eqüidade como um problema básico para o desenvolvimento econômico.[11]

A crítica aos modelos de substituição de importação, empreendida por economistas ortodoxos, vinha apresentando argumentos contrários às estratégias comerciais protecionistas desde a década anterior. O principal foco dessas críticas era o argumento de falha de mercado. Assim Bhagwati e Ramaswami (1963), Jonhson (1965), Bhagwati (1969) e outros argumentaram com modelos analíticos que o instrumento comercial (tarifa ou cota) não é a melhor, nem mesmo a segunda melhor alternativa para se alcançar os objetivos pelos os quais a proteção era dada.

Essas pesquisas também passaram a se basear em teorias de *rent-seeking*, como um subproduto da proteção. Isto é, o argumento de *rent-seeking* afirma que a proteção leva à geração de rendas improdutivas para grupos que

---

[10] Na década de 1970 as exportações brasileiras totais cresceram uma média de 22% a.a., enquanto que somente as exportações de manufaturados cresceram em média 38% a.a. (Clemente, 1988).

[11] Ver, por exemplo, Fanzylber, 1975.

conseguem obter proteção politicamente, ou valiosas licenças de importação. Portanto, há para a economia um custo sem uma contrapartida de aumento da produção ou melhoria do bem-estar. Também foram apresentados argumentos sobre as conseqüências de mecanismos de super e subfaturamento e contrabando, estimulados por políticas comerciais inadequadas (Bhagwati, 1974; Sheikh, 1974; Pitt, 1981).

Finalmente, autores como Krueger (1997) e Tsiang (1985) passaram a afirmar que as estratégias de crescimento para fora dos países da Ásia oriental eram uma alternativa, baseada no livre mercado, ao protecionismo latino-americano. Nesse sentido, o sucesso desses países, em especial a Coréia e Taiwan, eram uma demonstração do sucesso das estratégias baseadas em princípios liberais de economia contra estratégias baseadas em princípios keynesianos de correção de falhas de mercado. O sucesso da experiência de industrialização dos tigres asiáticos, que parecia contrastar com o modelo latino-americano passou, portanto, a ser usado como elemento de crítica da política dessa região.

A comparação com a Ásia é de grande relevância para a avaliação da experiência latino-americana. Os chamados NICs asiáticos, em especial a Coréia, foram não apenas bem-sucedidos em seu processo de industrialização, mas têm ainda economias com baixa inflação, alto nível educacional e uma distribuição de renda comparável aos países europeus. A Coréia foi capaz, inclusive, de acompanhar as mudanças tecnológicas e organizacionais da década de 1980, fazendo com que alguns de seus *chaebols* estivessem entre os mais importantes conglomerados transnacionais, liderando segmentos de mercado de alta tecnologia.

As semelhanças e diferenças da experiência de industrialização asiática podem ser constatadas pela referência ao caso coreano. Esse país, durante a ocupação japonesa, era uma sociedade agrária fortemente controlada por uma aristocracia fundiária, vinculada aos interesses metropolitanos. Com o final das três décadas de ocupação japonesa e da guerra que assolou o país, no início da década de 1950, a Coréia pôde iniciar seu processo de crescimento (Sang-mok Suh, 1992; Dall'Acqua, 1991).

O país que saiu da guerra tinha uma pequena extensão territorial, com limitados recursos naturais, sendo que somente 22% eram de terras aráveis. Dado a elevada taxa de crescimento da população, a Coréia é um dos países com maior densidade populacional por terra arável (SangMok Suh, 1992, p. 6).

No final da década de 1940 a Coréia passou por várias reformas patrocinadas pelos Estados Unidos, entre elas uma profunda reforma agrária que foi facilitada politicamente pela vinculação da aristocracia rural com os japoneses (Dall'Acqua, 1991, p. 104). Nessa ocasião foram estabelecidas as bases para que o desenvolvimento econômico se desse em condições favoráveis de distribuição de renda.

O primeiro período de reconstrução após a Guerra da Coréia (1953-62) baseou-se essencialmente na promoção da substituição de importações. Duas dificuldades foram enfrentadas por essa estratégia coreana. A primeira era a alta propensão a importar da economia, com referência ao crescimento da produção industrial, devido à necessidade da importação de equipamentos e matérias-primas. A segunda era a dimensão relativamente reduzida do mercado interno. As exportações de produtos primários foram sempre reduzidas (menos de 1% do PIB) e, a poupança nacional, negligível. Nessas circunstâncias, fundos para os projetos de reconstrução e de desenvolvimento da infra-estrutura doméstica dependiam essencialmente de ajuda externa. Nesse período (1954-59) cerca de 70% de todos os projetos de reconstrução foram financiados por ajuda de outros países, particularmente os EUA (Sang-Mok Suk, p. 9). A principal característica desse período foi, no entanto, a grande ênfase na formação educacional, considerada uma virtude para o confucionismo, a filosofia de Estado da Coréia.

A política de promoção de exportações iniciou-se no período 1963-71, sob o governo de Park Chung Hee, na medida em que verificou-se que, nas condições coreanas, essa era a única opção de crescimento. A promoção de exportações foi organizada pelo governo com subsídios diretos para exportação, incentivos fiscais, rebates tarifários, liberalização de restrições creditícias etc. Por outro lado, o governo mantinha forte controle sobre a importação e o investimento estrangeiro, sendo que somente depois de 1967 o governo muda de uma lista de controle de importações positiva para uma lista negativa. Isto é, somente após essa data o governo passa a publicar a lista dos produtos cuja importação era proibida, ou estritamente controlada, e não uma lista dos produtos cujas importações eram permitidas.

No período 1972-79 o governo, por meio do Conselho de Planejamento Econômico, passou a promover fortemente a indústria pesada, enquanto fazia grandes transformações na estrutura socioeconômica doméstica. Para impedir que a disparidade entre as áreas rurais e urbanas aumentasse, o governo iniciou um forte programa de modernização rural, sustentado por política de suporte ao preço dos principais cereais, particularmente o arroz e a aveia, e subsidiando o uso de fertilizantes e a aquisição de maquinarias. Foram desenvolvidos programas como o *Saemaul Undong* (movimento de novas vilas), que pretendia melhorar as condições de vida no campo melhorando também a produtividade agrícola e a renda.

Ao final da década de 1970 a Coréia passou por um processo de estabilização que não foi bem-sucedido em vista da eclosão do segundo choque do petróleo. Em 1980 esse país passou pela sua maior crise, com crescimento negativo de 4,8%. No início da década de 1980 a Coréia iniciou uma reforma estrutural para alcançar três objetivos: (i) estabilidade de preços; (ii) liberalização dos mercados e (iii) crescimento econômico equilibrado.

Nas condições de distribuição de renda coreanas, e dado o grau de coordenação da economia, as políticas de preços e rendas foram bem-sucedidas, e esse país conseguiu reduzir as pressões inflacionárias. O número de itens que podiam ser importados livremente foi aumentado de forma progressiva, reduzindo-se aos poucos as tarifas de importação. Somente nessa época foram iniciadas a liberalização das restrições ao investimento e a propriedade estrangeira em áreas consideradas de interesse nacional (Sang-mok Suh, 1992, p. 27).

As políticas coreanas de substituição de importação, promoção de exportação e liberalização comercial e financeira foram feitas sempre sob o estrito controle do Estado, dentro de estratégias de longo prazo, implementadas por planos qüinqüenais. Nas condições específicas do caso coreano, essa era a única via de industrialização possível. A possibilidade de financiar a substituição de importações com a exportação de *commodities* não era uma via possível para a Coréia. Esse país, contudo, nunca foi uma economia liberal, e, da mesma forma que a experiência de substituição de importações latino-americana, se insere no modelo de crescimento derivado da ação do Estado.

Menos que o papel do Estado ou a política comercial, as grandes diferenças entre a Coréia do Sul e as economias latino-americanas — particularmente o Brasil, o país mais bem-sucedido durante o processo de substituição de importações — foram a estrutura relativamente equalitária que sempre caracterizou o desenvolvimento coreano e o alto nível de investimento na formação de recursos humanos. Essas duas diferenças são elementos importantes para explicar por que a América Latina tendeu a ampliar sua heterogeneidade estrutural com o crescimento industrial, enquanto a promoção da industrialização da Coréia se deu reduzindo as disparidades regionais e sociais.

INTEGRAÇÃO ECONÔMICA E DESENVOLVIMENTO[12]

A teoria da integração econômica

A integração econômica pode ser definida como o processo de criação de um mercado integrado, a partir da progressiva eliminação de barreiras ao comércio, ao movimento de fatores de produção e da criação de instituições que permitam a coordenação, ou unificação, de políticas econômicas em uma região geográfica contígua ou não. A economia da integração é um tema que vem adquirindo importância crescente nas últimas décadas. Entretanto, esta não é uma discussão recente, remontando ao período de formação de alguns Estados nacionais, tais como a Alemanha e a Itália, no século XIX. Muitas das questões levantadas nesta discussão foram relevan-

---

[12] Nesta seção usamos parte de pesquisa publicada em Prado, 1997.

tes em períodos anteriores, em especial entre os séculos XVI e XVIII, como conseqüência do fim do feudalismo e da difusão de políticas mercantilistas nas economias nacionais européias.

Pode-se observar historicamente as seguintes formas de integração:

1. Área de livre comércio — definida como uma região em que os países membros eliminaram barreiras ao comércio intra-regional, mas mantêm políticas comerciais independentes com relação a países não-membros. Isto é, uma área de livre comércio tem idealmente tarifa zero entre os países membros, mas com países não-membros essas barreiras são definidas independentemente, sem considerar interesses ou conveniências dos outros países do bloco. Neste caso é necessário estabelecer os critérios que definem a nacionalidade de um produto para beneficiar-se da política tarifária regional. O instrumento que garante este benefício é o Certificado de Origem, com regras acordadas entre os países membros.

Exemplos de tratados de livre comércio — NAFTA (Tratado de Livre Comércio Norte-Americano), EFTA (Associação Européia de Livre Comércio), ALALC (Associação Latino Americana de Livre Comércio).

2. União aduaneira — definida como uma área de livre comércio, onde os países membros acordam seguir uma política comercial comum com referência a não-membros. Isto é, adotam uma Tarifa Externa Comum (TEC), ou uma política setorial comum (por exemplo, a Política Agrícola Comum da União Européia), aplicáveis a países fora da região. Neste caso não há necessidade de Certificado de Origem, uma vez que qualquer produto que for importado será submetido às mesmas regras na região.

Exemplos de união aduaneira — A união aduaneira formada pelos estados germânicos em torno da Prússia em 1834 (isto é, o *Zollverein*). O Mercosul, que embora tenha por objetivo construir um mercado comum, pode ser considerado atualmente apenas uma união alfandegária incompleta.

3. Mercado comum — é uma união alfandegária onde há livre circulação de fatores de produção. Isto é, mão-de-obra, capital e empresas podem mover-se livremente entre os países da região sem qualquer restrição a sua circulação.

Exemplo de mercado comum — O melhor exemplo de mercado comum é a Comunidade Econômica Européia. Desde 1992 esta passou a se chamar União Européia, e estabeleceu um cronograma para a sua transformação em uma união monetária até o fim do século. Entretanto, deve-se ressaltar que a União Européia é, no momento, apenas um mercado comum.

4. União econômica ou monetária — é um mercado comum onde há unificação das políticas monetárias e fiscais. Com o estabelecimento da união econômica, a unificação dos mercados é atingida. Com o estabelecimento de autoridades econômicas centrais, os países membros tornam-se efetivamente regiões em um único mercado. Em termos econômicos desaparece,

portanto, a soberania de cada nação, que é totalmente transferida para a autoridade central.

Além da união econômica há somente a formação de uma união política, ou uma confederação, onde a região transforma-se juridicamente em um único país. Deve-se observar que essas formas de integração não formam necessariamente estágios de integração. Várias dessas formas, tais como a área de livre comércio, ou o mercado comum, podem ser implementadas diretamente, sem que se tenha por objetivo seguir para níveis mais profundos de integração.

As políticas de integração econômica podem ser positivas ou negativas. Medidas negativas são a remoção de barreiras ao comércio internacional, ou as restrições ao processo de liberalização comercial. Políticas positivas de integração são as modificações dos instrumentos existentes e a criação de instituições para permitir o aprofundamento da unificação dos mercados e seu efetivo funcionamento.

A teoria de integração econômica tem duas vertentes teóricas: (i) a baseada em conceitos tradicionais da teoria pura do comércio internacional, que funda-se no conceito de vantagens comparativas estáticas e de especialização comercial;[13] (ii) a inspirada por argumentos protecionistas, tais como o conceito de List (1841) de indústria nascente e por conceitos da teoria do desenvolvimento. Estes incorporam ao debate as idéias de economias crescentes de escala e a preocupação com externalidades — isto é, a integração econômica entre países em desenvolvimento seria um instrumento para viabilizar escalas mínimas de produção para o aprofundamento do processo de substituição de importações.

Jacob Vinner criou as bases da teoria da integração econômica a partir da teoria pura do comércio internacional. A grande contribuição desse autor foi a distinção entre os efeitos de "criação de comércio" e "desvio de comércio" na criação de uma união aduaneira. Em seu modelo teórico, a união aduaneira só seria válida como uma segunda melhor alternativa (*second best*) na impossibilidade de uma política de redução tarifária multilateral, que seria a melhor alternativa (*first best*).

Define-se criação de comércio como o mecanismo de ampliação das transações comerciais entre os países membros de uma união aduaneira, a partir da unificação dos preços dos produtos na região após a queda das barreiras tarifárias. Isto é, os produtores domésticos menos eficientes em cada país membro são preteridos em favor de produtores mais eficientes em outros países membros.

O desvio de comércio é definido como o mecanismo de redução do comércio com os países não-membros da união aduaneira, em benefício do

---

[13] J. Vinner (1950) é o principal teórico dessa vertente.

aumento do comércio intra-regional. Isto é, produtos importados de fora da região passam a ser preteridos por produtos produzidos na região, em função da estrutura da tarifa externa comum e da liberalização intra-regional.

Embora Vinner e Balassa, formuladores da teoria neoclássica de integração econômica, sejam os autores mais conhecidos sobre este tema, cabe destacar que, historicamente, os argumentos que motivaram a proposição de projetos de integração têm como matriz teórica a segunda vertente da teoria da integração. Foram argumentos de List, por exemplo, que motivaram a criação do *Zollverein* no século XIX.[14] Os primeiros tratados de integração européia foram também inspirados em concepções protecionistas tradicionais, mas foram influenciados pela idéia de que a aplicação na esfera regional de princípios de planejamento econômico prepararia a região para o desafio da concorrência com os EUA e o enfrentamento da ameaça soviética.[15]

O debate teórico sobre a economia do desenvolvimento no pós-guerra teve como principal conseqüência a difusão da idéia de que as vantagens comparativas não eram estáticas, mas dinâmicas. Essas, portanto, seriam construídas por políticas públicas adequadas. As estratégias de industrialização lideradas pela ação do estado viabilizariam, por meio de um crescimento equilibrado (Rosestein-Rodan) ou desequilibrado (Hirschman), a montagem de um setor moderno que, após implantado, seria capaz de competir com economias que se industrializaram em períodos anteriores.

Entretanto, estratégias de crescimento liderado pela ação do Estado dependiam da capacidade deste de financiar sua intervenção econômica e, ainda, da dimensão do mercado doméstico para viabilizar uma escala mínima de produção compatível com os objetivos almejados. Mas, para a grande maioria dos países subdesenvolvidos, o mercado doméstico era restrito e, os recursos disponíveis para a ação do Estado, limitados. Nesse contexto, a integração econômica entre países em desenvolvimento seria uma alternativa para viabilizar uma estratégia de desenvolvimento que seria irrealizável nas dimensões de pequenas economias periféricas.

Essas razões levaram Prebisch e os economistas da CEPAL a defender a necessidade da integração das economias latino-americanas. Assim, em 1957 o Comitê de Comércio da CEPAL criou um Grupo de Trabalho para o Mercado Regional Latino-Americano. Em 1960 foi assinado o Tratado de Mon-

---

[14] A Idéia do *Zollverein* foi proposta por List no jornal *Volksfreund aus Schwaben*. List, 1841, trata da política comercial do *Zollverein* no capítulo XXXI.

[15] No processo de integração européia razões políticas, tais como a resistência ao expansionismo soviético, e a tentativa de reconstruir a Europa ocidental como uma potência econômica independente dos EUA, foram importantes elementos na explicação dos motivos pelos quais uma região recém-saída de um imenso conflito militar pôde se unir em torno de objetivos comuns. Para uma história da integração européia, ver Urwin, 1991.

tevidéu, criando a ALALC (Associação Latino-americana de Livre Comércio), ratificado por Argentina, Bolívia, Brasil, Chile, Colômbia, Equador, México, Paraguai, Peru, Uruguai e Venezuela. Ainda na década de 1960 vários outros tratados de integração econômica, de inspiração teórica similar, foram assinados na América Latina e Caribe. Esse período foi um dos mais ativos na tentativa de criar um sistema que viabilizasse a integração regional.[16]

Portanto, os projetos de integração propostos nas duas décadas posteriores à Segunda Guerra eram entendidos por seus formuladores como instrumento político para construção de estratégias regionais de desenvolvimento econômico e de construção de suas vantagens competitivas. Embora a criação de comércio em decorrência de reduções tarifárias fosse o principal objetivo da integração, esta era vista como uma forma de ampliar a escala de produção para viabilizar uma estratégia de desenvolvimento que não era possível de ser implementada no espaço econômico de cada país isoladamente. Este era um projeto político com implicações econômicas, e não um *second best* para negociações multilaterais.[17]

Essa estratégia foi bem-sucedida na Europa e fracassada na América Latina. A integração européia imaginada na década de 1950 era limitada à Europa ocidental, forjando-se no contexto político e econômico da Guerra Fria. Em sua essência havia uma relação ambígua e mal definida da solidariedade Atlântica. A Europa ambicionava tornar-se um parceiro equivalente em poder econômico e político a seu protetor, os EUA.

Mas a Europa almejava também reconstruir-se como grande potência, libertando-se da pressão soviética, no oriente, e da tutela norte-americana, no ocidente (Wallace, 1990, p. 2). Desde que o Tratado de Roma entrou em vigor, em 1958, o núcleo original dos seis países aumentou para quinze países. Desde sua criação, o núcleo fundador foi acrescido do Reino Unido, Dinamarca e Irlanda em 1973, de Grécia, Portugal e Espanha na década de 1980. E ainda na década de 1990 a integração européia passa por nova reformulação, com as negociações para entrada de outros países escandinavos, de outros países do EFTA e ainda pela possibilidade de futu-

---

[16] Em dezembro de 1960 foi criado o Mercado Comum Centro-Americano. Em 1968 foram criados o CARIFTA (Associação de Livre Comércio do Caribe) e o Mercado Comum do Caribe Oriental (MCCO), que posteriormente seria transformado na Comunidade do Caribe (CARICOM). Finalmente, em 1969, foi criado o Pacto Andino.

[17] Esta afirmação é verdadeira não apenas para os fracassados projetos de integração latino-americanos, mas também para a bem-sucedida experiência européia. Por exemplo, Paul-Henri Spaak, político socialista e estadista belga, afirmou em 1964 que "aqueles que formularam o Tratado de Roma... não o imaginavam como essencialmente econômico; eles o pensavam como um primeiro estágio para a união política". Nessa mesma linha, Walter Hallstein, o primeiro presidente da Comissão da CEE, afirmou: "Nós não estamos integrando economias, nós estamos integrando políticas. Nós não estamos apenas compartilhando o mobiliário, nós estamos construindo uma casa nova e melhor." Citações em Urwin, 1991, p. 76.

ra adesão de países de economias em transição da Europa central e oriental. Por outro lado, o processo de integração européia evoluiu, desde a década de 1960, de preocupações centradas principalmente em questões comerciais para questões de coordenação e integração de políticas públicas e estímulo à formação de redes e outros processos de integração informal (Bressand & Nicolaidis, 1990, p. 28). Isto é, a Comunidade Européia enfrentou com sucesso os desafios da integração comercial, que era a questão tratada pelas teorias tradicionais de integração econômica, para tentar ir além, em busca de um modelo de integração compatível com os desafios enfrentados por essa região.

Na América Latina, ao contrário, as tentativas de integração econômica, que se iniciaram aproximadamente na mesma época do processo de integração europeu, foram incapazes, até meados da década de 1980, de criar um modelo estável para a formação de uma simples área de livre comércio. A liberalização comercial na América Latina não ocorreu após um processo de integração comercial bem-sucedido no continente, mas foi concomitante ou precedeu as recentes experiências de integração sub-regional.

Uma explicação para o fracasso dessas políticas é o fato de que os governos latino-americanos viam seus mercados domésticos como um ativo estratégico, e seus vizinhos latino-americanos como concorrentes no fornecimento de produtos primários ou processados para um mercado internacional cuja demanda tinha baixíssima elasticidade-renda. Nesse sentido os mecanismos de Listas Nacionais de Concessões e Listas Comuns, empreendidos pela ALALC, foram muito pouco eficientes, na medida em que os governos dos grandes países relutavam em oferecer vantagens a vizinhos que consideravam mais concorrentes que parceiros. O Pacto Andino, que tinha entre as razões de sua criação a insatisfação com o comportamento dos grandes países (Argentina, Brasil e México) na ALALC, também não obteve resultados compatíveis com as expectativas que gerou. As razões de seu fracasso foram mais políticas que econômicas, tal qual a experiência do MCCA, que praticamente ficou estagnado desde a década de 1970.[18]

O modelo de substituição de importações começou a entrar em crise ainda na década de 1970. As experiências liberais no Cone Sul empreendidas na Argentina, Chile e Uruguai nessa década mostraram-se, entretanto, problemáticas.[19] Mas as tentativas de se aprofundar o processo de substituição de importações no Brasil e no México não impediram seu esgotamento. A moratória mexicana, depois da elevação da taxa de juros norte-americana a níveis estratosféricos no final da década de 1970 e no início da década de

---

[18] Para uma análise do fracasso da ALALC ver Versiani, 1997.
[19] O Uruguai foi o único país que ao fim de 1982 manteve o produto per capita ligeiramente superior ao que tinha no começo dessa experiência. A renda per capita chilena era nessa época um pouco inferior ao ponto de partida, e a da Argentina caiu 10%. Ramos, 1989, p. 58.

1980, levou à crise econômica vários países latino-americanos, inclusive o Brasil, marcando definitivamente o ocaso desse modelo na América Latina.[20]

A partir de meados da década de 1980 vários países latino-americanos iniciaram ou aprofundaram programas de liberalização unilateral. Chile e Argentina, países que tiveram problemas com suas experiências de liberalização na década de 1970, empreenderam novos ciclos de reforma tarifária. Durante a primeira liberalização comercial do Chile, no período 1974-81, permitiu-se uma prolongada apreciação cambial, vinculada à política crescentemente liberal com referência aos fluxos de capital privados. A segunda reforma chilena no período 1985-1991, no entanto, deu melhores resultados do que a primeira. Esta foi mais pragmática do que aquela, sendo que a depreciação cambial foi um instrumento usado para estimular o crescimento de exportações não-tradicionais desse país. Pragmaticamente, desde 1989, o Chile vem tentando controlar a apreciação cambial por meio de vários mecanismos de restrição dos fluxos externos de capital de curto prazo que, desde essa época, moveram-se em grande volume para as economias latino-americanas (CEPAL, 1994, pp. 107-109).

A Argentina iniciou em 1988 uma segunda experiência de abertura econômica, depois da fracassada experiência liberalizante da década de 1970, sob o ministério de Martinez de Hoz. A partir de outubro de 1988 iniciou-se um forte processo de liberalização do regime comercial e a criação de um novo regime tarifário. Desde essa data até as reformas de abril de 1991 as tarifas moveram-se onze vezes para baixo. O processo de liberalização comercial e financeira culminou com um pacote que incluía a lei da conversibilidade, a abertura total da conta de capitais e a consolidação da reforma comercial (Cepal, 1994, p. 109).

O ressurgimento das experiências de integração econômica na América do Sul e, em especial, o Tratado de Assunção, que iniciou o processo de integração do Cone Sul, devem ser analisados dentro do contexto das grandes reformas econômicas empreendidas pelos países da região.

O novo regionalismo

Ao longo de suas rodadas de negociações o GATT conseguiu reduzir substancialmente as barreiras tarifárias entre os países membros. Esses fatos justificariam a afirmação de que as negociações multilaterais criaram uma economia internacional liberal, sendo irrelevantes discussões sobre regionalismo ou sobre negociações bilaterais.[21] Entretanto, desde meados da década de 1980, houve um ressurgimento dos debates sobre criação de blocos econômi-

---

[20] Sobre o Brasil, ver infra a seção sobre a política comercial brasileira.
[21] Esse argumento não se aplica aos países em desenvolvimento, e em especial não se aplica aos NICs latino-americanos, como o México e o Brasil, cuja estrutura tarifária era ainda bastante protecionista na década de 1980.

cos e a criação de vários novos tratados de integração: entre eles o do Nafta e o do Mercosul.

Esse movimento surge por diversas razões, sendo que duas de particular relevância: (i) a insatisfação com as negociações multilaterais no GATT e (ii) a procura de novas alternativas para dinamizar economias em desenvolvimento afetadas pela crise na década de 1980.

A principal razão do sentimento de frustração com as negociações no GATT é que estas pareciam incapazes de impedir a expansão de barreiras não-tarifárias e o tratamento diferenciado para produtos agrícolas ou produtos manufaturados intensivos em mão-de-obra, como têxteis. Na verdade o GATT tinha sido bem-sucedido na redução das barreiras tarifárias de produtos industriais, mas essas eram menos importantes do que um grande número de expedientes para restringir o comércio internacional, tal como as VER (*voluntary export restrictions*), OMA (*organized marketing arrangements*), cotas de imposição unilateral etc. A existência dessas áreas cinzas, nem expressamente legais ou ilegais, são diametralmente opostas aos princípios fundamentais do GATT, porém essas persistiram e expandiram-se no período recente (Patterson & Patterson, 1990, p. 8). Por outro lado, um ponto de insatisfação dos EUA com o GATT eram as dificuldades que os chamados novos temas, tais como o comércio de serviços, a proteção aos investimentos (TRIM — *Trade Related Investment Measures*) e a questão da propriedade intelectual encontravam na Rodada Uruguai no início da década de 1990.

O sentimento de insatisfação, justificado ou não, com as negociações no GATT por parte dos EUA, foi um dos importantes fatores que explicam a adoção do bilateralismo como alternativa estratégica desse país ao fim da década de 1980.[22] O primeiro acordo bilateral assinado pelos EUA foi de pequena importância estratégica: em 1985 foi assinado um tratado de livre comércio com Israel. A mudança na política comercial norte-americana tem como marco a assinatura do Tratado de Livre Comércio com o Canadá em 1988. As negociações para a criação do NAFTA iniciaram-se formalmente em junho de 1991, um ano depois que George Bush e Carlos Salinas de Gortari declararam pela primeira vez seu apoio a um amplo acordo entre Estados Unidos e México e quatro meses depois que os dois presidentes concordaram em ampliar as conversações para incluir toda a América do Norte.

No Cone Sul, as negociações entre Brasil e Argentina tiveram início com a assinatura do PICE (Programa de Integração e Cooperação Econômica), instituído pela Ata para Integração Argentino-Brasileira, assinada em Buenos Aires em julho de 1986. Este foi seguido em 1988 pelo Tratado de Integração e Cooperação e Desenvolvimento firmado entre Brasil e Argentina e pelo

---

[22] Os outros elementos que contribuíram para essa mudança de postura dos EUA foram a persistência dos déficits comerciais dos EUA e o crescimento do regionalismo europeu. Ver Weintraub, 1991, p. 46.

Acordo de Complementação Econômica N° 14, assinados pelos dois países no âmbito da ALADI, em dezembro de 1990.

A motivação dessas negociações foi de início essencialmente política. Os governos de Sarney e Alfonsín eram frutos de um processo de transição democrática e viam tal aproximação como uma forma de aumentar seu poder de barganha em suas relações internacionais. Esses governos contavam, ainda, com prestígio interno e esperavam, por meio de planos de estabilização heterodoxos, reverter o processo de inflação com recessão. Esperava-se obter, com a aproximação comercial de seus países, ganhos de economia de escala e, ainda, beneficiar-se com a complementaridade entre suas economias. Em julho de 1990, Argentina e Brasil decidiram prosseguir com a experiência da integração econômica com a assinatura da Ata de Buenos Aires que fixou em 31/12/1994 a data para a formação de uma união aduaneira entre os dois países. Posteriormente o Paraguai e o Uruguai juntaram-se às negociações, levando à assinatura do Tratado de Assunção em 26/3/1991, já nos governos de Collor e Menem. O fracasso das administrações de Sarney e Alfonsín levou a uma mudança na orientação política desses países. Dentro do espírito liberalizante dos novos governos, a integração regional seria um movimento compatível com a formação de blocos no espaço internacional. O Mercosul seria parte de um processo de liberalização mais amplo. Este se configuraria naquilo que a CEPAL viria a chamar de Regionalismo Aberto (CEPAL, 1994).

Mercosul e NAFTA

O Tratado de Assunção foi abrangente em seus objetivos e ambicioso no tempo para atingi-los. Ele vai além de uma área de livre comércio, visando à construção de um mercado comum que abrange uma tarifa externa comum, a livre circulação de fatores de produção, o estabelecimento de uma política comercial comum em relação a terceiros países, a coordenação das políticas macroeconômicas e setoriais entre os países e a harmonização de suas legislações.[23]

---

[23] O Artigo Primeiro do Tratado de Assunção estabelece que o Mercosul tem por objetivo: "A livre circulação de bens, serviços e fatores produtivos entre os países, através, entre outros, da eliminação dos direitos alfandegários e restrições não-tarifárias à circulação de mercado e de qualquer outra medida equivalente; o estabelecimento de uma tarifa externa comum e a adoção de uma política comercial comum em relação a terceiros Estados ou agrupamentos de Estados e a coordenação de posições em foros econômico-comerciais regionais e internacionais; a coordenação de políticas macroeconômicas e setoriais entre os Estados Partes — de comércio exterior, agrícola, industrial, fiscal, monetária, cambial e de capitais, de serviços alfandegários, de transportes e comunicações e outras que se acordem — a fim de assegurar condições adequadas de concorrência entre os Estados Partes; e o compromisso dos Estados Partes de harmonizar suas legislações, nas áreas pertinentes, para lograr o fortalecimento do processo de integração."

O Tratado de Assunção não pode ser comparado com o Tratado de Roma. Este se inspira na Convenção Benelux, complementada pelo protocolo de Haia, que instituiu a união aduaneira entre Bélgica, Luxemburgo e Países Baixos (Almeida, 1992). O Mercosul, tal como o Benelux, não tem instituições supranacionais, mas sim intergovernamentais. A Convenção Benelux também objetivava estabelecer uma TEC e aproximar suas políticas econômica e social. No plano institucional ela seria implementada por conferências ministeriais entre os três países, assim como por órgãos mistos econômicos e técnicos, com função puramente consultiva. O órgão máximo do Mercosul é o Conselho do Mercado Comum, que é uma instituição intergovernamental. Os outros organismos do Mercosul têm caráter técnico ou consultivo. Esta é a característica do Conselho do Mercado Comum, da Comissão Parlamentar Conjunta e do Fórum Social e Econômico, estes dois últimos criados na VII Reunião do Conselho do Mercosul em dezembro de 1994, quando foi assinado o Protocolo de Ouro Preto.

Embora com objetivos menos abrangentes do que os da União Européia, o Mercosul é muito mais ambicioso que o NAFTA. Este restringe-se a uma área de livre comércio, sem qualquer pretensão de aprofundar a integração além da redução de barreiras tarifárias e do compromisso dos Estados Partes de introduzir algumas legislações de interesse de seu maior membro, os EUA. Dessa forma, são os seguintes os objetivos do NAFTA:

(a) eliminar barreiras ao comércio, e facilitar movimentos fronteiriços de bens e serviços entre os territórios das partes; (b) promover condições para uma competição justa na área de livre comércio; (c) crescer substancialmente as oportunidades de investimento nesses territórios; (d) prover adequada e efetiva proteção e implementação dos direitos de propriedade intelectual no território de cada parte; (e) criar procedimentos efetivos para a implementação e aplicação deste Acordo, e de sua administração conjunta e solução de disputas; e (f) estabelecer uma estrutura para que cooperações futuras trilaterais, regionais e multilaterais se expandam e ampliem os benefícios desse acordo.[24]

Embora nem sempre explicitado no Tratado do Nafta, a admissão de um país como membro implica a aceitação de regras harmonizadas em setores como investimentos, serviços e propriedade intelectual, áreas às quais a política comercial dos EUA vem recentemente dando grande ênfase. Por

---

[24] North American Free Trade Agreement, Artigo 102, Versão de 15 de setembro, 1992. Nossa tradução.

englobar esses temas, que provocaram grandes controvérsias durante a Rodada Uruguai, vários autores consideram o NAFTA mais abrangente do que o Mercosul.[25]

O NAFTA é, sem qualquer dúvida, um tratado de grande amplitude temática, regulando vários aspectos da relação comercial entre os países membros. Essas regulações são de três ordens: (i) aquelas que atendem às preocupações dos setores sindicais dos EUA, e em menor medida do Canadá, ou seja, as que procuram impedir o que esses setores chamam de dumping social e dumping ecológico; (ii) aquelas que protegem investimentos de setores financeiros e industriais norte-americanos, ou seja, os acordos sobre serviços financeiros e direitos de propriedade intelectual; e (iii) aqueles que protegem setores industriais e agrícolas norte-americanos e canadenses contra a concorrência dos salários mais baixos mexicanos, ou seja, as salvaguardas, as regras de origem e as cotas para exportações agrícolas.

A primeira ordem de regulações, que atende às pressões dos movimentos sindicais e organizações defensoras do meio ambiente, implica um argumento incompatível com a teoria pura do comércio internacional. Se os países exportam produtos intensivos no fator de produção com oferta doméstica relativamente abundante, seria natural que o México exportasse produtos intensivos em mão-de-obra. Os acordos nas áreas trabalhistas e de meio ambiente são uma forma de reduzir a vantagem relativa mexicana em setores intensivos em mão-de-obra. Nessa mesma linha, a terceira ordem de regulações, isto é, as regras de origem muito severas, a perpetuação das cotas para produtos agrícolas e a possibilidade do uso de salvaguardas são artifícios defensivos para temores, fundados ou não, que vários segmentos da sociedade norte-americana têm da destruição de empregos naquele país, como resultado da concorrência dos salários mais baixos mexicanos.

A segunda ordem de regulações tem o papel inverso de garantir mercados, e não de protegê-los. Essas regulações eliminam restrições ao comércio de serviços financeiros, estabelecendo que as empresas ou pessoas de um país membro poderão realizar sem restrições em outros países signatários qualquer tipo de operações bancárias, de seguros, compra e venda de valores e outros serviços financeiros que a legislação autorize aos naturais desses países. Os acordos sobre propriedade intelectual implicaram a reprodução da legislação norte-americana sobre o tema para os outros países signatários, sendo nesse sentido mais abrangente do que a aprovada na Ata Final da Rodada Uruguai, que foi posteriormente incorporada à OMC.[26]

O NAFTA não trata de temas como liberdade de circulação de mão-de-obra, ou de tarifa externa comum, e dificilmente haverá condições políticas de fazê-lo no futuro previsível. Portanto, apesar de esse tratado se restringir

---

[25] Ver, e.g., Agosin e Alvarez, 1995.
[26] Para uma apreciação favorável do NAFTA ver Agosin e Alvarez, 1995, passim.

a uma área de livre comércio, ele trata de um grande número de questões como a coordenação de políticas de investimento, meio ambiente, propriedade intelectual e alguns aspectos limitados da legislação trabalhista.

O modelo do NAFTA, como área de livre comércio, está fora do debate da teoria de integração econômica tradicional. Como não pretende estabelecer uma TEC (Tarifa Externa Comum), e a tarifa média norte-americana é baixa, o argumento de Vinner dos efeitos prejudiciais de desvio de comércio não se aplicaria.[27] Portanto, o grande fator de atração do NAFTA é a possibilidade de tratamento diferenciado por parte dos EUA aos países membros quanto à imposição de BNTs (Barreiras Não-Tarifárias). Nesse caso, o tratamento preferencial dos EUA garantiria investimentos de subsidiárias de corporações transnacionais no México e no Canadá. Estas, por sua vez, ampliariam o comércio exterior desses países com os EUA (Weintraub, 1991, p. 49).

O interesse do México e do Canadá pelo NAFTA seria, então, a disputa desses países por investimentos e por maiores garantias de acesso ao mercado norte-americano com menos restrições não-tarifárias às suas exportações.[28]

Por outro lado, o interesse dos EUA no NAFTA segue uma lógica diferente. Inicialmente há um interesse econômico imediato de uma relação estreita com os países signatários. O Canadá é o maior e o México é o terceiro maior parceiro comercial dos EUA. Juntos, esses países absorveram 31% das exportações norte-americanas em 1993.[29] Por outro lado, os EUA são de longe o maior mercado para as exportações mexicanas e canadenses.[30] Assim, uma expansão das exportações desses países para os EUA, gerando crescimento da renda doméstica, reverteria em parte para os EUA por meio da importação de produtos norte-americanos.[31]

O segundo motivo do interesse norte-americano é de natureza política. O NAFTA foi em sua origem também uma sinalização para a União Européia e para o Japão de que os EUA poderiam partir para uma política de desenvolvimento de um mercado regional, implementando uma política mais contundente na defesa de seus interesses comerciais. Por outro lado, a su-

---

[27] No caso do México a recíproca não é verdadeira. Isto é, dada a estrutura tarifária mexicana ao fim da década de 1980, o NAFTA acarretou um expressivo desvio de comércio a favor dos EUA e do Canadá.

[28] Note-se, contudo, que o fato de o México ser signatário do NAFTA não impediu sua imensa crise cambial e, talvez, tenha inclusive contribuído para ela. Isto é, os imensos déficits em transações correntes que esse país sustentou durante toda a década de 1990 não teriam sido possíveis sem o otimismo dos investidores com a estabilidade econômica que o NAFTA garantiria no México. Entre 1990 e 1994 o déficit em transações correntes mexicano saltou de US$ 8,7 bilhões para US$ 29,1 bilhões. Somente o déficit da balança comercial saltou de US$ 4,4 bilhões para US$ 24,7 bilhões, entre essas duas datas. Dados de CEPAL, 1996.

[29] Dados do FMI, 1994.

[30] 78% das exportações do México e 81% das exportações canadenses são destinadas aos EUA.

[31] Isso não seria verdadeiro para os parceiros asiáticos dos EUA, ou para os países do Mercosul que têm na União Européia ou na própria região seus principais mercados.

gestão de ampliação do NAFTA servia como um atrativo para a difusão no continente americano de legislação e políticas de restruturação econômicas defendidas pelos EUA e pelas instituições internacionais sediadas em Washington.[32]

No debate sobre a integração do Cone Sul havia duas visões quanto aos objetivos, amplitude e fundamentos do Mercosul. A primeira, que chamarei de liberal, via a integração regional como um estágio em um processo de liberalização mais amplo, dentro de princípios estabelecidos no programa de iniciativas das Américas, cujo modelo seria a ampliação do NAFTA, com a incorporação progressiva das áreas de livre comércio sub-regionais.

A segunda abordagem, que chamarei de neodesenvolvimentista, sustentava que o Mercosul devia inserir-se em um projeto de desenvolvimento regional, sendo que a própria criação de um mercado comum implicava o estabelecimento de coordenação das políticas macroeconômicas dos países envolvidos, não apenas em termos de políticas industriais articuladas, com prioridades comuns de promoção de crescimento setorial, mas ainda com intervenções articuladas para a administração dos conflitos causados nas economias nacionais pelo processo de integração.[33]

Essas duas visões do Mercosul reproduziam quase literalmente os debates sobre a integração econômica européia, onde as correntes "liberais" e "dirigistas" disputavam quais deviam ser os objetivos desse processo.[34]

Essas visões refletiam ainda as duas tradições da teoria da integração econômica anteriormente mencionadas. O Mercosul estruturou-se, no entanto, a partir de uma terceira visão — o regionalismo aberto. Este seria uma tentativa de se implementar uma integração econômica que procurasse produzir apenas o efeito de criação de comércio, reduzindo-se ao máximo os efeitos de desvio de comércio. Esse modelo seria, portanto, menos protecionista que a União Européia e ainda sem coordenação ou normatização supranacional, porém mais profundo e abrangente que o modelo do NAFTA.

---

[32] Esse conjunto de idéias e políticas ficou conhecido como Consenso de Washington.

[33] Em recente artigo o diplomata e ministro, Lima Florêncio, então chefe do Departamento de Integração Latino-Americana do Ministério de Relações Exteriores, fez uma distinção similar a essa, chamando as visões de "comercialista" e "industrialista". (Ver Lima Florêncio, 1994.) Uma possível terceira visão pode ser expressa pelos autores céticos quanto à possibilidade ou desejabilidade da consolidação de um processo de integração regional no Cone Sul. Para esses autores a ampliação do comércio regional seria devida mais a fatores conjunturais, como a liberalizações tarifárias desses países intra e extra Mercosul, a possibilidade de financiamento de déficits em conta corrente, devido à abundância de capitais especulativos de curto prazo no mercado internacional etc. Para um defensor dessa visão ver Gonçalves, 1994.

[34] Os liberais viam a integração econômica apenas como um processo de abolição das restrições de movimentos de mercadorias. Isto é, como um retorno às idéias livre-cambistas do período anterior à Primeira Guerra Mundial. Para os dirigistas a integração econômica deveria integrar o planejamento econômico dos países e coordenar as políticas econômicas nacionais. Ver Balassa, 1964, pp. 20-24.

O próprio conceito de regionalismo aberto, tal como definido em documento da CEPAL (1994), é ainda uma idéia controversa. O secretário executivo da CEPAL, Gert Rosenthal (1994) vê o conceito de regionalismo aberto como um processo de integração com grande grau de informalidade. Para ele esse seria "um processo de crescente interdependência econômica em nível regional, impulsionado tanto por acordos preferenciais de integração como por outras políticas em um contexto de abertura e desregulamentação, com o objetivo de aumentar a competitividade dos países da região e de constituir, na medida do possível, um estímulo a uma economia internacional mais aberta e transparente".[35]

Segundo essa definição, o regionalismo aberto seria essencialmente formado pelos Acordos de Complementação Econômica (ACE), permitidos pela ALADI, para flexibilizar as relações econômicas entre seus membros. Esse conceito seria, desta forma, quase que sinônimo do que se convencionou chamar de "Acordos de Nova Geração".[36]

O documento da CEPAL (1994), no entanto, permite uma interpretação diferente do conceito de regionalismo aberto. Este seria essencialmente uma idéia para contrapor as frustradas experiências de integração na América Latina até o início da década de 1980, com as novas tentativas de regionalismo que se iniciaram na segunda metade dessa década e prossegue até hoje. O nome regionalismo aberto vinha sendo usado em alguns debates na América Latina sobre essas novas experiências de integração desde o início da década de 1990. Em 1993, Reynolds, Thoumi e Wettmann publicaram um estudo intitulado "A Case for Open Regionalism in the Andes". Mas o documento da CEPAL (1994) foi a primeira formulação sistemática do conceito. Este é, ainda, aberto o suficiente para permitir várias interpretações e polêmico bastante para ensejar questionamentos vigorosos.[37]

O modelo do regionalismo aberto traz ainda como concepção algumas particularidades. Para que a redução tarifária entre os países membros não acarrete desvio de comércio, a TEC deveria ter níveis tarifários baixos, reduzindo-se significativamente a margem de preferência no interior da união aduaneira. Nesse caso, diferentemente das teorias tradicionais de integração econômica, esse processo depende menos dos aspectos comerciais da integração e mais de seus efeitos sobre as decisões de investimento de corporações transnacionais, das grandes empresas nacionais dos países membros e de outros agentes econômicos. Isto é, a dinâmica desse processo move-se da integração formal para a integração informal.[38] Esse aspecto

---

[35] Ver Rosenthal, 1994, p. 49.

[36] Para uma discussão sobre os Acordos de Nova Geração ver Barrientos, 1994.

[37] Nesse sentido o documento CEPAL (1994) tem todas as qualidades e defeitos para tornar-se um trabalho clássico. Ver, para uma discussão detalhada do documento, Prado, 1995.

[38] Integração formal é aquela desenvolvida por mecanismos políticos institucionais. A integração informal consiste nos padrões de interação que se desenvolvem sem a intervenção

pouco discutido passa a ser, portanto, um ponto essencial a ser discutido em um tratado de integração como o Mercosul.

O ambicioso cronograma de desagravação tarifária do Tratado de Assunção, conhecido como Calendário de Las Leñas, foi cumprido em sua maior parte. Apesar de todas as dificuldades para o estabelecimento da TEC, em janeiro de 1995 iniciou-se a operação de uma união aduaneira, embora incompleta, no Cone Sul. O Mercosul contribuiu fortemente para a expansão do comércio regional. Na década de 1990 o Brasil foi o principal mercado para os produtos dos seus três parceiros do Tratado.[39] Por outro lado, a Argentina transformou-se no segundo maior importador dos produtos brasileiros. Como bloco, os países da ALADI representam, desde 1992, o segundo maior mercado para as exportações brasileiras, atrás da União Européia e na frente dos EUA.

O crescimento do comércio de bens e serviços como resultado de redução de barreiras tarifárias é um processo de "integração superficial" que abre caminho para outras formas de integração. Ou seja, a criação de sistemas de produção *cross-border* por empresas transnacionais (ETs) vem resultando em um processo de aprofundamento da integração, a partir da coordenação de um grande número de atividades em instalações industriais em distintos países.[40] Esse processo implicaria a difusão de estratégias de integração complexas das ETs e a formação de estruturas de rede.

A integração econômica no Cone Sul, levando à progressiva integração dos mercados é, portanto, reforçada pelas mudanças recentes na estratégia das ETs. Até a década de 1970 a forma mais comum de estruturação das filiais das ETs era a estratégia multidoméstica. Isto é, as afiliadas operavam no exterior como se fossem empresas independentes, tendo como elo de ligação essencialmente a tecnologia, as marcas comerciais e o controle da administração pela matriz. Desde a década de 1980 cresce o número de ETs que evoluíram para formas de "integração simples", que implica um maior grau de articulação entre as estruturas produtivas das diversas afiliadas, até a estratégia de integração complexa. Esta última acarreta a seleção em escala mundial ou regional de uma afiliada em um país, ou em um grupo de países, para produzir determinados componentes ou produtos os quais esses países demonstram ter vantagens competitivas (UNCTAD, 1993).

Nesse sentido, os problemas do processo de integração no Mercosul situam-se em uma esfera que transcende a redução de barreiras tarifárias.

---

de decisões políticas deliberadas, seguindo a dinâmica dos mercados, tecnologia, redes de comunicação e intercâmbios sociais (Bressand e Nicolaidis, 1990).

[39] Ver dados no DOTS — Yearbook, 1994.

[40] Segundo a UNCTAD, 1993, a integração econômica se desenvolveria a partir de estágios distintos. A integração entre os países se moveria a partir de (a) uma forma superficial, para (b) uma forma mais profunda, mas ainda limitada através de estratégias multidomésticas ou de integração simples das ETs; (c) para ligações mais profundas e qualitativamente mais complexas.

Estabelecido o Mercosul como uma área integrada para o investimento das ETs, surge naturalmente a disputa entre os países signatários pela localização dos novos investimentos diretos e da ampliação da produção das ETs já estabelecidas na região.[41]

O grande desafio do Mercosul é, portanto, conseguir ultrapassar os limites estreitos da integração comercial, coordenando as estratégias de desenvolvimento dos países da região e articulando o processo informal de integração ao processo formal. A construção dessa nova área econômica comum passa pela discussão das estratégias para que a região seja fortemente articulada por seu comércio regional, mas também firme-se como pólo de atração de investimento e base produtiva para exportação de bens e serviços para a economia mundial.

---

[41] Os temas de investimento externo direto e ETs serão tratados no Capítulo 6.

CAPÍTULO
4

O Brasil e o
comércio internacional

ANTECEDENTES HISTÓRICOS[1]

Desde a Independência, por mais de um século, o Brasil foi governado por uma elite que considerava a exportação o principal objetivo econômico do país e, a importação, a única fonte de produtos industriais. Entretanto, foram esses capitais mercantis e a capacidade empresarial gerada nessa sociedade agroexportadora que permitiram o surgimento da industrialização brasileira. Esta desenvolveu-se por um longo período à margem dessa sociedade, como um rebento não-planejado de sua dinâmica. Suas raízes remontam às últimas décadas do século passado. Mas o Brasil do século XIX era pouco dinâmico, com uma estrutura financeira que não estimulava o desenvolvimento industrial, tinha um pequeno mercado interno e um mercado de trabalho profundamente perturbado por séculos de escravidão.

A proteção à produção industrial que existiu em alguns períodos foi conseqüência do crônico desequilíbrio fiscal do Estado ou do estrangulamento cambial, e não de uma política protecionista. Contudo, alguns segmentos do empresariado industrial mais organizado conseguiram, em certos momentos históricos, defender seus interesses. Esse foi o caso da então maior indústria brasileira, a têxtil. Mas mesmo assim, em 1907, 32% da demanda doméstica por esse produto era atendida por importações, e as exportações de produtos manufaturados eram inexistentes (Prado, 1991, p. 376).

Até o final da década de 20, os princípios que norteavam a política econômica brasileira eram claramente liberais: mercado livre de câmbio, tarifa fiscal, política fiscal tradicional de orçamento equilibrado e austeridade monetária (Suzigan, 1975, p. 247). Não havia política de proteção, que só ocorria acidentalmente. As tarifas aduaneiras eram manejadas como um ins-

---

[1] Esta seção foi parcialmente baseada em Prado, 1994.

trumento de política fiscal. Quando por razões orçamentárias a tarifa média era substancialmente elevada — como foi o caso da reforma tarifária de 1900 —, involuntariamente a indústria local era protegida. Tarifas fiscais, combinadas com algum favor ao importador de bens de capital, era a forma típica de proteção que surgiu como subproduto das políticas econômicas (Suzigan, 1975, pp. 250-251).

Mesmo na década de 1930, quando algumas medidas de apoio à indústria foram tomadas, o principal fator de proteção à produção interna foi a política cambial. Em 1930 foi estabelecido o monopólio cambial do Banco do Brasil, dando-se prioridade absoluta às necessidades de divisas para o pagamento da dívida externa e outras compras do governo. O valor das exportações brasileiras entre 1929 e 1933 caiu a menos da metade do alcançado nos anos anteriores à crise internacional. Como conseqüência da depressão mundial, as divisas escassas forçaram uma forte contração nas importações.

Durante a Segunda Guerra Mundial o crescimento industrial brasileiro foi limitado pelas restrições criadas pela dificuldade de se importar bens de capital, matérias-primas essenciais e combustíveis. As tarifas aduaneiras deterioraram-se rapidamente como resultado da inflação do período. A perda da proteção tarifária e o congelamento da taxa de câmbio reduziram ainda mais os níveis de proteção da indústria.

Terminada a guerra, o Brasil possuía grandes reservas cambiais. O cruzeiro estava sobrevalorizado — a taxa de câmbio estava congelada em Cr$ 18,59 por dólar desde 1937 e a inflação brasileira no período tinha sido 80% superior à norte-americana (Bergsman e Malan, 1968, p. 4). A política do governo Dutra, ex-militar e político de idéias conservadoras, foi manter a economia aberta, o câmbio livre e as alíquotas tarifárias baixas.

Em pouco mais de um ano as reservas brasileiras desapareceram. Embora este fosse um governo de idéias liberais, o controle das importações foi o mecanismo escolhido para enfrentar a crise cambial, sem que uma desvalorização do cruzeiro realimentasse as pressões inflacionárias. Entre 1947 e 1953 um sistema de licença foi usado para controlar o nível e a estrutura das importações no Brasil, sendo as divisas distribuídas a partir do seguinte sistema de prioridades: (a) produtos de absoluta essencialidade; (b) produtos de relativa essencialidade e (c) produtos de imediata ou eventual conveniência. As disponibilidades de câmbio deveriam ser aplicadas em 75% para as importações isentas de licença e aquelas inclusas na categoria de absoluta essencialidade; 20% para a categoria de relativa essencialidade, restando muito poucos recursos para bens de consumo final não-essenciais (Von Doellinger, Cavalcanti e Branco, 1977, 17).

Na prática tal sistema foi um estímulo importante à industrialização, embora esta não tenha sido uma política explícita do governo. A manutenção da taxa de câmbio fixa ao nível de antes da guerra, enquanto a inflação aumentou o nível de preços doméstico aproximadamente em 4,5 vezes, foi um importante subsídio à importação de bens de capital, uma vez que estes beneficiavam-se de preferência no sistema de alocação de divisas (Suzigan, 1975, p. 450).

Em 1953 esse sistema foi novamente reformado. O controle direto via restrições quantitativas foi substituído por um sistema de taxas múltiplas de câmbio. O sistema anterior se mostrara pouco flexível diante de flutuações de curto prazo, e vinha sendo muito criticado pelo processo de licenciamento e distribuição do câmbio (Von Doellinger, Cavalcanti e Branco, 1977, p. 26). A nova política cambial foi implementada por um sistema de leilões de câmbio e pelo controle seletivo das operações cambiais, via mercado.

O novo sistema isentava do leilão vários tipos de máquinas e equipamentos industriais, papel e material de imprensa, livros e objetos destinados a instituições educativas. Na mesma situação também se incluíam as remessas de juros, lucros e dividendos, dentro dos limites legais. Tais operações estariam sujeitas apenas a uma sobretaxa equivalente ao custo do câmbio, avaliado pelos ágios médios de um período anterior, a serem somados à taxa oficial. Neste caso, também, a proteção à industria brasileira não foi o objetivo da política econômica, mas um subproduto das restrições cambiais brasileiras.

Desta forma, a vulnerabilidade das contas externas brasileiras criou, na prática, condições para a proteção da indústria brasileira, porém essa proteção foi involuntária até 1957. O objetivo pretendido pelas políticas governamentais brasileiras era simplesmente evitar que as seguidas crises cambiais paralisassem o país. Por outro lado, a proteção involuntária da indústria brasileira gerou resultados excepcionais. Em 1949, a indústria brasileira já tinha avançado substantivamente em seu processo de industrialização. Naquele ano, apenas 3,7% dos bens de consumo não-duráveis eram atendidos pela importação. Entretanto, a indústria doméstica atendia a menos de 1/3 do consumo doméstico de bens duráveis (ver Tabela 4.1).

Nos três qüinqüênios posteriores, a industrialização brasileira avançou rapidamente. Embora esse desenvolvimento tenha sido facilitado pelo elevado grau de proteção da produção doméstica, os governos desse período nunca tiveram o protecionismo como seu objetivo principal. Medidas que vieram a proteger a indústria nacional e estimular seu desenvolvimento foram tomadas por razões pragmáticas, mesmo durante o governo de um liberal como Dutra, e de um ministro da Fazenda antiindustrialista, como Gudin.

Tanto Dutra, como presidente da República, e Gudin, como ministro da Fazenda do governo Café Filho, tentaram ativamente alternativas para liberalizar a economia brasileira, esperando, para esse fim, o suporte do governo dos EUA, que repetidamente demonstrou pouco interesse em repetir a relação econômica que teve com a Europa e o Japão.

Tabela 4.1
Brasil: razão das importações sobre a oferta total de produtos manufaturados — anos selecionados

	1949	1955	1959	1964
Bens de Consumo				
Não-Duráveis	3.7	2.2	1.1	1.2
Duráveis	64.5	10.0	6.3	1.6
Bens de Produção				
Intermediários	25.9	17.9	11.7	6.6
Capital	63.7	43.2	32.9	9.8
Total dos Bens Manufaturados (média)	19.0	11.1	9.7	4.2

Fonte: Merrick & Graham, 1979, citado por Clements,1988.

O governo Dutra sustentou até 1949 uma política doméstica marcadamente ortodoxa. A inflação era identificada como o principal problema a ser enfrentado. O diagnóstico, particularmente do ministro da Fazenda Corrêa e Castro (outubro de 1946 e junho de 1949) era de que a origem da inflação estava no excesso de demanda (Vianna, 1990, p. 119). Seu remédio seria, portanto, política monetária e fiscal contracionista. A manutenção da taxa de câmbio seria necessária para evitar pressões inflacionárias adicionais. Para viabilizar seu programa antiinflacionário, o governo Dutra apostou na possibilidade de captar recursos externos pela assistência financeira oficial dos Estados Unidos e em um futuro aumento dos investimentos privados norte-americanos.

Durante a Segunda Guerra, a política de substituição de importações no Brasil foi claramente estimulada pelos Estados Unidos, como pode ser deduzido do memorando de 2/7/1942 do governo norte-americano, através do *Board of Economic Warfare*, para Morris Cooke, chefe da missão norte-americana para o Brasil. Esse memorando estabelecia que os objetivos da missão eram: aumentar a produção local de produtos essenciais, especialmente aqueles antes importados dos EUA, de modo a economizar a praça marítima; converter a indústria local ao uso de matérias-primas substitutas, em lugar daquelas ordinariamente importadas; manter e melhorar as instalações de transporte; e lançar as fundações para o fortalecimento de longo prazo da economia industrial do Brasil como um todo.[2]

Desde o imediato pós-guerra, o interesse norte-americano em apoiar iniciativas econômicas brasileiras, inclusive o desenvolvimento industrial, demonstradas durante a missão Cooke, mudaram completamente. As priori-

---
[2] Citado por Malan et al. (1977), p. 28; ver também M. Cooke, 1949.

dades daquele país estavam claramente centradas na Europa e, posteriormente, na Ásia, sendo que já em 1946 era pública a posição norte-americana
de que as necessidades de financiamento da América Latina deveriam ser
atendidas por fontes privadas (Vianna, 1990, p. 117; Malan, 1984). Não haveria Plano Marshall para a América Latina; os recursos externos dependeriam da habilidade dos governos latino-americanos de criar condições favoráveis ao investimento estrangeiro.Em vista da crise cambial brasileira, sem
querer desvalorizar o cruzeiro em razão das pressões inflacionárias que o
governo tinha de enfrentar e dada a ausência de alternativas politicamente
viáveis, o governo Dutra foi obrigado a estabelecer o controle cambial como
um dos pilares de sua política econômica.

Café Filho, que assumiu a presidência com o suicídio de Getúlio Vargas,
montou um ministério de nítida inclinação conservadora, com membros ilus-
tres da UDN e antigetulistas históricos. Para a Fazenda foi convidado Eugênio Gudin, o mais ilustre monetarista brasileiro e duro crítico da industrialização latino-americana. Gudin acreditava que o nacionalismo, que acarretou resistências ao capital estrangeiro, e a crença exagerada na industrialização como panacéia tinham contribuído enormemente para os elevados níveis de inflação nesse continente. Para ele, políticas de estímulo à industrialização estavam desviando uma parcela excessiva dos recursos nacionais da
agricultura e das exportações, bem como elevando os preços dos produtos
manufaturados pela proteção excessiva.[3]

Gudin assume o ministério em um momento em que o Brasil enfrentava
uma grave crise cambial. Pouco depois de assumir a pasta, o novo ministro
embarcou para Washington, onde seria realizada a reunião anual do FMI.
Foi recebido com entusiasmo pelo corpo técnico da instituição e pela comunidade financeira internacional, em razão de suas posições claras quanto
à necessidade de se corrigir o desequilíbrio orçamentário no Brasil, e pela
sua determinação de implementar outras medidas ortodoxas (Pinho Neto,
1990, p. 152).

Mesmo recebido com a boa vontade dos membros do governo e da imprensa,[4] Gudin conseguiu de fontes oficiais norte-americanas apenas
US$ 80 milhões em créditos novos, de um total de US$ 300 milhões que
acreditava serem necessários para evitar-se uma crise cambial. A relutância
do governo norte-americano em auxiliar financeiramente o Brasil era consistente com a política do governo republicano de deixar que os fluxos de
capitais privados e não o auxílio do governo resolvesse os problemas de
financiamento da América Latina.

---

[3] Para uma discussão sobre a relação entre industrialização e inflação no pensamento de Gudin
ver Prado (1993), pp. 174-175.
[4] O *New York Times* chegou a escrever em 8/10/54 que Gudin era "The right man, in the
right place, at the right time". Citado por Pinho Neto, 1990, p. 152.

Gudin buscou recursos privados como alternativa aos parcos financiamentos oficiais que conseguiu. Um consórcio de bancos liderado pelo Chase Manhattan e pelo Citybank levantou recursos adicionais, com a garantia das reservas em ouro que o Brasil possuía. Mas esse empréstimo resolvia apenas os problemas cambiais mais imediatos. Nessas circunstâncias foi preparada a Instrução 113 da SUMOC (Superintendência da Moeda e do Crédito), em 27/01/55, pela qual a CACEX (Carteira de Comércio Exterior do Banco do Brasil) ficava autorizada a emitir licença de importação sem cobertura cambial. A existência desse mecanismo, aliada às dificuldades no balanço de pagamentos que impossibilitaram qualquer relaxamento na política de controle cambial, estimulou significativos investimentos estrangeiros na indústria brasileira. Assim, a passagem de Eugênio Gudin no ministério da Fazenda não alterou a política econômica que estimulava a industrialização substitutiva de importação e, mais ainda, foi sob sua gestão que foi criado o mecanismo de que se beneficiaram as indústrias automobilística, química e de máquinas e equipamentos para sua implantação no Brasil, ainda na década de 1950 (Suzigan, 1975, p. 453).

INDUSTRIALIZAÇÃO, COMÉRCIO E AÇÃO DO ESTADO

Somente a partir de 1957, já durante o governo de Juscelino Kubitschek, foi implantada uma política protecionista com o objetivo explícito de estimular a industrialização do país. Isto se deu por meio da: (i) nova Lei de Tarifas de agosto de 1957, que modificou o leilão de divisas e substituiu as tarifas específicas por tarifas *ad valorem*; (ii) pela regulamentação da Lei dos Similares, que passou a ser efetivamente aplicada pelo recém-criado conselho de Política Aduaneira (CPA); (iii) manutenção do subsídio à importação de bens de capital e insumos básicos, como resultado do tratamento cambial privilegiado e dos longos períodos de intervalos entre as desvalorização do cruzeiro; e (iv) finalmente, pela atração do capital estrangeiro de risco, pelo tratamento cambial favorecido, que incluía liberdade cambial para transações financeiras e importação de equipamentos sem cobertura legal, permitida pela Instrução 113 da SUMOC (Suzigan, 1975, p. 452; Oliveira, 1993, p. 8, e Bergsman, 1970, cap. 3).

Depois do período de crescimento acelerado da industrialização brasileira durante o governo Kubitschek, dessa vez sob explícita política de substituição de importações, a crise do início da década de 1960 viria a marcar novas alterações na política cambial e, a partir de 1964, haveria uma relativa liberalização da política comercial.

A política cambial vigente no Brasil acarretava dois problemas que teriam de ser superados para o avanço da industrialização. O primeiro era que a constante sobrevalorização da moeda brasileira desestimulava a exportação. O segundo problema era o atraso na substituição de importações de bens de capital e insumos básicos. Isto é, o subsídio cambial à importação desses bens, que favoreceu a formação de capital na indústria, contribuiu para atrasar o desenvolvimento da produção interna destes (Suzigan, 1975, p. 454).

A forma não-intencional como se deu a proteção à industrialização no Brasil até meados de 1950, combinada à inexistência de uma política de promoção de exportações capaz de contrabalançar o viés antiexportador da taxa de câmbio, contribuiu para a ausência de produtos manufaturados na pauta de exportação brasileira.A partir de meados dos anos 50 o desenvolvimento industrial passou a ser promovido por política governamental, mas não orientado.[5] Isto é, a indústria passou a contar com uma enorme quantidade de incentivos que subsidiavam a formação de capital e protegiam o mercado interno, mas sua concessão era indiscriminada, não se sujeitando a prioridades, nem a objetivos de política econômica. Os investimentos industriais no Brasil foram, portanto, claramente guiados pelo mercado, e não por uma estratégia de industrialização.

Em 1961, a Instrução Nº 204 da SUMOC extinguiu o sistema de taxas múltiplas de câmbio e o leilão de divisas, iniciando uma tentativa de se estabelecer um mercado livre de divisas. Como compensação foi estabelecido um depósito compulsório sobre as importações. A experiência de câmbio livre não foi bem-sucedida e, em 1962, o governo voltou a fixar a taxa de câmbio.[6] Com o golpe militar de 1964, importantes reformulações foram implementadas. O novo governo fez profundas reformas institucionais nas esferas monetária, bancária, na legislação do mercado de capitais e tributária.

As autoridades passaram a ver o aumento das exportações como uma forma de enfrentar o estrangulamento externo. A redução das importações, via substituição de importações, não era mais considerada uma forma eficiente de superar o estrangulamento da capacidade de importação. Nos primeiros anos do novo governo militar, foram implementadas políticas de estímulo a exportação, aliadas a uma relativa liberalização das importações.

A partir de agosto de 1968 as desvalorizações cambiais passaram a ser feitas sob nova orientação; elas passaram a ocorrer com maior freqüência e menores percentuais, de forma a manter razoavelmente constante o valor real do cruzeiro com relação às moedas dos países com que o Brasil transacionava. Tal política, conhecida como minidesvalorizações, eliminou a especulação com o câmbio, melhorando a previsibilidade das operações de comércio exterior.

A política de comércio exterior no período 1967-73 articulou-se a partir de três objetivos: (i) o estímulo à entrada de capitais estrangeiros; (ii) o incentivo à produção de excedentes exportáveis e (iii) a liberalização progressiva das importações (Doellinger, Cavalcanti e Branco, 1977, p.66).

---

[5] Esse argumento é de Suzigan, 1975, p. 464. Esta instigante interpretação desse autor ajuda a entender muitas das limitações da industrialização brasileira.

[6] Ver, sobre esse período, Doellinger, Cavalcanti e Branco, 1977, pp. 44-45.

Uma razoável liberalização das importações deu-se pela redução dos níveis tarifários e pela concessão de várias isenções tarifárias, tanto para insumos e bens de capital, como regimes especiais, tais como *drawback*, e concessões especiais a órgãos ou empresas do governo, ou em casos de negociação internacional (ALALC, GATT etc.) (Clements, 1989, p. 13).

A política de realidade cambial e estímulo à exportação foi bem-sucedida, permitindo acelerado crescimento das exportações e particularmente acelerando o crescimento das exportações industriais.[7] Após 1974, o aumento explosivo do preço do petróleo e a recessão mundial que se seguiu afetaram profundamente as contas externas brasileiras. O Brasil optou por fazer o ajuste à nova realidade mundial de maneira dinâmica, isto é, apostando em que a recessão mundial seria breve e que as taxas de juros seriam mantidas relativamente baixas. Dessa forma tentou sustentar as taxas de crescimento da economia e os níveis de investimento industrial por meio do endividamento externo, da elevação de tarifas e de maiores restrições quantitativas às importações.

CRISE E LIBERALIZAÇÃO COMERCIAL

Na década de 1980 o Brasil teve de enfrentar uma conjunção espetacular de choques adversos. Em 1979 os preços do petróleo dispararam novamente. No final da década de 1970 a política ortodoxa do Federal Reserve e o aumento do déficit orçamentário norte-americano, produto da política econômica de Reagan, elevaram a taxa de juros do dólar a dois dígitos, causando a eclosão da crise da dívida externa latino-americana. Finalmente, por pressões internacionais, o Brasil foi obrigado a eliminar ou reduzir drasticamente os subsídios às exportações (Clements, 1989, pp. 20-21).

Essa imensa crise do setor externo reduziu a margem de manobra da política econômica brasileira a duas medidas: (i) políticas restritivas fiscais e monetárias domésticas e (ii) maior restrição às importações, com o intuito de se obter megasuperávits comerciais para fazer face ao crescente serviço da dívida externa.

A política cambial voltou a ser usada como instrumento de política antiinflacionária. Dessa forma a política de minidesvalorizações, que tinha sido de grande importância na redução da instabilidade na área cambial, sofreu várias descontinuidades na década de 1980, nas diversas tentativas fracassadas de combater a inflação. Nessas circunstâncias, a geração de megasuperávits comerciais dependia de medidas drásticas de controles das importações. Tais medidas foram: (i) as "suspensões temporárias" da emissão de guias de importação de um série de produtos que passaram a ter sua importação proibida; (ii) a exigência de financiamento externo das importa-

---

[7] Durante a década de 1970 as exportações totais cresceram em média 22% a.a., enquanto que as exportações de produtos manufaturados cresceram a uma média de 38% a.a.. Ver Clements, 1988, p. 16.

ções, segundo o tipo de produto e o volume da transação; (iii) o Banco Central passou também a exercer controles sobre o comércio exterior e (iv) o estabelecimento de programas de importação, por meio dos quais as firmas deveriam a cada ano negociar individualmente com a CACEX seus níveis de importações anuais (Oliveira, 1993, p. 12).

Apesar das drásticas restrições tarifárias e não-tarifárias, uma parcela significativa das importações era feita sob regimes especiais, com isenção ou redução do imposto de importação e, em alguns casos, com isenção do IPI. Tais regimes permitiram que mais da metade das importações fossem realizadas sem o pagamento integral das tarifas. No ano de 1987, por exemplo, 55% das importações totais foram feitas sob tais regimes, pagando alíquota média de 1,42%, enquanto a alíquota oficial seria de 38,56% (Leal, 1992, pp. 52-53).

Em 1988 iniciou-se no Brasil um amplo processo de liberalização comercial. Esta liberalização fazia parte da chamada Nova Política Industrial, que tinha por objetivo a modernização e o aumento da competitividade do parque industrial, e propunha benefícios fiscais, inclusive com isenção do impostos de importação e depreciação acelerada na compra de bens de capital de origem interna ou externa e nos gastos com desenvolvimento tecnológico (Leal, 1992, p. 57). Complementando essas medidas foram assinados decretos de uma reforma tarifária (DL 2434/88) e de desburocratização dos trâmites de exportação (DL 2435/88).

A reforma tarifária reduziu expressivamente as alíquotas, e ainda reduziu parte dos regimes especiais de importação, preservando somente aqueles vinculados à exportação (Leal, 1991, p. 57). Entretanto, nessa ocasião, foi mantido relativamente intocado o rígido sistema de restrições não-tarifárias vigente desde 1974.

A partir de 1990, após a posse de Collor, a liberalização da política comercial foi grandemente acelerada. Logo após sua posse o governo anunciou, entre outras medidas, o fim do controle administrativo representado pelos programas de importação das empresas e a redução de vários regimes especiais de tributação para importação. No início de 1991, acompanhando o Plano Collor 2, o governo apresentou um cronograma mais acelerado de redução tarifária e estabeleceu um declínio maior da tarifa média, e uma significativa redução na dispersão tarifária.

Depois do impeachment de Collor, o governo Itamar continuou a política de liberalização progressiva do comércio exterior. Isso passou a ser possível em vista dos elevados superávits comerciais brasileiros ao longo da década de 1980 e da melhoria da situação do balanço de pagamentos como conseqüência da queda da taxa de juros no mercado mundial e da retomada do fluxo de capitais privados, agora destinados fundamentalmente para aplicações de portfólio, para o Brasil. A redução das alíquotas de importação foi planejada para ocorrer gradualmente entre 1991 e 1994. A tarifa máxima deveria ser, ao final do período, de 40%, a média de 14% e a modal de 20%. Esse cronograma foi, ainda, antecipado em outubro de 1992, o que implicou uma redução de seis meses no prazo de conclusão da reforma (Moreira, 1997, p. 68).

O Plano Real, implantado entre março e julho de 1994, trouxe algumas alterações para a política comercial; em especial a valorização do real, aliada à rápida liberalização tarifária, fez com que já em 1995 a balança comercial brasileira fechasse o ano em déficit, depois de 12 anos de superávit. Outros fatores que afetaram a política externa brasileira foram os compromissos assumidos com a negociação da TEC no Mercosul e algumas demandas setoriais por proteção. Esses fatos levaram a uma desaceleração da liberalização tarifária, inclusive com a elevação da proteção de alguns segmentos do setor de bens de consumo duráveis, como automóveis e eletrônica de consumo.

Por fim, o Brasil reduziu a proteção à industria doméstica em um momento em que este país, diferentemente dos seus vizinhos, chegou a um grau de maturidade industrial que era compatível com a sobrevivência de parte expressiva de sua indústria. Por outro lado, a abertura acarretou riscos, e veio inserida em um conjuntura macroeconômica desfavorável, com valorização cambial e elevadas taxas de juros, e uma diplomacia econômica nem sempre eficiente.

Blocos econômicos, Alca e a política comercial brasileira

O Brasil foi um país muito bem-sucedido nas exportações entre 1970 e 1985. Na década de 1970 as exportações brasileiras cresceram acima das elevadas taxas de crescimento do comércio mundial. Na primeira metade da década de 1980, as exportações brasileiras cresceram a uma taxa média anual de 5,0%, enquanto que o comércio mundial caiu neste período, em função da crise financeira internacional. Neste mesmo qüinqüênio, marcado pela crise cambial e pela recessão, as importações brasileiras caíram à taxa de 10,5% a.a. Na segunda metade da década de 1980 há uma recuperação no nível de importação. Mas entre 1990 e 1994 o crescimento das importações se acelera, como produto da nova política comercial (ver Tabelas 4.2 e 4.3). O Brasil, no período 1988-94, empreendeu uma rápida liberalização de suas barreiras tarifárias. A tarifa média brasileira caiu de 51%, em 1987, para 14,2% em 1994 (Oliveira, 1993, p. 12). Nesse período houve uma redução dramática de barreiras não-tarifárias, sendo que ao fim de 1993 já era comum o acesso a bens de consumo final importado em quantidade e diversidade que não se viam no país há mais de trinta anos.

A aproximação brasileira de seus vizinhos do Cone Sul originou-se na década de 1980, por razões econômicas e não-econômicas. Entretanto, na década de 1990 esta aproximação forja-se em um contexto de liberalização comercial.

A integração do Cone Sul era vista de maneira distinta por diferentes segmentos dessas sociedades. Por um lado, o Mercosul era entendido como um passo para uma maior liberalização dessas economias. Isto é, o Mercosul não deveria ser um mercado comum, mas sim uma área de livre comércio, que deveria ser estendida dentro dos princípios da Iniciativa das Américas, cujo modelo seria a ampliação do NAFTA. Por outro lado, o Mercosul era visto como um mecanismo para a construção de um projeto de desenvolvimento regional, que implicaria o estabelecimento de articulações de políticas macroeconômicas e industriais entre os países envolvidos.

O desenvolvimento futuro do Mercosul foi marcado por essa contradição: avançado em alguns aspectos, pretensioso em seus objetivos, mas com problemas de coordenação de política econômica e com indefinição em áreas importantes, como o fim da lista de exceção da tarifa externa comum.

O sucesso do Mercosul é, entretanto, inegável, tendo estimulado inclusive, uma postura de desconfiança entre economistas mais conservadores de agências internacionais e dos EUA. Quando chefes de Estado de 34 países americanos e caribenhos compareceram em 1994, na cidade de Miami, à Reunião de Cúpula das Américas, foi oficialmente lançada a idéia da criação de uma Área de Livre Comércio das Américas (ALCA). Nesta ocasião foi indicado o ano de 2005 como uma data provável para esse novo bloco regional.

A idéia da ALCA levantou novas questões para a política comercial brasileira e para o Mercosul. Em especial, o Brasil, desde o Plano Real, vem atravessando fase de crescente desequilíbrio em sua balança comercial. Embora possa-se considerar que grande parcela desse desequilíbrio é resultado da valorização da moeda brasileira a partir de 1994, uma aceleração da liberalização comercial, além daquelas já realizadas e das acordadas com a adesão brasileira na OMC, é preocupante. Por outro lado, o Mercosul não está ainda consolidado, e a posição da diplomacia econômica brasileira tem sido a de priorizar esse acordo regional. Essas questões se refletem na discussão da ALCA não apenas no estabelecimento de um calendário de negociações, mas também quanto ao caminho a ser seguido para a liberalização comercial. As duas fórmulas em discussão são a incorporação gradual dos países da região em um único bloco regional, ou a convergência gradual e ordenada dos distintos grupos sub-regionais, isto é, a estratégia conhecida como construção de blocos (*building block approach*).

O Brasil aos poucos retomou, na década de 1990, sua tradição de país relativamente liberal no comércio exterior, que o caracterizou no período anterior a 1930. Entretanto, esse país construiu ao longo do período de proteção involuntária e voluntária um vasto parque industrial que contribuiu para permitir um nível de importações inimaginável se o Brasil continuasse a ser exportador de produtos primários. Entretanto, a perda de dinamismo da estrutura industrial brasileira ao longo dos últimos anos tem sido um dos fatores determinantes da redução da competitividade internacional do país (ver Tabela 4.4). A liberalização comercial pode ser compatível com uma estratégia de aprofundamento da estrutura industrial brasileira. Isto é, dadas certas condições, esta política pode contribuir para maior eficiência da indústria já implantada. Para isso é necessário um política cambial realista e que os governos brasileiros saibam, pragmaticamente, usar novos instrumentos de defesa do mercado doméstico e de financiamento do desenvolvimento. Qualquer estratégia de política industrial terá necessariamente de ser seletiva. É preciso que o objetivo a ser perseguido seja a promoção do desenvolvimento de setores de interesse nacional, particularmente aqueles de alta tecnologia ou outros prioritários pelos efeitos de encadeamento que produzam. Isto deve e pode ser feito de forma seletiva, usando-se o mercado como um instrumento de indução de inovação e competitividade, e não como um fim em si mesmo.

Tabela 4.2
Comércio exterior brasileiro e mundial
(Em Bilhões de Dólares)

	Export/Brasil	Import/Brasil	Export/Mundo	Import/Mundo
1970	2,74	2,85	298,26	313,50
1975	8,67	13,59	843,49	866,85
1980	20,13	24,96	1.920,75	1.999,13
1985	25,64	14,33	1.848,68	1.935,16
1990	31,41	22,52	3.379,09	3.466,21
1994	34,56	35,51	4.224,70	4.281,90
1995	46,51	53,78	5.098,22	5.141,32
1996	47,75	56,95	5.293,52	5.339,87

Fonte: Sobeet, apud FMI.
Obs.: Os dados para o Brasil podem eventualmente divergir dos publicados domesticamente

Tabela 4.3
Comércio exterior brasileiro e mundial
(Taxas Médias de Crescimento Anual)

	Export/Brasil	Import/Brasil	Export/Mundo	Import/Mundo
1970-1975	25,9	36,7	23,1	22,6
1975-1980	18,4	12,9	17,9	18,2
1980-1985	5,0	(10,5)	(0,8)	(0,7)
1985-1990	4,1	9,5	12,8	12,4
1990-1994	8,5	12,0	5,7	5,6
1994-1995	6,8	51,5	20,7	20,1
1995-1996	2,7	5,9	3,8	3,7

Fonte: Elaboração própria, a partir dos dados da SOBEET.

Tabela 4.4
Participação do Brasil no comércio mundial
(% Brasil no Mundo)

	Exportação	Importação	Corrente de Comércio
1970	0,92	0,91	0,91
1975	1,03	1,57	1,30
1980	1,05	1,25	1,15
1985	1,39	0,74	1,06
1990	0,93	0,65	0,79
1994	1,03	0,83	0,93
1995	0,91	1,05	0,98
1996	0,90	1,07	0,98

Fonte: SOBEET

PARTE II

Investimento Internacional

O movimento internacional de fatores de produção tem estado no centro do debate sobre relações econômicas internacionais. Isso ocorre seja pela importância do tema para a formulação teórica a respeito do comércio internacional (a imobilidade internacional de fatores é, usualmente, uma hipótese dos modelos tradicionais de comércio internacional), seja pelos próprios efeitos do movimento internacional de capital, trabalho e tecnologia. Esta parte trata mais especificamente do investimento internacional nas suas diferentes formas, sendo que a questão da transferência internacional de tecnologia é examinada como um dos elementos centrais na determinação do investimento externo direto.

O Capítulo 5 introduz a discussão sobre movimento internacional de fatores de produção mostrando a complexidade da discussão a respeito dos determinantes dos fluxos migratórios — movimento internacional do fator trabalho. Este capítulo apresenta um taxonomia dos fluxos internacionais de capitais e uma análise de determinação teórica do nível ótimo de reservas internacionais.

No Capítulo 6 apresenta-se a teoria básica dos determinantes do investimento externo indireto ou de portfólio e a teoria moderna do investimento externo direto. Este capítulo trata também do problema da transferência e suas relações com o comércio e o investimento internacional, assim como dos efeitos das empresas transnacionais que são o principal agente de realização do investimento externo direto no mundo moderno.

O Capítulo 7 apresenta uma discussão conceitual e teórica a respeito do fenômeno recente de globalização. A análise concentra-se na definição e nos determinantes da globalização financeira e da globalização produtiva. O capítulo trata também da volatilidade dos fluxos de investimento internacional e da questão da vulnerabilidade externa das economias nacionais.

No Capítulo 8 há uma análise da ampla e profunda inserção internacional da economia brasileira nas esferas produtiva e financeira. O capítulo inicia-se com uma discussão do processo histórico e apresenta uma análise a respeito do papel da empresa transnacional no Brasil. Neste capítulo também são examinados temas como a instabilidade macroeconômica do país e os fluxos de investimento internacional no passado recente. Por fim, há uma análise sobre a globalização produtiva e financeira da economia brasileira e se enfatiza a questão da vulnerabilidade externa do país.

CAPÍTULO
5

Fluxos de capitais
e reservas internacionais

MOVIMENTO INTERNACIONAL DE FATORES

A migração internacional ou o movimento internacional do fator trabalho é um tema de grande relevância, inclusive em termos da história econômica e das suas implicações significativas de natureza social, política e econômica. No que se refere aos determinantes da migração internacional, cabe destacar o diferencial de salários entre países, as possibilidades e condições de emprego, a perseguição política, étnica ou religiosa, a pressão demográfica e as políticas governamentais de estímulo à migração. Nesse sentido, existem dificuldades para uma interpretação do movimento internacional do trabalho que se restrinja aos determinantes econômicos (e.g., diferencial de salários).

No que se refere às conseqüências da migração internacional, a discussão também tende a transcender os limites estreitos da economia. Isso ocorre porque o movimento de pessoas de um país para outro envolve não somente um significativa dimensão social, como também psicológica, tendo em vista o processo de adaptação exigido (que, com muitas vezes, atravessa uma geração) em um novo ambiente que, também freqüentemente, tende a ser hostil. Essa é, na realidade, a diferença marcante entre o movimento internacional de pessoas e de capital, na medida em que pessoas podem ser induzidas, por falta de opções, a se movimentar em direção a um meio hostil, enquanto o capital só se desloca para mercados onde haja um clima favorável para investimentos.

Entretanto, há o caso do movimento internacional de pessoas com alto nível de qualificação profissional, isto é, o movimento internacional de capital humano, que também é conhecido como "fuga de cérebros". Nesse caso específico, a determinação básica da migração refere-se tanto ao diferencial de salários como às melhores condições de trabalho existentes nos países desenvolvidos.

A discussão sobre os efeitos do movimento internacional de trabalho na literatura econômica é, em grande medida, a mesma do movimento internacional de capital. Em termos gerais, o deslocamento de um fator de produção de uma economia onde ele é relativamente abundante para outra em que é relativamente escasso significa um aumento da produção e da produtividade no país de destino, assim como melhor alocação de fatores em escala mundial e, portanto, maior renda e bem-estar.[1] Conforme veremos mais adiante, o movimento internacional de fatores também tem efeitos sobre as estruturas de produção e de comércio internacional, assim como sobre a distribuição de renda (entre países e entre fatores).

Por fim, deve-se notar que pode haver uma certa complementaridade no movimento internacional de diferentes tipos de fatores de produção. Assim, o investimento internacional, particularmente o investimento externo direto, conforme veremos mais adiante, pode estar vinculado à transferência internacional de tecnologia. O fluxo migratório, por seu turno, pode estar acompanhado do movimento internacional de capitais e tecnologia. Não é por outra razão que, por exemplo, os fluxos migratórios europeus no final no século XIX foram orientados para países que também se caracterizavam por serem importantes receptores de investimento internacional.[2] Na realidade, o processo de colonização caminhava sobre o tripé migração, comércio e investimento internacional.

FLUXOS INTERNACIONAIS DE CAPITAIS E BALANÇO DE PAGAMENTOS

O movimento internacional de capitais tem recebido grande atenção na literatura econômica. A importância do tema decorre do fato de que o fluxo internacional de capitais tem múltiplas funções, principalmente o financiamento do crescimento econômico, a estabilização dos ciclos econômicos e o ajustamento das contas externas. De fato, os fluxos internacionais de capitais, suas tendências e flutuações, são determinantes importantes do desempenho econômico dos países, assim como das diretrizes, opções ou escolhas de política econômica. Nos últimos vinte anos o processo de globalização financeira tornou ainda mais significativos o impacto e a influência do movimento internacional de capitais sobre as economias nacionais.

A poupança externa pode desempenhar um importante papel no processo de financiamento do crescimento econômico de países com taxa de investimento maior do que a poupança interna. Ademais, uma economia experimentando um ciclo recessivo e com excesso de poupança externa pode exportar capital para uma outra economia que passe por uma fase expansio-

---

[1] O teorema de Rybczynski, discutido no Capítulo 1, trata dos efeitos do aumento de dotação de fatores.
[2] Ver Woodruff (1977), p. 706.

nista, de tal forma que o aumento de renda nesta última pode aumentar a demanda por importações provenientes da primeira e, portanto, ter um impacto positivo sobre a renda da economia em recessão. Por fim, o desequilíbrio no comércio exterior de bens e serviços (déficit ou superávit) provoca um movimento internacional de capitais autônomos ou compensatórios, de forma que o balanço de pagamentos expressa o equilíbrio entre débitos e créditos.

O registro das transações entre residentes e não-residentes é o balanço de pagamentos. O Quadro 5.1 apresenta a estrutura básica do balanço de pagamentos. Esse registro de fluxos corresponde a um período dado de tempo, geralmente um ano, e inclui todas as transações de bens, serviços e fatores. Assim:

$$X - M - K - R = 0 \qquad (1)$$

$$X - M = K + R \qquad (2)$$

As exportações de bens e serviços são representadas por X, enquanto as importações são representadas pela letra M. O movimento internacional de capitais (exportação líquida de capitais) é K, e o aumento das reservas internacionais é R. Essa identidade contábil mostra, simplesmente, que um excesso de exportação de bens e serviços sobre a importação de bens e serviços é idêntico à soma da exportação de capitais com o aumento das reservas internacionais do país.

Na estrutura do balanço de pagamentos as exportações e importações compõem a conta de transações correntes, enquanto o fluxo internacional de capitais está registrado na conta de capital. Na conta de transações correntes registra-se a transferência de mercadorias (bens e serviços), enquanto na conta de capital registra-se a transferência de direitos (ativos para o investidor). O aumento das reservas internacionais também corresponde a uma transferência de direitos com o acúmulo de moedas de outros países (ativos monetários).[3] Entretanto, essa transferência não ocorre quando o aumento das reservas for feito com a importação de ouro (o chamado ouro monetário), visto que o ouro é uma mercadoria e sua posse não envolve a aquisição de direitos.

---

[3] O aumento das reservas por meio do acúmulo da moeda escritural emitida e alocada pelo FMI — os Direitos Especiais de Saque — corresponde, naturalmente, a uma transferência de direitos.

Quadro 5.1
Balanço de pagamentos: estrutura básica

A) BALANÇA COMERCIAL DE BENS

   EXPORTAÇÃO
   IMPORTAÇÃO

B) BALANÇA COMERCIAL DE SERVIÇOS (NÃO-FATORES)

   GOVERNAMENTAIS
   TRANSPORTE
   VIAGENS
   SEGUROS
   SERVIÇOS DIVERSOS

C) CONTA DE SERVIÇOS RELATIVOS A FATORES

   JUROS
   LUCROS E DIVIDENDOS
   REINVESTIMENTOS DE LUCROS

D) TRANSFERÊNCIAS UNILATERAIS

E) SALDO DAS TRANSAÇÕES CORRENTES
   (A+B+C+D)

F) CONTA DE CAPITAL

   EMPRÉSTIMOS
   FINANCIAMENTOS
   INVESTIMENTOS
   REINVESTIMENTOS
   OUTROS CAPITAIS

G) ERROS E OMISSÕES

H) SALDO DO BALANÇO DE PAGAMENTOS
   (E+F+G)

I) VARIAÇÃO NAS RESERVAS INTERNACIONAIS
   (H=I)

A estrutura do balanço de pagamentos nos permite uma melhor compreensão acerca do movimento internacional de capitais. O ponto central é que o comércio internacional de serviços (exportação e importação), registrado na conta de transações correntes, inclui o serviço relativo a fatores de produção. No que se refere ao capital, a conta de serviços inclui os pagamentos e as receitas de juros, lucros e dividendos. Na realidade, concentrando-se nos pagamentos, pode-se afirmar que o serviço da dívida externa (juros) e o serviço do capital de risco externo (lucros e dividendos) correspondem a movimentos internacionais de capitais. Nesse sentido, a remessa de juros e lucros para o exterior significa *o exercício do direito da transferência* e não a *transferência do direito*.

Na grande maioria dos modelos analíticos usados para comércio internacional, investimento externo ou ajuste de balanço de pagamentos, encontra-se a hipótese simplificadora de que o serviço relativo a fatores de produção é nulo. Contudo, para se ter uma visão mais próxima da realidade, convém conceber o movimento internacional de capitais como incluindo tanto as transações na conta de capital quanto as transações na conta de serviços (remuneração do capital externo). Ademais, do ponto de vista analítico, fica difícil um exame mais criterioso do movimento internacional de capitais (por exemplo, empréstimos bancários) ao se deixar de lado os fluxos de pagamentos sobre juros da dívida externa. O mesmo acontece no caso dos fluxos de investimento externo direto e a sua contrapartida na forma de pagamentos de lucros e dividendos.

Cabe ainda uma observação importante quanto ao movimento internacional de capitais que não tem contrapartida alguma, seja a transferência de bens ou serviços, seja a cessão de um direito. No balanço de pagamentos esses capitais são incluídos na conta de transferências unilaterais, que contém, principalmente, doações, ajuda externa, reparações de guerra, ajuda militar e remessas de migrantes. Ainda que esses fluxos de capitais não sejam, em geral, determinados por motivações econômicas, eles podem ser importantes para o financiamento do crescimento econômico e para o ajuste do balanço de pagamentos. Nesse sentido, o exame da questão do movimento internacional de capitais não pode deixar de lado esses fluxos de capital que, na realidade, não correspondem ao investimento internacional. De fato, conforme veremos adiante, parte substantiva da literatura sobre os efeitos do movimento internacional de capitais esteve associada ao chamado "problema da transferência", e tem origem nos pagamentos correspondentes a reparações de guerra feitos pela Alemanha após a Primeira Guerra Mundial.

Por fim, nos resta apresentar uma definição precisa do investimento internacional, a forma mais importante do movimento internacional de capitais. O investimento internacional é definido como *a aquisição de direitos por parte de residentes de um país (de origem do capital) sobre residentes de um outro país (de destino do capital).* Inversamente, a captação de investimento internacional significa que residentes fazem uma operação de cessão de direitos ou de geração de obrigação junto a um não-residente. Assim, contrariamente ao comércio internacional — que envolve a transferência (fornecimento ou aquisição) de bens e serviços entre residentes e não-residentes —, o investimento internacional significa a transferência de ativos (ativos monetários contra ativos financeiros ou ativos reais).

Deve-se notar que o investimento internacional para a aquisição de um bônus ou uma ação de empresa representa a transferência de um ativo financeiro, enquanto para a compra de uma fábrica, uma fazenda ou um edifício constitui transferência de um ativo real. Nesse sentido, o ingresso de investimento internacional por meio da compra de bônus ou ações emitidos por um residente envolve a transferência de um ativo financeiro para um não-residente e, conseqüentemente, a criação de um passivo externo para o residente e para o país. No caso do investimento internacional corresponder à aquisição de um ativo real (e.g., uma fábrica), a transferência de um ativo para o investidor estrangeiro não significa a criação de um passivo para o residente do país, mas um passivo externo para o país, já que o investidor estrangeiro pode, a qualquer momento, vender o ativo real e converter o valor da venda em divisas estrangeiras e remetê-las para o exterior.

RESERVAS INTERNACIONAIS E FLUXOS DE CAPITAIS

Nível Ótimo de Reservas

A identidade contábil para o balanço de pagamentos apresentada na seção anterior nos permite uma análise taxonômica para o investimento internacional. Nessa identidade temos dois tipos de fluxos internacionais de capitais. O primeiro corresponde ao *movimento oficial* de capitais associado às variações nas reservas internacionais sob controle da autoridade monetária do país (geralmente, o banco central), representado pela letra R. O segundo tipo corresponde ao *movimento não-oficial* de capitais, representado pela letra K, e provoca a transferência de um direito ou de um ativo. A taxonomia dos fluxos internacionais de capitais discutida neste capítulo é apresentada no Quadro 5.2.

A variação nas reservas internacionais de um país não deve ser vista como um resíduo ou como a variável que equilibra contabilmente o balanço de pagamentos. O tema das reservas internacionais será tratado em detalhes na análise a respeito do ajuste do balanço de pagamentos e do sistema monetário internacional. Entretanto, convém mencionar que os governos podem procurar atingir um nível "ótimo" de reservas internacionais. Essa discussão, freqüentemente deixada de lado na maioria dos livros texto, é relevante na medida em que situações de excesso de liquidez internacional provocam

Quadro 5.2
Fluxos internacionais de capitais: taxonomia

OFICIAL (RESERVAS INTERNACIONAIS)

NÃO-OFICIAL

— LONGO PRAZO

    — EMPRÉSTIMOS   — EMPRÉSTIMOS   — EMPRÉSTIMOS BANCÁRIOS
                                         — INTERCOMPANHIAS
                                       — ORGANISMOS INTERNACIONAIS

                      — FINANCIAMENTOS — CRÉDITOS COMERCIAIS
                      — PROJETOS

    — INVESTIMENTOS — DIRETO (AÇÕES OU COTAS COM CONTROLE)

                      — PORTFÓLIO   — AÇÕES
                                      — BÔNUS
                                      — DEBÊNTURES
                                      — TÍTULOS GOVERNAMENTAIS
                                      — OUTROS

— CURTO PRAZO   — AUTÔNOMO
                      — COMPENSATÓRIO
                      — INDUZIDO
                      — ESPECULATIVO

TRANSFERÊNCIAS
UNILATERAIS   — DOAÇÕES
                      — REPATRIAÇÕES
                      — AJUDA EXTERNA
                      — REMESSA DE MIGRANTES

SERVIÇO DO CAPITAL — JUROS
                      — LUCROS

aumentos extraordinários (e desnecessários) nas reservas internacionais dos países, mesmo daqueles com problemas sérios.[4]

Pode-se supor uma função de demanda por reservas internacionais que tem como variável dependente o benefício total de manter reservas, que é a soma da remuneração da aplicação (retorno financeiro) com a produto social marginal (benefício social) dessas reservas.[5] O benefício social decorre, por exemplo, dos efeitos do nível de reservas internacionais sobre a estabilização da taxa de câmbio e sobre o nível geral de preços. O nível ótimo de reservas internacionais corresponde àquele onde o benefício social iguala-se ao custo social. Esse custo social corresponde ao custo de oportunidade das reservas, isto é, ao produto marginal dos recursos reais que poderiam ter sido adquiridos com as reservas internacionais acumuladas.[6]

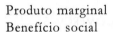

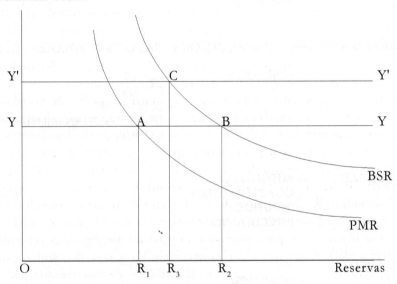

Figura 5.1
Nível ótimo das reservas internacionais

[4] Outrossim, autoridades governamentais, principalmente em economias em desenvolvimento com problemas de estabilização e baixo dinamismo econômico, tendem a usar o nível elevado de reservas internacionais como um indicador de "perspectivas favoráveis".
[5] Caso as reservas internacionais incluam somente ouro, o benefício total corresponde exclusivamente ao benefício social, uma vez que as reservas em ouro não são remuneradas. Se as reservas foram formadas como resultado do saldo positivo nas transações correntes, a remuneração das reservas internacionais do país corresponde à taxa de retorno obtido com a aplicação dessas reservas no sistema financeiro internacional ou no Banco de Compensações Internacionais na Basiléia. Se as reservas foram acumuladas como decorrência do saldo positivo na conta de capital, a taxa de retorno deve ser a diferença entre a aplicação das reservas no exterior e a taxa de retorno (em divisa estrangeira) obtida por investidores estrangeiros no país.
[6] Grubel (1977), cap. 2.

O Gráfico da Figura 5.1 mostra a curva de produto social marginal das reservas PMR como uma função decrescente do nível de reservas, isto é, a acumulação de reservas segue o princípio dos retornos decrescentes. A curva YY mostra o produto marginal constante dos recursos reais. Se as reservas não têm remuneração, o ponto de equilíbrio é A, onde o produto marginal das reservas é igual ao produto marginal dos recursos reais, que corresponde ao nível R_1 de reservas. Entretanto, considerando-se que essas reservas são aplicadas e recebem um retorno, temos a curva de benefício social das reservas (BSR) como o deslocamento paralelo para a direita da curva PMR, sendo a distância constante entre essas duas curvas dada pela taxa de remuneração das reservas. O ponto de equilíbrio é B, onde as curvas BSR e YY se interceptam e nesse ponto o nível ótimo das reservas internacionais é R_2.

Caso haja uma alteração na taxa de remuneração das reservas internacionais, haverá um deslocamento da curva BSR. Pode ocorrer, inclusive, que haja um custo de manutenção das reservas internacionais, dado pelo diferencial entre a taxa de juros interna e a taxa de juros internacional (de aplicação das reservas). Isso ocorre se a acumulação de reservas tem origem em empréstimos ou investimentos internacionais. Nesse caso, a curva BSR se deslocaria para baixo e ultrapassaria a curva PMR, se colocando abaixo dessa curva, e o nível ótimo de reservas internacionais seria menor do que R_1.[7]

Caso haja um problema de escassez temporária na oferta de recursos reais na economia (e.g., queda de produção agrícola) ou, então, um excesso de demanda temporária (e.g., bolha de consumo), a curva de produto marginal dos recursos reais desloca-se para cima, e aparece no gráfico como a curva Y'Y'. Portanto, o novo ponto de equilíbrio será C, onde a curva Y'Y' intercepta a curva BSR, e corresponde a um novo nível de equilíbrio das reservas internacionais, R_3. Na análise do nível ótimo de reservas considera-se que há externalidades positivas na manutenção da taxa de câmbio estável com base na hipótese de que a mudança no produto marginal dos recursos reais é temporária. Caso contrário, convém ajustar a taxa de câmbio por meio da desvalorização. O ajustamento do balanço de pagamentos pode, também, ser realizado com capitais não-oficiais.

Tipos de capitais

O movimento *não-oficial* de capitais internacionais pode ser dividido em fluxos de *capitais de longo prazo* e *capitais de curto prazo*. A definição convencional é que os capitais de longo prazo têm maturidade superior a um ano, enquanto os capitais de curto prazo têm maturidade inferior a um ano. Entretanto, há consenso de que essa diferenciação é um tanto arbitrária, na medida em que instrumentos de curto prazo (e.g., créditos comerciais)

---

[7] Esse deslocamento da curva BSR para baixo, que reflete o custo financiamento de manutenção de reservas, não é mostrado para não complicar desnessariamente o gráfico.

podem ser renovados continuamente por longos períodos. Por outro lado, um título de longo prazo (e.g., bônus), com vencimento de trinta anos, pode ser comprado seis meses antes da data de vencimento. Ações também podem ser compradas em um mês e vendidas no outro. Empresas inteiras podem ser compradas por investidores estrangeiros e vendidas, inteiras ou em partes (divisões ou linhas de produto), quase que imediatamente, como mostram os processo de fusão e aquisição.

Os capitais internacionais de longo prazo podem ser classificados em *empréstimos* e *investimentos*. Essa distinção também deve ser vista com cuidado, já que, por meio da securitização, contratos de empréstimos podem ser transformados em títulos que podem ser adquiridos como forma de investimento. Como esses títulos podem ser emitidos com retornos fixos ou variáveis, a distinção entre capital de risco e capital de empréstimo perde significância.

Não obstante, os empréstimos podem ser classificados em dois tipos: empréstimo *stricto sensu* e financiamento. Os empréstimos ocorrem, principalmente, na forma de empréstimos bancários em moeda, entre empresas e por organismos internacionais. O financiamento refere-se à abertura de créditos comerciais (agências governamentais, fornecedores) e ao financiamento de projetos específicos (principalmente por organismos internacionais).

No que diz respeito aos empréstimos e financiamentos, a distinção mais significativa está relacionada aos capitais privados *versus* os capitais não-privados. No caso dos capitais privados, os empréstimos interempresas devem ser vistos como um mecanismo similar ao investimento externo direto.[8] Os empréstimos bancários seguem a mesma lógica do investimento de portfólio, respondendo, geralmente, aos diferenciais de taxas de retornos entre países.[9] No caso dos capitais não-privados, os empréstimos e financiamentos por organismos internacionais tendem a depender de considerações de ordem não-econômica, em geral, e a transcender a lógica do retorno financeiro, em particular. Na realidade, o comportamento dos organismos internacionais parece ser mais adequadamente explicado pela política internacional do que pela economia internacional.[10]

Deve-se notar, ainda, que no balanço de pagamentos também é contabilizado um conjunto de transações ou operações que são consideradas como

---

[8] Não é por outra razão que em muitos países, como os Estados Unidos, os empréstimos interempresas (matriz e subsidiária) são contabilizados no estoque de investimento externo direto.
[9] O portfólio ou carteira de investimentos refere-se ao conjunto de ativos mantidos pelo investidor. O portfólio pode incluir ativos financeiros, monetários ou reais. Entretanto, de um modo geral, usa-se a expressão investimento de portfólio tendo como referência ativos financeiros.
[10] Nos últimos quarenta anos tem ficado cada vez mais evidente que organismos internacionais como o Fundo Monetário Internacional e o Banco Internacional de Reconstrução e Desenvolvimento (núcleo central do sistema Banco Mundial) tornaram-se instrumentos dos países desenvolvidos (pelo menos o seu núcleo duro ou hegemônico) para sua política externa com relação aos países em desenvolvimento. Essa conclusão é encontrada, por exemplo, em Hobsbawm (1995), p. 420.

movimentos internacionais de capitais de longo prazo. Esse é o caso das operações de conversão de dívida externa em investimento externo, reinvestimento de lucros e transações de *leasing*.[11] Entretanto, em nenhum desses casos há o efetivo movimento internacional de capitais, ainda que haja uma transação econômica. Isso ocorre porque o balanço de pagamentos não é o registro de operações cambiais (envolvendo compra e venda de moeda estrangeira), mas sim o registro de todas as transações (mesmo que não haja operações cambiais) entre residentes e não-residentes.[12]

INVESTIMENTO INTERNACIONAL E CAPITAL DE CURTO PRAZO

Os investimentos internacionais, de modo geral considerados capitais de longo prazo, podem ser classificados em *investimento direto* e em *investimento de portfólio*. O investimento externo direto envolve a compra de cotas ou ações em empresas no exterior com o propósito de exercer o controle sobre a empresa receptora do investimento. Conforme veremos mais adiante, o investimento externo direto é realizado, principalmente, pelas empresas transnacionais. O investimento externo de portfólio corresponde aos fluxos de capitais que não são orientados para o controle operacional da empresa receptora do capital externo. Nessa categoria pode-se incluir uma ampla gama de ativos ou instrumentos financeiros, como ações, bônus, debêntures, títulos governamentais e outros títulos e instrumentos.[13]

A distinção entre investimento externo direto e de portfólio, ainda que seja conceitualmente clara, coloca um problema empírico de difícil solução. A questão central é como saber se um determinado fluxo de capital é de portfólio ou de capital. Naturalmente, se o investidor estrangeiro já possui ou passará a possuir mais de 50% do capital votante da empresa receptora do investimento externo, pode-se classificar esse fluxo como investimento externo direto. A complicação surge quando o investidor estrangeiro tem participação minoritária e, mesmo assim, exerce controle sobre a empresa mediante a cessão de uma patente ou de uma marca, ou da propriedade de qualquer outro ativo específico de sua propriedade que permite a competitividade (e, até mesmo, a existência) da empresa. Tendo em vista que esse fenômeno é freqüente, os governos optaram por definir um "pon-

---

[11] No caso do *leasing* há a internação do bem, enquanto as despesas e os juros são contabilizados na conta de serviços e a amortização na conta de capital. Essa contabilização depende, de fato, do tipo de operação de *leasing*.

[12] Deve-se ter em mente essa distinção entre balanço cambial e balanço de pagamentos. Geralmente, por um problema de coleta de dados, o balanço de pagamentos acaba se parecendo mais com o balanço cambial na medida em que o registro das relações entre residentes e não-residentes só inclui as transações que envolvem operações cambiais realizadas no sistema oficial de câmbio, isto é, operações realizadas por agentes autorizados pelo Banco Central a operar no mercado cambial.

[13] Como, por exemplo, fundos de renda fixa, fundos de privatização, fundos de ações, *export securities*, *commercial papers* e diferentes tipos de *notes*.

to crítico" de participação do investidor estrangeiro no capital votante da empresa receptora do investimento externo que, apesar de ser inferior a 50%, poderia servir como um critério de classificação do investimento em ações como investimento de portfólio ou investimento direto. A experiência internacional mostrou que o "ponto crítico" usado com maior freqüência pelos países é 10%.[14]

No que se refere aos determinantes dos fluxos de capitais internacionais de longo prazo a teoria econômica evoluiu bastante nos últimos vinte anos. Nesse sentido, pode-se diferenciar claramente a teoria básica dos determinantes do investimento externo de portfólio da teoria moderna do investimento externo direto. Essas duas teorias serão tratadas em detalhes no Capítulo 6 desta Parte.

Os fluxos de capitais de curto prazo correspondem àqueles com maturidade inferior a um ano. Os capitais de curto prazo podem ser classificados em quatro categorias.[15] Os capitais *autônomos* não são motivados diretamente pelas políticas governamentais ou pela evolução de outras contas do balanço de pagamentos. Os capitais motivados independentemente são, por exemplo, os financiamentos e os empréstimos externos de curto prazo (e.g., capital de giro ou mesmo investimento) e as saídas de capital para escapar de mudanças na tributação. Os capitais *compensatórios* representam a contrapartida de outra transação com o exterior, como, por exemplo, recursos para financiar as exportações ou importações. Os capitais *induzidos* são aqueles fluxos decorrentes de variações efetivas ou esperadas na taxa de juros. E, por fim, os capitais *especulativos* respondem por alterações efetivas ou mudanças de expectativas com relação à taxa de câmbio.

Naturalmente, a classificação de um determinado fluxo de capital em uma das categorias acima é muito dificultada, sobretudo tendo-se em vista a interação existente entre as variáveis econômicas como, por exemplo, taxa de juros e taxa de câmbio.

O tema dos capitais de curto prazo tem sido discutido na literatura econômica, geralmente, em termos de três conjuntos de problemas.[16] O primeiro está relacionado ao tema clássico do "problema da transferência".[17] Neste caso, o impacto do capital de curto prazo sobre a economia (com destaque para os gastos e o comércio) depende, em grande medida, das políticas monetária e cambial do governo. Por exemplo, políticas de esterilização do exces-

---

[14] O Fundo Monetário Internacional, após análise da experiência internacional, passou a recomendar em seu Manual de Balanço de Pagamentos que os países usassem um mínimo de 10% do capital votante nas mãos do investidor estrangeiro para classificar o ingresso de capital como investimento externo direto. Ver IMF (1993), caps. 18 e 19.

[15] Kindleberger (1987), p. 41.

[16] Dentre os livros texto que tratam da questão do movimento internacional de capitais de curto prazo, cabe destacar Caves e Jones (1973), cap. 24.

[17] O problema da transferência é analisado no Capítulo 6.

so de moeda na economia ou de intervenção direta no mercado cambial são usadas com freqüência para neutralizar os efeitos de capitais de curto prazo.

O segundo conjunto de problemas refere-se à estreita relação existente entre os fluxos internacionais de capitais de curto prazo e o mercado futuro de câmbio. Na realidade, quando há uma exportação de capital de curto prazo — que, por ser de curto prazo, deve retornar em um período máximo de um ano —, há uma operação correspondente no mercado futuro de câmbio para, quando do retorno, o investidor realizar os ganhos relativos à exportação. Isso ocorre independentemente do tipo do fluxo de capital de curto prazo — autônomo, compensatório, induzido ou especulativo —, de tal forma que comerciantes, arbitradores e especuladores recorrem ao mercado futuro de câmbio para garantir o retorno esperado, pelo menos quanto à conversão de divisas estrangeiras em moeda nacional. Nesse sentido, o que o governo pode fazer para neutralizar os efeitos negativos do capital externo de curto prazo é atuar diretamente no mercado futuro de câmbio. Esse mecanismo tem a vantagem de não afetar o nível de reservas internacionais e a oferta de moeda no presente. Dessa forma, o governo pode afetar as expectativas e os retornos esperados do movimento internacional do capital externo de curto prazo e, portanto, as decisões presentes quanto ao seu volume e impacto.

O terceiro conjunto de problemas refere-se às situações críticas criadas pela volatilidade do capital externo de curto prazo. Nesse caso, os governos se defrontam com situações de alta instabilidade (efetiva ou potencial) nos mercados cambial e de capitais que acabam levando à imposição de controles sobre os capitais externos de curto prazo. Esses controles variam de uma simples tributação e da regulamentação específica, até a proibição absoluta de determinadas transações.

Deve-se ressaltar, também, que o capital externo de curto prazo agrava ainda mais a vulnerabilidade financeira externa de países com problemas crônicos ou estruturais no balanço de pagamentos. Isso ocorre porque os países, principalmente os países em desenvolvimento, acabam tendo um passivo externo de curto prazo muito elevado como decorrência do capital externo de curto prazo. Isso também ocorre devido ao investimento internacional que, a princípio, é de longo prazo, mas cujos ativos podem ser liquidados em períodos curtos como trinta dias. Este é o caso do investimento de portfólio, principalmente, aplicações em bolsa de valores, fundos de ações e fundos de renda fixa. Assim, uma massa extraordinária de ativos de propriedade de não-residentes pode ser mobilizada em um curtíssimo período e, como resultado, criar uma pressão enorme sobre o mercado cambial e as reservas internacionais do país. A reduzida capacidade de resistência diante dessa volatilidade de fluxos financeiros internacionais caracteriza mais uma dimensão do fenômeno da vulnerabilidade externa, sobretudo dos países em desenvolvimento.

A volatilidade dos fluxos financeiros internacionais e a vulnerabilidade externa das economias nacionais são temas que têm se tornado cada vez mais importantes, principalmente com o avanço do processo de globalização financeira.[18] De fato, o fenômeno da globalização financeira tem sido uma das características mais marcantes do movimento internacional de capitais nos últimos vinte anos. Antes, porém, no próximo capítulo faz-se um exame dos fundamentos teóricos do movimento internacional de capitais.

---

[18] Globalização, volatilidade dos fluxos financeiros internacionais e vulnerabilidade externa são temas abordados no Capítulo 7.

CAPÍTULO
6

Teorias do
investimento internacional

Este capítulo examina as teorias básicas dos determinantes do investimento internacional. Inicialmente, discute-se a teoria básica do investimento de portfólio e, em seguida, examina-se a teoria dos determinantes do investimento externo direto. Essa parte teórica é complementada com a discussão da moderna teoria da internacionalização da produção. Questões teóricas relacionadas ao problema da transferência, comércio e investimento internacional também são analisadas. O capítulo inclui, ainda, uma análise do impacto da empresa transnacional que, além de ser o agente privado mais importante operando na arena internacional, é o principal agente de realização do investimento externo direto.

INVESTIMENTO DE PORTFÓLIO

O determinante básico da teoria do investimento de portfólio é o diferencial de taxas de juros.[1] No modelo mais simples na tradição neoclássica, supõe-se que em situação de equilíbrio de concorrência perfeita, o produto marginal do fator de produção é idêntico à sua remuneração. No modelo básico supõe-se, ainda, que o único fator móvel internacionalmente é o capital e que há diferenças nas dotações de capital entre países e, portanto, diferenciais nas taxas de remuneração do capital. A mudança de uma situação de autarquia para uma de perfeita mobilidade do capital significa, então, movimentos internacionais de capitais determinados pelos diferenciais de taxas de juros.

Deve-se notar, aqui, uma diferença marcante entre o movimento internacional de bens e serviços (comércio) e o movimento internacional de capitais. Assim, enquanto o comércio internacional responde a diferenças nos preços relativos dos bens entre países, o movimento internacional de fatores é determinado por diferenças absolutas nos preços dos fatores. Assim, o

---

1 Para uma resenha da literatura sobre movimento internacional de fatores de produção e, principalmente, dos fluxos de investimento externo, ver Ruffin (1984).

capital que se movimenta internacionalmente o faz como resposta a diferenças absolutas nas taxas de juros. O investimento internacional é função direta do diferencial de taxas de juros entre países.

No gráfico da Figura 6.1 supõe-se dois países, Brasil e Japão. O primeiro com escassez de capital e o segundo com abundância. O resultado é uma diferença marcante no produto marginal do capital, de tal forma que no Brasil ao estoque de capital K_1 corresponda um produto marginal R_b, enquanto no Japão ao estoque de capital K'_1 corresponda um produto marginal R_j. A esse diferencial de produto marginal de capital corresponde um diferencial equivalente de taxa de juros. Portanto, há um estímulo ao movimento internacional de capitais do Japão para o Brasil. O fluxo de saída de investimento internacional do Japão, isto é, a redução do estoque de capital desse país é de K'_1-K'_2, enquanto o ingresso de investimento internacional no Brasil implica um aumento do estoque de capital nesse país de K_2-K_1. Com esses novos estoques de capital (K_2 no Brasil e K'_2 no Japão) não há mais estímulos à transferência de capital do Japão para o Brasil, visto que os produtos marginais são idênticos nesses países (R^*) e, portanto, está anulado o diferencial de taxas de juros.

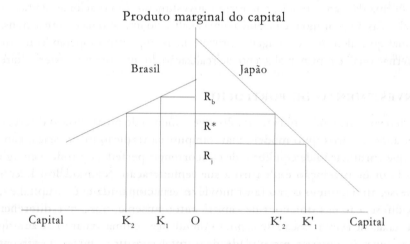

Produto marginal do capital

Figura 6.1
Movimento internacional de capitais

Esse modelo simples deve, entretanto, sofrer qualificações que são importantes tanto para uma análise teórica mais sofisticada quanto para a melhor compreensão dos fluxos que ocorrem efetivamente no sistema econômico mundial. De fato, o movimento internacional de capitais é influenciado pela interação de variáveis tais como expectativas, riscos e incertezas.[2]

---

[2] O risco trata de eventos futuros esperados com probabilidades especificadas, enquanto a incerteza trata de resultados futuros com probabilidades desconhecidas.

Na análise do investimento de portfólio a substituição do conceito de produto marginal do capital, na tradição neoclássica, pelo de eficiência marginal do capital, na tradição keynesiana, já incorpora uma importante qualificação. Ainda que essa substituição não altere a relação básica de que o investimento é uma função inversa da taxa de juros, ela introduz a questão das expectativas dos investidores refletida no cálculo da taxa de retorno esperada do investimento, que é a eficiência marginal do capital.

No que se refere ao investimento internacional, as expectativas de maior relevância prendem-se ao comportamento futuro das taxas de juros e das taxas de câmbio. Aqui, há uma diferença fundamental entre investimento doméstico e investimento internacional. Assim, para o investidor doméstico (brasileiros investindo no Brasil ou japoneses investindo no Japão) o que conta é a taxa de juros real, onde o deflator da taxa de juros nominal é o indicador pertinente acerca do nível geral de preços. Para o investidor internacional (por exemplo, japoneses investindo no Brasil) a taxa de juros relevante corresponde à correção da taxa de juros nominal pela variação da taxa de câmbio.

A taxa real de retorno do investidor doméstico (r_d) pode ser definida da seguinte forma:

$$r_d = (1 + r)/(1 + P) - 1 \qquad (1)$$

onde r é a taxa nominal de juros na economia em questão e P é a sua inflação.

Entretanto, para o investidor internacional no Brasil a taxa de retorno relevante (r_b) é igual a:

$$r_b = (1 + r)/(1 + e) - 1 \qquad (2)$$

sendo *e* a taxa esperada de variação cambial no período de realização do investimento externo.

O investidor japonês que pretender aplicar seu capital no Brasil defronta-se, então, com essa taxa r_be, que deve ser comparada com a taxa de juro japonesa, isto é, a taxa internacional de referência para esse investidor. Nesse caso, a variável *e* refere-se à desvalorização nominal da moeda brasileira com relação ao iene japonês. O fluxo de investimento externo é, então, uma função direta da diferença entre r_b e a taxa de juro internacional (r^*), isto é:

$$D = r_b - r^* \qquad (3)$$

A variável D é conhecida como o *diferencial aberto de juros* e é a referência básica para o investidor japonês no Brasil. O fluxo de investimento externo é interrompido quando esse diferencial for igual a zero. Essa proposição deve-se a Irving Fisher, um dos pioneiros da economia monetária.[3]

---

[3] O clássico livro de I. Fisher é *The Theory of Interest*, de 1930. Neste livro Fisher define o conceito de "taxa de retorno sobre custo", que tem o mesmo significado do conceito de eficiência marginal do capital desenvolvido por Keynes (1936), cap. 11, pp. 140-141.

O investidor internacional defronta-se, na realidade, com dois conjuntos de expectativas: o primeiro, quanto à evolução futura da taxa de juros nominal, e o segundo quanto ao comportamento futuro da taxa de câmbio.

Essas expectativas devem, portanto, ser levadas em consideração quando se analisa o investimento internacional, tanto do ponto de vista teórico quanto a partir de experiências específicas. Para ilustrar, expectativas de desvalorização cambial podem induzir a uma saída do investimento de portfólio. Por outro lado, expectativas de manutenção do câmbio sobrevalorizado, por exemplo, em programas de estabilização assentados na ancoragem cambial, podem induzir fluxos de investimento internacional de portfólio em ativos financeiros, tais como títulos do governo ou fundos de renda fixa.

A aversão ao risco é uma variável comportamental que parece ser muito mais a norma do que a propensão ao risco. A aversão ao risco é tida como uma variável de grande importância na determinação dos fluxos de investimento de portfólio. Os investidores internacionais podem, por exemplo, basear suas decisões de investimento de portfólio no princípio da diversificação de riscos, aumentando o número de receptores (títulos, empresas e países) nos quais aplicam seus recursos. Dessa forma, ao aumentar o número de receptores consegue-se uma redução da variância da taxa esperada de retorno do investimento, isto é, um menor grau de risco.

Na literatura da teoria da decisão uma parte substantiva dos modelos incorpora uma combinação de taxas de retorno e taxas de risco.[4] Pode-se definir, inclusive, uma fronteira de eficiência do investimento que é configurada como as combinações ótimas de taxa de retorno (taxa de retorno média esperada) e risco (variância das taxas esperadas em cada aplicação). Isto é, para cada taxa de retorno média esperada é possível definir a composição de carteira, ou seja, o portfólio que tem o menor risco. A escolha por parte de cada investidor depende, assim, de suas preferências quanto a retorno e risco que podem ser expressas por curvas de indiferença.

No gráfico da Figura 6.2 o investidor com mais aversão a risco tem seu ponto de otimização em J, onde a curva de indiferença (I_a) tangencia a fronteira de eficiência do investimento (EE), que tem a taxa média de retorno esperado R_a e o risco V_a (medido pela variância). O investidor mais propenso a risco tem uma curva de indiferença (I_p) tangenciando a fronteira de eficiência do investimento em B e otimiza seus investimentos com a composição de carteira que oferece uma taxa média de retorno R_p e um risco V_p.

---

[4] Para uma introdução à teoria da decisão e aos princípios e modelos mais conhecidos, ver Fleischer (1973), cap. 9.

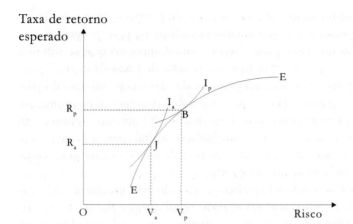

Figura 6.2
Investimento de portfólio: retorno e risco

A introdução da diversificação de risco em modelos de decisão de investimento é importante para explicar o investimento internacional entre países que têm a mesma taxa de juros. Assim, ainda que a taxa de juros na Alemanha seja igual, por exemplo, à da França, investidores alemães aplicarão na França e investidores franceses aplicarão na Alemanha, tendo como único propósito a diversificação de portfólio que reduz o risco de comportamento da taxa média de retorno esperado. Nesse sentido, observam-se fluxos de investimento internacional mesmo na ausência de diferencial de dotação de fatores e de taxas de juros.

Pode-se, também, incluir na determinação do investimento de portfólio os custos de transação associados ao fluxo internacional de capitais, principalmente quanto à aquisição de informações sobre o funcionamento dos mercados e à realização de transações em outros países.[5] Nesse sentido, investidores internacionais, mesmo aqueles que procuram minimizar riscos, tendem a concentrar seus investimentos em um dado conjunto de países (países desenvolvidos e os chamados "mercados emergentes"). Os investidores internacionais operam, assim, com base no princípio da racionalidade limitada. Isto é, o investidor internacional reconhece que tem uma capacidade restrita de receber, armazenar, recuperar e processar informação, assim como de tomar decisão. Por essa razão, ele se concentra em um determinado "núcleo duro" de países ou mercados e, nesse núcleo, define as opções de investimento, segundo o retorno, risco ou uma combinação (não necessariamente linear) dessas duas variáveis.

---

[5] O conceito de custo de transação tem origem no trabalho de Coase (1937). Os custos de transação podem ser classificados *ex-ante* ou *ex-post*. O primeiro envolve "os custos de ações e tarefas envolvidas no estabelecimento de contratos", enquanto o segundo envolve "os custos associados às tarefas de administrar, informar, monitorar e fazer cumprir o desempenho prometido contratualmente". Ver Alchian e Woodward (1988).

Ademais, deve-se notar que o investimento de portfólio pode ser determinado pelas perspectivas de crescimento econômico e pelo progresso técnico. Assim, mesmo que dois países sejam semelhantes no que se refere à dotação de capital e, portanto, não haja diferencial de taxas de juros, é possível que ocorra um movimento internacional de capitais na direção do país com maior dinamismo econômico, em termos de crescimento econômico e da introdução do progresso técnico. Esse maior dinamismo significa um deslocamento da curva de eficiência marginal do capital (para a direita) nesse país e, conseqüentemente, para a mesma taxa de juros a situação de equilíbrio significa um volume maior de capital.

O investimento internacional também é afetado por incertezas relacionadas, por exemplo, às mudanças no aparato regulatório e fiscal. A questão do movimento internacional de capitais sempre esteve condicionada por um aparato regulatório e por barreiras de mercado mais significativas do que o comércio internacional de bens e serviços. Nesse sentido, a própria volatilidade do investimento internacional de portfólio e a vulnerabilidade externa dos países acabam introduzindo um elemento adicional de incerteza para o investidor internacional, tendo em vista a necessidade dos governos intervirem para controlar os efeitos dos riscos envolvidos no investimento internacional de portfólio.[6]

INVESTIMENTO EXTERNO DIRETO

A moderna teoria do investimento externo direto parte da crítica à teoria do investimento de portfólio e desemboca na chamada teoria da internacionalização da produção.[7] O argumento geral da teoria dos fluxos de investimento internacional é que esses fluxos são determinados pelo diferencial de taxas de retorno. A teoria moderna critica esse argumento a partir da idéia de que a determinação teórica do investimento externo direto deve ser tratada não somente em termos de diferenças de atributos entre países (diferenças na dotação de fatores), mas também e, principalmente, de diferenças existentes entre empresas de diferentes países.[8] Assim, o diferencial de rentabilidade de operações distintas de investimento externo direto está determinado pela interação de um conjunto de características específicas a cada espaço possível de localização (fatores locacionais específicos) com os atributos de empresas (fatores específicos à propriedade).

Ademais, os desenvolvimentos teóricos recentes tratam o investimento externo direto como uma das formas do processo de internacionalização da produção. A *internacionalização da produção* ocorre sempre que residentes de um

---

[6] Os diversos tipos de risco do investimento internacional são discutidos no Capítulo 7.

[7] O trabalho pioneiro da teoria moderna do investimento externo direto foi a tese de doutorado de Stephen Hymer no MIT, em 1960, publicada posteriormente em Hymer (1976).

[8] Para um tratamento mais detalhado da teoria moderna do investimento externo direto, ver Caves (1996), Jacquemot (1990) e Gonçalves (1992).

país têm acesso a bens ou serviços originários de outro país. A questão teórica central é, então, explicar não somente o processo de internacionalização da produção, mas também a escolha da forma pela qual esse processo ocorre.[9]

A internacionalização da produção pode ocorrer por meio de três formas básicas, a saber, o comércio internacional, o investimento externo direto e a relação contratual. O comércio internacional significa que os bens cruzam as fronteiras nacionais de tal forma que pela exportação de um produto produzido no Japão para o Brasil, os brasileiros têm acesso a um produto japonês. No caso de serviços o que ocorre é que sendo o serviço (geralmente) um produto intangível que não pode ser armazenado, o comércio internacional de serviços envolve o deslocamento internacional dos consumidores (e.g., turismo, educação, saúde) ou dos produtores (e.g., consultoria). No caso menos freqüente do serviço embutido em um bem (e.g., programas de computador em disquetes ou bancos de dados em CD-ROM) o comércio internacional de serviços manifesta-se por meio de um bem que cruza fronteiras nacionais, da mesma forma que o comércio tradicional de bens.

Entretanto, bens e serviços com origem no Japão podem ser acessados por brasileiros no Brasil por meio da operação de empresas japonesas instaladas no Brasil. Isto é, o investimento externo direto é uma outra forma de se realizar a internacionalização da produção. De fato, no caso da internacionalização de serviços o que se observa é que o deslocamento dos produtores não é provisório, pelo contrário: esse deslocamento ocorre de forma permanente com a implantação de empresas no país receptor.

Assim, tanto a exportação de produtos japoneses para o Brasil como a instalação de empresas japonesas no país são diferentes formas de internacionalização da produção do Japão ou de inserção internacional produtiva do Brasil. Exportação e investimento externo direto são formas alternativas, que envolvem tanto relações de substituição quanto de complementaridade. Isto é, o fato de uma empresa japonesa instalar uma fábrica no Brasil pode significar um efeito de substituição, com a redução das importações brasileiras do produto japonês. Por outro lado, o investimento externo direto pode ter uma relação de complementaridade com o comércio internacional, principalmente mediante o comércio intra-industrial, com a importação de insumos, peças ou componentes do Japão que são utilizados na fábrica japonesa instalada no Brasil.

Há, ainda, o mecanismo de transferência de um ativo específico à propriedade que permite a internacionalização da produção. Dessa forma, a empresa japonesa transfere um ativo específico (e.g., uma tecnologia de produção, patente ou marca) para uma empresa brasileira, que passa a produzir o bem ou o serviço no Brasil. Essa transferência manifesta-se, geralmente, por uma relação contratual, com preço e prazo.

---

[9] A referência básica da moderna teoria da internacionalização da produção é Dunning (1977), que foi publicado em Ohlin (1977) e reproduzido em Dunning (1988), pp. 13-40.

A diferença fundamental entre, de um lado, a exportação e o investimento externo direto e, do outro, a relação contratual, é que nas duas primeiras formas de internacionalização da produção a empresa estrangeira produz ela própria o bem ou o serviço, enquanto na última o agente de produção é um residente. Na realidade, pela exportação e pelo investimento externo direto a própria empresa estrangeira *faz*, enquanto por meio da relação contratual ela *faz fazer*.

Nesse sentido, a exportação e o investimento externo direto envolvem a *internalização da produção*, enquanto a relação contratual significa a externalização da produção. A teoria moderna da internacionalização da produção procura, então, colocar dentro do mesmo arcabouço teórico uma explicação a respeito das diferentes formas de servir o mercado internacional. Essa teoria procura explicar, inicialmente, o que determina a internacionalização da produção, isto é, o que está por trás dos diferenciais de rentabilidade que provocam o movimento internacional de bens, serviços e fatores. A teoria moderna procura, também, explicar os determinantes da escolha da forma da internacionalização da produção e, mais especificamente, o que determina a escolha do investimento externo direto *vis-à-vis* a exportação e a relação contratual.

TEORIA DA INTERNACIONALIZAÇÃO DA PRODUÇÃO

A base da teoria da internacionalização da produção consiste na idéia de que agentes econômicos de um determinado país têm uma "preferência revelada" pelo mercado doméstico, em termos não somente de localização da produção, como também de canalização da produção (vendas). Essa preferência resulta dos custos diretos e, principalmente, dos custos de transação envolvidos nas operações internacionais, qualquer que seja a forma. Nesse sentido, produzir no país de origem e orientar a produção para o mercado doméstico significa uma diferença marcante com a entrada em um novo mercado com o qual a empresa tem pouco familiaridade ou, então, com a entrada em um mercado já conhecido, mas geograficamente distante, o que significa custos de coordenação e monitoramento.

Em uma situação de concorrência perfeita, com lucros normais, mobilidade internacional de fatores e tecnologia disponível no mercado internacional, não há incentivo para a internacionalização da produção, já que a empresa estrangeira não tem como concorrer com produtores domésticos que já estão familiarizados com o mercado. Nesse sentido, quando há custos de entrada e de saída em um mercado externo, é necessário que a empresa estrangeira possua algum tipo de vantagem específica à propriedade, sobre a qual ela extrai uma quase-renda e, portanto, tem um lucro anormal que compensa o custo adicional associado ao mercado externo. Daí, o processo de internacionalização da produção é o resultado de imperfeições de mercado.

A *vantagem específica à propriedade* de uma empresa consiste na posse ou disponibilidade de capital, tecnologia e recursos gerenciais, organizacionais e mercadológicos. Naturalmente, qualquer empresa atuando no mundo real pleno de imperfeições de mercado possui vantagens específicas; entretanto, a posse de vantagens de relevância na arena internacional é marcadamente associada a um conjunto de empresas, conhecidas como empresas multinacionais ou empresas transnacionais.

Cabe, então, uma definição quanto às empresas que têm operações internacionais. Conforme vimos, o investimento externo direto é o investimento internacional que objetiva o controle da empresa receptora do capital. O fato é que esse investimento é realizado, em grande parte, pelas empresas transnacionais. A *empresa transnacional* pode ser definida como a empresa de grande porte que possui e controla ativos produtivos em pelo menos dois países.[10] O "grande porte" é, na realidade, a manifestação da posse de um estoque significativo de vantagens específicas à propriedade pelas empresas transnacionais.

Na teoria moderna da internacionalização da produção, o argumento central é, então, que a posse de vantagens específicas à propriedade — que dá à empresa estrangeira um certo poder monopolístico — é uma condição necessária à internacionalização da produção. A partir desse ponto a questão teórica importante é saber quais são os determinantes da escolha da forma da internacionalização da produção. Uma determinada empresa pode ter o domínio de uma tecnologia de produção que lhe garante um nível mais elevado de produtividade e, portanto, uma taxa de lucro maior do que a dos seus concorrentes operando em um determinado mercado externo. A internacionalização da produção permite à empresa ampliar seus mercados pela exploração dessa vantagem específica à propriedade. Isso pode ocorrer via internalização (exportação ou investimento externo direto) ou externalização (relações contratuais).

O processo de decisão depende dos benefícios e custos da internalização da produção. Os benefícios referem-se aos ganhos que a empresa tem como decorrência de "economias" de custos de transação associados às relações contratuais que tratam da transferência de um ativo específico à propriedade. Isto é, toda vez que a empresa resolve ela mesma produzir em detrimento de uma relação contratual, que permite outro agente econômico produzir, ela evita os custos de transação com agentes que agem de forma oportunista.

A transferência de um ativo envolve incerteza na razão direta da especificidade (e do valor esperado) do ativo. No caso de transferência de tecnologia observa-se, freqüentemente, a dificuldade de se estabelecer o valor do *know-how* que está sendo transferido, assim como persiste um grau de risco de perda de controle sobre o ativo, mesmo quando os contratos têm

---

[10] Ver Gonçalves (1992).

especificações detalhadas. O exemplo mais comum é quando o produtor estrangeiro transfere uma certa tecnologia para o produtor doméstico, que desenvolve essa tecnologia e passa a competir com o produtor estrangeiro no mercado internacional e, até mesmo, no mercado doméstico do produtor estrangeiro.

Na medida em que o produtor estrangeiro evita as relações envolvendo maior risco e incerteza, os benefícios da internalização decrescem. Na realidade, os agentes econômicos e as relações contratuais podem ser classificados (em ordem decrescente) segundo o risco e a incerteza e, portanto, segundo os custos de transação. Dessa forma, a curva de benefício marginal da internalização da produção é decrescente.

Por outro lado, o avanço do movimento de internalização significa um custo marginal crescente. Isso ocorre porque a empresa que aumenta suas operações internacionais (via exportação ou investimento externo direto) tem custos cada vez mais elevados de administração, monitoramento e controle dessas operações. A internalização cria o chamado "problema de agenciamento" que surge nas relações entre a empresa e os recursos necessários para que ela própria produza o bem ou o serviço.[11] A internalização da produção envolve custos crescentes associados às relações entre a empresa e seus trabalhadores, a empresa e o mercado de capitais, os administradores e os proprietários da empresa, e a empresa e seus fornecedores. Os custos de agenciamento são, dentro da empresa, a contrapartida dos custos de transação que ocorrem na relação contratual com imperfeições de mercado.

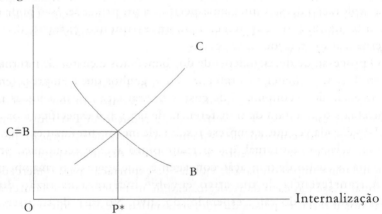

Benefício marginal
Custo marginal

Figura 6.3
Internalização da produção

---

[11] Como referência básica para os "problemas de agenciamento", ver Fama (1980).

No gráfico da Figura 6.3 o ponto ótimo de internalização da produção (P*) é dado pela interseção das curvas de benefício marginal (B) e de custo marginal (C). À esquerda do ponto P* o benefício marginal é superior ao custo marginal da internalização da produção e, portanto, a empresa deve ela mesma explorar a vantagem específica à propriedade mediante a exportação ou o investimento externo direto. Nos níveis de produção maiores do que P* a empresa deve internacionalizar a produção por meio de relações contratuais, visto que operações internacionais diretas (comércio ou investimento) têm um custo marginal maior do que o benefício marginal.

Definido o ponto ótimo de equilíbrio do processo de internalização, cabe discutir os determinantes da escolha da forma da internacionalização da produção. A escolha entre exportação e investimento externo direto depende de fatores locacionais específicos, isto é, de atributos que são próprios a cada espaço possível para a operação internacional (localização da unidade de produção). Esses fatores locacionais específicos referem-se tanto ao país de origem da empresa quanto aos países de destino do produto. Dentre os principais fatores locacionais específicos pode-se mencionar: dotação de fatores, tamanho do mercado, potencial de crescimento do mercado, "clima" de investimentos, custo de transporte, barreiras comerciais, disponibilidade de infra-estrutura, economias de escala e aparato regulatório.[12]

O exemplo mais usado de fator locacional específico é a política comercial. A adoção de barreiras comerciais (tarifárias e não-tarifárias) em um determinado país tende a estimular as empresas estrangeiras a substituírem suas exportações pela atuação direta por meio do estabelecimento de uma subsidiária nesse país. O processo de industrialização substitutiva de importações no Brasil e em outros países foi, em grande medida, impulsionado pelos investimentos das empresas estrangeiras que viram a colocação de barreiras comerciais à entrada no mercado interno como um obstáculo a ser superado com o investimento externo direto.[13]

Deve-se notar, também, que o protecionismo nos Estados Unidos e na Europa durante os anos 80 (juntamente com a desvalorização do dólar) foi um importante fator determinante do investimento externo direto do Japão nesses dois mercados.[14] Por outro lado, a redução de barreiras comerciais, por exemplo, no contexto de esquemas regionais de integração, pode também estimular o investimento externo direto orientado para um mercado regional mais amplo ou para atividades de exportação para o mercado internacional. Esse é o caso da relocalização de instalações manufatureiras japonesas nos diferentes países do Sudeste asiático (desde o início dos anos 80), dos investimentos norte-americanos no Canadá e no México no contexto do NAFTA (a partir do final dos anos 80 e inicio da década de 90) e dos

---

[12] Dunning (1988).
[13] No caso do Brasil ver, por exemplo, Gordon e Grommers (1962).
[14] WTO (1996), p. 16.

investimentos da indústria automobilística mundial no Brasil e na Argentina no processo de integração regional com a criação do Mercosul em 1991.

Assim, a posse de uma vantagem específica à propriedade é uma condição necessária para o investimento externo, mas não é uma condição suficiente. Na realidade, a escolha da forma do processo de internacionalização (exportação, investimento ou relação contratual) depende, em primeiro lugar, das vantagens da internalização, o que define a escolha entre, de um lado, a exportação e o investimento e, do outro, a relação contratual. Em segundo lugar, a escolha da forma do processo de internacionalização da produção via internalização (exportação *versus* investimento externo direto) depende da interação de fatores locacionais específicos envolvendo o país de origem da empresas transnacional e os países receptores.

A dificuldade maior da teoria moderna da internacionalização da produção consiste em estabelecer relações definidas entre variáveis complexas (fatores locacionais específicos, vantagens de internalização e vantagens específicas à propriedade), que operam em planos distintos (produto, setor, empresa e país) e são heterogêneas (econômicas, políticas, sociais e culturais). Não obstante, pode-se afirmar que essa teoria fornece uma estrutura teórica e conceitual abrangente e útil para tratar a questão da internacionalização da produção em geral e do investimento externo direto em particular.

PROBLEMA DA TRANSFERÊNCIA, COMÉRCIO E INVESTIMENTO INTERNACIONAL

Na literatura econômica há uma longa tradição de análise dos efeitos do movimento internacional de capitais que remonta, pelo menos, ao início do século e trata do chamado "problema da transferência". Esse problema envolve um conjunto de efeitos sobre os países decorrentes do movimento internacional de capitais que, após a Primeira Guerra Mundial, manifestou-se na forma dos pagamentos por reparações de guerra. Essa discussão trata, em grande medida, dos efeitos desse movimento de capitais sobre as relações comerciais (valor do comércio, saldo da balança comercial e termos de troca), sobre o balanço de pagamentos e sobre o nível de renda dos países envolvidos. A análise do problema da transferência foi estendida no pós-Segunda Guerra Mundial para tratar da questão da ajuda externa e seus efeitos.

Nesse tratamento inicial do problema da transferência pode-se observar um mecanismo teórico básico de ajustamento. A transferência de capital de um país J para um país B significa, antes de mais nada, um aumento do poder aquisitivo do país B. Supondo um modelo com somente dois países (J e B) operando em pleno emprego, parte desse aumento de renda de B é desviado para o país J pelo aumento das importações de B de produtos provenientes de J. Esse desvio depende da propensão marginal a importar de B. Dessa forma, há um efeito positivo da transferência de capital sobre a balança comercial de J decorrente tanto da queda de importações desse país, como resultado da redução da renda devido à transferência de capital para B, quanto ao aumento das importações provenientes de B. A contrapartida é um efeito negativo sobre a balança comercial de B.

No que se refere ao balanço de pagamentos do país J o que se observa é que, sendo a propensão marginal a importar de B inferior à unidade, o balanço de pagamentos de J apresenta um déficit como resultado da diferença entre a exportação de capital e o aumento das exportações de bens para B. Para manter o pleno emprego e ajustar o balanço de pagamentos após a transferência de capital, o país J precisa reduzir seus preços relativamente a B, aumentando sua competitividade internacional. O resultado é uma piora nos termos de troca (preços de exportação/preços de importação) do país J. Isso envolve, na realidade, uma transferência de recursos reais e renda de J para B. Contudo, o país J pode realizar o ajuste interno (emprego e renda) e o externo (balanço de pagamentos) por meio da política cambial, com uma desvalorização.[15] A natureza do regime cambial (taxa de câmbio fixa ou flexível) é determinante do processo e dos efeitos da estabilização macroeconômica. Pode ocorrer, ainda, que a desvalorização cambial resulte em uma deterioração dos termos de troca, dependendo das elasticidades-preço das funções de exportação e importação.[16]

Entretanto, o resultado final sobre o balanço de pagamentos de J depende tanto do valor da propensão marginal a importar de B quanto das importações autônomas de B. A propensão marginal a importar de B pode ser suficientemente elevada de tal forma que o balanço de pagamentos não seja afetado, dependendo do valor das importações autônomas de B provenientes de J. Pode ocorrer, inclusive, que sendo as importações autônomas e a propensão marginal a importar de B muito elevadas, o balanço de pagamentos do país J continue superavitário, mesmo após a transferência de capital para o país B. Nesse sentido, o impacto da transferência de capitais depende, em grande medida, do valor da propensão marginal a importar.

O problema da transferência tem sido tratado também em termos dos efeitos do movimento internacional de capitais sobre os preços dos fatores, distribuição de renda e bem-estar mundial. O investimento internacional tende a reforçar a tendência de eqüalização dos preços dos fatores decorrente do comércio internacional de bens.[17] A mudança de uma situação de autarquia para de livre comércio causa a eqüalização dos preços relativos dos bens e o estabelecimento de um padrão de produção com base no prin-

---

[15] Johnson (1956), reproduzido em Cooper (1969), pp. 62-86.
[16] O impacto da política cambial sobre o balanço de pagamentos é discutida na Parte III deste livro.
[17] O teorema da equalização dos preços dos fatores é discutido no Capítulo 1.

cípio da vantagem comparativa, de forma que cada país redireciona sua produção para os produtos que usam de modo intensivo os fatores abundantes (isto é, relativamente mais baratos). O resultado é uma pressão no mercado do fator abundante e, portanto, um aumento do preço do fator abundante em relação ao fator escasso.[18] No modelo com dois países, o comércio internacional provoca um efeito distributivo a favor do fator abundante em cada país e, portanto, uma tendência à equalização ou convergência internacional nos preços dos fatores.

Na ausência do comércio exterior o movimento internacional de fatores tem efeito idêntico de convergência internacional de preços dos fatores. O investimento internacional pelo país J aumenta o produto marginal do capital nesse país (rico em capital) e reduz o produto marginal do capital no país B (pobre em capital), receptor do investimento. Dessa forma, há uma tendência à equalização das taxas de juros no sistema econômico internacional com a mobilidade internacional de capitais. Isto é, sempre que houver um diferencial de taxa de juros haverá incentivo para o movimento internacional de capitais. Cabe ainda notar que o investimento internacional em B, ao aumentar o estoque de capital nesse país, aumenta o produto marginal do trabalho e, portanto, a relação de preços relativos salários/juros e, como resultado, há um estímulo ao uso de técnicas mais intensivas em capital. Assim, há uma redistribuição de renda a favor do fator escasso (trabalho) no país receptor do investimento internacional, enquanto o contrário ocorre no país exportador de capital. Isso significa que existe, do ponto de vista teórico, uma convergência internacional de salários e taxas de juros.

A convergência internacional dos preços dos fatores nos leva também à discussão sobre a complementaridade ou substitubilidade entre comércio e investimento internacional. O comércio internacional pode ser visto como um *second best* para o movimento internacional de fatores de produção. Na realidade, se houvesse perfeita mobilidade internacional de todos os fatores de produção não haveria incentivo ao comércio, já que os preços relativos dos fatores seriam idênticos em todos os países. Contudo, a terra é um fator fixo, enquanto a tecnologia é, geralmente, um ativo específico à propriedade (com mobilidade limitada, em boa medida, a transferências intra-empresas transnacionais), e a mobilidade internacional do trabalho (migração) sofre restrições significativas.

Mesmo no que se refere ao capital, tem se observado historicamente diferentes padrões de restrição à sua mobilidade internacional no sentido de que períodos de maior desregulamentação são seguidos por períodos de maior controle e restrições. Outrossim, pode-se argumentar que o comportamento cíclico do investimento internacional e do seu padrão regulatório segue muito mais determinações políticas do que econômicas. Conforme assinala

---

[18] Essa proposição se refere ao teorema de Stolper-Samuelson, que é apresentado no Capítulo 1.

um especialista, "poder e política, estabelecidos pelo Estado-nação, definem o contexto para a mobilidade internacional de capitais".[19]

Na realidade, o que ocorre é que, geralmente, restrições à mobilidade internacional de fatores de produção tendem a estimular o comércio internacional. Por outro lado, restrições ao comércio internacional tendem a estimular o movimento internacional de fatores de produção.[20] Este último ponto foi examinado quando da discussão a respeito dos efeitos do protecionismo sobre o investimento externo direto. E, conforme vimos na seção anterior, o comércio e o investimento externo direto (assim como as relações contratuais) devem ser vistos como formas alternativas do processo de internacionalização da produção. Entretanto, as relações de complementaridade e substitubilidade entre comércio e investimento internacional nem sempre são evidentes. No mundo real há a interação de um conjunto de variáveis complexas de dimensão econômica, política, social, cultural, geográfica e histórica. Nesse sentido, toda cautela é recomendável quanto a generalizações com base em formulações teóricas simplificadoras da realidade.

IMPACTO DAS EMPRESAS TRANSNACIONAIS

Há uma vasta literatura tratando da análise dos benefícios e custos do investimento externo direto, em geral, e da atuação das empresas transnacionais, em particular. A conclusão geral dessa literatura é similar àquela apresentada na seção anterior, no que se refere à relação entre comércio e investimento internacional. De fato, os estudos teóricos e empíricos indicam que toda generalização sobre o impacto do investimento externo direto e da empresa transnacional deve ser vista com grande cautela e que, portanto, o procedimento mais recomendável é o tratamento caso a caso.[21]

Entretanto, com base na teoria moderna da internacionalização da produção apresentada anteriormente, pode-se discutir os principais efeitos do investimento externo direto e da empresa transnacional (ET) e explicitar as principais hipóteses encontradas na literatura. Esses efeitos podem ser classificados em quatro conjuntos distintos: transferência de recursos, balanço de pagamentos, concorrência e vulnerabilidade.

A posse de vantagens específicas à propriedade (disponibilidade de capital, tecnologia e capacidade gerencial, mercadológica e organizacional) é uma característica marcante da ET. Nesse sentido, há um impacto sobre a economia do país receptor do investimento por meio da entrada de capital e da transferência do *know-how*. A percepção geral é de que a transferência de *know-how* é o principal mecanismo de transferência de recursos pelas ETs, já que o investimento externo direto tende, geralmente, a representar uma

---

[19] Epstein (1996), p. 221.
[20] Mundell (1957), reproduzido em Caves e Johnson (1968), pp. 101-114.
[21] Ver, por exemplo, Hood e Young (1979), p. 180.

fração diminuta da formação bruta de capital fixo.[22] Não obstante, o ingresso de investimento externo direto pode ter efeitos indiretos positivos sobre a economia nacional mediante o afrouxamento da restrição do balanço de pagamentos (fornecendo moeda estrangeira escassa) e pelos efeitos de encadeamento na formação de capital na economia do país receptor. Por outro lado, deve-se notar que a entrada do investimento externo direto constitui-se na compra de um ativo real que deverá ter um retorno para o investidor estrangeiro no futuro na forma de lucros e dividendos.

A transferência de tecnologia ou capacidade gerencial, mercadológica ou organizacional também tem um custo, geralmente embutido na remessa de lucros e dividendos. Além do mais, essa transferência pode ter um custo associado à escolha de tecnologias inapropriadas tendo em vista a disponibilidade de fatores de produção. O argumento principal é que as ETs tendem a transferir tecnologias intensivas no uso do fator capital e, portanto, criam uma ineficiência alocativa em países com abundância de trabalho. Na realidade, as ETs não desenvolvem esforços significativos de desenvolvimento de tecnologias apropriadas a diferentes configurações de dotação de fatores.

Pelo lado dos benefícios, o argumento geral é que a transferência de ativos específicos à propriedade provoca um aumento da produtividade total dos fatores de produção (isto é, uso mais eficiente de capital e trabalho) e uma mudança na estrutura de produção do país receptor por meio da introdução de novos e melhores produtos. Ademais, a posse de ativos específicos permite às ETs gerar efeitos de encadeamento positivos "para trás" (fornecedores) e "para frente" (distribuidores). Deve-se notar ainda o efeito positivo das ETs sobre a formação de recursos humanos, principalmente por atividades de treinamento de mão-de-obra e do processo de aprendizado diretamente na atividade produtiva.

No que se refere ao balanço de pagamentos, pelo lado dos custos, deve-se mencionar não somente a remessa de lucros, dividendos, royalties e juros de empréstimos intrafirma, mas também os preços de transferência via comércio intrafirma (subfaturamento de exportações e superfaturamento das importações). Cabe assinalar, também, que as subsidiárias de ETs são propensas a importar e a exportar mais do que as empresas nacionais em decorrência da própria posse de vantagens específicas à propriedade, inclusive seus vínculos internacionais. Naturalmente, esse tipo de argumento depende da natureza da estratégia da ET, como, por exemplo, se sua produção está orientada para o mercado interno ou para o mercado externo. Pelo lado do benefício, a presença de ETs pode também significar uma alteração no

---

[22] O fluxo de investimento externo direto representou cerca de 4% da formação bruta de capital fixo no mundo no período 1984-94. Ver UNCTAD (1996), p. 249.

padrão de vantagem comparativa do país receptor por meio da melhoria na estrutura de exportações, com produtos de maior valor agregado.

No que se refere à questão da concorrência e dos efeitos distributivos, o principal argumento é que a posse de vantagens específicas à propriedade indica que ETs tendem a operar em estruturas de mercado caracterizadas pela concorrência monopolística ou por oligopólios. Nesse sentido, as ETs possuem um significativo poder econômico, superior ao das empresas nacionais, que lhes permite obter lucros anormais e afetar a distribuição da renda entre capital e trabalho, entre capital nacional e capital externo, e entre trabalhadores (se parte dos lucros anormais das ETs são distribuídos para seus trabalhadores). As ETs podem, assim, afetar não somente a dinâmica interna da economia do país receptor, mas também as suas relações econômicas internacionais, pelo uso de práticas comerciais restritivas como, por exemplo, o aumento do *mark-up* quando da contração da demanda, o estabelecimento de cartéis (inclusive de exportação e importação) e operações intragrupo. Por outro lado, dependendo de condições específicas, a entrada de ETs em um determinado mercado pode desestabilizar estruturas existentes e aumentar a contestabilidade do mercado e, portanto, aumentar a concorrência.

Finalmente, deve-se notar que a presença de ETs significa a transferência de tomada de decisão para agentes econômicos localizados no exterior e, portanto, maior vulnerabilidade externa do país receptor. Assim, decisões importantes para o país com relação, por exemplo, ao volume de investimentos, volume e composição do comércio exterior e tipo de tecnologia, estão subordinadas ou determinadas por variáveis exógenas (isto é, segundo os interesses de agentes econômicos externos) e não por variáveis endógenas. Aqui não se trata de negligenciar a importância fundamental dos fatores locacionais específicos que, conforme indica a própria teoria da internacionalização da produção, são determinantes não somente do fluxo de investimento externo direto, mas também dos seus efeitos. Ocorre que as ETs possuem fontes externas de poder (e.g., vínculos estreitos com o governo do país de origem e grande flexibilidade no deslocamento internacional de fatores de produção), o que proporciona a essas empresas uma capacidade distinta e significativa de barganha ou pressão.

Aqui, deve-se assinalar que desde o início dos anos 80 tem havido uma mudança na percepção quanto à relação benefício/custo do investimento externo direto e da ET.[23] Ainda que a evidência empírica continue não-conclusiva na grande maioria dos temas, a mudança tem sido no sentido de uma visão mais favorável quanto ao impacto das ETs. Essa mudança de percepção não altera o fato de que as ETs não somente têm impacto distinto daquele das empresas nacionais, como também reagem de forma diferente ao

---

[23] Dunning (1993), cap. 14.

comportamento de variáveis endógenas às economias nacionais (e.g., políticas governamentais), principalmente como resultado do grande porte (capacidade de mobilização de recursos) e da flexibilidade de atuação em escala global. Dentre as razões determinantes desse tipo de mudança de visão,
cabe destacar a ascensão de idéias liberais (ou neoliberais) nos países desenvolvidos desde o início dos anos 80, com destaque para o governo Thatcher
no Reino Unido e Reagan nos Estados Unidos. Na concepção neoliberal, a
criação de condições mais favoráveis para o funcionamento dos mercados
tem como implicação a redução de restrições à atuação de Ets.

Outra razão importante é a chamada "agenda da competitividade", que
passou a ter uma influência crescente na determinação das políticas governamentais, inclusive no que se refere ao investimento externo direto. As
ETs adquiriram um papel de destaque na agenda da competitividade, pois
essas empresas têm, como ativos específicos à propriedade, a posse de capacidade tecnológica e de redes internacionais de comércio. Ademais, o rápido progresso tecnológico dos últimos vinte anos, que teve nas ETs um
agente importante de realização, afetou sobremaneira as estruturas de produção em escala global. O resultado da velocidade rápida e da natureza das
mudanças recentes (tecnológicas e organizacionais) é que as ETs adquiriram
um novo *status* como agentes de difusão de tecnologia e de reestruturação
produtiva em escala global.

Ademais, não se deve esquecer que ao longo dos anos 80 muitos países
sofreram desequilíbrios significativos no balanço de pagamentos, com destaque para os países em desenvolvimento atingidos pela crise da dívida externa, que foram levados a mudanças de atitudes, estratégias e políticas com
relação ao investimento externo direto e às ETs, tendo em vista o processo
de ajuste externo. Assim, em um primeiro momento, o investimento externo direto é visto como uma fonte alternativa para captação de recursos externos para financiar o desequilíbrio das transações correntes do balanço
de pagamentos. Em seguida, as ETs aparecem como um agente de grande
importância na reestruturação produtiva de países que se defrontam com
crises econômicas profundas. As ETs desempenham, também, um papel-chave
nos processos de integração regional, criados ou revitalizados como mecanismos de compensação de mercados domésticos estagnados. E, por fim, o
investimento externo direto e as ETs surgem como fonte de financiamento
do déficit público (pela privatização do patrimônio público) e de investimentos em infra-estrutura (principalmente via processo de privatização) que
o setor público não pode fazer, tendo em vista o próprio processo de ajuste
e de estabilização macroeconômica que comprometeu a capacidade de financiamento do Estado.

Para concluir esta seção, deve-se ressaltar que os governos podem ter
uma política ativa com relação ao investimento externo direto e às ETs.
Assim, da mesma forma como se pode desenhar políticas específicas de

incentivo do investimento externo direto em determinadas atividades, os governos podem estabelecer critérios de desempenho para as ETs. Esses critérios de desempenho podem estar relacionados à criação de emprego, exportação, importação, transferência de tecnologia, investimentos futuros etc. Na realidade, tanto os incentivos quanto os critérios de desempenho, vinculados ou não, devem envolver tanto uma dimensão de seleção quanto de temporalidade. Isto é, cabe escolher que tipo de investimento será apoiado (ou restringido) e que critérios de desempenho serão estabelecidos, assim como definir por quanto tempo serão dados os incentivos e/ou mantidos os critérios de desempenho.

CAPÍTULO
7

Globalização financeira
e globalização produtiva

A questão da globalização tem estado cada vez mais presente nos debates sobre transformações globais e nacionais, assim como nas discussões sobre alternativas de estratégias e políticas. A globalização é, na realidade, um tema de múltiplas dimensões, que dificultam significativamente a elaboração conceitual ou teórica.[1] Este capítulo trata de dois tipos específicos de globalização que estão relacionadas ao investimento internacional, a saber, a globalização financeira e a globalização produtiva.

GLOBALIZAÇÃO FINANCEIRA

Definição

A globalização financeira pode ser entendida como a interação de três processos distintos ao longo dos últimos vinte anos: a expansão extraordinária dos fluxos financeiros internacionais, o acirramento da concorrência nos mercados internacionais de capitais e a maior integração entre os sistemas financeiros nacionais.

O primeiro processo refere-se à aceleração dos fluxos financeiros internacionais nas suas diferentes formas, inclusive os empréstimos e os investimentos de portfólio. Nos últimos dez anos, por exemplo, os dados da Tabela 7.1 mostram que o fluxo total de empréstimos internacionais mais o investimento de portfólio aumentou de US$ 395 bilhões em 1987 para US$ 1.597 bilhões em 1996. Nesse período de dez anos, tanto os empréstimos quanto os investimentos de portfólio cresceram a uma taxa média anual de aproximadamente 17%.[2]

---

[1] Baumann (1995) e Ianni (1995).

[2] A Tabela 7.1 dá uma idéia geral acerca do dinamismo do investimento internacional. Entretanto, esses dados devem ser analisados com cautela. Por exemplo, os dados de portfólio são

Tabela 7.1
Investimento internacional: 1987-1996

(US$ bilhões)

Fonte \ Ano	1987	1988	1989	1990	1991	1992	1993	1994	1995	1996*
Empréstimos bancários	91,7	125,5	121,1	124,5	116,0	117,9	136,7	236,2	368,4	344,0
Investimento de portfólio	303,4	329,4	351,3	317,3	420,4	493,6	677,8	731,6	889,9	1253,0
Emissão de bônus	180,8	227,1	255,7	229,9	308,7	333,7	481,0	428,9	460,6	700,0
Euronotas	102,2	93,2	81,6	73,2	87,9	134,6	160,2	257,8	388,3	500,0
Emissão de ações	20,4	9,1	14,0	14,2	23,8	25,3	36,6	44,9	41,0	53,0
Investimento externo direto	135,0	168,0	200,0	211,0	158,0	170,0	208,0	226,0	315,0	380,0
Empréstimos + Investimento de portfólio	395,1	454,9	472,4	441,8	536,4	611,5	814,5	967,8	1258,3	1597,0
Investimento internacional (portfólio + direto)	438,4	497,4	551,3	528,3	578,4	663,6	885,8	957,6	1204,9	1633,0
Empréstimos + Investimentos	530,1	622,9	672,4	652,8	694,4	781,5	1022,5	1193,8	1573,3	1977,0

Fonte: Dados para 1987-93: IMF, *International Capital Markets. Developments, Prospects, and Policy Issues*, International Monetary Fund, Washington DC, agosto de 1995, Apêndice, Tabela 1, p. 189; dados para 1994-95: UNCTAD, *Trade and Development Report, 1996*, Genebra, United Nations Conference on Trade and Development, 1996, tabela 6, p. 28; e UNCTAD, *World Investment Report*, Genebra, United Nations Conference on Trade and Development, vários números.

Nota: * Dados preliminares, *The Economist*, 7 de dezembro de 1996, p. 97.
   O dado para o investimento externo direto em 1996 é uma projeção.

uma subestimativa, visto que não incluem a compra de ativos (títulos e ações) no mercado secundário de capitais dos países. Assim, a compra de ações por um fundo de pensão norte-americano na Bolsa de Valores do Rio de Janeiro ou a aplicação em um fundo de renda fixa não estão incluídos nesses dados. Ademais, os fluxos de empréstimos não incluem os empréstimos intercompanhias.

De fato, houve uma extraordinária expansão dos fluxos de capitais em todos os mercados que compõem o sistema financeiro internacional (títulos, ações, empréstimos, financiamentos, moedas e derivativos). Para ilustrar, o volume médio diário das transações no mercado internacional de moedas aumentou de US$ 718 bilhões em abril de 1989 para US$ 1.572 bilhões em abril de 1995.[3] No que se refere ao mercado internacional de derivativos, o valor dos *swaps* de taxa de juros e moeda aumentou de US$ 560 bilhões em 1987 para US$ 7 trilhões em 1994. O valor nacional dos contratos envolvendo operações nos mercados futuro e de opções de taxa de juros, moeda e índice de ações aumentou de US$ 730 bilhões em 1987 para US$ 9,2 trilhões em 1995, e o número de contratos negociados aumentou de 315 milhões para 1.210 milhões nesse mesmo período.[4]

No que concerne ao investimento internacional, a Tabela 7.1 mostra que o crescimento extraordinário dos fluxos ocorreu na emissão tanto de títulos (bônus e notas) quanto de ações. Deve-se notar, ainda, que o fenômeno de expansão extraordinária do movimento internacional de capitais atingiu não somente os países desenvolvidos, mas também os países em desenvolvimento. Esse fenômeno atingiu até mesmo a América Latina, que após a eclosão da crise da dívida externa em 1982 viu um grande número de países da região experimentar trajetórias de crise econômica, política e social.

O segundo processo característico da globalização financeira é o acirramento da concorrência internacional. Esse fato manifesta-se pela maior disputa por transações financeiras internacionais envolvendo, de um lado, bancos e, de outro, instituições financeiras não-bancárias.[5] Deve-se notar, ainda, que grupos transnacionais também passaram a atuar mais diretamente no sistema financeiro internacional por meio de instituições financeiras próprias. Além disso, os investidores institucionais (e.g., fundos de pensão, fundos mútuos e seguradoras) passaram a adotar estratégias de diversificação de portfólio em bases geográficas. Esses investidores podem atuar por instituições financeiras internacionais ou diretamente nos mercados nos quais têm interesse. Por fim, deve-se observar o avanço dos mercados de capitais situados fora dos países desenvolvidos. Esses "mercados emergentes" passaram a ter centros financeiros importantes para aplicação ou intermediação de recursos. Esses centros estão em todos os continentes como, por exemplo, Cingapura e Hong Kong na Ásia, São Paulo e Cidade do México na América Latina, Varsóvia e Budapeste na Europa.

O terceiro processo refere-se à maior integração dos sistemas financeiros nacionais. Esse processo se manifesta quando se verifica que uma proporção

---

[3] IMF (1996), Tabela 41, p. 121.
[4] *Ibid*, tabela 12, p. 68; Tabela 13, p. 69, e Tabela 15, p. 71.
[5] O maior banco de investimentos dos Estados Unidos, Merrill Lynch, ocupa o primeiro lugar na emissão internacional de títulos, com 16,5% do mercado mundial em 1994. Ver Dreifuss (1996), p. 159.

crescente de ativos financeiros emitidos por residentes está nas mãos de não-residentes e vice-versa. Nesse sentido, um indicador importante é o diferencial entre as taxas de crescimento das transações financeiras internacionais e nacionais. Assim, por exemplo, nos cinco primeiros anos da década de 1990 o estoque de bônus emitidos nos mercados de capitais dos países desenvolvidos cresceu a uma taxa média anual de 9%, enquanto o estoque dos bônus emitidos no mercado internacional de capitais por esses países cresceu 12%.[6] Outro exemplo: a participação de títulos estrangeiros na carteira dos fundos de pensão norte-americanos aumentou de 0,7% em 1980 para 10,3% em 1993 e, no caso dos fundos de pensão britânicos esse aumento foi de 10,1% em 1980 para 19,7% em 1983; e o aumento correspondente para os fundos de pensão japoneses foi de 0,5% em 1980 para 9,0% em 1993.[7]

A globalização financeira corresponde, assim, à ocorrência simultânea dos três processos mencionados acima. Deve-se notar que em momentos anteriores da história esses processos apareceram, em maior ou menor grau, de forma mais ou menos distinta. O exemplo mais evidente é a extraordinária expansão do movimento internacional de capitais nas quatro ou cinco décadas que precederam a Primeira Guerra Mundial. Entretanto, a especificidade da globalização financeira moderna consiste na simultaneidade dos processos de aceleração dos fluxos financeiros internacionais, acirramento da concorrência no sistema financeiro internacional e integração crescente entre os sistemas financeiros nacionais.

A questão central é, então, saber quais foram os fatores determinantes do fenômeno da globalização financeira.

Determinantes

Os determinantes da globalização financeira podem ser agrupados em seis conjuntos de fatores. O primeiro refere-se aos fatores de ordem ideológica e trata da ascensão das idéias liberais ao longo dos anos 80. O resultado dessa ascensão foi uma onda de desregulamentação do sistema financeiro em escala global. No entanto, deve-se notar que a liberalização do movimento internacional de capitais já se observava no início dos anos 70 em alguns países desenvolvidos, talvez como resultado da própria pressão por maior liberdade para o capital após a ruptura do sistema de Bretton Woods. Essa ruptura foi acompanhada pela instabilidade de taxas de juros e câmbio, assim como pela crise econômica nos anos 70 (menores oportunidades de negócios).

Deve-se ressaltar, aqui, o caso específico de vários países em desenvolvimento que, ainda em meados dos anos 90, defrontavam-se com as seqüelas da crise do endividamento externo. Nesse caso a reorientação da estratégia e da política governamental — na direção da liberalização cambial e da

---

[6] IMF (1996), p. 58.
[7] IMF (1995), Tabela II.7, p. 168.

desregulamentação do movimento internacional de capitais — parece ser o resultado, principalmente, de uma restrição imposta pela fragilidade das contas externas (e da necessidade de atrair capital). A liberdade de escolha entre opções políticas e ideológicas mais liberalizantes parece ter desempenhado um papel coadjuvante no processo de liberalização frente à força avassaladora e à gravidade da realidade econômica.

O segundo conjunto é de ordem institucional e está relacionado à própria dinâmica do sistema financeiro internacional. A criação do mercado de euromoedas nos anos 50 e seu desenvolvimento nas décadas de 60 e 70 foram fundamentais para a configuração do atual sistema financeiro internacional. Ademais, a instabilidade gerada pela ruptura do sistema de Bretton Woods, em um primeiro momento, e pelas políticas monetária e cambial dos países desenvolvidos a partir de então, provocaram um processo de inovação e adaptação institucional no sistema financeiro internacional. Nesse sentido, pode-se mencionar o desenvolvimento de novos instrumentos financeiros de proteção frente a riscos e incertezas. O exemplo de maior destaque é o desenvolvimento do mercado de derivativos de moedas e taxas de juros.

O terceiro conjunto refere-se aos desenvolvimentos tecnológicos associados à revolução da informática e das telecomunicações. O resultado foi uma extraordinária redução dos custos operacionais e dos custos de transação em escala global. Assim, as operações financeiras tornaram-se significativamente mais baratas, ao mesmo tempo em que se reduziram os custos de coleta de informações e de monitoramento dos mercados de capitais espalhados pelo mundo.

O quarto conjunto de fatores consiste nas mudanças das estratégias dos investidores institucionais e das empresas transnacionais operando em escala global. Ao longo dos anos 80 os fundos mútuos, as companhias de seguros e os fundos de pensão dos países desenvolvidos defrontaram-se com a instabilidade das taxas de juros e das taxas de câmbio e com os próprios limites de expansão dos mercados de capitais dos países desenvolvidos. O resultado foi uma mudança de orientação na estratégia de diversificação dos seus recursos no sentido de uma maior dispersão geográfica. Aqui, trata-se não somente do aumento dos investimentos cruzados dentro do grupo dos países desenvolvidos, mas também da penetração em mercados de capitais de países em desenvolvimento.

O quinto conjunto de fatores resulta das políticas econômicas adotadas pelos países desenvolvidos ao longo dos últimos anos. Deve-se destacar, em particular, o comportamento das taxas de juros. A partir do final dos anos 70 as taxas de juros reais aumentaram significativamente nos países desenvolvidos. A taxa média de juros reais de longo prazo dos Estados Unidos, Alemanha, França e Reino Unido, que fora de 1,7% no período 1956-73 e zero no período 1974-80, aumentou para 5,1% no período 1981-93.[8] Na realidade, o

---

[8] UNCTAD (1995), Tabela 47, p. 177.

que houve a partir do início dos anos 80 foi o aumento das taxas de juros reais, de curto e longo prazo. Portanto, há o incentivo para investimentos financeiros nos mercados de capitais dos países desenvolvidos, inclusive por parte de não-residentes nesses países, assim como investimentos cruzados entre países desenvolvidos para se beneficiar de diferenciais de taxas de juros.

A política monetária restritiva tornou-se a opção preferencial dos governos dos países desenvolvidos para manter sob controle a inflação a partir do início dos anos 80. Isso tem significado, portanto, um estímulo ao deslocamento de capitais da esfera produtiva para a esfera financeira. De fato, a rentabilidade financeira tornou-se um múltiplo da taxa de lucro nos países desenvolvidos ao longo dos anos 80 e início dos anos 90. Para ilustrar, em 1990 a taxa média de lucro na indústria dos Estados Unidos, Japão, Alemanha, França e Reino Unido era de 3,5%, enquanto a taxa média de rentabilidade financeira nesses países era de 12,1%.[9] O processo de financiarização das empresas transnacionais é mais um dos resultados desse fenômeno.[10]

Ainda no que diz respeito às políticas econômicas, deve-se mencionar a instabilidade e o desalinhamento das taxas de câmbio envolvendo as moedas das principais economias do mundo. Nesse sentido, o destaque fica para a política cambial dos Estados Unidos e para as falhas de coordenação macroeconômica dos países desenvolvidos no sentido de ajustar as taxas de câmbio (vis-à-vis ao dólar) ao longo das últimas duas décadas.[11]

O sexto e último conjunto de fatores é de ordem sistêmica. O ponto central aqui é ver a globalização financeira como parte integrante de um movimento de acumulação em escala global caracterizado pelas dificuldades de expansão da esfera produtiva-real. Na realidade, neste ponto, há duas questões importantes. A primeira envolve o menor potencial de crescimento dos mercados domésticos dos países desenvolvidos, ricos em capital. Isto é, trata-se do problema clássico de realização do capital. Como resultado, há um deslocamento de recursos da esfera produtiva-real para a esfera financeira e, portanto, um efeito de expansão dos mercados de capitais doméstico e internacional. De fato, há uma redução significativa da taxa de crescimento do produto potencial dos países desenvolvidos entre, de um lado, as décadas de 60 e 70, e, do outro, a década de 80 e os primeiros anos da década de 90. No caso dos Estados Unidos a taxa média anual do crescimento do produto potencial reduz-se de 3,8% na década de 60 para 2,3% no período 1990-94. No caso da Alemanha a queda correspondente é de 4,1% para 2,7%, enquanto no Japão a redução é de 8,8% para 3,3%.[12] Para

---

[9] Ibid., p. 176.
[10] A financiarização significa que uma parcela crescente dos ativos totais das empresas está representada por ativos financeiros. Ver Salama (1995).
[11] As turbulências no Sistema Monetário Europeu, por exemplo, em 1992-93, devem também ser levadas em consideração.
[12] UNCTAD (1995), pp. 171-173.

ilustrar ainda mais o argumento pode-se mencionar que a taxa média anual de crescimento da formação bruta de capital fixo nos Estados Unidos cai de 5,0% no período 1960-68 para 2,5% no período 1979-90. No caso da Alemanha, a queda correspondente é de 3,1% para 1,9% e, no caso do Japão, a redução é 15,2% para 5,0% nos períodos mencionados.[13]

A segunda questão trata dos processos de reestruturação produtiva dos últimos dez ou quinze anos, principalmente na Europa e nos Estados Unidos, que significaram uma mudança das estruturas produtivas dos países, inclusive com base em fortes movimentos de fusão e aquisição de empresas, que envolveram fluxos financeiros internacionais. A revitalização do projeto de integração européia a partir de 1985 (para combater a "euroesclerose") e a restruturação econômica norte-americana (para enfrentar a perda de competitividade internacional) foram determinantes do movimento internacional de capitais na direção desses pólos de acumulação de capitais do sistema econômico mundial.

Neste ponto, estamos prontos para fazer uma distinção entre a globalização financeira e a globalização produtiva.

GLOBALIZAÇÃO PRODUTIVA

A globalização produtiva envolve também a interação de três processos distintos, a saber, o avanço do processo de internacionalização da produção, o acirramento da concorrência internacional, e a maior integração entre as estruturas produtivas das economias nacionais.

Conforme visto no Capítulo 6, a internacionalização da produção ocorre sempre que residentes de um país têm acesso a bens e serviços com origem em outros países. Esse acesso pode ocorrer pelo comércio internacional, investimento externo direto e relações contratuais. Entretanto, em termos da inserção produtiva dos países no sistema econômico internacional, os mecanismos relevantes são o investimento externo direto e as relações contratuais. As exportações e as importações são formas de inserção comercial no sistema econômico internacional.[14] Cabe ressaltar que o investimento externo direto significa que um agente econômico estrangeiro atua dentro da economia nacional por meio de subsidiárias ou filiais, enquanto as relações contratuais permitem que agentes econômicos nacionais produzam bens ou serviços que têm origem no resto do mundo. Os contratos de transferência de *know-how*, marcas, patentes, franquias e alianças estratégicas são os exemplos mais comuns.

---

[13] Ibid., p. 175.
[14] Nos termos da teoria da internacionalização da produção, discutida no Capítulo 6, por meio do investimento externo direto a empresa transnacional produz no país hospedeiro e, mediante as relações contratuais, ela *faz* um residente produzir. Essa é a esfera produtiva. Por outro lado, a internacionalização se restringe à esfera comercial: exportação (na ótica do país de origem da empresa) ou importação (na ótica do país receptor do produto externo).

Os dados da Tabela 7.2 mostram que a partir de meados dos anos 80 houve um aumento extraordinário dos fluxos de investimento externo direto e das relações contratuais, assim como da atuação das empresas transnacionais. Entretanto, os dados também mostram um comportamento marcadamente cíclico dessas variáveis e, como resultado, não há evidência a favor da aceleração do processo de internacionalização da produção. Por outro lado, na medida em que o investimento externo direto, as operações das empresas transnacionais e as relações contratuais em escala mundial aumentaram mais do que o total da renda mundial, pode-se argumentar em termos da maior integração entre as economias nacionais. Por exemplo, no período mais recente (1991-94), a renda mundial cresceu a uma taxa média anual de 4,3%, enquanto o fluxo de investimento externo direto cresceu 12,7% e o pagamento de royalties e taxas (usado como *proxy* para as relações contratuais) cresceu 10,1%.

Tabela 7.2
Internacionalização da produção

Indicador	Valor[a] 1995 (bilhões de dólares)	Taxa de crescimento média anual (percentagem)		
		1981-1985	1986-1990	1991-1994
Investimento externo direto (fluxo)	315	0,8	24,7	12,7
Investimento externo direto (estoque)	2.730	5,4	19,8	8,8
Vendas das filiais de ETs	6.022[b]	1,3	17,4	5,4[e]
PIB, a custo de fatores	24.948[d]	2,1	10,8	4,3
Formação bruta de capital fixo	5.681[d]	0,7	10,6	4,0
Exportação de bens e serviços não-fatores	4.707[b]	-0,1	14,3	3,8[c]
Royalties e taxas	41[d]	-0,7	21,8	10,1

Fonte: UNCTAD, *World Investment Report*, Genebra, United Nations Conference on Trade and Development, diversos números.

Notas: (a) Estimativas, valor corrente.
   (b) 1993.
   (c) 1991-93.
   (d) 1994.
   (e) 1991.

O acirramento da concorrência internacional não é possível de ser mensurado diretamente. Entretanto, a crescente importância da questão da competitividade internacional na agenda de política econômica dos países sugere que, de fato, há uma disputa cada vez maior no sistema econômico mundial.

Os dados da Tabela 7.2 mostram que o comércio mundial (exportação de bens e serviços não-fatores) cresceu 3,8% a.a. no período 1991-94, isto é, uma taxa inferior ao crescimento da renda (4,3% a.a.). Esses dados de crescimento nominal devem ser examinados com cautela, tendo em vista as variações nas taxas de câmbio e nos preços dos produtos no mercado internacional. Dados de crescimento real mostram que no período 1991-94 o comércio mundial de bens cresceu a uma taxa média anual de 5,3%, enquanto a renda mundial teve uma taxa média anual de crescimento real de 1,2%.[15] Não obstante essas discrepâncias, o que interessa aqui é chamar atenção para o crescimento significativo dos fluxos de investimento externo direto, das operações das empresas transnacionais e das relações contratuais. Esses são os mecanismos que permitem a inserção produtiva dos países na economia internacional, isto é, a globalização produtiva.

VOLATILIDADE E VULNERABILIDADE

Riscos e volatilidade do investimento internacional

O sistema financeiro internacional tem riscos específicos que configuram a instabilidade marcante desse sistema e a volatilidade dos fluxos de investimento internacional e, como resultado, as economias nacionais enfrentam um problema de vulnerabilidade externa.[16]

Esses riscos podem ser classificados da seguinte forma: risco de crédito; risco de mercado; risco de liquidação; risco de liquidez; risco operacional; risco legal e risco sistêmico.[17] O risco de crédito significa a incapacidade do devedor de cumprir com suas obrigações, isto é, quando o devedor torna-se insolvente. O risco de mercado representa perdas decorrentes de queda no preço dos ativos. O risco de liquidação manifesta-se no descompasso de tempo entre uma operação de crédito e uma de débito, isto é, a contrapartida de uma operação não ocorre. O risco de liquidez é a falta temporária de recursos para saldar um débito. O risco operacional decorre de falha de controle ou de gerenciamento adequado das transações financeiras. O risco legal surge como resultado de imperfeições nos mecanismos jurídico e institucional que balizam as transações. Por último, o risco sistêmico ocorre quando o sistema financeiro internacional tem o seu funcionamento paralisado por um evento desestabilizador grave. Deve-se observar que há uma interação entre os diferentes tipos de risco e, inclusive, é essa interação que

---

[15] WTO (1995), Tabela A1, p. 135.
[16] Como referência básica, ver Akyüz (1991).
[17] UNCTAD (1995), pp. 99-101.

pode gerar um risco sistêmico. Ademais, essa discussão sobre os riscos indica que a instabilidade do sistema financeiro internacional e a volatilidade dos fluxos de investimento internacional envolvem tanto o capital de curto prazo quanto o capital de longo prazo.

Quais são as principais causas da volatilidade do investimento internacional?

A atual volatilidade do investimento internacional pode ser explicada pela interação de três conjuntos de fatores. O primeiro refere-se ao desenvolvimento do mercado de euromoedas nos anos 60 e sua extraordinária expansão por mais de duas décadas. O mercado de euromoedas permitiu aos bancos, assim como às empresas transnacionais, escapar das restrições existentes nos sistemas financeiros nacionais, em geral, e das limitações de operações em dólar impostas pelo banco central dos Estados Unidos, em particular. Como resultado, o mercado de euromoedas facilitou a expansão extraordinária dos fluxos internacionais de capitais de curto prazo e especulativos e, portanto, a volatilidade do investimento internacional.[18]

O segundo fator envolve uma série de "não-decisões" ou falhas de decisão por parte dos governos dos países avançados no que diz respeito à evolução do sistema monetário internacional após a ruptura do sistema de Bretton Woods em 1971. Essas "não-decisões" referem-se, principalmente, à incapacidade dos países desenvolvidos de estabelecerem um novo conjunto de regras, normas, práticas e procedimentos e, portanto, a existência de um "não-sistema" monetário internacional desde então. Dentre as questões de maior importância pode-se mencionar a falta de disciplina ou de regulação do mercado internacional de moedas e a inexistência de regras quanto ao funcionamento do sistema internacional de taxas de câmbio. Ademais, os "gerentes" do sistema monetário internacional foram incapazes de criar mecanismos de transferência de recursos após a crise do petróleo nos anos 70, que provocou um desequilíbrio extraordinário no cenário internacional colocando, de um lado, países superavitários, exportadores de petróleo, e, do outro, países deficitários, importadores de petróleo. Nesse sentido, o mercado internacional de capitais, com destaque para o mercado de euromoedas, mostrou-se um alocador ineficiente, tendo-se em vista a eclosão da crise da dívida externa nos anos 80, quando os países em desenvolvimento tiveram problemas de liquidez ou de solvência, e cujas conseqüências são observadas até hoje.

O terceiro conjunto de fatores que tem gerado maior volatilidade do investimento internacional refere-se ao fenômeno da globalização financeira, principalmente a partir do início dos anos 80. Conforme vimos, esse fenômeno é entendido como a interação de três fenômenos, a saber, a expansão extraordinária dos fluxos de investimento internacional, a maior concor-

---

[18] Van der Wee (1990), pp. 415-418.

rência no sistema financeiro internacional e a maior integração entre os sistemas financeiros nacionais.

Outrossim, deve-se notar que a questão da volatilidade do investimento internacional refere-se, em grande medida, ao investimento de portfólio, seja de curto ou de longo prazo, na medida em que o investimento externo direto é visto tradicionalmente como um investimento com um horizonte de longo prazo. Entretanto, ainda que o investimento externo direto não apresente o padrão de volatilidade do investimento de portfólio, ele apresenta um padrão de flutuação cíclica que pode ter efeitos importantes sobre os países receptores. Essas flutuações cíclicas do investimento externo direto podem ser bastante significativas, dependendo das políticas e do desempenho econômico nos países desenvolvidos, assim como das estratégias das ETs. Nesse sentido, as flutuações cíclicas do investimento externo direto também podem se tornar um fator desestabilizador externo para economias nacionais.

Vulnerabilidade das economias nacionais

A volatilidade do investimento internacional tem efeitos macroeconômicos importantes sobre os países. Além disso, tais efeitos acabam levando a alterações nas políticas macroeconômicas que, por seu turno, quando mudam os preços relativos, o nível e a composição dos agregados econômicos, têm impacto microeconômico também significativo. Por fim, a volatilidade do investimento internacional cria um problema de vulnerabilidade externa para as economias nacionais.

A *vulnerabilidade externa* significa uma baixa capacidade de resistência das economias nacionais diante de fatores desestabilizadores ou choques externos. A vulnerabilidade tem duas dimensões igualmente importantes. A primeira envolve as opções de resposta com os instrumentos de política disponíveis, e a segunda incorpora os custos de enfrentamento ou de ajuste em face dos eventos externos.[19] Assim, a vulnerabilidade externa é tão maior quanto menores forem as opções de política e quanto maiores forem os custos do processo de ajuste.

O processo de globalização tem, sem dúvida alguma, levado a um sistema mais complexo de interdependências entre economias nacionais. Entretanto, esse sistema complexo de interdependências continua significativamente assimétrico, de tal forma que é possível falar de "vulnerabilidade unilateral" por parte da grande maioria de países do mundo que têm uma capacidade mínima de repercussão em escala mundial. Isto é, um país que tem vulnerabilidade unilateral é muito sensível a eventos externos e sofre de forma significativa as conseqüências de mudanças no cenário internacio-

---

[19] Jones (1995), p. 7.

nal, enquanto os eventos domésticos desse país têm impacto nulo ou quase nulo sobre o sistema econômico mundial. De modo geral, os países em desenvolvimento têm como atributo a vulnerabilidade externa que, de fato, tem sido parte integrante do processo histórico desses países, inclusive aqueles que se livraram formalmente, há mais de um século, de laços coloniais.

A volatilidade do investimento internacional manifesta-se para as economias nacionais com mudanças abruptas na "quantidade" e no "preço" do capital externo. Alterações de quantidade envolvem, invariavelmente, uma mudança tanto no volume como na composição dos recursos externos. As alterações de "preço" afetam as condições de captação de recursos externos, com mudanças tanto de custo como de prazo.

A vulnerabilidade externa envolve uma resistência aos efeitos negativos da volatilidade do investimento internacional. Essa resistência é exercida, geralmente, com o uso de políticas macroeconômicas tradicionais — políticas monetária, cambial e fiscal. Outrossim, os governos podem usar tanto controles diretos sobre os fluxos de capital como a política comercial para enfrentar os problemas criados pela volatilidade do investimento internacional.

Mudanças abruptas no investimento internacional tendem, geralmente, a ter seus efeitos transmitidos para as economias nacionais por meio de três mecanismos: processo de ajuste das contas externas, impacto nas esferas monetária e financeira e impacto sobre a dimensão real da economia.

O processo de ajuste das contas externas passa, inicialmente, pelo gerenciamento das reservas internacionais do país. Naturalmente, a turbulência no sistema financeiro internacional que afeta as fontes de financiamento externo pode, no curto prazo, levar ao esgotamento das reservas internacionais do país. Nesse caso, o país é forçado a implementar políticas de estabilização macroeconômica, de natureza contracionista, baseadas na redução do nível de gastos (absorção interna) e na mudança na composição dos gastos (redirecionando a produção para o mercado externo). Para isso, as políticas monetária, fiscal, cambial e comercial são os instrumentos tradicionais que afetam quantidades (volumes de produção, renda e gastos) e preços relativos (*tradeables versus non-tradeables*). A centralização do câmbio e outras medidas de controle direto sobre as contas externas são utilizadas nas situações limite, quando os países são levados, inclusive, à moratória sobre a dívida externa.

No caso oposto, quando há um excesso de liquidez internacional, a acumulação de reservas impõe um problema de controle da oferta monetária. A política de esterilização é freqüentemente utilizada, o que gera, como resultado, um aumento da dívida mobiliária federal, já que há um diferencial entre taxas de juros externa e interna (margem de arbitragem). O acúmulo de reservas tem, assim, um custo de manutenção dado pela margem de arbitragem.

Nas esferas monetária e financeira o impacto imediato se dá no mercado de câmbio. A volatilidade do investimento internacional tende a gerar não somente uma maior instabilidade nesse mercado, como também um desalinhamento da taxa de câmbio. Em uma situação de excesso de recursos externos, há uma pressão para apreciação cambial que distorce preços relativos, barateando importações e encarecendo as exportações (isto é, levando à perda de competitividade internacional).

A volatilidade financeira internacional gera uma instabilidade no sistema monetário nacional, afetando a oferta de moeda e, conseqüentemente, o volume de crédito interno. A expansão da oferta monetária pode ter repercussões sobre o nível geral de preços. Ademais, o governo é forçado a realizar alterações abruptas na taxa de juros interna para ter uma margem de arbitragem que estabilize os fluxos financeiros internacionais. Essas alterações abruptas nas taxas de juros geram incertezas na economia que prejudicam a formação de expectativas e os planos de investimento.

A presença de não-residentes no mercado de capitais tende a aumentar a volatilidade dos preços dos ativos. O aumento extraordinário de preços de ativos pode gerar um efeito riqueza que se manifesta, por exemplo, no aumento do consumo e das importações, além de repercutir sobre os preços de outros ativos financeiros ou reais na economia. A volatilidade dos fluxos financeiros internacionais aumenta, assim, a volatilidade dos preços dos ativos financeiros e reais na economia doméstica.

A vulnerabilidade externa se manifesta também quando o sistema financeiro doméstico fica com ativos e passivos denominados em moeda estrangeira. Dessa forma, aumenta-se a fragilidade do sistema financeiro nacional que, além das mudanças internas, passa a sofrer a influência e o impacto de mudanças (por vezes abruptas) no investimento internacional e torna-se mais sensível às alterações da taxa de câmbio.

No que se refere à esfera real da economia nacional, a volatilidade da taxa de câmbio tende a encurtar o horizonte dos investimentos tendo em vista riscos e incertezas, assim como os custos de transação. A maior volatilidade das taxas de juros, decorrente do impacto dos fluxos financeiros internacionais sobre a política monetária, também afeta negativamente os investimentos produtivos, visto que expectativas são alteradas com grande freqüência.

A volatilidade do investimento internacional gera alterações no padrão de comércio exterior por meio da taxa de câmbio. Em uma situação de excesso de liquidez internacional a apreciação cambial resulta no aumento das importações e na redução das exportações, com a perda da competitividade internacional. Tendo em vista a pressão dos exportadores, os governos são levados a fazer mudanças nas políticas fiscal e creditícia no sentido de criar condições compensatórias para a apreciação cambial.

Por fim, cabe ressaltar que o impacto mais direto e imediato da volatilidade do investimento internacional sobre a vulnerabilidade dos países é decorrente do aumento do passivo externo de curto prazo desses países. Esse aumento é o resultado da importância crescente dos fluxos de investimento de portfólio com horizonte de curto prazo ou de natureza especulativa. Dentre esses fluxos, pode-se destacar os investimentos em bolsas de valores e em títulos de renda fixa com maturidade reduzida. As aplicações em títulos negociáveis no mercado doméstico de capitais, como títulos do governo e debêntures, também caracterizam um fenômeno de vulnerabilidade financeira externa. Nesse sentido, parte substantiva dos ativos monetários das reservas internacionais fica comprometida com aplicações especulativas (que se beneficiam de elevados diferenciais de taxas de juros ou de retorno) e aplicações de curto prazo. A experiência de vários países latino-americanos no final de 1994 e nos primeiros meses de 1995, como resultado da crise do México, é o exemplo recente que mostra claramente o impacto da volatilidade dos fluxos financeiros internacionais sobre as políticas econômicas e sobre o desempenho das economia nacionais que apresentam vulnerabilidade financeira externa.

Volatilidade e vulnerabilidade: diferentes visões

A volatilidade do mercado financeiro internacional tem crescido de tal forma que, atualmente, não se pode desconsiderar o cenário de risco sistêmico não-desprezível. A perda de poder dos governos, por seu turno, resulta da menor capacidade de influenciar variáveis macroeconômicas fundamentais, como taxa de juro e taxa de câmbio. Ademais, para os países em desenvolvimento coloca-se o problema da vulnerabilidade externa, visto que esses países são "atores menores" no cenário mundial e têm uma baixa capacidade de resistência perante a volatilidade do investimento internacional.

As diferentes interpretações acerca da volatilidade do investimento internacional e seus efeitos podem ser agrupadas em sete visões distintas, a saber, liberal, diplomática, financeira, bancária, tributária, keynesiana e Estado-nacional.[20]

Na visão liberal a volatilidade faz parte dos "custos" de um processo de globalização financeira que traz enormes benefícios. Seguindo a concepção liberal tradicional, o mercado é visto como o "alocador ótimo", no sentido de permitir aplicações onde o capital seja o mais produtivo possível. Os liberais vão além e argumentam que o mercado financeiro internacional crescentemente globalizado também funciona como um "justiceiro ótimo". Isso significa, simplesmente, que governos "bem-comportados" são premiados com entrada maciça de capitais, enquanto governos "mal comportados" são punidos com saída extraordinária ou fuga de capitais. A volatilidade reflete, assim, a rapidez na premiação ou na punição via mercado.

---

[20] Uma primeira versão dessa classificação foi apresentada em Gonçalves (1996), pp. 72-88.

A visão diplomática dá ênfase à cooperação internacional e envolve um certo "liberalismo qualificado", uma vez que percebe o mercado financeiro internacional principalmente como um ofertante de oportunidades, ainda que reconheça a existência de ameaças, tais como as derivadas da volatilidade. Essa visão centra esforços no sentido de ampliar a participação de países em fóruns internacionais que, de uma forma ou de outra, tratam de questões monetárias e financeiras internacionais. Esses foros seriam, por exemplo, BIS (Banco de Compensações Internacionais, Basiléia), G-7, OECD e ONU. A idéia principal é que a troca de informações, as negociações e, eventualmente, as resoluções em foros internacionais seriam as formas apropriadas de enfrentar os graves problemas causados pela globalização e pela volatilidade financeira.

A visão financeira destaca a idéia de se criar uma *financing facility*, provavelmente administrada pelo FMI. Essa linha de crédito funcionaria como um fundo preventivo para evitar que a volatilidade do investimento internacional cause graves crises. O problema central com essa forma de cooperação internacional é que, no lugar de tratar das raízes do problema de vulnerabilidade financeira externa dos países, ela acaba estimulando um padrão predatório de articulação dos países com o sistema financeiro internacional. É como se passasse a existir um seguro, que estimularia o comportamento mais ousado (ou mais irresponsável), principalmente daqueles governos que nem mesmo temeriam o risco moral (*moral hazard*) de acesso a dinheiro fácil no mercado internacional. A maior propensão ao risco por parte dos tomadores agravaria ainda mais a volatilidade do investimento internacional.

A visão bancária enfatiza a questão da supervisão prudencial e a fiscalização por parte das autoridades monetárias nos países. O FMI tem se colocado nessa posição, que destaca a importância da eficiência do aparato regulatório das atividades financeiras em cada país. Implícito nessa visão está o entendimento acerca da dificuldade de uma intervenção coordenada no plano internacional por parte dos bancos centrais, exceto no caso de operações de resgate, que têm alcance limitado. Outrossim, enfatiza-se a necessidade de harmonização de normas operacionais de instituições financeiras nos países via, por exemplo, a universalização das recomendações do BIS.

A visão tributária defende a taxação dos fluxos financeiros internacionais, assim como as transações no mercado internacional de moedas e nos mercados de derivativos.[21] O argumento central é que um tributo dessa natureza reduziria os fluxos internacionais de capitais e, portanto, a volatilidade desses fluxos. Além das dificuldades técnicas de tributação de diferentes tipos de mercados e instrumentos (e.g., derivativos), deve-se levar em consideração que alguns centros financeiros internacionais poderiam não aceitar essa tributação.

---

[21] A proposta de James Tobin nos anos 70 (o chamado "imposto Tobin") é parte dessa visão.

A visão keynesiana destaca a influência determinante das políticas macroeconômicas dos principais países do mundo no sentido de se criar um viés deflacionário ou uma "paranóia antiinflacionária", que acaba inchando o setor financeiro em detrimento do segmento real das economias. Os documentos da UNCTAD refletem esse tipo de visão. A pressão pela desregulamentação financeira, a expansão do mercado de derivativos e a financiarização das empresas (maior relação entre ativos financeiros e ativos produtivos) são fenômenos que resultam de políticas macroeconômicas de controle da demanda agregada e inibidoras do investimento produtivo. As políticas macroeconômicas contracionistas, sobretudo as políticas monetárias restritivas, possibilitam rentabilidade sobre aplicações financeiras relativamente mais elevada do que a lucratividade de ativos produtivos. Como resultado, políticas expansionistas nas principais economias do mundo promoveriam a expansão dos investimentos produtivos em escala mundial e desestimulariam a globalização financeira e, portanto, a volatilidade do investimento internacional.

Por fim, a visão do Estado-nacional, ainda que perceba a globalização financeira como um fenômeno que oferece oportunidades, enfatiza o fato de que a globalização também apresenta enormes problemas e pode ter um impacto devastador sobre países periféricos por meio da maior vulnerabilidade financeira externa desses países. A percepção é de que o mercado global de capitais, longe de ser um "alocador ótimo" ou um "justiceiro ótimo", é, de fato, e principalmente, um poderoso mecanismo de vulnerabilidade externa, crise econômica de enfraquecimento do Estado-nacional. Ademais, tendo em vista a interpenetração dos interesses financeiros internacionais com os objetivos políticos, econômicos e geopolíticos dos países hegemônicos, é difícil imaginar que medidas mais efetivas sejam tomadas multilateralmente. Isto é, a cooperação internacional na área monetária-financeira dificilmente contemplaria os interesses de países periféricos. Nesse sentido, restaria o uso de medidas que controlassem de forma efetiva os fluxos internacionais de capitais em cada país. A idéia central é, então, colocar restrições, principalmente com relação aos fluxos de investimento de portfólio, que envolvem um horizonte de curto prazo ou são de natureza especulativa. Essa visão propõe, ainda, um baixo grau de liberalização cambial e, portanto, um controle efetivo e limitações restritas quanto ao funcionamento do mercado cambial, tanto no que se refere à conta de capital, como às transações internacionais de serviços.

CAPÍTULO
8

O Brasil e o
investimento internacional

BRASIL: UMA ECONOMIA INTERNACIONALIZADA

O Brasil tem sido um dos países mais afetados pelo movimento internacional de fatores de produção. No que se refere ao fator trabalho, vale mencionar que o Brasil foi o quarto mais importante país receptor do fluxo migratório ocorrido entre meados do século XIX e as primeiras décadas do século XX. O Brasil recebeu 3,5 milhões de imigrantes no período 1861-1920, o que representou 8% do total da migração internacional nesse período.[1]

De fato, poucos países no mundo têm uma inserção internacional tão ampla e profunda quanto o Brasil. Esse fenômeno histórico é particularmente evidente no que se refere ao investimento internacional. Neste capítulo tratamos especificamente do investimento externo direto, deixando a questão das relações entre o Brasil e os sistemas monetário e financeiro internacional para um capítulo posterior.

Desde a independência política do país o investimento internacional tem tido um papel de destaque na evolução da economia brasileira, seja em sua dinâmica interna, seja em suas relações com o resto do mundo. Ao longo do século XIX o comportamento da economia brasileira foi, em grande medida, influenciado por suas relações com o sistema econômico internacional sob a hegemonia britânica. A presença inglesa no Brasil era ampla e profunda e refletia, na realidade, um sistema mundial marcado pela *Pax Britannica* que perdurou até o início da Primeira Guerra Mundial, em 1914.[2]

---

[1] Somente os Estados Unidos, Canadá e Argentina superaram o Brasil como países receptores de fluxos migratórios no período 1861-1920. Ver Ashworth (1958), p. 186.
[2] Para uma análise da influência da Grã-Bretanha sobre o Brasil, ver Manchester (1973) e Graham (1968).

A Grã-Bretanha dominou inteiramente o cenário internacional como principal investidor ao longo de todo o século XIX, ainda que sua importância relativa tenha diminuído gradativamente nas últimas décadas desse século. Não obstante, a Grã-Bretanha ainda era o mais importante investidor internacional em 1914, quando respondeu por 43% do estoque total do investimento, seguida pela França (20%) e pela Alemanha (13%).[3]

Nesse cenário internacional o Brasil é um receptor importante do investimento internacional. Os dados da Tabela 8.1 mostram que cerca de 80% do investimento internacional da Grã-Bretanha em 1913 estava concentrado em sete países, sendo que o Brasil estava incluído nesse grupo, ocupando a sétima posição. Deve-se ressaltar que todos os cinco mais importantes países receptores de capital britânico eram ou haviam sido colônias inglesas, enquanto a Argentina, o sexto no *ranking* de países receptores de investimentos britânicos, tinha um papel de destaque na divisão internacional do trabalho, visto que era um grande exportador de produtos agrícolas de clima temperado, principalmente cereais (trigo), assim como exportador de carne e lã. Nesse sentido, o Brasil também tinha um papel na divisão internacional do trabalho como fornecedor de produtos agrícolas tropicais como café, cacau e borracha.[4]

As mudanças significativas que ocorreram ao longo do século XX na arena internacional, em especial, a transição da *Pax Britannica* para a *Pax Americana*, não alteraram significativamente o fato de o Brasil ter uma ampla e profunda inserção internacional no que se refere aos fluxos de investimento. Usando a terminologia apresentada em capítulo anterior, pode-se afirmar que o Brasil tem participado intensamente do processo de globalização financeira e produtiva.

Na esfera financeira a inserção internacional do Brasil é muito significativa. Conforme mencionado, os fluxos de investimento de portfólio e os empréstimos internacionais serão tratados em outro capítulo. Não obstante, vale mencionar que o Brasil tinha uma dívida externa total de quase US$ 200 bilhões em 1997, a maior dívida externa entre os países em desenvolvimento. Além disso, considerando a relação entre a dívida externa e o fluxo de exportações de bens e serviços, os dados mostram que essa relação para o Brasil está entre as maiores dentro do grupo de países em desenvolvimento.[5] Isso significa, entre outras coisas, que o Brasil tem uma ampla e profunda inserção no sistema financeiro internacional.

---

[3] Kenwood e Lougheed (1971), p. 41. No que se refere especificamente ao estoque de investimento externo direto, a participação da Grã-Bretanha era de 46% do total, segundo Dunning (1988), p. 74.

[4] Furtado (1959), pp. 66-67.

[5] Ver World Bank (1996), tabela 17 (Anexo), pp. 220-221.

Tabela 8.1
Distribuição geográfica do investimento internacional da Grã-Bretanha, 1913

(em percentagem do valor total do estoque do investimento de portfólio e do investimento direto)

Estados Unidos	20,0	
Canadá	13,7	
Austrália e Nova Zelândia	11,1	
Índia e Ceilão	10,0	
África do Sul	9,8	
Argentina	8,5	
BRASIL	3,9	
Rússia	2,9	
Subtotal		79,9
Memorando		
Império Britânico	47,3	
América Latina	20,1	
Estados Unidos	20,0	
Europa	5,8	
Outros	6,8	
Total		100,0

Fonte e notas: Brinley Thomas, "The historical record of international capital movements to 1913", em J. H. Adler (org.), *Capital Movements and Economic Development*, Londres, Macmillan, 1967, pp. 3-32, Tabela 3; e reproduzido em J. H. Dunning (org.) *International Investment*, Harmondsworth, Penguin Books Ltd, 1972, pp. 27-58. Os dados referem-se a títulos e valores mobiliários, inclusive bônus e títulos governamentais e debêntures e obrigações de empresas privadas, lançados em Londres.

Entretanto, no que se refere ao investimento externo direto, os dados da Tabela 8.2 mostram que nos principais países de origem do investimento internacional, que constituem o "núcleo duro" do sistema econômico mundial, o Brasil está presente entre os dez mais importantes países de destino desse investimento.[6] No caso dos Estados Unidos, o Brasil ocupa a nona posição, enquanto nos casos da Alemanha e do Japão o Brasil ocupa a décima posição como mais importante país receptor de investimento externo direto.

[6] Os Estados Unidos, Alemanha e Japão responderam por 41% do fluxo total de investimento externo direto no período 1982-95, além de serem responsáveis por cerca de 46% do valor do estoque de investimento externo direto no mundo em 1990. Essa participação não se alterou em 1995. Deve-se notar que os maiores investidores, tanto em termos de fluxos como de estoque, são os Estados Unidos, Reino Unido, Japão, Alemanha e França. Ver UNCTAD (1996), tabelas 2 e 3 (Anexo), pp. 233-240.

Tabela 8.2
Distribuição geográfica do investimento externo direto dos Estados Unidos, Alemanha e Japão, 1990

(os dez mais importantes países receptores e sua participação percentual no valor total do estoque de cada país investidor.)

ESTADOS UNIDOS

Canadá	16,2	
Reino Unido	15,4	
Alemanha	6,5	
Suíça	5,6	
Holanda	5,4	
Japão	5,0	
Bermudas	4,5	
França	4,0	
BRASIL	3,6	
Austrália	3,4	
Total		69,6

ALEMANHA

Estados Unidos	23,0	
Benelux	9,5	
França	8,6	
Reino Unido	7,3	
Holanda	6,0	
Espanha	5,3	
Itália	4,8	
Suíça	4,6	
Áustria	3,4	
BRASIL	2,8	
Total		75,3

JAPÃO

Estados Unidos	42,0	
Reino Unido	7,3	
Panamá	5,2	
Austrália	5,2	
Holanda	4,1	
Indonésia	3,7	
Hong Kong	3,2	
Cayman	2,4	
Benelux	2,4	
BRASIL	2,1	
Total		77,6

Fonte e notas: United Nations, *World Investment Directory, 1992.*, Nova York, United Nations, Department of Economic and Social Development, Transnational Corporations and Management Division, 1993, Volume III, pp. 289-291, pp. 469-471, e pp. 494-496.

A Tabela 8.2 também mostra uma peculiaridade do investimento externo direto, a saber, o fato de estar concentrado em um número restrito de países. Assim, cerca de dois terços do investimento externo direto dos Estados Unidos, Japão e Alemanha está concentrado em dez países. A lista dos receptores *top*, naturalmente, varia de país para país dependendo da história, geografia e relações bilaterais entre país investidor e país receptor. É interessante observar, todavia, que somente três países aparecem nas três listas, isto é, somente o Reino Unido, a Holanda e o Brasil aparecem como destinos preferenciais comuns dos três grandes investidores internacionais (Estados Unidos, Alemanha e Japão). Outros países receptores importantes de investimento externo direto, como Bélgica-Luxemburgo, França, Suíça e Austrália, aparecem na lista de dois dos grandes investidores internacionais, mas não nas três listas.[7]

Ademais, para ficar ainda mais clara a profunda inserção produtiva do Brasil na economia mundial por meio de sua relevância como país receptor do investidor externo direto, vale notar que o Brasil é o único país em desenvolvimento presente na lista do "*top ten*" dos Estados Unidos, Japão e Alemanha.

Os dados de estoque de investimento segundo o país receptor também mostram a profunda globalização produtiva do Brasil. Na Tabela 8.3 constatamos que o Brasil tinha o 15° mais elevado estoque de investimento externo direto do mundo em 1995. Dentre os países em desenvolvimento, somente China, México, Cingapura e Indonésia tinham uma presença do investimento internacional, em termos absolutos, maior do que o Brasil. Esses dados devem ser vistos, entretanto, com grande cautela. Revisões recentes dos dados brasileiros indicam que o valor do estoque total do investimento pode superar os US$ 99 bilhões, o que significa que o Brasil se deslocaria para a décima posição no *ranking* mundial de países receptores do investimento externo direto.[8]

---

[7] Os Estados Unidos aparecem como "top ten" tanto na lista japonesa quanto na lista alemã.
[8] Ver BACEN, *Boletim do Banco Central do Brasil*, abril de 1996, separata, p. 135.

Tabela 8.3
Estoque de investimento externo direto, segundo o país receptor

(bilhões de dólares)

Principais países	1980	1990	1995
Estados Unidos	83,0	394,9	564,6
Reino Unido	63,0	218,2	244,1
França	22,6	86,5	162,4
Alemanha	36,6	111,2	134,0
China	—	14,1	129,0
Espanha	5,1	66,3	128,9
Canadá	54,2	113,1	116,9
Austrália	13,2	75,8	104,2
Holanda	19,2	73,7	102,6
Bélgica e Luxemburgo	7,3	36,6	84,6
Itália	8,9	58,0	64,7
México	9,0	27,9	61,3
Cingapura	6,2	32,4	55,5
Indonésia	10,3	38,9	50,8
BRASIL	17,5	37,1	49,5
Suíça	8,5	33,7	43,1
Malásia	6,1	14,1	38,5
Suécia	3,6	12,5	32,8
Bermudas	5,1	13,9	28,4
Argentina	5,3	8,8	26,8
Arábia Saudita	2,2	21,5	26,5
Mundo	480,6	1. 709,3	2. 657,9

Fonte e notas: UNCTAD, *World Investment Report*, Genebra, United Nations Conference on Trade and Development, vários números. Países ordenados segundo o valor do estoque em 1995.

EMPRESAS TRANSNACIONAIS NO BRASIL

A empresa transnacional (ET) é o principal agente de realização do investimento externo direto (IED). Os dados da Tabela 8.4 mostram que há cerca de dez mil subsidiárias ou filiais de empresas transnacionais atuando no país. A presença dessas empresas é particularmente importante na indústria de transformação, que é o setor que mais concentra os fluxos de investimento externo direto no Brasil e no mundo.

Os dados da Tabela 8.5 mostram a participação percentual das empresas transnacionais na indústria de transformação nos países com maior presença dessas empresas. Nessa tabela pode-se constatar que a economia brasileira apresenta o quinto maior grau de internacionalização da produção industrial no mundo, com 32% da produção industrial controlada por empresas transnacionais.

Ademais, se compararmos o Brasil com os Estados Unidos, verificamos que em todos os segmentos industriais a presença de empresas transnacionais é maior no Brasil do que nos Estados Unidos (ver Tabela 8.6). A única exceção, que parece confirmar a regra, é o da indústria editorial e gráfica, onde empresas inglesas, canadenses e australianas operam nos EUA para se beneficiar do grande mercado de língua inglesa nesse país.

Tabela 8.4
Número de empresas transnacionais:
matrizes e filiais localizadas no país

(número nos principais países)

Principais países *	Matrizes baseadas no país	Filiais estrangeiras localizadas no país
Países desenvolvidos	34.353	93.311
Alemanha	7.003	11.396
Suécia	3.700	6.150
Japão	3.650	3.433
Suíça	3.000	4.000
Estados Unidos	2.966	16.491
França	2.216	7.097
Países em desenvolvimento	3.788	101.139
China	379	45.000
Cingapura	—	10.709
BRASIL	797	9.698
México	—	8.420
Países da Europa central e oriental	400	55.000
Hungria	66	15.205
Fed. russa	—	7.793
Polônia	58	4.126
Mundo	38.541	251.450

Fonte: UNCTAD, *World Investment Report, 1995*, Genebra, United Nations Conference on Trade and Development, 1995, Tabela I. 2, p. 8.

Nota: (*) Os países desenvolvidos foram ordenados segundo o número de matrizes, enquanto os países em desenvolvimento e os países da Europa central e oriental foram ordenados segundo o número de filiais localizadas em cada país. A maior parte dos dados refere-se a anos da década de 90.

Tabela 8.5
Participação percentual de empresas transnacionais na indústria de transformação, países selecionados

País	Produção	Emprego
Cingapura	62,9	54,6
Canadá	56,6	44,3
Bélgica	44,0	38,0
Malásia	44,0	19,7
Venezuela	35,9	nd
BRASIL	32,0	23,0
Argentina	29,4	18,9
Colômbia	29,0	nd
Austrália	28,7	23,6
Chile	28,0	nd
França	27,8	19,0
México	27,0	21,0
Peru	25,2	13,5
Itália	23,8	18,3
Áustria	22,7	21,8
Alemanha	21,7	16,8
Grã-Bretanha	21,2	13,9
Coréia do Sul	19,3	9,5
Hong-Kong	13,9	9,8
Estados Unidos	11,5	7,3
Uruguai	11,5	nd
Espanha	11,2	nd
Noruega	10,4	6,7
Dinamarca	8,8	nd
Suécia	7,3	5,7
Índia	7,0	13,0
Japão	4,2	1,8
Finlândia	2,7	3,3
Filipinas	nd	8,6
Formosa	nd	16,7

Fontes: UNCTC, *Transnational Corporations in World Development. Trends and Prospects*, New York, United Nations Centre on Transnational Corporations, 1988, Tabela X.1; e A. E. Safarian, *Governments and Multinationals: Policies in the Developed Countries*, Washington D.C., British-North American Committee, 1983, Tabela 2.

Notas: Os dados referem-se, na maior parte dos casos, ao final dos anos 70.
   (nd) não disponível.

Tabela 8.6
Empresas transnacionais na indústria de transformação:
Brasil e Estados Unidos, importância relativa

Participação percentual de empresas transnacionais

Indústria	Vendas		Emprego	
	Brasil	EUA	Brasil	EUA
Minerais não-metálicos	23	22	12	12
Metalurgia	16	13	19	7
Mecânica	34	6	25	6
Material elétrico	83	12	68	9
Material de transporte	78	3	81	3
Papel	13	7	11	6
Borracha e plástico	38	10	31	7
Química, farmacêutica, perf.	44	31	63	24
Têxtil	16	4	13	3
Alimentos, bebidas, fumo	23	8	14	9
Editorial e gráfica	1	8	1	5
Outras	7	6	5	4
Total	32	11	23	7

Fonte e notas: Reinaldo Gonçalves, "Investimento externo direto e empresas transnacionais no Brasil: uma visão estratégica e prospectiva", em *Ciências Sociais Hoje, 1991*, São Paulo, Ed. Vértice/ANPOCS, 1991, p. 236. Os dados para o Brasil referem-se a 1977 e para os EUA a 1987.

No último ciclo longo de expansão da economia brasileira, entre o final dos anos 60 e o final da década seguinte, o fluxo acumulado de IED representou cerca de 3% da formação bruta de capital fixo. Se considerarmos os lucros reinvestidos, essa participação aumenta para 5%.[9] Entretanto, essas cifras são um tanto enganadoras se não levarmos em conta as principais características das ETs — principais agentes do IED — atuando no Brasil.

O setor industrial foi a "locomotiva" da economia brasileira no período em questão, tanto na primeira fase, entre 1968 e 1973, quando do crescimento extraordinário do segmento de bens de consumo duráveis, como na segunda fase, a partir de 1974, quando da substituição de importações de insumos intermediários e bens de capital. Em ambas as fases do ciclo longo, as empresas transnacionais desempenharam um papel de fundamental importância. As ETs responderam por cerca de um terço da produção industrial brasileira no final dos anos 70, sendo que essa participação variou de pouco mais de 1% no caso da indústria editorial e gráfica para mais de 95% no caso da indústria de fumo. Embora a participação de ETs na indústria brasileira pareça um fenômeno generalizado, o fato é que há uma significa-

---

[9] CEPAL (1983).

tiva concentração de investimentos em determinadas indústrias. Na realidade, as ETs concentram seus investimentos em indústrias mais intensivas em tecnologia. Nesse sentido, vale notar que mais da metade da produção das ETs na indústria brasileira está em material elétrico, material de transporte, produtos farmacêuticos e química. Além disso, nessas indústrias, caracterizadas por oligopólios ou concorrência monopolista, as ETs tendem a ter um papel de liderança. Nota-se, também, uma concentração de empresas, na medida em que as 100 maiores ETs atuando no Brasil responderam por cerca de dois terços da produção do conjunto de ETs no país.[10]

Outro aspecto de destaque é a participação de ETs nas diferentes categorias de uso dos produtos. Dados para o final dos anos 70 mostram que as empresas transnacionais tinham uma participação bastante significativa na produção de bens de consumo duráveis (56%) e de bens de capital (46%), mas uma presença menos expressiva nos segmentos produtores de bens intermediários e, menor ainda, nos produtores de bens de consumo não-duráveis.[11]

A partir da crise do petróleo em 1973, a economia brasileira entra em uma trajetória de desequilíbrio externo, que passou a ser determinante das políticas governamentais e da atuação das empresas. Nesse sentido, a orientação central da estratégia de ajuste passou a ser a redução do déficit na balança comercial. As ETs tiveram um papel importante nesse processo de ajuste estrutural.

Devido às suas vantagens específicas, as ETs têm uma presença bastante significativa nas indústrias mais intensivas em tecnologia e, conseqüentemente, também respondem por uma participação substantiva das exportações de produtos mais sofisticados em termos tecnológicos, que foram responsáveis por mais da metade do valor total de manufaturados exportados por ETs em 1980.[12] As atividades de exportação das ETs na indústria de transformação no Brasil estão em grande parte (cerca de 4/5) concentradas em indústrias tecnologicamente mais sofisticadas (nas quais elas têm vantagens específicas) e no setor de processamento de alimentos (no qual o país possui uma enorme vantagem comparativa devido à sua dotação de fatores). Ademais, tendo em conta a natureza oligopolista das vantagens específicas das ETs e a estrutura industrial brasileira, não constitui uma surpresa o fato de que um número relativamente pequeno de grandes empresas (entre elas algumas dezenas de ETs) responda por uma proporção muito elevada do total das exportações de manufaturados.

Vale destacar ainda que desde meados dos anos 70 o desempenho exportador das ETs (e também das empresas nacionais) foi influenciado por incentivos e subsídios bastante significativos. Mecanismos de promoção de

---

[10] Ibid., p. 70.
[11] Ibid., p. 71.
[12] Gonçalves (1987), pp. 411-436.

exportação foram usados extensivamente do início dos anos 70 até o final dos anos 80. Ademais, as ETs receberam incentivos especiais por mecanismos criados para estimular suas exportações de tal forma que a relação média subsídio/valor exportado para as ETs foi da ordem de 50%. Nos anos 70, os dados disponíveis também mostram que as ETs receberam uma fração mais do que proporcional dos incentivos e subsídios à exportação em comparação com sua participação nas exportações de manufaturados.[13] Nesse sentido, deve-se destacar a relevância do comércio intrafirma, entre matriz e filial.[14]

A estratégia de ajuste adotada pelo governo após os choques externos em 1974 acarretou uma maior interação com a economia internacional, cada vez mais adversa e volátil, em vez da menor dependência pretendida pelos tomadores de decisão. A estratégia envolvia uma maior dependência externa devido à influência determinante das exportações de manufaturados, petróleo importado, tecnologia estrangeira, endividamento externo e IED.

A balança comercial tornou-se cada vez mais dependente da expansão das exportações de manufaturados em um quadro de ascensão do protecionismo. A política energética no período 1974-79 não mudou a estrutura de oferta de energia de forma significativa, e, ademais, manteve-se um sistema de transportes, com um forte viés rodoviário, com a oferta de material de transporte centrada nas ETs, e altamente dependente do petróleo importado. O processo de substituição de importações nos insumos básicos e nos bens de capital também foi altamente dependente, seja da tecnologia estrangeira, seja do capital externo (via, inclusive, *joint ventures* no chamado "modelo tripartite").

Dessa forma, o processo de ajuste após o choque do petróleo seguiu a "linha de menor resistência" ao procurar reduzir a vulnerabilidade externa (devido à dependência com relação ao petróleo importado) por meio da "trajetória natural" de fases mais avançadas da substituição de importações. Entretanto, esse processo de ajuste estrutural acabou reforçando ainda mais a vulnerabilidade externa do país. Isso ocorreu porque o processo de ajuste envolveu um enorme endividamento externo — gerando uma vulnerabilidade financeira sem precedentes na área externa — e ampliou ainda mais o papel das ETs na economia brasileira e, portanto, aumentou a vulnerabilidade externa do país na esfera produtiva-real.

INSTABILIDADE MACROECONÔMICA E INVESTIMENTO INTERNACIONAL

Desde o início dos anos 80, quando se iniciou um longo período marcado pela estagnação econômica ("década perdida"), as ETs no Brasil tiveram

---

[13] Ibid.
[14] Baumann (1993).

reações estratégicas em áreas distintas que lhes permitiram conciliar o paradoxo aparente entre geração de lucros e o recuo dos investimentos no país.[15] As mudanças nas estratégias comercial, industrial, financeira e de investimento das ETs foram centradas, de um modo geral, na expansão das exportações, racionalização de custos, demissões de trabalhadores, exercício do poder de mercado, incremento dos lucros financeiros e dos fluxos de saída de IED.

No que se refere aos fluxos líquidos de IED, os dados mostram claramente que as subsidiárias de ETs no Brasil conseguiram, no contexto de crise econômica, gerar lucros para pagar a "taxa" crescente de inserção internacional da economia brasileira cobrada pelas matrizes. Outrossim, as ETs parecem ter adotado uma estratégia de recuo gradual com relação ao mercado brasileiro.

As ETs reduziram significativamente seus investimentos no Brasil no período de "década perdida", com a crise da dívida externa nos anos 80. Considerando-se todos os fluxos de entrada e saída de recursos de investimento (inclusive conversão e reinvestimentos), verifica-se que houve uma queda abrupta na década de 80 em comparação com a de 70.[16] O fluxo médio de IED na "década perdida" representou um sexto do fluxo médio na década anterior — caiu de US$ 2,3 bilhões anuais para cerca de US$ 350 milhões. Os dados indicam tendência de recuo das ETs, principalmente via redução dos fluxos de entrada e aumento da repatriação de capital e das remessas de lucros. Na realidade, as ETs optaram por uma estratégia de recuo gradual — *retrenchment*. Em um contexto de profunda e longa crise econômica, houve uma desaceleração do crescimento do estoque de capital estrangeiro ao longo da "década perdida".

A estratégia financeira e patrimonial das ETs também se modificou ao longo das últimas duas décadas. As ETs reduziram drasticamente seus níveis de endividamento no Brasil, tanto o externo como o interno. Ademais, ocorreu uma restruturação de ativos no sentido de maior diversificação de investimentos em empresas associadas, sobretudo a partir de 1984. As ETs se beneficiaram das elevadas taxas de juros vigentes no mercado financeiro doméstico para obter lucros financeiros que compensaram a queda do lucro operacional. Assim, a despeito da crise econômica generalizada e, em função de processos de ajuste ineficazes e recessivos, as ETs — da mesma forma que os grandes grupos privados nacionais — mantiveram sua capacidade de acumulação de capital, principalmente com origem nos lucros financeiros.

Apesar das significativas transformações globais, as ETs atuando no país parecem ter realizado, de modo geral, um esforço incipiente de reestruturação, na medida em que adotaram estratégias defensivas (ou simplesmente

---

[15] Gonçalves (1994).
[16] Ibid. Os dados referem-se aos períodos 1971-81 e 1982-91.

reativas) ao longo da "década perdida".[17] Somente a recessão profunda do início dos anos 90 e o avanço da liberalização comercial parecem ter tido efeitos mais determinantes sobre o processo de restruturação das ETs, agregando-lhe, inclusive, um componente "ofensivo" ou "pró-ativo".

No que diz respeito à estratégia industrial das ETs não há como negar a ampliação do atraso tecnológico e organizacional das subsidiárias operando no Brasil. De fato, a incipiente reestruturação produtiva só parece ter sido mais perceptível no período mais recente, sobretudo como uma estratégia reativa ao aprofundamento da crise desde 1990. Os dados disponíveis mostram o baixo nível de difusão de procedimentos técnicos modernos (e.g., automação industrial) e de inovações organizacionais (como as relações mais avançadas com os fornecedores, tipo *just-in-time*). Entretanto, a abertura comercial e a instabilidade econômica forçaram as ETs a realizar um processo de reestruturação industrial. Este processo passou, inicialmente, pela racionalização de custos, redução da verticalização, fechamento ou redução do tamanho de plantas e demissões. Por outro lado, algumas ETs abandonaram determinadas linhas de produção, substituindo-as por produtos importados, enquanto outras empresas aproveitaram para realizar fusões e aquisições, que lhes permitissem maior predominância no mercado interno.

A estratégia de comércio exterior das ETs no Brasil mudou significativamente ao longo das últimas duas décadas. Durante o regime militar, as ETs foram induzidas a ter um desempenho comercial mais favorável para o país, exportando mais e importando menos. Esta política iniciou-se após o primeiro choque do petróleo. Os governos militares foram pródigos na concessão de estímulos à exportação, principalmente subsídios e incentivos fiscais, ao mesmo tempo em que aumentaram as barreiras de acesso ao mercado brasileiro, em particular com utilização de medidas não-tarifárias. Entretanto, durante a década de 80 a crise econômica interna forçou as ETs a procurarem o mercado internacional como canal alternativo para colocação dos seus produtos. Neste sentido, a recessão tornou-se um importante fator indutor das estratégias comerciais, envolvendo maiores volumes de exportação. E, mais recentemente, o crescimento das importações resultou da liberalização comercial iniciada com a reforma tarifária em 1988 e da apreciação cambial associada ao plano de estabilização a partir de 1994.

Em síntese, ao longo da "década perdida" as ETs no Brasil tiveram reações estratégicas em áreas distintas que lhes permitiram conciliar o paradoxo aparente entre a geração de lucros e o recuo dos investimentos no país. Houve mudanças nas estratégias comercial, industrial e financeira das ETs. Correndo o risco da simplificação e reconhecendo eventuais diferenças setoriais e em termos de empresas individuais, pode-se argumentar que es-

---

[17] Essa afirmação deve, entretanto, ser vista com cautela, pois há diferenças significativas entre setores, empresas e, mesmo, em termos de linhas de produção dentro de cada empresa.

sas estratégias estiveram centradas na expansão das exportações, racionalização de custos e demissão de trabalhadores, exercício do poder de mercado e lucros financeiros elevados.

GLOBALIZAÇÃO PRODUTIVA E FINANCEIRA DA ECONOMIA BRASILEIRA

No passado recente o IED no Brasil, após anos de desempenho medíocre, tem apresentado taxas extraordinárias de crescimento.[18] O saldo (ingresso menos retorno) médio anual do IED no Brasil foi de US$ 600 milhões no período 1990-93, aumentou para US$ 1,9 bilhão em 1994, US$ 3 bilhões em 1995 e superou US$ 7 bilhões em 1996.[19]

De fato, as mudanças observadas quanto ao investimento e financiamento externo do Brasil seguem o padrão internacional e refletem, na realidade, uma inserção passiva no sistema financeiro internacional. Mais recentemente, a contração do investimento de portfólio, assim como a expansão do IED e a emissão de bônus, reproduzem o quadro internacional.

Não resta dúvida de que o aumento do IED, comparativamente ao investimento de portfólio, representa uma evolução positiva para o país. Nesse sentido, os dados são irrefutáveis. Os dados sobre captação bruta de recursos externos são apresentados na Tabela 8.7. A relação entre investimento de portfólio e saldo da conta de capital mostra uma nítida tendência de queda (de 65,2% em 1993 para 12,0% em 1996), enquanto a relação entre IED e saldo da conta de capital aumentou de 3,9% em 1993 para 16,0% em 1996. Ademais, a relação entre investimento de portfólio e investimento externo total caiu de 93,3% em 1993 para 42% em 1996, enquanto a relação IED e investimento externo total aumentou de 5,6% em 1993 para 55% em 1996. Houve também uma redução da participação dos empréstimos externos no saldo da conta de capital, que caiu de 109% em 1993 para 50% em 1996.

Esses fatos recentes significam um avanço se considerarmos que o IED tem um horizonte de longo prazo, quantitativamente superior aos empréstimos de médio prazo por meio de bônus e outros instrumentos financeiros, e qualitativamente superior ao investimento de portfólio (independente do prazo de aplicação, de curto prazo ou não). Assim, a vulnerabilidade das contas externas do país estaria sendo acompanhada por uma "muleta mais

---

[18] Para maiores detalhes, ver Gonçalves (1997).
[19] O fluxo total de investimento externo direto em 1996 representou mais do que o dobro do fluxo em 1995 e quase sete vezes o fluxo em 1994. Entretanto, em 1996 houve ingresso de recursos que podem ser vistos como atípicos, dentre os quais se destaca a entrada de US$ 1,2 bilhão correspondente à privatização da Light (empresa de eletricidade do Rio de Janeiro). Consta também que algumas centenas de milhões de dólares corresponderiam ao ingresso de recursos vinculados à reestruturação de bancos nacionais, que passaram a ter sócios estrangeiros no contexto do Proer. Ocorre que, mesmo descontados esses ingressos extraordinários (da ordem de US$ 1,6 bilhão), o incremento relativo em 1996 ainda foi bastante significativo.

Tabela 8.7
Brasil: captação de recursos externos

(fluxos brutos de entrada, em US$ milhões)

Fluxos	1990	1991	1992	1993	1994	1995	1996*
TOTAL	5.367	11.627	17.791	32.667	43.073	53.885	70.800
Investimentos	688	1.455	5.188	15.928	27.214	28.010	33.500
Portfólio	171	760	3.864	14.971	21.600	22.559	23.000
Direto	517	695	1.324	877	2.241	3.285	9.400
Fundos de investimento	-	-	-	80	3.373	2.166	1.100
Empréstimos em moeda	1.045	4.408	7.979	11.031	8.756	15.883	22.400
Bônus e notes	54	1.507	4.833	7.598	5.961	9.650	13.600
Outros	991	2.901	3.146	3.433	2.795	6.233	8.800
Financiamentos	2.882	4.160	2.332	3.282	4.353	4.576	6.300
Leasing e aluguel	752	1.519	1.173	1.005	842	1.143	1.800
Pagam. antec. export.	-	85	1.119	1.421	1.908	4.273	6.800

Fonte: BACEN.
Nota: (*) Estimativas preliminares.

robusta" com mudanças nas formas de financiamento e endividamento externo. Isto é, déficits em transações correntes da ordem de 4% do PIB estariam sendo financiados com recursos de mais longo prazo.

Encontrar novas formas de financiamento do déficit do balanço de pagamentos torna-se uma questão de importância central no manejo macroeconômico de curto prazo, tendo em vista as expectativas dos agentes econômicos quanto à sustentabilidade de políticas econômicas no longo prazo. Mudanças de expectativas podem afetar o comportamento dos agentes e, por conseqüência, a evolução das políticas cambial, comercial, monetária, fiscal e de regulação dos fluxos internacionais de capitais.

Não obstante, a análise dos fatores locacionais específicos do Brasil, que são determinantes fundamentais das decisões de IED, não parece indicar mudanças evidentes que expliquem a reversão de expectativas dos investidores externos.

O "efeito Tequila", originado na crise mexicana de 1994-95, foi um marco determinante, inclusive na mudança da política econômica do governo. Como resultado dessa mudança, o país presenciou uma crise financeira de enorme gravidade em meados de 1995 e entrou em um processo claramente recessivo. Esse processo agravou o desconforto da sociedade, gerando desemprego e tensão social (onde o movimento dos sem-terra é um dos aspectos mais evidentes). Não foi por outra razão que o governo foi obrigado a mudar a política econômica, inclusive pela pressão do empresariado. O país passou, então, de uma política fortemente contracionista, baseada no aperto monetário e creditício (que começou a ser revertido no último trimestre de 1995), para uma política mais frouxa no que se refere ao controle da demanda agregada.

É improvável que essa mudança de orientação da política econômica, que interrompeu o processo recessivo, tenha produzido uma alteração radical nas expectativas dos investidores estrangeiros em período tão curto. Ademais, a sustentabilidade do desempenho macroeconômico futuro do país é duvidosa, tendo em vista as incertezas críticas de curto prazo como, por exemplo, o déficit público e o déficit no balanço de pagamentos.[20]

E mais, sob a ótica produtiva-real, dificilmente pode-se escapar da conclusão de que "a economia que emerge do real — mantidas as características básicas do projeto — tende a um comportamento altamente diferenciado entre os setores, com resultados globais medíocres e instáveis".[21] Nesse sentido, deve-se notar que no contexto desses resultados, e com as dificuldades generalizadas enfrentadas pelo setor privado do país, é provável que os preços dos ativos produtivos no Brasil estejam relativamente baixos. Isso pode, sem dúvida alguma, estimular aquisições de empresas nacionais em dificuldade por parte de empresas estrangeiras.[22] Até que ponto o sucateamento de empresas nacionais e sua venda para investidores estrangeiros — aumento da vulnerabilidade externa na esfera produtiva — indica uma nova tendência é uma questão tão em aberto quanto a da expansão dos fluxos de IED.

Há, também, o problema de sustentabilidade do padrão de financiamento externo, visto que os fluxos de IED também têm um comportamento marcadamente cíclico, em resposta, inclusive, à conjuntura macroeconômica internacional, incluindo não somente as flutuações de renda, mas também as mudanças de estratégias das empresas transnacionais como, por exemplo, ondas de aquisição e fusão mundiais. Vale mencionar ainda o problema não-trivial de custo, na medida em que a remessa de lucros e dividendos pode passar a onerar de forma significativa o balanço de pagamentos. No debate atual sobre o IED tende-se a negligenciar o "serviço do capital" na forma de remessas, assim como a sua repatriação.

Outrossim, o fluxo de investimento externo direto tem se caracterizado, principalmente na América Latina nos últimos anos, por movimentos "espasmódicos". A volatilidade dos fluxos de IED ocorre como decorrência da participação de investidores estrangeiros em projetos com elevada exigência de capital (por exemplo, investimentos em projetos de infra-estrutura e

---

[20] Não se deve também descartar as incertezas críticas de médio e longo prazos; ver Gonçalves (1996), pp. 55-71.
[21] Castro (1996), p. 92.
[22] O caso recente da Metal Leve, exemplo de empresa tecnologicamente dinâmica, é bem ilustrativo.

privatização de empresas estatais), assim como resultado de "ondas" espo-rádicas de fusão e aquisição.[23] O resultado é que fluxos extraordinariamente elevados em um ano podem ser seguidos por fluxos significativamente baixos no ano seguinte.

Não menos importante, deve-se notar que o Brasil não tem uma política seletiva de atração de IED, com base em uma avaliação de custo-benefício. Esse aspecto torna-se ainda mais importante e grave quando consideramos a reforma constitucional iniciada em 1995 e a abertura de setores de interesse para o capital estrangeiro (cabotagem, telecomunicações, mineração, petró-leo etc.).[24]

---

[23] UNCTAD (1996), pp. 57-58.
[24] Com relação à questão da seleção dos recursos externos, ver CEPAL (1995), p. 24.

PARTE III

Balanço de pagamentos e câmbio

Nesta parte, o foco se dirige à macroeconomia aberta, ou seja, trata-se de examinar o que muda no funcionamento da macroeconomia em decorrência das transações locais com o exterior. O crescimento econômico, o nível geral de emprego e da atividade econômica, a inflação e todos os demais elementos que compõem o "equilíbrio interno" passam a estar condicionados por aquelas transações com o exterior e pelos ajustes impostos pelo "equilíbrio externo".

O Capítulo 9 trata da contabilidade nacional em uma economia aberta, na qual se inscreve o balanço de pagamentos. Um traço distintivo de nosso enfoque será uma preocupação especial com a interação entre os estoques patrimoniais dos agentes e os fluxos correntes de produção e geração de renda. A descrição dessa interação deverá revelar-se de grande utilidade na exposição das abordagens teóricas básicas da macroeconomia aberta.

O Capítulo 10 introduz as taxas de câmbio e as operações do mercado cambial. Além disso, fornece uma primeira aproximação aos determinantes fundamentais das taxas de câmbio mais enfatizados pela literatura: a paridade de taxas de juros e a paridade de poder de compra.

Os capítulos posteriores expõem sucintamente os aspectos básicos dos principais modelos de macroeconomia aberta, ou seja, como os enfoques teóricos da macroeconomia são estendidos para o caso de economias abertas. Busca-se apresentar seus tratamentos das "economias pequenas" e do contexto de "economias grandes e interdependentes".

O debate constitutivo da macroeconomia, fechada ou aberta, diz respeito às flutuações na demanda agregada e sua relação com o emprego. Os modelos básicos abordam as conexões entre os mercados de bens e serviços, o mercado de trabalho e os mercados de ativos monetários e não-monetários. Neste contexto, são discutidos os instrumentos e as políticas de "administração da demanda agregada", bem como o ajustamento do balanço de pagamentos e as taxas de câmbio. Vamos nos restringir aqui a esse debate, deixando de fora a temática do crescimento econômico sob condições de pleno emprego.

O Capítulo 11 expõe um modelo keynesiano simples aberto. A primeira seção do Capítulo 12 contém a proposta de sua superação pelo modelo Mundell-Fleming. A segunda seção do Capítulo 12, por seu turno, estende este último em direção ao "núcleo duro" novo-clássico. A seqüência expositiva é analítica — e cronológica —, como se cada modelo preenchesse as lacunas do anterior.

Os enfoques monetário e de equilíbrio walrasiano de portfólios, no Capítulo 13, completam o arcabouço clássico ou novo-clássico presente na segunda seção do Capítulo 12.

O Capítulo 14 aborda as políticas de ajustamento macroeconômico e de balanço de pagamentos no Brasil, apontando o papel cumprido pelas taxas de câmbio. O objetivo então é ilustrar o conteúdo dos capítulos anteriores a partir da experiência brasileira.

No Apêndice 1 procede-se a uma apresentação, resumida e estilizada, de dois dos paradigmas principais que orientam as famílias de modelos de macroeconomia aberta. São delineados um "núcleo duro" keynesiano e outro novo-clássico, a partir de sua compreensão do equilíbrio, das expectativas e da interação entre estoques de ativos e fluxos de renda.

O Apêndice 2 contempla as digressões, dentro destes enfoques, sobre ultrapassagem (*overshooting*) e bolhas especulativas. O Capítulo 13 e o Apêndice 3 esboçam versões reduzidas e simplificadas do que seriam enfoques walrasianos e keynesianos aos mercados de ativos, um objeto não aprofundado nos modelos anteriores. O Apêndice 3 traça alguns elementos de um possível enfoque keynesiano dos mercados de ativos e de seus vínculos com os demais mercados, tomando o modelo keynesiano simples aberto como antecedente analítico.

CAPÍTULO
9

O balanço de pagamentos e a contabilidade nacional

O balanço de pagamentos consiste no registro contábil dos pagamentos efetuados entre os agentes residentes e os não-residentes em determinado país. Sua estrutura retrata os fluxos de entrada e saída de mercadorias, ativos financeiros e monetários no país, ao longo de um certo período.

O balanço de pagamentos corresponde, na contabilidade nacional, à conta do agente "exterior" ou "resto do mundo", em complemento a famílias, empresas não-financeiras e governo, além das instituições monetárias e financeiras. A abertura da economia introduz o "exterior" nos quatro mercados agregados em torno dos quais a macroeconomia é abordada: bens e serviços, trabalho, capitais (ativos financeiros não-monetários) e moeda.

Como todos os registros contábeis, o balanço de pagamentos e a contabilidade nacional seguem o "princípio das partidas dobradas". Cada transação entre dois agentes envolve dois fluxos em sentidos contrários e seus correspondentes registros como crédito e débito. Um registro representa a natureza econômica da transação e o outro expressa sua contrapartida monetária ou financeira. Uma venda à vista de mercadoria implica um fluxo monetário na direção oposta; o ressarcimento de uma dívida significa movimento inverso de moeda ou de outro ativo etc.

Tanto no caso de um agente individual, como de seus agrupamentos ou de uma economia como um todo, a soma de créditos e débitos resulta necessariamente em zero. No entanto, a composição de saldos das diversas contas, para um dado período, fornece um perfil das transações correntes ao longo deste período, além de mostrar seu impacto sobre os estoques patrimoniais correspondentes. Os ajustes automáticos ou induzidos destas contas estão presentes na dinâmica da macroeconomia.

A próxima seção apresenta um esquema hipotético simplificado de contas nacionais com a introdução do agente "exterior", de modo a realçar a base contábil da macroeconomia aberta. Apresentamos na seção seguinte seis conceitos de saldos do balanço de pagamentos. A seção "Estoques de ativos e fluxos de produto e renda", por sua vez, delineia alguns elementos básicos dos sistemas monetário e financeiro, observando a interação entre a dinâmica patrimonial e os fluxos de geração de renda e produto.

CONTAS NACIONAIS NA ECONOMIA ABERTA

Para cada tipo de agente, duas contas são apresentadas (ver Quadro 9.1). Uma retrata suas transações correntes, vale dizer, receitas e despesas correntes, além da resultante poupança. A outra conta descreve as mudanças patrimoniais associadas à poupança.

Em cada caso, as contas estão consolidadas, ou seja, estão canceladas entre si as operações intragrupo de agentes. Por exemplo, na conta das empresas, as transações com insumos entre elas desaparecem na consolidação, visto que a receita de uma empresa é despesa de outra, no caso. Por construção contábil, os valores totais de fontes e usos coincidem em cada conta.

As receitas correntes das famílias são constituídas por salários (pré-impostos), juros e dividendos recebidos de empresas locais e do exterior, bem como "transferências unilaterais" recebidas do exterior (por exemplo, remessas enviadas por trabalhadores emigrados). Seu uso se distribui entre consumo, pagamento de tributos e formação de poupança. Esta última, por sua vez, tem como contrapartida a aquisição de títulos de empresas locais (ações, títulos de dívida), do governo e do exterior, de curto e longo prazos.

O incremento no estoque de títulos de curto prazo corresponde a uma mudança no montante de um certo "fundo rotativo", constituído por aqueles tipos de ativos, no patrimônio familiar. As famílias detêm uma parcela de sua riqueza sob a forma de títulos de curto prazo, um estoque que é continuamente renovado de acordo com o vencimento de seus componentes. Parte da poupança familiar poderá, portanto, se dirigir a aumentos em tal fundo rotativo.

A conta de transações correntes das empresas tem, como receitas, o valor agregado em suas operações produtivas, ou seja, as receitas brutas consolidadas (sem dupla contagem das compras e vendas entre empresas) menos os gastos com importações. Note-se que tal valor agregado nas empresas corresponde ao valor da produção final para consumo, investimento, exportações menos importações de bens e serviços e gastos governamentais, ou seja, o Produto Interno Bruto (PIB) gerado no país.

A receita das empresas paga salários, assim como juros e dividendos às famílias e ao exterior. Para simplificar, supomos que, nesta economia, todos os tributos são cobrados sobre pessoas físicas, isto é, as famílias. Os lucros retidos constituem a poupança empresarial. A conta de variação patrimonial mostra como o investimento bruto das empresas é financiado por lu-

Quadro 9.1
Um esquema simplificado de contas nacionais de uma economia aberta

FAMÍLIAS

TRANSAÇÕES CORRENTES		VARIAÇÃO PATRIMONIAL	
FONTES	**USOS**	**FONTES**	**USOS**
- Salários (S)	- Consumo (C)	- Poupança das famílias (P_1)	Títulos de Longo Prazo - Aquisição de títulos de empresas locais (B_1) - Aquisição de títulos do governo (B_2) - Aquisição de títulos do exterior (B_3)
- Juros e dividendos pagos por empresas locais (J_1)	- Tributos (T)		
- Juros e dividendos recebidos do governo (J_2)	- Poupança das famílias (P_1)		
- Juros e dividendos recebidos do exterior (J_3)			Títulos de Curto Prazo - de empresas locais (D_1) - do governo (D_2) - do exterior (D_3)
- Transferências Unilaterais recebidas (TU)			

EMPRESAS

TRANSAÇÕES CORRENTES		VARIAÇÃO PATRIMONIAL	
FONTES	**USOS**	**FONTES**	**USOS**
- PIB ($C + I_1 + I_2 + G + X - M$)	- Salários (S) - Juros e dividendos pagos às famílias (J_1)	- Lucros Retidos (P_2) - Venda de títulos de longo prazo às famílias (B_1)	- Investimento Bruto (I_1)
	- Juros e dividendos pagos ao exterior (J_4)	- Venda de títulos ao exterior (B_4)	
	- Lucros retidos (P_2) [Poupança das empresas]	- Venda de títulos de curto prazo às famílias (D_1)	

GOVERNO

TRANSAÇÕES CORRENTES		VARIAÇÃO PATRIMONIAL	
FONTES	USOS	FONTES	USOS
- Tributos (T)	- Gastos correntes (G)	Títulos de Longo Prazo	- Investimentos públicos (I_2)
	- Juros e dividendos pagos às famílias (J_2)	- vendas às famílias (B_2)	- [menos] poupança do governo ($-P_3$)
	- Juros e dividendos pagos ao exterior (J_5)	- vendas ao exterior (B_5)	
	- Superávit governamental em conta corrente (ou) poupança do governo (P_3)	Títulos de Curto Prazo - vendas às famílias (D_2)	* Total: Necessidades de Financiamento do Setor Público (NFSP)

EXTERIOR
(balanço de pagamentos, em sentido inverso)

TRANSAÇÕES CORRENTES		VARIAÇÃO PATRIMONIAL	
FONTES	USOS	FONTES	USOS
- Juros e dividendos recebidos de empresas locais (J_4)	- Exportações de bens e serviços (X)	- Poupança Externa (P_4) das empresas (B_4)	- Aquisição de títulos de longo prazo
- [menos] Juros e dividendos pagos às famílias (- J_3)	- [menos] Importações de bens e serviços (-M)	- Vendas de títulos de longo prazo às famílias (B_3)	- Aquisição de títulos de longo prazo do governo (B_5)
- Juros e dividendos recebidos do governo (J_5)	- Déficit do balanço de pagamentos em conta corrente (ou) Poupança Externa (P_4)	- Vendas de títulos de curto prazo às famílias (D_3)	
[$J_4 + J_5 - J_3$: Rendas de Capitais]		- [menos] Aumentos de Reservas Externas do País (-R)	
- [menos] Transferências Unilaterais (-TU)			
* Total: Renda Líquida Enviada ao Exterior (RLE)			

cros retidos e por títulos (ações e títulos de dívida) vendidos às famílias e ao exterior.

Mais uma vez para simplificar, supomos que não há investimento direto de empresas locais no exterior e, portanto, há apenas ingresso de capital, sob a forma de investimentos diretos e em carteira (venda de ações ao exterior) e de empréstimos e financiamentos (venda de títulos de dívida ao exterior). Os montantes são líquidos, ou seja, já descontam as saídas para efeito de amortização de dívidas ou repatriação de capital.

A consolidação intragrupo de agentes "empresas" esconde, é claro, a cadeia de ativos — de curto e longo prazos — negociados entre elas. As empresas de intermediação financeira participam apenas na geração do valor agregado correspondente ao serviço por elas efetuado. Também cumpre observar que, em se tratando de uma economia com investimentos crescentes, as necessidades de financiamento do investimento privado tendem a ser maiores que os lucros retidos.

O agente governo tem nos tributos sua receita corrente. Dado o nível de gastos correntes, assim como os juros e dividendos pagos às famílias e ao exterior, define-se o superávit governamental em conta corrente, ou seja, a poupança do governo. A conta de variação patrimonial demonstra a cobertura das Necessidades de Financiamento do Setor Público (NFSP), isto é, dos investimentos públicos menos a poupança do governo, a partir da venda de títulos governamentais de curto e longo prazos às famílias e ao exterior.

Finalmente, o agente "exterior" tem o registro de suas operações locais no balanço de pagamentos, observando-as a partir do ângulo oposto. Suas transações correntes compreendem, de um lado, suas receitas com a Renda Líquida Enviada ao Exterior, vale dizer, as Rendas de Capitais do exterior aplicados no país menos as transferências unilaterais recebidas pelas famílias.[1] A Renda Líquida Enviada ao Exterior permite a este a aquisição de um excedente de mercadorias (exportações menos importações de mercadorias e serviços), com a diferença constituindo o déficit em conta corrente do balanço de pagamentos do país ou, dito de outro modo, um aporte de poupança do exterior para a economia local.

Esta poupança externa e as vendas de títulos de curto e longo prazos às famílias locais, em adição à ampliação de reservas do país, são a contrapartida do aumento no estoque líquido de obrigações (passivos) locais em relação ao resto do mundo. Note-se que o aumento de reservas entra com sinal negativo: é como se o balanço de pagamentos fornecesse recursos, constituindo uma saída rumo a outra conta, a conta de reservas externas no banco

---

[1] Optamos pelo procedimento de incluir as transferências unilaterais, associadas aqui basicamente à remessa de renda por migrantes, na Renda Líquida Enviada ao Exterior, procedimento que não é usual. Cumpre também lembrar que o Produto Nacional Bruto — PNB — corresponde ao PIB que resta domesticamente após esse envio líquido de renda.

central e/ou outros. Dito de outro modo, a ampliação de reservas corresponde a uma compra de ativos líquidos externos pelo país.

A consolidação das contas, tomando fontes e usos como créditos e débitos, respectivamente, permite chegar às várias identidades contábeis da macroeconomia. Por exemplo, se somarmos todas as contas de todos os agentes, o que significa o cancelamento de créditos e débitos simétricos, restará a seguinte identidade:

$$P\ I\ B \equiv C\ +\ I_1\ +\ I_2\ +\ G\ +\ X\ -\ M$$

Da mesma forma, se fizermos o mesmo tipo de consolidação das contas de variação patrimonial, obteremos:

$$P_1\ +\ P_2\ +\ P_3\ +\ P_4\ -\ R \equiv I_1\ +\ I_2$$

Os investimentos públicos e privados locais têm como contrapartida contábil as poupanças dos diversos agentes. A poupança das famílias (P_1), os lucros retidos (P_2), o saldo corrente do governo (P_3) e o aumento líquido de obrigações perante o resto do mundo (déficit do balanço de pagamentos em conta corrente menos o aumento de reservas, ou seja, $P_4 - R$) são o outro lado contábil dos investimentos privados (I_1) e públicos (I_2) no país (incluindo-se nos investimentos as variações de estoques).

Como pano de fundo, tem-se a rede de compras e vendas de ativos entre tais agentes, conforme representada na Figura 9.1. Por sua vez, as rendas e dispêndios dos agentes e do país têm como um de seus componentes os fluxos de juros e dividendos derivados daquela criação e circulação de ativos. Os fluxos correntes de produto, renda e dispêndio são gerados dentro de um cenário no qual se procede simultaneamente a uma criação e redistribuição de riqueza patrimonial, ou seja, uma acumulação e negociação de estoques de ativos e passivos entre os agentes. Essa criação e circulação de ativos não aparece na consolidação contábil final dos fluxos.

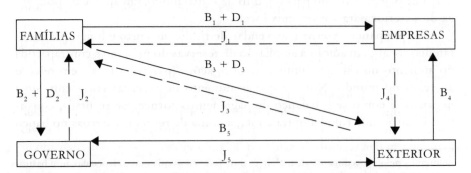

Figura 9.1
Compra e venda de ativos

ESTRUTURA E SALDOS DO BALANÇO DE PAGAMENTOS

O agente "exterior" está presente nos mercados de produtos (via exportações e importações), no mercado de trabalho (via recebimento de migrantes), no mercado de capitais (compra e venda de títulos) e no mercado monetário (via variação de reservas em divisas do país, conforme veremos adiante). O Quadro 9.2 apresenta uma estrutura padrão de balanço de pagamentos, definida pelo Fundo Monetário Internacional, que é de uso generalizado. Os itens do balanço assumem valores positivos ou negativos conforme predomine, respectivamente, o ingresso ou a saída de divisas (moedas de circulação internacional) como resultado líquido.

O balanço está sempre "fechado": a soma de créditos e débitos se anula. Por isso mesmo, se repartirmos suas contas acima e abaixo de uma linha divisória, os saldos nos dois grupos de contas serão simétricos, um sendo o espelho do outro. O Quadro 9.2 mostra os seis tipos principais de saldos "acima da linha", a partir dos quais aspectos específicos são realçados para análise.

Para efeito de verificação do papel cumprido pelo exterior nos mercados de produtos, a balança comercial de mercadorias deve ser somada ao saldo dos "serviços não-de-fatores", ou seja, serviços exceto rendas de capitais. O registro de exportações e importações de mercadorias se dá em valores FOB (*free on board*), vale dizer, sem incluir o valor de fretes e seguros pagos ou recebidos pelo país, os quais são lançados nas contas de serviços correspondentes.

O saldo em conta corrente, conforme realçado na conta "exterior" de nossa contabilidade nacional, revela a variação no estoque líquido de obrigações (passivos) locais em relação ao resto do mundo, variação que lhe serve de contrapartida "abaixo da linha". Para obter-se o saldo do balanço básico, desloca-se para cima o saldo líquido das contas de capital de médio e longo prazos (vencimentos acima de um ano). Neste caso, a contrapartida "abaixo da linha" se torna a variação líquida no estoque de direitos e obrigações de curto prazo entre o país e o exterior. Por exemplo, suponhamos um déficit em conta corrente e um ingresso líquido de investimentos e empréstimos de longo prazo. Nesta situação, o saldo do balanço básico significará o abatimento de uma parcela do déficit corrente que estaria sendo financiada a prazos mais largos.

Conforme abordado na parte sobre investimento internacional, os itens de investimentos compreendem os investimentos diretos e os investimentos em carteira ou de portfólio. Os reinvestimentos de lucros, por sua vez, ganham um lançamento de saída no balanço de serviços (rendas de capitais) e outro simultâneo de ingresso no item reinvestimentos da conta de capital.

O saldo global do balanço de pagamentos — também chamado de balanço dos fluxos não-monetários — acrescenta acima da linha os fluxos de capital de curto prazo associados ao setor privado não-bancário. Deste modo, aponta, "abaixo da linha", o impacto das transações com o exterior sobre os estoques locais de divisas e de meios de pagamento na economia. Um saldo global positivo significa que agentes privados não-bancários locais e do exterior venderam mais do que compraram divisas (e simetricamente compraram mais do que venderam moeda local) junto a bancos locais e/ou autoridades monetárias.

O balanço de compensações oficiais, por seu turno, destaca o resultado específico sobre as reservas oficiais, detidas pelo banco central. A distinção entre este saldo e o global só se aplica quando bancos privados também podem manter reservas em divisas.

Sob uma perspectiva mais simplificadora, para uso da teoria macroeconômica aberta, as operações básicas que compõem o balanço de pagamentos são: o comércio de bens e serviços, os movimentos de capitais e os movimentos de reservas externas. Por meio delas, o exterior participa dos mercados de bens e serviços, dos mercados financeiros e do mercado monetário.

Por último, cumpre mencionar o caráter também necessariamente "fechado" do balanço de pagamentos em nível mundial. Em cada uma das contas, se pegarmos o saldo líquido de n-1 países, necessariamente por construção contábil o saldo do n-ésimo país será a contrapartida do resto do mundo.

ESTOQUES DE ATIVOS E FLUXOS DE PRODUTO E RENDA[2]

(A) Ativos Financeiros Não-Monetários e Fluxos de Produto e Renda

Conforme exemplificado no esquema de contas da primeira seção deste capítulo, os fluxos de produto e renda gerados nos mercados de produtos (bens e serviços) têm uma contrapartida patrimonial de dupla dimensão: uma variação no estoque líquido de ativos no país — dada pelos investimentos — e uma circulação de ativos existentes entre os agentes componentes do sistema, inclusive o exterior. Uma desagregação (com "desconsolidação") das contas de grupos de agentes, sobretudo no caso de empresas, revelaria um movimento ainda mais acentuadamente diferenciado de mudança patrimonial, envolvendo criação e redistribuição de ativos entre si. A dinâmica de fluxos de produto e renda se materializa simultaneamente a uma dinâmica de estoques de ativos ao longo da complexa rede de agentes.

Os ativos que compõem aquela malha de compromissos entrelaçados podem ser distinguidos por vários aspectos, além de sua taxa de rendimento: (a) o perfil temporal dos compromissos (curto e longo prazos em nosso exemplo simplificado); (b) o grau de liquidez; (c) graus e tipos de risco envolvidos etc. O terceiro aspecto será abordado em capítulos posteriores.

---

[2] Os pontos desta seção serão retomados posteriormente nesta parte do livro, à luz de várias abordagens teóricas. Atemo-nos aqui, na medida do possível, a uma descrição principalmente contábil.

Quadro 9.2
O Balanço de Pagamentos

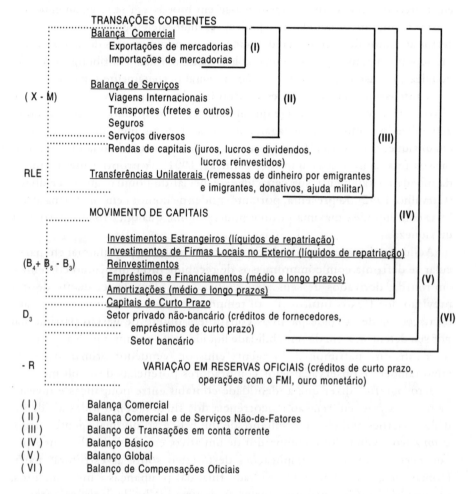

(I)	Balança Comercial
(II)	Balança Comercial e de Serviços Não-de-Fatores
(III)	Balanço de Transações em conta corrente
(IV)	Balanço Básico
(V)	Balanço Global
(VI)	Balanço de Compensações Oficiais

A liquidez de um ativo diz respeito a suas possibilidades de ser trocado por moeda sem grandes custos de conversão, com uma razoável confiança em seu preço esperado. Dependerá, entre outros aspectos, da existência de mercados secundários com "profundidade" (alta freqüência de transações, grande número de participantes, ativos relativamente homogêneos, baixos custos de transação, instituições *market makers* que atuam como compradores ou vendedores residuais de modo a evitar flutuações acentuadas nos preços etc.). Ao longo do período de vencimento do ativo, este é ilíquido do ponto de vista da economia como um todo, ao mesmo tempo em que, dependendo de sua *negociabilidade* em tais mercados à vista organizados, é considerado mais ou menos líquido por seu detentor.

Evidentemente, a liquidez do ativo também depende (inversamente) de seu prazo de maturação, uma vez que, independentemente de sua negociabilidade em mercados secundários, transforma-se em moeda em seu vencimento. Da mesma forma, ativos líquidos não podem ser muito heterogêneos em termos de certos atributos de risco (de crédito etc.) ou, no mínimo, estes devem ser minimizados por algum mecanismo mais coletivo de garantia. Os atributos de tempo, liquidez e de riscos dos ativos não são em geral perfeitamente separáveis.

A intensa malha de relações contratuais de compra e venda de bens e ativos, à vista e a crédito, exige que algum(ns) ativo(s) funcione(m) de modo generalizado como meio de pagamento, ou seja, como meio de compensação em qualquer transação. *Moeda* é este ativo que é transferido quando compromissos financeiros são cumpridos (Minsky, 1991). A propriedade distintiva da moeda é exatamente sua capacidade especial de liquidar qualquer dívida (Carvalho, 1992). Representa, portanto, poder de compra em sua forma absoluta, com liquidez máxima porque pode assumir qualquer forma particular de riqueza.

Ao longo de cada período de fluxos, cada estrutura patrimonial em particular se defronta com compromissos de recebimento e dispêndio correntes, em moeda, derivados de seus ativos e passivos, além de ter diante de si a previsão dos fluxos futuros. Perfil temporal e graus de liquidez — e graus de riscos — de ativos e passivos constituem objeto de gestão patrimonial por seu detentor, além da rentabilidade líquida deste patrimônio. Naturalmente, a estrutura patrimonial do agente emissor (vendedor primário) de um ativo também é observada pelos compradores potenciais deste último.

Isto significa dizer que a identidade contábil entre poupanças e investimentos, *ex post* em relação à ocorrência dos fluxos (como todas as identidades macrocontábeis), é resultante de um processo no qual agentes *negociam* ativos. Vendedor e comprador de um ativo, em seus cálculos, incorporam necessariamente as implicações deste ativo sobre as estruturas patrimoniais de quem o emite. O resultado final das poupanças e investimentos, *ex post, depende* ele próprio, portanto, de uma malha de decisões e transações de ativos que desaparece na consolidação e contabilização.

Em nosso exemplo na primeira seção deste capítulo, os investimentos privados e públicos foram financiados, do ponto de vista agregado, com emissão de passivos com uma certa configuração, conforme descrito no Quadro 9.3. Empresas, governos e compradores de seus títulos chegaram, no tocante aos investimentos do período, às proporções incrementais de capital de terceiros/capital próprio espelhadas na primeira coluna do quadro. Ao mesmo tempo, a composição temporal desses endividamentos na margem, entre curto e longo prazos, está descrita na segunda coluna do mesmo quadro. Em ambos os casos, o "estado da arte" das estruturas patrimoniais prévias foi um dos condicionantes para que tal financiamento se materializasse nos níveis e na composição em que o fizeram.[3] Cumpre lembrar que a demarcação entre curto e longo prazos diz respeito ao prazo de vencimento, independentemente da liquidez destes ativos.

Quadro 9.3
Financiamento dos investimentos

Investidor	Grau de Endividamento na Margem	% Curto / Longo Prazos
empresas	$(B_1 + B_4 + D_1) / I_1$	$(D_1) / (B_1 + B_4)$
governo	$(B_2 + B_5 + D_2) / I_2$	$(D_2) / (B_2 + B_5)$

Pode-se observar que a interação entre os estoques patrimoniais e os fluxos correntes de produto e renda não se limita aos fluxos de rendimento associados aos primeiros e auferidos em períodos anteriores. Na medida em que os investimentos — e o consumo financiado das famílias — dependam dos condicionantes da variação patrimonial, estes condicionantes estarão influindo no movimento dos mercados de bens e serviços. E vice-versa.

(B) Banco Central, Bancos Comerciais e Ativos Monetários

Muito além da moeda manual — o *dinheiro* composto por moedas metálicas e papel-moeda emitido pelo banco central — de curso legalmente obrigatório em cada país, os ativos monetários em qualquer economia moderna são estabelecidos a partir da confiança depositada pelos agentes em sua liquidez, ou seja, são convencionados socialmente. Por isso, os depósitos bancários à vista, garantidos pelo banco central em seu papel de *market maker*, são parte do estoque de ativos monetários, assim como cheques de viagem. Dinheiro, depósitos à vista, cheques de viagem e similares compõem o agregado monetário chamado de M1.

A partir daí, a linha divisória entre ativos financeiros monetários e não-monetários, tendo como critério sua liquidez, se torna mais arbitrária. Por exemplo, há aplicações que propiciam um certo escopo de "liquidez" (contas

---

[3] Um dos aspectos a serem observados — e ao qual retornaremos — diz respeito às características da intermediação financeira no tocante à responsabilidade quanto aos ativos. Duas são as formas básicas:
(a) o intermediário compra ativos de seus emissores primários e os financia com passivos próprios, vendidos para aplicadores (como bancos que emprestam a longo prazo e captam depósitos a prazo, emitindo certificados de depósito bancário, negociáveis ou não); ou
(b) o intermediário aproxima emissores e compradores — inclusive por meio de subscrição, comercialização etc. — mas sua própria estrutura patrimonial não serve diretamente como mediação.
Esta segunda forma costuma ser chamada de "desintermediação", exatamente pelo fato de não envolver a intermediação patrimonial do agente que faz a aproximação. Contudo, deve-se observar que não significa ausência de envolvimento e responsabilidades pelo intermediário.

de poupança, cotas pessoais em fundos de investimento, títulos públicos facilmente negociáveis etc.), mas o fazem em menor grau que os itens de M1. Quando somadas a este M1, perfazem o agregado monetário M2. Agregados monetários ainda mais abrangentes são também passíveis de construção (M3, M4). Há quase um *continuum* de ativos financeiros diferenciáveis por sua liquidez e, por conseguinte, um grande número de agregados monetários passíveis de construção, incluindo moedas e "quase-moedas".

Visto que a liquidez está associada à negociabilidade do ativo em mercados organizados, a classificação e demarcação varia no tempo e no lugar. Novos ativos são criados, mudam as condições de compra e venda residual pelos *market makers* etc. A própria ascensão dos depósitos bancários à vista a um patamar de liquidez próximo ao do dinheiro foi um processo que evoluiu ao longo do tempo, consolidando-se apenas quando se criaram: a prática de redepósito no próprio sistema bancário do crédito criado pelos bancos, câmaras de compensação e um mercado atacadista interbancários e, principalmente, o banco central como um emprestador em última instância (Chick, 1986).

O que importa reter aqui é o caráter socialmente convencionado da maior parte dos ativos monetários em economias mercantis, a partir da confiança dos agentes em sua capacidade de funcionar como meio de pagamento. Ele supõe regras que limitem sua produção pelos agentes individuais e sua substituição por outros ativos, de modo a preservar uma escassez mínima (Belluzzo, 1993). Ao mesmo tempo, também supõe sua garantia social, ou seja, que sua representação social de poder de compra independa das condições particulares de seus criadores individuais, seguro em geral concretizado pelo Estado, embora não necessariamente. Desenvolvimentos históricos que exerçam impacto no modo como os mercados de ativos e as instituições operam trazem mudanças na liquidez e no caráter monetário dos ativos (Minsky, 1991).

No contexto analítico deste trabalho, tomaremos M1 como medida dos ativos monetários. Os tipos básicos de ativos aqui correspondem aos ativos monetários, ativos de curto prazo (dos quais fazem parte em nosso contexto as quase-moedas) e ativos de longo prazo. Entre os ativos de curto prazo estão também os estoques de títulos de dívida (de empresas, do governo e do exterior) constantes do fundo rotativo cujo incremento foi parte da poupança familiar (contrapartida de investimentos) nas contas nacionais da primeira seção. A riqueza patrimonial líquida (consolidando créditos e débitos entre os agentes) da economia como um todo equivale ao estoque de investimentos efetuado ao longo do tempo, cuja contrapartida é um estoque de títulos de curto e longo prazos, adicionando-se também o estoque de ativos monetários, na medida em que estes perfaçam um poder de compra definitivamente incorporado à economia.

O Quadro 9.4 apresenta uma estrutura simplificada de balanços patrimoniais do banco central e (consolidado) dos bancos comerciais. Supomos aqui que todas as reservas externas são detidas pelo banco central, tornando-se iguais os saldos global e de compensações oficiais.[4] Identificam-se, como itens monetários, o papel-moeda em poder do público não-bancário e os depósitos — à vista ou a prazos muito curtos — nos bancos comerciais.

Quadro 9.4
Balanços do banco central e dos bancos comerciais

Banco Central		Bancos Comerciais (Consolidado)	
Ativos	Passivos	Ativos	Passivos
Reservas Externas [Res]	Papel-moeda em circulação - público não-bancário [Cp] - em caixa [a]	Reservas no Banco Central [a + b = BC]	Depósitos [Dep]
Créditos do Banco Central [CBC] -títulos governamentais - empréstimos aos bancos comerciais	Depósitos dos bancos comerciais no Banco Central [b] Depósitos do governo	Crédito Bancário Ativos líquidos [menos] empréstimos do Banco Central	
BASE MONETÁRIA [H]	BASE MONETÁRIA [H]		

Os bancos comerciais criam moeda na medida em que podem emitir depósitos em montantes acima de suas reservas. Adquirem ativos líquidos e emprestam a curto prazo a partir de suas reservas. Uma vez que a liquidez liberada pelos bancos comerciais permaneça no próprio sistema bancário, os bancos podem continuar exercendo esse efeito "multiplicador monetário". O exercício desta capacidade de multiplicação monetária será tanto maior quanto menores forem: (a) a proporção de moeda em poder do público que este decida manter sob a forma manual; (b) a proporção reservas/depósitos com a qual os bancos decidam operar, dados os limites mínimos estabelecidos pelo banco central, e (c) o custo ("taxa de redesconto") e/ou as condições de empréstimos pelo banco central para constituição de reservas dos bancos comerciais junto a ele próprio (sua função de "emprestador de última instância").

No esquema analítico aqui adotado, o total de passivos (igual ao de ativos) do banco central corresponde à *base monetária*, um alvo de política pelo qual este tenta controlar a disponibilidade de ativos monetários na economia. Os balanços patrimoniais dos bancos centrais em geral também en-

---

[4] Os modelos de macroeconomia aberta, objeto dos Capítulos 11 a 13, em geral trabalham com a hipótese de reservas externas nulas do banco central em regimes cambiais de flutuação livre, perante a desnecessidade de intervenção no mercado.

volvem alguns componentes não-monetários, mas sua função precípua é atuar como autoridade monetária, interessando-nos apenas esta função.

O banco central se utiliza de três instrumentos. Nas chamadas *operações de mercado aberto*, mediante venda (ou compra) de títulos do governo de sua carteira, o banco central busca reduzir (ou aumentar) os depósitos dos bancos comerciais junto ao banco central. Da mesma forma, a *política de redesconto* afetará seus empréstimos aos bancos comerciais e a multiplicação monetária que os bancos comerciais realizam a partir das reservas junto ao próprio banco central. Os *limites mínimos obrigatórios de proporção reservas/depósitos*, estabelecidos para os bancos comerciais, são também um instrumento.

O financiamento monetário dos gastos públicos aparece nos dois lados do balanço do banco central. Este incorpora títulos do governo em sua carteira de ativos, abrindo depósitos para o governo em contrapartida. O uso destes depósitos pelo governo amplia as reservas dos bancos comerciais junto ao banco central e, portanto, a base monetária. Já no caso do financiamento não-monetário, o governo vai concorrer com seus títulos diretamente pelas aplicações dos bancos comerciais. Em primeira instância, pelo menos, não haveria impacto sobre a base monetária e a disponibilidade de meios de pagamento nesta segunda situação. Qualquer que seja o caso, resta sempre ao banco central a possibilidade de tentar mover-se compensatoriamente em relação ao tesouro.

Contabilmente, *ex post*, a estratégia escolhida pelos bancos comerciais se expressa em seus depósitos criados e em suas reservas junto ao banco central, ou seja, em $BC = (rd . Dep)$, onde $0 < rd < 1$ é a razão reservas/depósitos e $rd \geq rd'$ (sendo esta segunda a razão mínima imposta pelo banco central). A preferência do público em manter moeda manual e fora dos bancos se revela em $Cp = (c . Dep)$, onde $0 < cp < 1$. Supondo-se o uso integral dos depósitos do governo no banco central, tem-se H (base monetária) $= (Cp + BC)$, enquanto M (estoque de moeda) $= (Cp + Dep)$. Portanto:

$$M = [(1 + c) / (rd + c)] . H$$

Os bancos comerciais e o banco central interagem via H (pela política de mercado aberto e pela política de redesconto) e via rd' (requerimentos de depósitos compulsórios), quando rd é restringida por tais requerimentos. Bancos comerciais e demandantes de moeda, dentro do contexto dos fluxos de geração de produto e renda nos mercados de bens e serviços e dos fluxos decorrentes das estruturas patrimoniais, interagem via rd e aplicações bancárias. Moeda e títulos de curto prazo são criados neste contexto, com três tipos de agentes que estabelecem dois níveis de interface, onde estão os bancos comerciais no meio.

Saldos de compensações oficiais do balanço de pagamentos (iguais ao saldo global, no caso) afetam o estoque de moeda por meio das variações nas reservas externas do banco central *(Res)* e dos concomitantes lançamentos nas contas passivas. Chama-se de "esterilização" a um movimento de política monetária pelo qual o banco central compensa tal impacto monetário do balanço de pagamentos mediante manipulação dos itens do Crédito do Banco Central *(CBC)*.

A abertura da economia no tocante à circulação de ativos financeiros reduz o caráter local da dinâmica de interação patrimonial descrita nesta seção. Se os bancos comerciais podem, inclusive, manter reservas em divisas de modo independente do banco central e erigir, em sua relação com a circulação local de ativos financeiros e mercadorias, uma estrutura específica de ativos monetários sobre tais reservas em divisas (um correspondente rd'' < 1), mudam conseqüentemente os parâmetros de gestão da liquidez nesta economia. A atuação do banco central dependerá da extensão em que possa influenciar aquelas reservas em divisas, em tal padrão bimonetário onde convivam a moeda local e as divisas.

A descrição contábil da dinâmica patrimonial efetuada nesta seção abre um leque de questões. Por exemplo, como se determinam as quantidades e preços de cada ativo e qual o papel exercido por cada tipo de agente? Como muda a estrutura de ativos? Quais são os impactos e os efeitos de retroalimentação da criação de ativos financeiros monetários e não-monetários sobre as demais variáveis econômicas (PIB, emprego, inflação, taxa de câmbio e balanço de pagamentos etc.)? Para responder a tal tipo de perguntas, há necessidade de se transitar da contabilidade para a teoria macroeconômica, como faremos a partir do Capítulo 11.

CAPÍTULO
10

A taxa de câmbio

As transações comerciais e financeiras entre os países, com seus sistemas monetários distintos, são intermediadas pela conversão (câmbio) entre suas moedas. As operações de conversão cambial constituem hoje um mercado de importância crescente. O volume diário de transações cambiais nas principais economias do mundo se expandiu a uma taxa de 30% a.a. nos anos 80, ultrapassando cifras de US$ 1 trilhão a partir de 1992. Estima-se que cerca de 15% das transações correspondem a operações primárias dos itens do balanço básico do balanço de pagamentos (comércio de bens e serviços e de ativos de longo prazo), enquanto 85% dizem respeito a aquisição de ativos de curto prazo, incluindo as operações de especulação e cobertura de risco, além da arbitragem (Guttman, 1994, 500n). Enquanto isso, o somatório dos déficits em conta corrente (igual aos superávits) em nível mundial se estabilizou em torno de US$ 300 bilhões anuais desde meados da década de 80 (Plihon, 1995, 62).

O comércio de bens e serviços cresceu mais rápido do que os PIBs nacionais nas últimas décadas. Por sua vez, os fluxos de investimentos diretos externos e em carteira se elevaram ainda mais que o comércio a partir dos anos 80. A constituição plena de uma economia internacionalmente integrada teve como contrapartida a emergência de um megamercado monetário global, sobretudo após os programas de desregulamentação financeira implementados desde os anos 80 nos países avançados (Rivera-Batiz e Rivera-Batiz, 1994).

A *taxa de câmbio* é a taxa em que se dá essa conversão. A primeira seção deste capítulo define os tipos de taxa de câmbio. A seção seguinte, por sua vez, descreve as operações constitutivas do mercado cambial, inclusive a cobertura do risco cambial e a tomada de posições especulativas. Finalmente, a última seção faz um esboço inicial de alguns dos fatores determinantes ("fundamentos") apontados na literatura para as taxas de câmbio, a partir dos movimentos de capitais e do comércio com bens e serviços não-de-fatores. A dinâmica das macroeconomias abertas, de acordo com as aborda-gens teóricas tratadas posteriormente nesta parte do livro, tem na eventual atuação desses fundamentos um de seus objetos centrais.

TIPOS DE TAXAS DE CÂMBIO

A taxa *nominal* de câmbio é o preço de uma unidade monetária local expresso em outra unidade monetária. Como é o normal no Brasil, definiremos a taxa nominal de câmbio tendo uma unidade monetária de divisas (moedas de circulação internacional) no denominador, ou seja, a taxa mede quantas uni-dades de reais são necessárias, por exemplo, para aquisição ou venda de um dólar dos Estados Unidos.

Assim como uma elevação de preços deprecia o valor real da moeda na qual tais preços são expressos, um aumento (diminuição) na taxa nominal de câmbio representa uma depreciação ou desvalorização (apreciação ou valorização) da moeda local em relação à divisa tomada como referência.[1] Da mesma forma, a taxa nominal de câmbio (e) converte um preço qualquer expresso em divisas (P*) em seu equivalente local (P) e vice-versa:

$$P = e \cdot P*.$$

Tudo o mais permanecendo constante, uma depreciação nominal da moeda local aumenta o preço em moeda local de mercadorias ou ativos do exterior e reduz o preço em divisas de mercadorias e ativos locais. No que tange à competitividade via preços, portanto, uma depreciação reduz a competitividade local de ativos e mercadorias estrangeiros e abre uma mar-gem de manobra para redução de preços em divisas de seus congêneres lo-cais. A valorização nominal, evidentemente, tem efeito inverso.

A posição real dos preços locais em relação aos externos, contudo, de-pende da evolução simultânea da taxa nominal de câmbio e dos preços lo-cais e externos. A taxa real de câmbio (e_r) expressa, em moeda local, o preço de produtos e ativos estrangeiros relativo ao preço local:

$$e_r = (e \cdot P*) / P$$

Tanto P* como P são, no caso, índices de preços refletindo variações médias. A taxa real de câmbio é, portanto, um índice médio. A evolução nominal da taxa de câmbio e de preços locais e externos afeta a competitivi-

[1] Há uma convenção terminológica, nem sempre seguida, de reservar os termos apreciação e depreciação para os movimentos efetivos das taxas de câmbio nos mercados cambiais livre-mente flutuantes e utilizar valorização e desvalorização para designar mudanças em taxas de câmbio fixas ou sustentadas pelo governo. Sobre taxas fixas e flutuantes, veja a seguir.

dade-preço de modo setorialmente desigual se ocorrer, no período, divergência entre os movimentos de preços relativos no país e no exterior.

A taxa real de câmbio acima apresentada foi definida a partir da evolução entre dois países, sendo portanto *bilateral*. Dada a pluralidade de parceiros externos do país, existem muitas taxas bilaterais. A taxa de câmbio *efetiva* busca captar uma média entre essas taxas de câmbio, uma média ponderada de acordo com o peso relativo dos países nas transações comerciais da economia local. Só deste modo se pode obter uma avaliação mais precisa de como a evolução das taxas nominais de câmbio e de preços locais e no exterior vai afetando a competitividade-preço do país em questão.

A taxa nominal de câmbio, enquanto preço de mercado, depende do cotejo entre demandantes e ofertantes de divisas, o que inclui a ação de autoridades monetárias sobre a demanda e a oferta. Há duas situações extremas quanto ao movimento da taxa. O governo pode estabelecer uma taxa *fixa* e comprometer-se a comprar e suprir, respectivamente, os excessos de oferta e demanda de divisas, utilizando-se de seu estoque de reservas externas (a conta *Res* do balanço do banco central do capítulo anterior) e independentemente de proceder ou não a operações de esterilização do impacto das reservas sobre a base monetária. No outro extremo, pode deixar que a taxa seja *perfeitamente flexível*, determinada ao sabor das flutuações de mercado, caso em que, em princípio, não haveria motivo em manter estoques de divisas como reservas. Estas duas situações são as mais utilizadas para efeito de abordagem teórica.

Concretamente, os regimes cambiais se localizam entre os extremos: taxas semifixas dentro de faixas ("bandas") de variação ampla ou estreita; flutuação "suja" por intervenções do banco central; taxas reais de câmbio estabelecidas como objeto de política e cujo controle comanda a taxa nominal etc. Estes exemplos são sempre enfocados teoricamente como combinações de taxas fixas e flexíveis.

Vale também observar que um país pode manter políticas cambiais dintintas em relação aos diversos parceiros. Por exemplo, faixas estreitas de flutuação em relação a uma moeda-chave dentro de um bloco comercial podem ser acordadas, ao mesmo tempo em que há uma flutuação mais livre em relação às áreas externas. Uma economia internacional com n países implica a presença de (n - 1) taxas de câmbio, sobre as quais podem tentar atuar cada um dos n bancos centrais.

O MERCADO CAMBIAL E A COBERTURA DO RISCO CAMBIAL

Os principais operadores do mercado cambial são os bancos comerciais — que executam o serviço de câmbio para seus clientes — e corretores especializados no repasse de divisas entre bancos, além dos bancos centrais. De modo ainda mais acentuado do que nas transações monetárias dentro das economias nacionais, trata-se de um mercado basicamente escritural, no qual depósitos bancários ou outros ativos de curto prazo em moedas nacionais são transferidos via meios de telecomunicação.

A existência de custos de transação — ou seja, de realização das operações de compra e venda — e a remuneração pelos correntes serviços impõem um mínimo de *spread* entre os preços de compra (*bid price)* e venda (*ask price*) de divisas pelos bancos, preços a que correspondem as taxas nominais de câmbio. A oferta e a demanda das moedas vai se expressando em variações dessas taxas, no curso das transações entre clientes e bancos e nas compensações de saldos entre estes.

Na ausência de restrições às operações cambiais e de custos de transação significativos, a operação dos bancos comerciais e corretores garante uma coerência no cruzamento das (n - 1) taxas de câmbio entre os n países, em todas as praças. Se emerge alguma diferença entre cotações — acima dos *spreads* de compra e venda — em diferentes pontos do mercado cambial em nível mundial, ganhos de *arbitragem* entre os diferentes preços de moedas nacionais são rapidamente auferidos pelos bancos, dada a difusão de informações e a facilidade de transação entre eles.

A variabilidade das taxas de câmbio introduz uma dimensão própria às operações cambiais em relação às operações monetárias nacionais. Vejamos por quê.

Transações a prazo internas em um país envolvem uma dimensão de rendimento e outras de risco. Estas dimensões podem ou não ser repassadas a bancos comerciais ou outras instituições financeiras. Por exemplo, um vendedor a crédito pode repassar com desconto o título de dívida recebido a um banco ou pode mantê-lo em carteira. Pode ainda tomar um empréstimo tendo como caução a quitação futura do título.[2]

Transações internacionais a prazo envolvem também a possibilidade de mudança cambial e, portanto, acrescenta-se o *risco cambial* aos riscos inevitavelmente presentes nas transações a prazo. Por esta razão o mercado abre a possibilidade também de negociação prévia da taxa de câmbio. As operações cambiais podem ser *à vista* (quando integralizadas em 48 horas), a uma cotação da taxa de câmbio "pronta" ou corrente (*spot*), ou *a prazo*, com cotação da taxa de câmbio a termo ou futura (*forward*).[3]

Um agente com créditos ou débitos a serem monetizados no futuro tem duas alternativas diante do risco cambial (Plihon, 1991):

---

[2] No caso, a venda a crédito envolve, entre outros, os riscos de crédito (inadimplência) e de preço (taxa de juros em relação à inflação). Quando o vendedor a crédito repassa o título recebido, livrou-se dos dois riscos, pagando um certo prêmio. No terceiro caso, assumiu o risco de inadimplência, livrando-se do risco de preço. A segunda opção, por sua vez, assumiu todos os riscos. O pleno desenvolvimento de mercados financeiros corresponde, entre outros aspectos, à emergência de mercados para negociação de dimensões de risco de contratos primários, com baixos custos de transação.

[3] Uma distinção entre os mercados *forward* e *futures* será estabelecida adiante.

- "Fechar" sua posição em aberto, fazendo um *hedge* mediante, por exemplo, uma operação de venda (compra) da moeda referente ao crédito (débito) de vencimento futuro, no mercado a termo, à taxa de câmbio a termo vigente. Neste caso, qualquer que venha a ser a evolução efetiva das taxas correntes de câmbio entre o presente e o futuro, o agente não será afetado porque se defrontará com créditos e débitos em uma mesma moeda. A rentabilidade da operação que gerou o crédito ou débito deixa de ser afetada pela variação cambial.
- Manter a posição em aberto — longa (creditícia) ou curta (em débito) — por avaliar como favorável a evolução esperada dos preços das moedas (taxas correntes de câmbio no presente e no futuro), dentro das margens de risco atribuídas pelo agente à operação. Neste caso, há *especulação*.[4] Evidentemente, a posição especulativa pode ser o próprio objetivo da operação, quando por exemplo um exportador com recebimentos à vista em dólares retarda sua conversão cambial por esperar uma depreciação da moeda local.

Três são os mecanismos básicos pelos quais os agentes podem cobrir-se (*hedge*) do risco cambial: compras e vendas a prazo por meio dos bancos, compras e vendas nos mercados organizados de contratos cambiais a termo padronizados (*futures*) ou compras de *opções* de compra e venda.

No primeiro caso, há um mecanismo básico — o *swap* interbancário de moedas — no qual as taxas a termo (*forward*) e à vista (*spot*) tendem em direção à seguinte relação:

(1) $$e_f = e \cdot (1 + i) / (1 + i^*)$$

onde e é a taxa nominal corrente de câmbio, e_f é taxa a termo referente a determinado período (30, 60, 90 ou 120 dias), enquanto i e i^* são as taxas nominais de juros básicas, respectivamente, no país e no exterior para o período concernente à taxa a termo.

Para entender por que (1) é uma tendência, suponha por exemplo que, em determinado momento, $e_f / e > (1 + i) / (1 + i^*)$. Em condições de estabilidade no funcionamento dos mercados, se há facilidade de empréstimos internacionais a baixos custos de transação, há uma oportunidade de ganho fácil e garantido via arbitragem de taxas de juros para qualquer agente com acesso aos dois mercados financeiros — como particularmente os

---

[4] A definição clássica de especulação é de Kaldor (1939), como a atividade de compra (ou venda) de mercadorias tendo em vista a revenda (ou recompra) em uma data posterior, quando o motivo de tal ação é a expectativa de uma mudança nos preços em vigor e não uma vantagem resultante de seu uso, ou uma transformação ou uma transferência de um mercado a outro. Difere da arbitragem porque esta se dá entre preços vigentes e conhecidos, enquanto a especulação se baseia em expectativas. No nosso caso, dada a possibilidade de fazer a operação de *hedge* no mercado a termo, não fazê-lo é assumir uma posição especulativa.

bancos que operam com divisas. Um agente local, no caso, pode contrair um empréstimo no país à taxa i, converter em dólares à taxa e, aplicar no exterior à taxa i^* e simultaneamente vender os dólares no mercado a termo à taxa e_f, o que lhe dá um montante em reais, ao final do período, maior que aquele necessário para pagar o empréstimo inicial. A reversão do sinal de desigualdade propiciaria, por sua vez, um lucro puro e garantido por meio de uma operação inversa, tomando empréstimo no exterior, vendendo à vista os dólares obtidos, aplicando localmente e comprando a termo os dólares necessários ao pagamento externo, sobrando necessariamente um excedente livre em reais. Agentes externos também poderiam montar operações que lhe rendessem excedentes em divisas.

A existência de créditos transfronteiras que só necessitem ser compensados periodicamente pode até suprimir a operação cambial à vista — como é o caso dos *swaps* de moeda entre bancos comerciais (Rivera-Batiz e Rivera-Batiz, 1994, 117-9).

A equação (1) implica a chamada *paridade coberta de taxas de juros (PCJ)*, na qual o diferencial de taxas de juros corresponde aproximadamente a um prêmio (ou desconto) entre as taxas de câmbio à vista e a prazo. Quando $i > i^*$ e, portanto, $e_f > e$, tem-se um prêmio que o banco cobra para comprar ou vender dólares a prazo, para compensar o custo de oportunidade da operação de *hedge* em dólares que fará com seus correspondentes no exterior. Um desconto se aplica quando as taxas de juros internas são menores que no exterior.

Empiricamente, a paridade coberta vem tendendo a prevalecer nas transações de *swap* interbancário e na evolução dos prêmios (descontos) do mercado a termo (Rivera-Batiz e Rivera-Batiz, 1994). Para tanto têm influído a redução sistemática de custos de transação cambial e, nos mercados de títulos, a queda nos custos de coleta e processamento de informações, bem como a menor regulamentação financeira nos países. Restam os riscos políticos ou de inadimplência dos países, mas, no tocante ao risco cambial de mercado, a paridade coberta funciona particularmente para as operações de curto prazo, até mesmo porque o prêmio (desconto) a termo adequa-se diretamente aos diferenciais de taxas de juros.

As operações de cobertura de agentes não-bancários por meio dos bancos são "de balcão", negociadas caso a caso e com alto custo de reversão. Uma segunda opção para cobertura do risco cambial está nos mercados de *futuros* (*futures*), mercados organizados onde se negociam contratos a prazo padronizados. Os *market makers*, neste caso, não são os bancos e suas operações interbancárias em nível internacional, mas sim instituições de compensação das trocas que atuam como terceira parte e garantidoras das transações. A principal característica diferenciadora aqui é a possibilidade de mudança contínua de posição do agente, na medida em que este pode mudá-la a partir de operações de compra e venda de contratos padronizados que são negociados como *commodities*: o comprador ou vendedor em última instância não tem importância.

Os participantes vão ajustando na margem seus depósitos de garantia junto às instituições de compensação, a partir da evolução das taxas correntes. As instituições de compensação vão computando diariamente os ganhos e perdas nos contratos e adicionando ou subtraindo o valor correspondente na conta de margem de garantia das partes contratantes. Diferentemente das transações a termo com os bancos, aqui o investidor lida com contratos líquidos e impessoais. Podem ser liquidados a qualquer momento, com a realização de ganhos ou perdas. Por outro lado, o ajuste contínuo de margens de garantia exige comprometimento de liquidez, diferentemente da operação com os bancos.

Vejamos um exemplo. Um investidor japonês adquire ações na bolsa de valores de Nova York ou constrói uma fábrica na Flórida. Uma forma pela qual ele pode neutralizar os riscos cambiais associados à conversão dólar-iene e permanecer, portanto, apenas com os riscos próprios dos investimentos, é a venda simultânea de montantes equivalentes de dólares em um mercado de futuros em Tóquio. Uma apreciação (depreciação) do dólar estaria compensada por uma simultânea e equivalente perda (ganho) de valor em suas operações no mercado futuro. Não se trata de imobilizar uma segunda soma em ienes, porque o mercado opera a partir de depósitos de garantia — em geral, algo entre 2% e 5% do valor da operação (Plihon, 1991) — e seus ajustes na margem. Não há necessidade de encerrar a operação primária, a não ser, no exemplo, se o investidor vender o investimento nos EUA e extinguir-se o motivo da cobertura de risco. Os desembolsos dizem respeito a mudanças nos preços dos ativos e não a aquisição/venda dos próprios.

São os agentes que detêm portfólios no exterior que em geral buscam a cobertura do risco cambial nos mercados de futuros. Por sua vez, o mercado bancário a termo se presta melhor à cobertura no caso de operações singulares, com negociação específica no mercado de balcão.

Os mercados de futuros — que existem desde o século passado para produtos primários que são *commodities* e que foram estendidos a partir da década de 1970 para taxas de câmbio, taxas de juros e até índices de bolsas de valores — são *derivativos*, ou seja, lidam com características (no caso preços) de outros ativos (os ativos primários). Por outro lado, os *market makers* em geral buscam cobertura de sua posição, necessariamente oposta à do mercado, por meio de operações inversas nos mercados dos ativos primários. Este é um dos modos pelos quais uma posição de venda ou compra do mercado de futuros, em termos líquidos, se transmite, com maior ou menor influência, como pressão respectivamente também de venda ou compra nos mercados primários à vista (Kregel, 1994).

Por seu turno, no caso do mercado a termo via bancos, saldos líquidos de compra ou venda da moeda estrangeira por agentes não-bancários têm como conseqüência pressões, com maior ou menor peso, sobre o nível de atividade e/ou taxas de juros nos mercados financeiros de ativos de curto prazo — além das pressões sobre as taxas de câmbio à vista, se operações cambiais correntes se fizerem necessárias. Por exemplo, uma venda líquida de divisas a prazo pelos clientes locais dos bancos ao longo de um período — a uma paridade coberta de taxas de juros em que o prêmio ou desconto da taxa a termo acompanhe diferenciais de juros e a taxa nominal à vista — implicará que os bancos captem empréstimos no exterior, vendam dólares no mercado à vista e apliquem localmente. Deste modo, ao final terão montantes em moeda local para os clientes e usarão os dólares inicialmente negociados para liquidar o empréstimo externo. Comparando-se com o que aconteceria na ausência das operações a termo, o que se passa é uma antecipação de futuras vendas líquidas no mercado à vista.

Operações puramente especulativas podem ser realizadas com facilidade nos mercados de futuros, sobretudo devido ao fato de que estes exigem apenas margens de garantia e não alguma operação primária a ser coberta. Dependendo de ser oposta ou convergente com a posição líquida dos hedgers, a influência da especulação será amortecedora ou amplificadora do efeito desta posição líquida de cobertura de risco sobre as instituições de compensação e, por conseqüência, sobre os mercados primários.

Uma terceira possibilidade de cobertura do risco cambial vem de outro tipo de mercado de derivativos, o mercado de opções. Como os mercados de futuros, elas se estendem a vários ativos financeiros, inclusive as divisas.

Uma opção é um direito de comprar ou vender uma certa quantidade de um ativo a uma certa data (versão européia) ou ao longo de um período (versão americana) a uma cotação pré-fixada. O comprador da opção pode ou não exercer o contrato. A contrapartida deste direito (sem obrigação) é o pagamento de um prêmio que remunera o vendedor da opção pelo risco em que este incorre.[5]

Um exportador ou um aplicador em títulos no exterior pode adquirir uma opção de venda de divisas (put option), enquanto um importador ou um devedor em divisas pode comprar uma opção de compra (call option). Há mercados de balcão e mercados organizados, podendo-se, nestes últimos, até revender opções. Market makers (cobrindo suas posições em outros mercados) e especuladores constituem a ponta de venda das opções. Os organizadores garantem as transações, mediante a imposição de requisitos de margem para os vendedores (subscritores) das opções.

---

[5] Sobre os mercados de derivativos, inclusive os de futuros e de opções para o câmbio, veja-se por exemplo Plihon (1991; 1995), Bourguinat (1995) e Simon (1994). A velocidade de inovações financeiras tem levado à emergência de sucessivas gerações de produtos, das quais os aqui mencionados pertencem à primeira.

Enfim, existem três modos básicos pelos quais, a um certo custo, os agentes podem cobrir-se em relação ao risco cambial: (a) incorrendo no custo de transação bancária, no caso das operações do mercado a termo bancário; (b) investindo liquidez nas margens de garantia dos mercados de futuros ou (c) pagando um prêmio por opções de venda ou compra. Em cada um dos casos, as operações funcionam como uma antecipação da conversão cambial.

A especulação, por sua vez, materializa diretamente uma pressão sobre o mercado, pressão esta correspondente às expectativas dos agentes sobre a direção para a qual este mercado tende. Quando o conjunto de agentes considera que o mercado e as taxas de câmbio estão em condições de estabilidade, dentro de flutuações normais, a cobertura de risco cambial assume apenas o papel de livrar agentes daquelas flutuações, sendo compensada por posições especulativas simétricas. Ao contrário, quando a avaliação do mercado é de mudanças iminentes em alguma direção, tanto a antecipação da conversão cambial via *hedge* quanto a especulação convergem em direção a reforçar tais mudanças. Tanto quanto a especulação, as operações de cobertura de risco adquirem então um viés de reforço em direção à mudança esperada.

Um dos temas centrais da macroeconomia aberta reside exatamente na existência ou não, a curto ou longo prazos, de centros de gravidade — valores "fundamentais" — para as taxas de câmbio, centros gravitacionais que acabariam conduzindo a operação dos participantes do mercado em direção a eles. A eventual atuação de tais fundamentos seria exercida pelas operações de comércio de bens e serviços e/ou de movimentos de capitais — incluindo as inter-relações entre estas operações e os agregados macroeconômicos —, as quais, por sua vez, balizariam as operações monetárias à vista e a prazo do mercado cambial. A próxima seção introduz uma versão simplificada de dois desses possíveis fundamentos, aos quais retornaremos em capítulos posteriores.

FUNDAMENTOS DA TAXA DE CÂMBIO: UMA PRIMEIRA APROXIMAÇÃO

Compensação bancária, arbitragem, cobertura de risco e especulação, além da intervenção de bancos centrais, são as operações que compõem o cotidiano do mercado cambial. A interação entre essas operações pode gerar uma dinâmica própria dentro do mercado. Veremos, no Apêndice 2, um exemplo de como a presença de agentes com comportamentos distintos pode gerar uma dinâmica específica a partir de sua interação em mercados de ativos.

No entanto, se as operações de comércio exterior e de movimento de capitais têm relações próprias e independentes com as taxas de câmbio, elas exercem um potencial balizamento daquelas operações do cotidiano do mercado cambial. Vejamos algumas possibilidades de que tais operações atuem como âncora para o mercado e a taxa de câmbio.

(A) Movimento de Capitais e a Paridade Não-Coberta das Taxas de Juros

Vimos que, pelos próprios mecanismos de operação do mercado bancário a termo, a condição de paridade coberta da taxa de juros tende a adequar, conforme o diferencial de taxas de juros, o prêmio (desconto) da taxa de câmbio a termo em relação à taxa à vista. Por seu turno, movimentos de capitais a descoberto dependem da efetiva taxa de depreciação cambial das taxas à vista (ê) ao longo do período, definida como:

$$(2) \qquad \hat{e} \equiv (e_1 - e_o) / e_o$$

Uma igualdade *ex post* de rendimentos em aplicações transfronteiras no caso equivale a:

$$(3) \qquad (1 + i) = (1 + i^*) . (1 + \hat{e})$$

No contexto do cálculo decisório dos aplicadores, a taxa efetiva de depreciação cambial é substituída por uma expectativa a seu respeito. Supondo-se que todos os agentes são "neutros em relação ao risco", a igualdade *ex ante* — a *paridade não-coberta de taxas de juros (PNCJ)* — corresponde a:[6]

$$(4) \qquad (1 + i) = (1 + i^*) . (1 + \hat{e}^0_k)$$

[k = 1, ..., m   agentes]

onde $\hat{e}^0_k$ é a taxa *esperada* de depreciação cambial pelo agente k. A paridade indica que, por exemplo, taxas de juros locais acima das externas, com um diferencial abaixo da depreciação cambial esperada pelo agente, apontam para este um rendimento externo *ex ante* superior ao local. Se não há homogeneidade entre os agentes quanto às $\hat{e}^0_k$, então para cada (i - i*) haverá uma divisão dos agentes entre aplicadores locais e no exterior, com transferência do segundo grupo para o primeiro à medida que suba aquele diferencial de juros e vice-versa. Portanto, *ceteris paribus* (dadas as $\hat{e}^0_k$) prevaleceria a seguinte relação, onde B significa ingresso líquido de capital:

---

[6] A importância do risco, tomada como alguma medida de dispersão em torno de uma média esperada para uma variável, foi abordada no capítulo sobre investimentos internacionais, e seu papel na macroeconomia aberta será retomado posteriormente. Os agentes podem ser classificados como "neutros em relação ao risco", "avessos ao risco" ou "apreciadores do risco". Em relação aos rendimentos esperados de uma transação, os primeiros não são influenciados pelo risco. Os avessos ao risco, por sua vez, estabelecem um desconto, e os apreciadores do risco pagam um prêmio, em ambos os casos refletindo a magnitude do risco. A suposição de neutralidade em relação ao risco aqui serve para abstraí-lo temporariamente. Vale frisar também que a vigência plena da PNCJ adicionalmente supõe ausência de barreiras à mobilidade de capital.

(5) $\qquad B = B (i - i^*)$ $\qquad$ com $B' > 0$ e $B (0) = 0$

O ingresso nulo com taxas de juros iguais decorre dos custos de transação cambial.

A relação (5) em geral é instável. Se houver estabilidade em ê, sem contínuos choques imprevisíveis, o aprendizado com os erros entre as $\hat{e}^0_k$ e a efetiva ê tende a homogeneizar as primeiras em torno da segunda.[7] A heterogeneidade nas $\hat{e}^0_k$ só se mantém com instabilidade — efetiva ou potencial — nas variações da taxa de câmbio.

Quanto maior a homogeneidade das $\hat{e}^0_k$ em torno de algum valor, maior será a sensibilidade dos movimentos de capitais — de curto prazo — a diferenciais de taxas de juros.[8] No limite da homogeneidade máxima e na ausência de restrições à mobilidade de capitais, a sensibilidade levaria a movimentos tão explosivos que acabariam por impor alguma adequação nas taxas de juros, nas expectativas de mudança cambial ou em alguma combinação entre esses fatores, de modo a fazer vigorar aquela PNCJ comum a todos. Adicionalmente, se ê é estável, para ela convergirá a expectativa consensual e PNCJ e PCJ coincidirão.

Entretanto, enquanto a taxa de câmbio a termo é determinada residualmente pelos diferenciais de taxas de juros na PCJ, não se pode dizer que a PNCJ explica por ela própria a mudança cambial nas taxas à vista. A PNCJ aponta que, em condições de estabilidade e homogeneidade de expectativas cambiais, a margem de manobra quanto aos diferenciais de juros — e quanto aos movimentos de capital de curto prazo — é muito restrita (e, portanto, indiretamente a taxa de câmbio a termo se adequa). A causalidade só será invertida, com autonomia da política de juros, caso as mudanças cambiais efetivas e esperadas sejam, elas próprias, variáveis suficientemente determinadas pelos diferenciais de taxas de juros e não determinantes. Não havendo tal maleabilidade de taxas de câmbio à vista e de suas expectativas, a PNCJ permanece sendo uma força em curso de ação, mas sofrendo a ação de outros determinantes "fundamentais" da taxa de câmbio.

Vejamos um exemplo. Dentro de nosso horizonte temporal de análise, suponha estáveis os determinantes do balanço básico de pagamentos e seu impacto sobre as taxas de câmbio, em direção a, digamos, uma determinada

---

[7] A suposição de rápido aprendizado aqui explicitada é específica ao contexto presente do mercado cambial, questão a ser abordada no Apêndice 1.

[8] As taxas de juros aqui são as básicas e as relações abordadas são adequadas para as aplicações de curto prazo em ativos monetários ou quase-monetários, além de, no máximo, empréstimos e financiamentos de médio prazo. Quanto maior o prazo envolvido, mais se amplia o leque de variáveis incorporadas no cálculo dos agentes. No caso do investimento direto externo, a rentabilidade nos mercados de bens e serviços, os destinos do balanço básico de pagamentos etc. ganham relevância. Seus determinantes específicos foram abordados no capítulo sobre investimentos internacionais.

$\hat{e}_b$ (igual ou diferente de zero), esperada por todos. Por tal estabilidade queremos dizer uma baixa resposta, no curto prazo, do balanço básico e de $\hat{e}_b$ às variações em i, i* e ê. Neste contexto, $\hat{e}_b$ ditaria um certo nível de $(i - i^*)_e$ ao qual não haveria explosividade nos fluxos de capital ao longo dos ciclos de aplicação dentro desse curto prazo.

Suponha agora uma política monetária de elevação de taxas locais de juros com o objetivo de ampliar o ingresso de capital e apreciar o câmbio. O ingresso massivo de capital de curto prazo e a apreciação cambial resultantes só se deteriam *se* e *quando* o mercado considerasse essa apreciação suficiente para gerar uma expectativa de depreciação rumo àquela taxa corrente de câmbio que teria resultado de $\hat{e}_b$ sem a política de elevação de juros. A partir daí, abre-se uma disjuntiva:

- O governo mantém $(i - i^*) > (i - i^*)_e$ pretendendo manter B > 0 e a taxa de câmbio apreciada. Caso a expectativa de depreciação, necessária para manter a PNCJ, não se materialize e deixe de vigorar, o ingresso de capital e a apreciação se tornam explosivos e a política de juros e câmbio não consegue manter-se estável[9] ou

- O governo reduz o diferencial de juros de volta a $(i - i^*)_e$ e a taxa de câmbio à vista volta a balizar-se por $\hat{e}_b$.

De qualquer modo, depreende-se do que dissemos sobre a PNCJ que:

- Pressões de ruptura exercidas pela especulação e pelo *hedge* viesado encontram um fundamento possível nas situações em que há descompasso com a PNCJ.

- Na presença de estabilidade no balanço básico de pagamentos e nas expectativas cambiais, tanto a PNCJ e as taxas de juros de curto prazo, quanto os fluxos de capital mais voláteis (*hot money*) são mais determinados que determinantes. Isto só não acontece se uma heterogeneidade nas expectativas for continuamente realimentada — o que excluiria a estabilidade cambial — ou se a sustentação de uma política de juros ao longo de vários curtos prazos, caso consiga isso, vier a provocar mudanças convergentes no balanço básico de pagamentos. O Apêndice 3 também discutirá situações em que a maior parte dos fluxos de capitais se torna mais volátil.

Uma questão central no tocante aos fundamentos da taxa de câmbio se coloca, portanto, no lado do balanço básico de pagamentos. Um ponto de partida para a discussão, agora mais controversa, se encontra na chamada "doutrina da paridade do poder de compra (PPC)".

---

[9] Evidentemente, o reconhecimento do papel dos riscos e da substitubilidade imperfeita entre os ativos locais e do exterior, bem como a mobilidade imperfeita, suavizariam o caráter explosivo e instável dos desvios em relação à PNCJ.

(B) A "Paridade do Poder de Compra"

Suponha custos negligenciáveis de frete e seguro, ausência de barreiras ao comércio e de barreiras à entrada nos diversos mercados, baixos custos de transação (inclusive cambiais) e, finalmente, perfeita substitubilidade (homogeneidade) entre bens e serviços locais e estrangeiros do ponto de vista de seus usuários. Neste caso, coloca-se como tendência:

(6) $\qquad P_j = e \cdot P^*_j \qquad\qquad$ [j = 1, ..., m bens e serviços]

onde P_j e P^*_j representam respectivamente os preços local e externo de j.
(6) tenderia a prevalecer porque a desigualdade implicaria a possibilidade de ganhos fáceis de arbitragem mediante translado do produto do lado onde fosse mais barato para o outro. Tal arbitragem só se encerraria com a igualação de preços absolutos, em dólares e na moeda local, para cada bem e serviço: a *lei do preço único*. Quer pela mudança de preço(s), quer por alteração na taxa nominal de câmbio ou ambas, mais cedo ou mais tarde ı arbitragem forçaria a vigência de (6), quaisquer que viessem a ser os resultados em termos de emprego, especialização etc.

A paridade do poder de compra (PPC) das moedas nacionais vem como um corolário da lei do preço único. As unidades monetárias locais equivalentes a uma unidade de divisas podem adquirir as mesmas cestas de bens que esta, dado que preços externos e locais se igualam quando expressos na mesma moeda.

A versão *absoluta* da PPC contida em (6) pode ser relaxada. Dados os níveis de impedimento à atuação da lei do preço único, teríamos algo como um desvio sistemático (Ω_j):

(7) $\qquad P_j = \Omega_j \cdot e \cdot P^*_j$

Entre dois períodos, mantendo-se estáveis aqueles impedimentos, a PPC imporia:

(8) $\quad (1 + p_j) = (1 + p^*_j) \cdot (1 + \hat{e}) \qquad$ [j = 1, ..., m bens e serviços]

ou seja,

(9) $\quad (1 + \hat{e}) = (1 + p_j) / (1 + p^*_j) = (1 + p) / (1 + p^*)$

onde p_j e p^*_j são as taxas de variação percentual dos preços local e externo para cada produto, enquanto p e p* são as taxas de inflação no país e no exterior. Nesta versão *relativa* da PPC, a arbitragem impõe uma proporcionalidade entre as diferenças nos ritmos inflacionários e a taxa efetiva de variação nas taxas nominais de câmbio à vista, qualquer que venha a ser o objeto de ajuste entre eles. A versão relativa não supõe igualação absoluta de preços, mas supõe ausência de mudança nos fatores de divergência.

Observe que, prevalecendo (9), os agentes convergiriam para a PPC relativa em suas expectativas de variação cambial contidas em (4) acima. Por conseguinte, a equação (3) seria a PNCJ homogênea. De (3) e (9) se seguiria a igualdade de taxas reais de juros (r e r*), como mais um preço que seria unificado:

$$(10) \quad (1 + r) = (1 + i) / (1 + p) = (1 + i^*) / (1 + p^*) = (1 + r^*)$$

Para finalizar esta seção, cumpre observar a presença de um grupo de produtos fora do raio de alcance da lei do preço único, vale dizer, os produtos *não-comercializáveis* (*non-tradeable*) através das fronteiras. Razões para a existência de tais tipos de produto podem advir de sua própria natureza muito diferenciável entre países, de altos custos de transporte por unidade de produto ou de outro tipo de restrição.

Exemplos de bens não-comercializáveis internacionalmente podem ser localizados na habitação, na geração de energia, no transporte, nos serviços educacionais, serviços pessoais etc. Estimativas do Banco Mundial (*World Development Report*, 1991) quanto à proporção de bens não-comercializáveis no Produto Interno Bruto de alguns países em 1990 incorporam: comércio varejista e atacadista, transportes e comunicações, serviços de seguros, corretagem imobiliária e comerciais, serviços pessoais, sociais e comunitários, administração pública, segurança e defesa. Como estimativas de percentuais de não-comercializáveis no PIB, o Banco Mundial apresenta, por exemplo: 48% no Brasil, 53% na Argentina, 67% na Bélgica, 63% no Japão, 69% nos Estados Unidos, 59% no México e 46% na Coréia do Sul.

Caso haja apenas um conjunto de preços relativos de equilíbrio — como na análise walrasiana de equilíbrio geral, abordada mais adiante — sua vigência impõe uma acomodação dos preços dos não-comercializáveis aos comercializáveis em cada país. Contudo, coloca-se a possibilidade de evoluções diferenciadas, no país e no exterior, dos preços relativos entre não-comercializáveis/comercializáveis ao longo do tempo, abrindo-se a possibilidade de divergência sistemática entre índices médios de inflação (refletindo a evolução de todos os preços) e a eventual atuação da PPC apenas sobre os comercializáveis.

CAPÍTULO
11

Balança comercial, taxa de câmbio e determinação da renda

A seqüência de modelos neste e nos próximos capítulos e apêndices obedece a uma ordem de exposição simultaneamente analítica e cronológica (histórica). Este capítulo apresenta, em economia aberta, aquilo que é chamado na literatura de modelo keynesiano simples. É agregado e toma como exógenas as taxas reais de juros, abstraindo o mercado monetário. Alternativamente, pode ser visto como um modelo que supõe uma política monetária acomodatícia, de manutenção de alguma meta em termos de taxas de juros mediante a adequação contínua dos meios de pagamento a sua demanda. Identifica-se a dinâmica macroeconômica com a dinâmica da renda nominal ou real nos mercados de bens e serviços e o balanço de pagamentos com a balança comercial.[1]

O modelo keynesiano simples aberto foi o primeiro a ser desenvolvido entre os modelos de macroeconomia aberta da era moderna, a partir dos anos 30. Parte de taxas fixas de câmbio e localiza a renda de equilíbrio incluindo exportações e importações. A condição Marshall-Lerner aborda então os requisitos para que uma desvalorização (valorização) cambial resulte em elevação (redução) do saldo comercial ou no contrário. Este enfoque pelas elasticidades-preço de exportações e importações, lidando com o efeito-preço, é complementado pelo enfoque da absorção e o efeito-renda.

O modelo Mundell-Fleming, abordado no próximo capítulo:

---

[1] Em geral o modelo é apresentado como supondo salários nominais e preços também fixos, tornando iguais as variações reais e nominais na renda e dando a ambas o mesmo efeito sobre o volume de emprego. Se o comportamento das variáveis nominais agregadas não é influenciado pela composição do produto "renda real x preços", pode-se prescindir daquela suposição, mas desaparece o elo biunívoco entre renda e nível de emprego. Por preços fixos significaremos aqui que as variáveis estão estabelecidas em termos reais, deflacionadas por algum índice comum de preços, ou seja, abstrai-se a dinâmica de mudança nominal nos preços.

- Apresenta uma proposta de absorção e superação, como caso particular, do modelo keynesiano simples, endogenizando o mercado monetário e incluindo, no balanço de pagamentos, movimentos de capitais que respondem a taxas de juros. Sua extensão para prazos maiores endogeniza os estoques de dívida pública e dívida externa, bem como o mercado de trabalho e os salários reais.
- O modelo constitui simultaneamente uma atualização histórica, na medida em que reflete a reemergência e forte expansão de fluxos internacionais de capitais a partir dos anos 60, enquanto anteriormente a redução do balanço de pagamentos à balança comercial não era de todo arbitrária.

No Capítulo 13 e no Apêndice 3 há, por sua vez, duas propostas distintas de superação do modelo Mundell-Fleming, propostas que seguem respectivamente as visões walrasiana e keynesiana delineadas no Apêndice 1. Convergem na crítica quanto à ausência de tratamento de expectativas pelo Mundell-Fleming e no fato de buscarem enfocar a dinâmica dos mercados de ativos, colocando-os no centro da dinâmica macroeconômica aberta e dando-lhes um papel ainda mais influente do que no Mundell-Fleming. Estão em sintonia, portanto, com a acelerada internacionalização financeira das últimas décadas, abordada nas partes deste livro sobre investimentos internacionais e o sistema monetário internacional. Walrasianos e keynesianos divergem a partir desse ponto.

Em cada um dos modelos, começamos pela determinação de equilíbrios, introduzindo a restrição do equilíbrio externo. Tratamos, depois, das políticas de ajustamento macroeconômico (fiscal, monetária e cambial) no caso de países pequenos. Seguem-se as questões relativas à interdependência entre países.[2]

Vejamos inicialmente o modelo keynesiano simples aberto. Trata-se basicamente de um modelo no qual a restrição de equilíbrio nas transações correntes pode impor níveis de renda divergentes da renda correspondente ao pleno emprego. Desvalorizações/depreciações cambiais afetam tal equilíbrio, mas seu resultado final depende de vários fatores.

O ENFOQUE PELAS ELASTICIDADES E A CURVA EM J

Sejam T_n e T, respectivamente, saldos comerciais em termos nominais e reais, com estes sendo deflacionados em termos de preços locais. Sejam também

---

[2] A diversidade de "tamanhos" dos países ou de sua influência sobre preços e mercados internacionais é lidada, nos modelos macroeconômicos, por meio da estilização de países pequenos (tomadores de preços, inclusive as taxas de juros) e grandes (cujo movimento implica um efeito retroativo, um *feedback* de sua ação sobre preços e/ou níveis de atividade em escala mundial). Em cada um dos modelos a seguir, em geral começamos com o país pequeno e introduzimos depois os países grandes e a interdependência entre países.

M e M*, respectivamente, quantidades físicas de bens e serviços importados e de bens domésticos importados pelo resto do mundo, enquanto X_n e M_n representam os valores nominais de exportações e importações. Recorde-se ainda a definição, no Capítulo 10, da taxa real de câmbio (e_r) como o preço relativo de bens estrangeiros em termos de bens domésticos:

(1) $T_n = X_n - M_n = P . M^* - e . P^* . M$

(2) $T = T_n / P = M^* - [e . P^* / P] . M = M^* - e_r . M$

Quantidades de exportações e de importações são funções da taxa real de câmbio e das rendas reais do resto do mundo e local (Y* e Y):

(3) $M^* = M^* (e_r , Y^*)$ onde $\partial M^* / \partial Y^* > 0$ e $\partial M^*/ \partial e_r > 0$

(4) $M = M (e_r , Y)$ onde $\partial M / \partial Y > 0$ e $\partial M / \partial e_r < 0$

Em cada equação, as derivadas têm sinais inequívocos. Por outro lado, não se pode afirmar de antemão o sinal de $\partial T / \partial e_r$ em:

(5) $T = M^* (e_r , Y^*) - e_r . M (e_r , Y) = T (e_r , Y^*, Y)$

Se alterações nas taxas nominais de câmbio não se fizerem acompanhar por mudanças nos preços locais, implicam mudança na taxa real de câmbio e afetam o saldo comercial. Supondo-se constantes a renda doméstica real e os preços locais, o sinal de $\partial T / \partial e_r$ tenderá a ser positivo quanto mais sensíveis forem os montantes físicos de exportações (M*) e importações (M) em relação a uma depreciação/desvalorização cambial. Supondo-se, por exemplo, que a economia parte de um saldo comercial nulo (M* = e_r . M, ou seja, M = M* / e_r):[3]

$\Delta T = \Delta M^* - e_r . \Delta M - M . \Delta e_r$

$\Delta T / \Delta e_r = (\Delta M^* / \Delta e_r) - e_r (\Delta M / \Delta e_r) - M$

$\Delta T / \Delta e_r = (\Delta M^* / \Delta e_r) . (M^* / e_r) . (e_r / M^*) - e_r (\Delta M/\Delta e_r) (M / M) - M$

onde, explicitando M (igual a M* / e_r), tem-se:

$\Delta T / \Delta e_r = M^* / e_r . [(\Delta M^*/\Delta e_r) . (e_r / M^*) - (\Delta M/\Delta e_r) . (e_r / M) - 1]$

(6) $\Delta T / \Delta e_r = M^* / e_r . [\varepsilon^* + \varepsilon - 1]$

Em (6) as variáveis ε^* ε e significam, respectivamente, as elasticidades-preço das demandas por exportações e por importações. Esta é uma formulação simplificada da chamada condição Marshall-Lerner: a desvalo-

---

[3] O exemplo a seguir é o de uma economia com saldos comerciais nulos que, digamos, é obrigada a gerar superávits para cumprir com serviço de dívida externa contraída anteriormente.

rização real do câmbio só aumenta o saldo comercial, tudo o mais permanecendo constante, se a soma absoluta das elasticidades-preço das demandas por exportações e importações foi maior que 1.[4]

Há dois efeitos em curso, definindo o resultado. De um lado, o *efeito termos-de-troca*: localmente, aumentam os preços locais das importações e mantêm-se os preços dos exportáveis, enquanto externamente se reduzem os preços das exportações. Se não há mudanças nas quantidades, o saldo comercial diminui, tanto em divisas quanto em moeda local. De outro lado, tem-se o *efeito-competitividade*, pelo qual sobem os volumes de exportação e caem os de importação.

A desvalorização tende a gerar um déficit se os preços têm baixa influência sobre as quantidades e, portanto, o efeito-competitividade for dominado pelo efeito termos-de-troca. Em regimes de câmbio flexível, isso significaria desequilíbrios cumulativos, ou seja, espirais déficits-desvalorizações ou superávits-valorizações.[5]

Um aspecto relevante é o fato de que os dois efeitos exigem tempos distintos para atuar plenamente e, portanto, a soma efetiva de elasticidades na condição Marshall-Lerner depende do período de análise. Enquanto o efeito termos-de-troca é imediato, o efeito-competitividade toma algum tempo. Hellier (1994) cita, por exemplo, defasagens na difusão de informações sobre mudança de preços, a presença de estoques de intermediários e suas defasagens de comando de compra, hiatos nas compras e na produção de bens duráveis etc.

Essa defasagem é uma das explicações da famosa "curva em J" (Figura 11.1), que descreve a trajetória do saldo comercial concernente a uma desvalorização real de câmbio, constituindo-se em um fenômeno empírico freqüentemente observado (Rivera-Batiz e Rivera-Batiz, 1994, pp. 402-4). Pode ocorrer uma deterioração transitória do saldo corrente, mesmo que a condição Marshall-Lerner seja ao final atendida. Como efeito colateral, a desvalorização pode exercer, portanto, um impacto recessivo a curto prazo.

O ENFOQUE PELA ABSORÇÃO

A "abordagem pelas elasticidades" da taxa de câmbio e do balanço de pagamentos (balança comercial) se inscreve na determinação da renda pela de-

---

[4] Hellier (1994, cap. 5) apresenta a formulação geral do argumento, incluindo situações com saldos comerciais diferentes de zero, elasticidades-preço menores que infinito também para a oferta das exportações e importações, bem como variação de preços locais acompanhando parcialmente a taxa de câmbio, como nas espirais entre taxas nominais de câmbio e inflação. Os efeitos da desvalorização real abordados podem ser vistos também como o resultado de uma vitória das taxas nominais de câmbio em sua corrida contra os preços nominais de bens e serviços.
[5] Muitos economistas keynesianos manifestaram receio quanto a uma instabilidade intrínseca a regimes cambiais flexíveis tendo como base o que veio a ser chamado de "pessimismo quanto às elasticidades", particularmente no caso de economias primário-exportadoras.

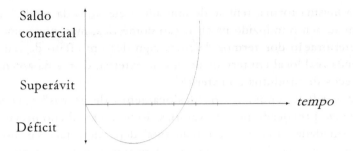

Figura 11.1
A curva em "J"

manda agregada em uma economia aberta conforme o modelo keynesiano simples (com os símbolos já adotados até aqui):

(7) $Y = C(\overline{C}, Y) + I_1(\overline{r}) + \overline{I}_2 + \overline{G} + T(Y^*, Y, e_r)$

onde a barra significa exogeneidade e o efeito de e_r via $\partial T / \partial e_r$ pode ser positivo ou negativo. Os quatro primeiros termos do lado direito da equação (consumo, investimentos e gastos governamentais correntes) correspondem à *Absorção* (A) doméstica, assim chamada porque, para uma dada renda, eles significam a absorção de excedentes exportáveis.

Um $T < 0$ ou um $T > 0$ significam, respectivamente, que os residentes estão absorvendo mais ou menos do que produzem:

(8) $A = Y - T$

A condição Marshall-Lerner se circunscreve ao efeito-preço, ou seja, à substituição entre consumo de produtos locais e do exterior, por agentes locais e do resto do mundo, supondo rendas reais dadas. Contudo, conforme mostra (7), há uma retroatividade entre o comércio e a renda, o que faz do efeito-preço uma descrição incompleta do processo:[6]

• Quando a condição Marshall-Lerner é satisfeita, crescem as exportações e caem as importações por unidade de renda em decorrência de uma desvalorização, mas há um efeito multiplicador da mudança no saldo comercial sobre a renda e, por conseguinte, um subseqüente aumento de importações.

---

[6] Os pontos a seguir emergiram da crítica ao "enfoque das elasticidades" feitas pelo "enfoque da absorção" desenvolvido por Sidney Alexander e o FMI entre os anos 40 e 50. Ver Zini Jr. (1993, cap. 2) sobre a evolução dos modelos macroeconômicos aqui abordados. Também cumpre observar que a renda em (8) não tem por que ser de pleno-emprego, situação em que o saldo comercial só poderia ser melhorado com redução da absorção.

- Da mesma forma, tem-se de um lado a elevação da renda levando a um aumento induzido na absorção doméstica, mas, por outro lado, a deterioração dos termos de troca significa um efeito de redução da renda real local em termos de moeda externa, diante da ascensão dos preços de produtos do exterior.

- Na verdade, enquanto o "deslocamento de gastos" (*expenditure switch*) provocado pela desvalorização tem o resultado previsto pelas elasticidades-preço, o resultado final dependerá também do efeito-renda, ou seja, de A não crescer relativamente a Y, conforme a equação (8). A compatibilização entre metas de níveis de emprego e o ajuste comercial via câmbio poderá exigir uma "redução ou aumento de gastos" acompanhando seu "deslocamento".

·Suponhamos:

(9) $A = \bar{A} + a \cdot Y - b \cdot \bar{r} - \delta \cdot e_r$

(10) $T = \bar{T} - m \cdot Y + \varphi \cdot e_r$

onde φ (> 0 se a condição Marshall-Lerner é atendida) e δ são coeficientes capturando a influência da taxa real de câmbio; m é a propensão marginal a importar; a é a propensão marginal a absorver domesticamente em consumo, investimento e gastos governamentais correntes; b é um coeficiente captando o efeito das taxas de juros sobre o investimento autônomo; $\bar{A}$ é o componente da absorção autônomo em relação a câmbio, renda e juros; e $\bar{T}$ é a parcela do saldo comercial autônoma em relação à taxa real de câmbio e à renda. Substituindo (9) e (10) em (8), depreende-se:

$$Y = [\bar{A} + \bar{T} - b \cdot \bar{r} + (\varphi - \delta) \cdot e_r] / (1 - a + m)$$

(11) $Y = \alpha \cdot \bar{A} + \alpha \cdot \bar{T} - \alpha_\bullet b \cdot \bar{r} + \alpha \cdot (\varphi - \delta) \cdot e_r$

onde $\alpha = 1 / (1 - a + m)$ é o multiplicador keynesiano para economias abertas e o impacto da variação na taxa real de câmbio sobre a renda é dado por $\alpha \cdot (\varphi - \delta)$. Por sua vez, o saldo comercial varia conforme:

(12) $\Delta T = \varphi \cdot \Delta e_r - m \cdot \alpha \cdot (\varphi - \delta) \cdot \Delta e_r$

O manejo da taxa real de câmbio para manipulação do saldo comercial também tem de considerar o efeito-renda, ou seja, o segundo termo à direita da equação (12). Além disso, a compatibilidade entre os dois objetos de política econômica — o "equilíbrio interno" em termos de nível de renda/emprego e o "equilíbrio externo" em termos de saldo comercial (balanço de pagamentos) — pode exigir um *mix* de políticas: a simultaneidade do deslocamento de gastos via política cambial (e_r) e do aumento ou redução de gastos via política fiscal (sobre $\bar{A}$) ou monetária (sobre $\bar{r}$).

INTERDEPENDÊNCIAS ENTRE ECONOMIAS NACIONAIS

O caso das economias grandes ou de economias interdependentes, onde o desempenho de uma repercute sobre as outras e é afetado por esta repercussão, pode ser agora introduzido. Suponhamos, para simplificar, que a absorção não é afetada pela taxa de câmbio ($\delta = \delta^* = 0$). Podemos abrir a demanda de exportações pelo resto do mundo em um componente autônomo — incluído em T_a — e outro induzido pela renda do exterior ($m^*.Y^*$) :

(13) $T = T_a + m^* . Y^* - m . Y + \varphi . e_r$

(14) $Y = \overline{A} + T_a + m^* . Y^* - b . \overline{r} + (a - m) . Y + \varphi . e_r$

O saldo comercial doméstico é exatamente igual, com sinal invertido, ao saldo comercial do resto do mundo ($T = - T^*$). O equilíbrio nos mercados de bens e serviços do exterior estará dado por $Y^* = A^* + T^*$, ou seja:

$$Y^* = \overline{A}^* - T_a + m . Y - b^* . \overline{r}^* + (a^* - m^*) . Y^* - \varphi . e_r$$
$$Y^* = [\overline{A}^* - T_a + m . Y - b^* . \overline{r}^* - \varphi . e_r] / (1 - a^* + m^*)$$

(15) $Y^* = \alpha^* . \overline{A}^* - \alpha^* . T_a + \alpha^* . m . Y - \alpha^* . b^* . \overline{r}^* - \alpha^* . \varphi . e_r$

onde $\alpha^* = 1 / (1 - a^* + m^*)$ é o multiplicador keynesiano no resto do mundo. Colocando (15) no lugar do Y^* em (14) e reorganizando os termos, obtemos:

(16) $Y = \alpha_r . [\overline{A} - b.\overline{r}] + \alpha_r . m^*.\alpha^* [\overline{A}^* - b^*.\overline{r}^*] + \alpha_r . (1 - m^*.\alpha^*) . [\varphi.e_r + T_a]$

onde agora $\alpha_r = 1 / (1 - a + m - m^*.\alpha^*)$ é o multiplicador aberto keynesiano com repercussões, sendo maior do que α, visto que agora a retroalimentação (expansiva ou recessiva) está contemplada. Os efeitos de variações na taxa real de câmbio quando há repercussão são dados por $\alpha_r . (1- m^*.\alpha^*) . \varphi$.

Note também a presença da absorção autônoma do exterior e das taxas de juros externas (por meio do gasto em investimento no resto do mundo) no segundo termo do lado direito de (16). Uma equação simétrica poderia ser construída para o resto do mundo. Teríamos então determinadas as rendas local e do resto do mundo, ou seja, a renda mundial, tomando-se, como exógenos, os gastos autônomos, as taxas de juros local e externa, a taxa real de câmbio e o saldo comercial autônomo.

Várias observações podem ser obtidas a partir desse modelo simplificado. Antes de tudo, ele ressalta a possibilidade de transmissão internacional de choques de demanda (expansivos ou recessivos), possibilidade que cresce com as propensões a importar entre os países, dado um patamar de taxa real de câmbio entre eles. Da mesma forma, depreende-se que o equilíbrio externo entre as economias, quaisquer que sejam a correspondente estrutura de saldos nacionais e o patamar da taxa real de câmbio, é compatível tanto com recessão quanto com expansão de demanda no conjunto de países.

Pode ocorrer uma *assimetria* entre recessões e *booms* globais, assimetria colocando um viés em direção às primeiras na ausência de coordenação de políticas macroeconômicas em nível internacional. Suponha que países com déficits comerciais são instados a reagir, via políticas de redução de gastos, mais rapidamente do que na situação de superávits, em que políticas de aumento de gastos seriam acionadas. Em tal cenário, tentativas isoladas de expansão esbarram em déficits, enquanto no caso de um movimento isolado de recessão, os demais países são induzidos a acompanhá-lo. Apenas a coordenação macroeconômica ou mecanismos automáticos de aquecimento da atividade econômica nos superavitários poderiam superar o viés.

O modelo também ilustra como uma recessão global pode ser disparada por guerras competitivas mediante a desvalorização. Suponha que a economia doméstica aumenta sua demanda agregada via desvalorização cambial acentuada ou por manipulação do T_a, deslocando gasto do resto do mundo para dentro. Conforme (15) e (13), o resto do mundo, se não puder reverter, sofrerá o efeito recessivo de $-\alpha^*.\varphi.e_r$ sobre sua renda e de $-\varphi.e_r$ sobre seu saldo comercial, efeitos compensados ou não, respectivamente, por $\alpha^*.m.Y$ e $m.Y$. Caso não haja tal compensação, a recuperação do equilíbrio comercial exigirá um decréscimo em Y^* adicional àquele resultante do movimento inicial da economia doméstica. Isto exigirá políticas de redução de gastos de cunho fiscal sobre $\bar{A}^*$ e/ou monetário sobre $\bar{r}^*$. Estes, por sua vez, são parâmetros em (16) e sua queda acarreta um efeito recessivo sobre Y, diminuindo o ganho inicial de renda doméstica.

A não ser que o multiplicador doméstico e/ou a propensão marginal a importar da economia doméstica sejam muito maiores do que os do resto do mundo, amplificando intensamente em termos globais os gastos no momento de seu deslocamento inicial, o resultado final será, no caso, uma demanda/renda global menor que no início, em face da redução no total dos gastos autônomos. Encontra-se aqui uma "falácia da composição" similar à que Keynes apontou no caso da poupança, vale lembrar, o fato de que tentativas individuais de aumento de poupança podem levar a seu decréscimo no agregado, ao provocarem uma recessão no mercado de bens e serviços.

O modelo keynesiano simples aberto, exemplificado neste item, era uma referência no imediato pós-guerra, inspirando-se na experiência de aprofundamento da depressão mundial no período entreguerras que acompanhou as desvalorizações competitivas entre alguns países. Em sua simplicidade, o modelo realça o risco do dinamismo macroeconômico global ser diminuído pela presença de restrições externas entre economias interdependentes.

Por outro lado, a mobilidade internacional de capitais que reemergia a partir da segunda metade dos anos 50 exigia o desdobramento do modelo em direção à conta de capitais do balanço de pagamentos e aos mercados monetário e financeiro. Este foi o passo efetuado pelo modelo Mundell-Fleming, adaptando a versão IS-LM do modelo keynesiano.

Antes de passarmos ao modelo Mundell-Fleming, porém, vale constatar o seguinte: na cadeia de modelos que compõe a *Teoria Geral* de Keynes, esboçada no Apêndice 1, o modelo keynesiano simples aberto corresponde à extensão de um dos estágios iniciais, aquele do mercado de bens e serviços. Sua continuidade, em moldes efetivamente próximos a Keynes, aparecerá apenas no Apêndice 3.

12

Mobilidade de capital e políticas de ajustamento macroeconômico

O MODELO MUNDELL-FLEMING

O modelo IS-LM-BP

O modelo IS-LM introduz uma interação entre os mercados de bens e serviços, abordados pelo modelo keynesiano simples, e o setor monetário-financeiro da economia nacional. Pretende, deste modo, introduzir um tratamento explícito da política monetária, definida como controle do volume de meios de pagamentos.

Quando estendido a economias abertas, o modelo IS-LM incorpora uma nova condição de equilíbrio, derivada do balanço de pagamentos, que corresponde às posições em que o saldo global é zero, ou seja, em que não há entradas ou saídas líquidas de divisas e o mercado cambial está em equilíbrio. As repercussões monetárias locais de saldos globais não-esterilizados (abordadas no Capítulo 9) aparecem, agora de modo explícito, nas posições fora daquele equilíbrio externo. Tal modelo IS-LM aberto, desenvolvido por Robert Mundell e Marcus Fleming nos anos 60, introduz a conta de capitais e seus nexos com o sistema monetário-financeiro local.

Repartamos a absorção entre consumo privado, gastos governamentais e um componente autônomo dos investimentos em relação a renda e taxas de juros (supondo ausência de investimentos induzidos pela renda e de efeito da taxa de câmbio sobre a absorção). Suponhamos a existência de um único ativo financeiro, com cuja emissão o investimento é financiado e as famílias alimentam seus portfólios. Obtemos, desse modo, as combinações entre renda e taxas de juros nas quais há equilíbrio no mercado de bens e serviços (a curva ou relação IS):[1]

---

[1] Observe que, tanto no caso keynesiano simples quanto agora, a estrutura de taxas de juros — a "curva de rendimentos" (*yield curve*) que vai das taxas de redesconto às taxas de curto e longo prazos — está reduzida à taxa do único título. A dinâmica financeira ainda não está

(1) $\quad Y = \overline{C} + c.Y + \overline{G} + \overline{I} - b.r + \overline{T} - m.Y + \varphi.e_r$

(1a) $\quad Y = \alpha'.[\overline{C} + \overline{G} + \overline{I} + \overline{T} + \varphi.e_r] - \alpha'.b.r$

onde $\alpha' = 1 / (1 - c + m)$ e $c = c'.(1 - t)$ com c' sendo a propensão marginal a consumir e t correspondendo à alíquota de tributos sobre a renda.

A curva ou relação LM é obtida no contexto dos mercados de ativos. No lado da oferta de ativos, conforme descrito no capítulo 9, a emissão efetiva de moeda envolve tanto as estratégias do banco central no tocante à oferta de meios de pagamento, quanto a intermediação pelas estratégias dos bancos comerciais a respeito de seus ativos e passivos. Para uma mesma configuração de política monetária — taxa de redesconto, metas de política de mercado aberto, proporção compulsória de reservas — o volume de meios de pagamento, constituído a partir da multiplicação da base monetária, depende também dos montantes absolutos de redesconto buscados pelos próprios bancos comerciais à taxa vigente.

A variabilidade da demanda por liquidez — e da própria disposição ao endividamento pelos bancos — encontra aí uma ponte para parcialmente "endogenizar" a base monetária e, por conseguinte, o volume de meios de pagamento, do ponto de vista do setor privado. No modelo keynesiano simples, implicitamente o banco central e os bancos comerciais acompanhavam de modo passivo a demanda, dada uma estrutura temporal de taxas de juros erigida a partir da taxa de redesconto. Suponhamos, agora, que o banco central é capaz de implementar continuamente uma política de mercado aberto pela qual compensa cada variação endógena dos meios de pagamento e mantém a oferta monetária (em termos reais) fixada em $\overline{M}_s / P$, para tanto abdicando de fixar a taxa de juros de curto prazo diante de mudanças na demanda por liquidez.[2]

Tomemos a demanda por moeda em termos reais como linearizável sob a forma:

(2) $\quad M_d = k.Y - h.r$

endogenizada o bastante teoricamente. Não podemos esquecer que a taxa de juros do mercado monetário se reporta à concorrência entre ativos monetários e de curto prazo, enquanto a taxa de referência para os investimentos no modelo é aquela paga sobre títulos de longo prazo.

[2] A crítica original de Hicks à teoria geral de Keynes — aparentemente aceita por este — para cuja resolução o primeiro construiu as curvas IS-LM, foi o fato de que variações na renda no mercado de bens e serviços teriam de levar em conta a retroalimentação de seu impacto sobre a liquidez disponível, suposta como controlada e fixada pelo banco central na teoria geral de Keynes. Pode-se entender também o modelo keynesiano simples como um modelo no qual o banco central abdica de metas quanto ao volume de meios de pagamento, fixando-se em taxas de juros mediante acomodação da liquidez às necessidades correntes. Voltaremos ao tema no Apêndice 3. Outrossim, cabe-nos realçar que não há neste livro a averiguação "do que Keynes realmente disse", mas sim uma exposição seletiva e resumida daquilo que ficou consagrado como cada um dos modelos básicos de macroeconomia aberta.

O coeficiente h capta a demanda especulativa por moeda, vale dizer, o deslocamento de riqueza entre o ativo M e o ativo não-monetário (D) a partir da avaliação dos agentes quanto à evolução provável das taxas de juros, dada a taxa vigente. Se há heterogeneidade em tais expectativas, uma elevação em r transfere alguns "altistas" (agentes que esperam alta) para o grupo de "baixistas" e, conseqüentemente, há alguns agentes que transferem riqueza da forma monetária para a de ativos. O movimento inverso, de ativos para moeda, se passa com uma queda na taxa de juros. O coeficiente k, por sua vez, exprime a demanda por motivos transacionais e de precaução.[3]

A condição de equilíbrio no mercado monetário permite obter as combinações entre taxas de juros e renda monetária compatíveis com os meios de pagamento dados (a curva ou relação LM):

(2a) $\overline{M}_s / P = k . Y - h . r$

(2b) $r = (k / h) . Y - \overline{M}_s / P . h$

(2c) $Y = \overline{M}_s / P . k - (h / k) . r$

Dado que o estoque de riqueza da economia (W) necessariamente se distribui entre os agentes, depreende-se o equilíbrio também no mercado do título não-monetário:

$W = M_d + D_d = \overline{M}_s + D_s$, de onde necessariamente $D_d = D_s$. Podemos então concentrar-nos no mercado monetário (curva LM).

Os gráficos a e b, na Figura 12.1, exibem as curvas IS-LM e os movimentos de ajuste em direção a sua intersecção (renda e juros em E). Em (b), tem-se o caso em que os mercados de ativos se ajustam mais rapidamente que os mercados de bens e serviços. Em ambos os gráficos, posições à direita (esquerda) de IS implicam excesso de oferta (demanda) e conseqüente pressão recessiva (expansiva) na produção e no emprego. À direita (esquerda) de LM, por seu turno, tem-se situações de escassez (excesso) de saldos reais de liquidez e correspondente tendência a elevação (declínio) de taxas de juros para induzir a liberação de saldos monetários para fins transacionais e precautórios (para sua absorção em saldos especulativos).

---

[3] O motivo tipicamente keynesiano de preservação de saldos sob formas líquidas — em decorrência de incerteza e estados de maior ou menor confiança dos investidores em suas expectativas — não é abordado neste momento. Tratamos o ponto nos Apêndices 1 e 3.

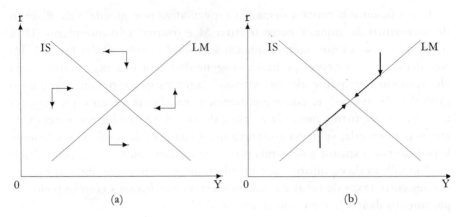

Figura 12.1
O equilíbrio nos mercados de bens
e serviços e no mercado monetário

Sempre que o saldo global do balanço de pagamentos for diferente de zero, abrem-se duas possibilidades. No caso de taxas fixas de câmbio, estarão variando as reservas externas (Res) e, portanto, também a base monetária (CBC + Res) e o volume de meios de pagamento. No caso de uma taxa livremente flutuante de câmbio, esta estará em movimento. O saldo global corresponde a:

$$(3) \quad SG = T\,(\,e_r\,,\,Y^*,\,Y\,) \;+\; F\,(\,r,\,\bar{r}^*,\,\hat{e}^\circ\,)$$

onde o segundo termo do lado direito corresponde ao ingresso líquido de capital movido pela PNCJ homogênea (reveja o Capítulo 10) com taxas de juros externas exógenas. Observe que, no presente contexto de preços fixos em termos reais, a PNCJ se dá entre taxas de juros reais. Por sua vez, o investimento externo orientado pela rentabilidade nos mercados de bens e serviços entraria como receita no primeiro termo, compensando eventualmente importações de equipamentos associadas a tal investimento.

As repercussões monetárias do balanço de pagamentos (caso de taxas fixas de câmbio sustentadas via uso de reservas externas do banco central) ou as variações na taxa de câmbio estarão exauridas apenas quando SG se igualar a zero, o que nos dá a relação BP, definida como o conjunto de combinações de renda e juros em que isso acontece. Maior renda local implica menor saldo comercial, por sua vez só compensável mediante elevação da taxa de juros e atração de capital movido a juros e/ou por desvalorização cambial:

$$(3a) \quad T_a + m^*.Y^* - m.Y \;+\; \varphi.e_r \;+\; F.[(1+r)-(1+\bar{r}^*).(1+\hat{e}^\circ)] = 0$$

com F tornando-se o indicador de resposta ao diferencial de rendimentos esperados. Se os ativos locais e externos não são diferenciáveis via risco, ou seja, são substitutos perfeitos ou, alternativamente, os aplicadores são neutros em relação ao risco, F reflete o grau de mobilidade do capital. Ignorando o produto $\overline{r}*.\hat{e}^0$, por sua relativa insignificância, temos a relação BP de equilíbrio externo em (3b) ou (3c) — dado um certo nível ótimo de reservas, conforme a parte do livro sobre investimentos internacionais :

$$T_a + m*.Y* - m.Y + \varphi.e_r + F.r - F.\overline{r}* - F.\hat{e}^0 = 0$$
$$(3b) \quad Y = (1/m).[T_a + m*.Y* + \varphi.e_r] + (1/m)[F.r - F.\overline{r}* - F.\hat{e}^0]$$
$$(3c) \quad r = \overline{r}* - \hat{e}^0 - (1/F)[T_a + m*.Y* + \varphi.e_r] + (1/F).m.Y$$

Supondo-se $\hat{e}^0 = 0$, ou seja, que os agentes sempre extrapolam a taxa de câmbio vigente, os gráficos da Figura 12.2 representam quatro situações possíveis. Em cada uma delas, a curva BP está desenhada para uma determinada taxa de câmbio.

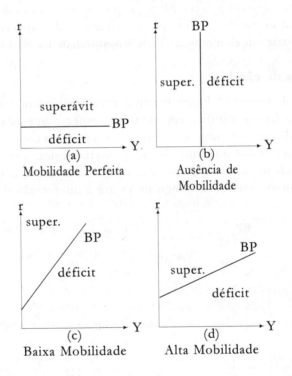

Figura 12.2
A curva BP

A inclinação nula de (a) decorre da perfeita mobilidade de capitais. Qualquer superioridade (inferioridade) da taxa local de juros em relação à externa gera ingressos (saídas) de capital tão expressivos que impedem a manutenção da diferença.

A curva (b) pode ser também compreendida como expressão de metas estabelecidas para o saldo comercial. Os casos (c) e (d) refletem, respectivamente, baixa e alta mobilidades de capitais e/ou alta e baixa propensão marginal a importar. Em todos os quatro casos, a divisão de áreas superavitárias e deficitárias mostra as combinações de renda e juros onde, respectivamente, as entradas de capital superam ou são menores que o déficit comercial.

A partir das equações (3b) ou (3c) depreende-se que mudanças em Y^*, e_r, $\bar{r}^*$ ou em $\hat{e}^0$ movem a curva BP. Quando se eleva a renda no exterior e quando há desvalorização cambial (efetiva), as curvas se deslocam para a direita, com exceção do caso de mobilidade perfeita. Inclusive nesse último caso, menor ingresso de capital é requerido para sustentar cada nível de renda interna. Vale observar que a taxa real de câmbio e, por conseguinte, a curva BP, também se alteram com variações de preços locais ou externos.

Por sua vez, expectativas de desvalorização cambial ou aumentos nos juros externos movem a curva BP para cima, com exceção do caso de imobilidade total de capitais. Note que a introdução de expectativas cambiais pode introduzir um elemento de forte instabilidade na relação BP.

Taxas fixas de câmbio

Os gráficos da Figura 12.3 apresentam a intersecção entre as curvas IS-LM-BP com taxa fixa de câmbio, em situações respectivamente de baixa e alta mobilidade de capitais. Ambos exemplificam a maneira como o desequilíbrio externo (saldo global diferente de zero) suscita deslocamentos na LM por força de mudança na base monetária, como repercussão daquele saldo. A economia então move-se ao longo de IS até a intersecção das três curvas.

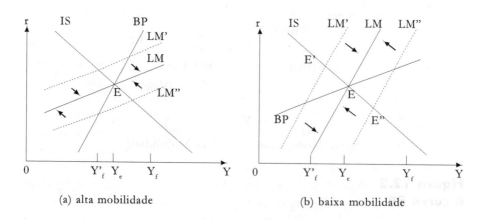

(a) alta mobilidade

(b) baixa mobilidade

Figura 12.3
Equilíbrio nos mercados de bens e serviços (IS), no mercado monetário (LM) e no mercado cambial (BP) com taxa de câmbio fixa

Chama-se de equilíbrio pleno à posição em E nos dois gráficos. A temporalidade do ajuste externo será diferenciada mais tarde.

Há sempre a possibilidade da esterilização do impacto das reservas, como vimos no Capítulo 9, com sustentação do ponto fora da BP. Contudo, a continuidade da esterilização só poderia se dar com depleção total de reservas no caso de déficit ou de acumulação de reservas até o infinito nas posições de superávit. Pode-se presumir, de qualquer modo, um maior fôlego de esterilização no segundo caso.

Conforme exemplificado em ambos os gráficos, há um conflito entre a política cambial e a política monetária no caso das taxas fixas de câmbio. O equilíbrio externo impõe uma posição final para a curva LM e a política monetária — atuação sobre o volume real de meios de pagamento — se torna fortemente condicionada (endogenizada) pelas operações com divisas para manutenção da taxa de câmbio. Já os deslocamentos em IS, incluindo os provocados pela política fiscal, têm condição de alterar o nível de renda e/ou a taxa de juros, com o efeito recaindo sobre a renda em relação aos juros quanto maior for a mobilidade de capitais respondendo a esta taxa de juros.

Cada um dos gráficos, (a) e (b), mostra três níveis específicos de renda: aquele associado ao equilíbrio pleno (Y_e) e duas posições possíveis de pleno emprego, uma menor (Y'_f) e outra maior (Y_f) que Y_e. Nestes dois casos os equilíbrios externo e interno — tomando-se este como pleno emprego sem pressões inflacionárias de demanda — não convergem e, tudo o mais permanecendo constante, o primeiro predomina sobre o segundo.

Estando a política monetária endogenizada pelo equilíbrio externo com câmbio fixo, recai sobre a política fiscal, deslocando IS, a responsabilidade por conciliar os equilíbrios interno e externo, nos casos de alguma mobilidade de capital. De qualquer forma, a taxa de juros final é definida, de modo independente, pela taxa de juros externa quando há mobilidade perfeita de capitais, com a sensibilidade das importações em relação a variações na renda cumprindo também um papel quando a mobilidade é imperfeita.

As restrições colocadas pelo câmbio fixo aparecem com clareza ainda maior no caso de imobilidade de capital ou de restrições ao tamanho do saldo comercial (veremos adiante razões para a relevância destas restrições) (Généraux, 1996, pp. 82-7). O (a) na Figura 12.4 mostra um caso de um país estruturalmente deficitário, ao passo que o gráfico (b) apresenta um país estruturalmente superavitário. Os equilíbrios interno e externo só podem ser conciliados, respectivamente, com desvalorização e valorização cambial, ou seja, com BP se deslocando para a direita em (a) e para a esquerda em (b). A mesma observação caberia para o caso de baixa mobilidade de capitais, onde a curva BP teria inclinação positiva porém muito alta.

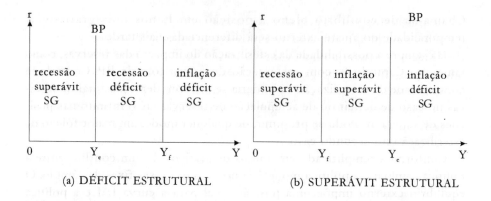

(a) DÉFICIT ESTRUTURAL   (b) SUPERÁVIT ESTRUTURAL

Figura 12.4
Déficits e superávits estruturais

Mudanças em patamares de taxas de câmbio atuariam como substitutos da mudança de preços em termos reais. Em se tratando de um mero realinhamento de taxas fixas, as curvas BP e IS se deslocariam de uma vez por todas. A mudança cambial provocaria também um efeito imediato — esterilizado ou não — sobre a base monetária e a LM, através do valor doméstico das reservas externas, mas sua posição final continuaria sendo ditada pela intersecção entre as curvas IS e BP.

Taxas flexíveis de câmbio

O regime de taxas de câmbio livremente flutuantes dá a estas a responsabilidade pelo ajuste externo e liberta a política monetária. O equilíbrio no mercado monetário passa a independer do balanço de pagamentos. A eficácia da política monetária se distribuirá entre as taxas de juros e a renda, recaindo sobre esta última quanto maior for a mobilidade de capital e portanto os efeitos da política sobre os ingressos e saídas de capital.

Por sua vez, a política fiscal perde força se há mobilidade de capital em resposta a seu impacto sobre a taxa de juros, na medida em que essa resposta tende a provocar variações cambiais que revertem o efeito da política fiscal sobre o mercado de bens e serviços. Expansão por via fiscal leva a aumento local de juros, ingresso de capital e valorização cambial atuando sobre o comércio, acontecendo uma seqüência simétrica no caso de políticas fiscais contracionistas. Já em situações de imobilidade ou baixa mobilidade de capitais, ambas as políticas, fiscal e monetária, teriam liberdade para determinar uma combinação escolhida de renda e taxa de juros, com a taxa de câmbio acompanhando de modo a manter o equilíbrio externo.

Vejamos estes pontos pela introdução, na curva IS, tanto do papel cumprido pelos movimentos de capitais em resposta às taxas de juros, quanto das conseqüências da variabilidade da taxa de câmbio. Se há imobilidade de capital e taxas flexíveis de câmbio, estas se movem todo o tempo mantendo $\overline{T}$- m.Y + φ . e_r igual a zero. Aumentos (quedas) de renda são automaticamente seguidos de depreciação (apreciação) cambial como resultado do efeito da variação de renda sobre importações e a demanda por divisas. As relações (1) e (1a) então se tornam:

(4) $Y = [\overline{C} + c.Y + \overline{G} + \overline{I} - b.r]$

(4a) $Y = \alpha" [\overline{C} + \overline{G} + \overline{I} - b.r]$ com $\alpha" = 1/(1-c)$

O equilíbrio no mercado de bens e serviços se dá como se a taxa de câmbio flexível isolasse os efeitos do exterior sobre a economia, impondo-se saldos comerciais nulos (uma IS de economia fechada).[4] Sem reservas externas condicionando a LM e com a IS autonomizada em relação ao comércio, as políticas fiscal e monetária agiriam como se se tratasse de uma economia sem relações com o exterior.

No outro extremo, se há mobilidade perfeita, $r = \overline{r}\,^*$ e a IS constitui-se em

(5) $Y = a'.[\overline{C} + \overline{G} + \overline{I} + \overline{T} + \varphi.e_r] - a'.b.\overline{r}\,^*$ com $\alpha' = 1/(1-c+m)$

Com $r = \overline{r}\,^*$, porém, há apenas uma renda compatível com o equilíbrio no mercado monetário, conforme (2c). Quaisquer que sejam os movimentos nos componentes de absorção doméstica autônoma em (5), terão de ser compensados por uma mudança em e_r no sentido contrário.

No tocante aos países grandes e à interdependência, cabe notar os seguintes aspectos. Em situações de imobilidade de capital e taxas fixas de câmbio, pouco mudaram os resultados quanto à determinação da renda em relação ao modelo keynesiano simples, a não ser pela possibilidade agora introduzida de política sobre o nível de taxas de juros acompanhando cada nível de renda em cada país. Por seu turno, taxas flexíveis de câmbio sem mobilidade de capital eliminariam os efeitos de repercussão (expansivos ou recessivos) dos

---

[4] Não esqueçamos, contudo, que há o pressuposto de que a absorção autônoma não é afetada pela taxa de câmbio. Cumpre também observar que não há consideração das implicações dinâmicas da estrutura de gastos que compõem a renda, uma das fragilidades dos modelos IS-LM e Mundell-Fleming em suas formas básicas. Também vale notar que tende a se tornar pouco convincente o suposto de expectativas cambiais passivas em um ambiente de flutuação cambial. Da mesma forma, a tradução de variações nominais na taxa de câmbio em variações reais se torna um processo mais complexo em condições de taxas de câmbio flutuantes, envolvendo provavelmente corridas contra preços nominais que dificilmente estarão fixos diante da volatilidade cambial.

deslocamentos e variações de gastos entre os países, algo que também se poderia depreender do modelo keynesiano simples.[5]

Já a mobilidade de capital, nos termos do Mundell-Fleming, traz novidades. Em caso de câmbio flexível, tentativas isoladas de expansão (recessão) por via fiscal são rapidamente frustradas pela atração (expulsão) de capitais. Portanto, no caso de taxas flexíveis de câmbio apenas um movimento por via fiscal conjunto dos países pode afetar os níveis de renda e/ou de taxas de juros na economia mundial. O mesmo aconteceria com políticas monetárias isoladas no caso de câmbio fixo.

O modelo Mundell-Fleming tornou-se uma espécie de caixa de ferramentas no tocante às possibilidades de políticas de ajustamento macroeconômico em condições de preços estáveis. Dois níveis (alto e baixo) representativos de mobilidade de capital, dois regimes de taxas de câmbio (fixa e flexível), duas políticas além da cambial (fiscal e monetária) e duas posições no tocante ao nível de atividade (inflação e recessão) perfazem dezesseis situações no tocante a cada país pequeno. Cada uma delas pode ser encontrada nos exemplos aqui mostrados. O Quadro 12.1 apresenta um resumo dos resultados quanto às políticas fiscal e monetária.

Quadro 12.1
Políticas fiscal e monetária, taxas de câmbio e mobilidade de capital

	Taxas Fixas de Câmbio		Taxas Flexíveis de Câmbio	
	Baixa Mobilidade de Capital	Alta Mobilidade de Capital	Baixa Mobilidade de Capital	Alta Mobilidade de Capital
POLÍTICA FISCAL	· eficaz sobre a taxa de juros	· eficaz sobre a renda	· eficaz sobre a renda	· ineficaz
POLÍTICA MONETÁRIA	· ineficaz	· ineficaz	· eficaz sobre a taxa de juros	· eficaz sobre a renda

A criação do modelo se inscreveu na agenda da macroeconomia de sua época (a síntese neoclássica-keynesiana dos anos 50 e 60), tempo em que as preocupações se voltavam para a "sintonia fina" da demanda agregada. Dado um certo ritmo de crescimento exógeno "normal", discutia-se a funcionali-

---

[5] Ressalvando-se, porém, que Keynes e muitos keynesianos consideram problemático o suposto de que mudanças nominais em preços se traduzem automaticamente em mudanças reais (Desai, 1983). Em relação ao mundo de preços nominais flexíveis que se ajustam e mantêm rígidos preços reais de equilíbrio — o mundo walrasiano —, as alternativas não se resumem a tratar os preços nominais como rígidos.

dade de políticas anticíclicas ou de ajustamentos macroeconômicos no bojo de tal crescimento, de modo inclusive a atender às preocupações levantadas pelo modelo keynesiano simples aberto.

Vários desdobramentos históricos suscitaram crescente desconfiança quanto ao modelo Mundell-Fleming. Uma combinação entre estagnação e inflação nas economias avançadas nos anos 70 impôs a prática de políticas econômicas de *stop and go*, em função dos surtos inflacionários que se seguiam a qualquer crescimento e das recessões profundas que resultavam de qualquer política de desaquecimento. Erodiu-se a confiança na gestão da demanda agregada característica do modelo. Ao mesmo tempo, a vigência de um regime de taxas flexíveis de câmbio — veja a parte sobre o sistema monetário internacional — foi acompanhada de forte volatilidade cambial e de preços, além de não revelar as propriedades de cura automática de desequilíbrios externos e de liberdade para as outras políticas econômicas, contrariando a previsão do Mundell-Fleming.

Três foram as principais direções de crítica e esforço de superação do Mundell-Fleming:

1. A análise estaria insuficiente por não levar em conta a dinâmica de ajustamento via preços, particularmente no mercado de trabalho e em sua relação com os mercados de bens e serviços.[6] O tratamento do equilíbrio pleno — com equilíbrio externo — envolveria tempo e, portanto, teria de contemplar também os mecanismos de ajuste de salários e preços. Esta extensão está exemplificada na próxima seção.

2. O modelo estaria deixando de fora interdependências temporais de grande importância entre os períodos de ajuste, interdependências que condicionam os resultados do modelo. Convergiram nesse ponto tanto os críticos walrasianos quanto os keynesianos.

O caso mais evidente é o das implicações dinâmicas da composição dos gastos. Não é indiferente para a economia no longo prazo a escolha entre níveis de juros para um dado nível de renda no curto prazo, em decorrência dos efeitos sobre a capacidade produtiva por meio dos investimentos.

Da mesma forma, para um mesmo conjunto de políticas, as curvas se deslocariam em função de efeitos induzidos em estoques que só se desdobram com o passar do tempo. As possibilidades de ingresso de capital atraído por taxas de juros para a cobertura de déficits comerciais têm como contrapartida o serviço da dívida externa em períodos posteriores. Por sua vez, políticas fiscais com déficits públicos também implicam serviços da dívida pública ao longo dos períodos.

Tratando-se de políticas de amortecimento dentro de ciclos, com fases simétricas, os déficits comerciais ou públicos seriam compensados nos perío-

---

[6] Trata-se aqui de uma extensão à macroeconomia aberta da crítica à estabilidade da curva Phillips feita pelos monetaristas e pelos novos-clássicos.

dos posteriores, sem deixar conseqüências significativas. Já nos casos em que se esteja lidando com uma situação que se prolongue, a eficácia daquelas políticas cairá ao longo do tempo se houver um limite de absorção de títulos de dívida pública ou externa, digamos, em termos de determinadas razões dívida pública/PIB ou dívida externa/PIB. Uma vez alcançados tais limites, a emissão de títulos teria de ser crescentemente usada para a rolagem do serviço da dívida prévia e exigiria adequação do orçamento público ou do saldo comercial.

Dinâmicas intertemporais dos estoques de ativos e passivos entre os agentes privados locais também alteram os parâmetros dos curtos prazos. Revela-se enfim a necessidade de superar o Mundell-Fleming mediante uma abordagem que incorpore a dinâmica patrimonial. Particularmente diante do fato de que o mercado monetário (a curva LM) é ele próprio um mercado de estoques, não há justificativa para abstrair os demais.

3. As curvas IS-LM-BP supõem uma elasticidade zero de resposta das expectativas em relação a mudanças nas políticas e nas variáveis básicas, como taxas de juros e de câmbio. As expectativas são perfeitamente extrapolativas, ou seja, projetam sempre o estado da arte para o futuro, independentemente de mudanças ocorridas ou que se possa esperar a partir da dinâmica patrimonial. Caso contrário, as curvas seriam instáveis e a implementação de políticas teria de se defrontar com deslocamentos das curvas em resposta a estas.

Walrasianos e keynesianos enfocaram as duas últimas ordens de questões, estendendo seus "núcleos duros" esboçados no Apêndice 1. Serão abordados no Capítulo 13 e no Apêndice 3.

AJUSTAMENTO MACROECONÔMICO COM PREÇOS FLEXÍVEIS

Vejamos o desdobramento da primeira crítica ao Mundell-Fleming, ou seja, a introdução de salários e preços flexíveis, com equilíbrio e expectativas no mercado de trabalho. Apresentaremos neste item um caso simplificado de ajustamento macroeconômico via salários e preços em que há expectativas racionais e contratos nominais rígidos no curto prazo no mercado de trabalho. Mantidos constantes os parâmetros, no longo prazo os trabalhadores e os empregadores chegam à única posição estável possível: o salário real $(S / P)_e$ e o pleno emprego N_f do gráfico (a) da Figura 12.5.[7]

A rigidez nominal dos contratos salariais, do ponto de vista de trabalhadores e empresários, poderia ser contornada apenas no longo prazo. Um exemplo inverso, com choque implicando desemprego involuntário, será mostrado adiante.

---

[7] A produtividade marginal está mensurada em termos de um índice de eficiência e os trabalhadores têm preferências homotéticas, ou seja, mantêm a mesma proporção de tempo dedicado ao lazer se seus salários reais crescem na mesma proporção que a produtividade. Deste modo, a combinação $(S/P)_e$ e N_f permanece como referência enquanto aumenta a produtividade no longo prazo.

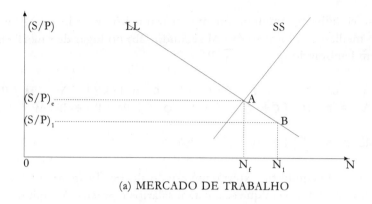

(a) MERCADO DE TRABALHO

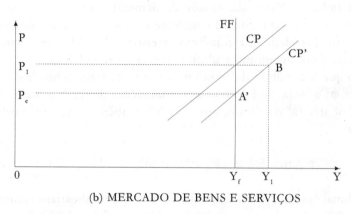

(b) MERCADO DE BENS E SERVIÇOS

Figura 12.5
Mercado de trabalho e oferta agregada de bens e serviços

Por sua vez, a posição de demanda agregada de bens e serviços a que corresponde o equilíbrio Mundell-Fleming é alterada com a variação no nível de preços de dois possíveis modos:

- O *efeito Keynes* ou *efeito de saldos monetários reais*. O volume real de meios de pagamento muda na direção oposta ao nível de preços e, por conseguinte, a LM se desloca de forma correspondente.[8]
- O *efeito de comércio exterior* em regimes de câmbio (nominal) fixo. Nestes, a taxa real de câmbio também varia na direção oposta aos preços, o que afeta IS e BP.

Em regimes de câmbio fixo e com imobilidade de capitais, o nível de demanda agregada e renda em que os mercados de bens e serviços e mone-

---

[8] Uma variante deste efeito dos preços sobre a demanda é o "efeito Pigou", a ser abordado no Apêndice 3. Se introduzirmos a riqueza como um dos determinantes positivos do consumo autônomo, uma queda nos preços de bens com valores nominais de ativos líquidos constantes implicaria aumento real nesta riqueza e, portanto, no consumo. Levando em conta o resultado nulo da consolidação entre agentes privados desta variação real em valores de ativos, restaria ainda o efeito do aumento na riqueza correspondente aos saldos monetários reais, conforme Patinkin.

tário se equilibram simultaneamente (cruzamento entre IS e LM) pode ser obtido mediante colocação da LM segundo (2b) no lugar de r na IS em (1a), também lembrando que $e_r = \overline{e} \cdot P^* / P$:

$$Y = \alpha^{\iota} . [\overline{C} + \overline{G} + \overline{I} + \overline{T} + \varphi . e_r] - \alpha^{\iota} . b . [(k/h) . Y - \overline{M}_s / P.h]$$

(6) $$Y = \pi^{\iota} . \alpha^{\iota} [\overline{C} + \overline{G} + \overline{I} + \overline{T} + \varphi . (\overline{e} . P^* / P) + b . (\overline{M}_s / P.h)]$$

onde $\pi^{\iota} = 1 / (1 + \alpha^{\iota} . b . k / h)$.

Façamos do equilíbrio externo um estado alcançado apenas no longo prazo, ao mesmo tempo em que se ajustam salários e preços. A conjunção entre IS e LM indica então a quantidade de demanda agregada em cada curto prazo. Observa-se sua inclinação decrescente com o nível doméstico de preços, a partir dos efeitos de comércio exterior e de saldos monetários reais (respectivamente penúltimo e último termos entre colchetes).

Dado que a condição de equilíbrio externo com imobilidade de capital é $\overline{T} - m.Y + \varphi . e_r = 0$, conhecemos as combinações de renda e preço doméstico onde ocorre tal equilíbrio, uma relação também decrescente entre estas variáveis:

(7) $$Y = \overline{T} / m + \varphi . \overline{e} . P^* / P. m$$

Combinações de Y e P localizadas fora de (7) implicariam mudanças em reservas externas e por conseguinte em M^s, ou seja, deslocamentos na relação de demanda agregada. Vejamos agora como fica a demanda agregada com mobilidade perfeita de capitais.

Introduzir mobilidade perfeita de capitais no regime cambial nominalmente fixo significa incorporar o ajustamento no estoque de moeda causado automaticamente pelos fluxos de capital que fazem prevalecer a PNCJ. Para cada combinação de Y e P, dado que $r = \overline{r}$, a LM tem um M^s endógeno. Mais uma vez a partir de (1a), a demanda agregada por bens e serviços pode ser descrita como:

(8) $$Y = \alpha^{\iota} [\overline{C} + \overline{G} + \overline{I} + \overline{T} + \varphi . (\overline{e} . P^* / P) - b . \overline{r}]$$

O efeito de saldos monetários reais é absorvido pelo patamar de taxas de juros externas, ou seja, pelos movimentos de capitais. Mas o efeito de comércio exterior implica correlação negativa entre preços e demanda agregada.

O curto prazo compreende então a possibilidade de equilíbrio externo com saldos comerciais não-nulos, mediante ingresso ou saída de capital de curto prazo. Contudo, na presença de custos de transação o volume de movimento tende a zero com a PNCJ (conforme o Capítulo 10). No longo prazo a condição (7) também seria efetiva, provocando uma rodada de variação de reservas externas, com efeitos similares aos da situação de imobilidade de capital.

O gráfico (a) na Figura 12.6 contém a condição (7) — a curva TT — e a oferta agregada de longo prazo (FF). Vê-se que quatro áreas são definidas, conforme haja tendência a queda ou elevação em salários nominais e nas reservas externas. Mantendo-se a "âncora" cambial de TT, o ponto E funciona como centro de gravidade para os preços e os salários reais.

O gráfico (b) na Figura 12.6 mostra um exemplo de ajustamento via preços diante de desemprego e déficit externo. A curva de demanda agregada

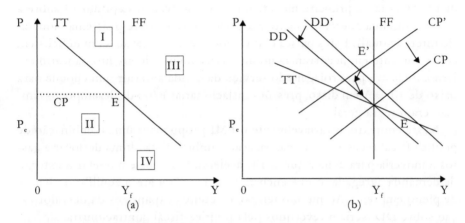

I. Desemprego involuntário e déficit externo (caem preços e salários nominais mais ainda; salários reais diminuem).
II. Desemprego involuntário e superávit externo (caem salários nominais e preços caem ou sobem, dependendo do ponto de partida; salários reais diminuem).
III. Superemprego involuntário e déficit externo (sobem salários nominais e preços caem ou sobem, dependendo do ponto de partida; salários reais aumentam).
IV. Superemprego involuntário e superávit externo (sobem preços e salários nominais mais ainda; salários reais aumentam).

Figura 12.6
Ajustamento macroeconômico com preços flexíveis e taxas fixas de câmbio

DD' se move para a esquerda e para baixo, rumo a DD, como resultado da perda de reservas e seu impacto (não esterilizado) sobre a base monetária. Como acabamos de ver, tanto DD e DD' como seu movimento descrito no gráfico representam as situações com imobilidade ou mobilidade perfeita de capitais.

Por sua vez, o desemprego leva trabalhadores a aceitarem novos contratos envolvendo salários nominais mais baixos para cada nível de emprego. A oferta de curto prazo se desloca para a direita e para baixo, de CP' para CP. Dependendo dos ritmos relativos de ajuste entre salários nominais e balanço de pagamentos, ou seja, os deslocamentos de CP em relação aos de DD, a trajetória de E' a E atravessa até um desemprego inicialmente crescente, como no exemplo.

Como mostram Rivera-Batiz & Rivera-Batiz (1994), este exemplo de (b) na Figura 12.6 pode ilustrar a lógica subjacente aos programas de ajustamento exigidos pelo Fundo Monetário Internacional (FMI) como condicionalidade para seus empréstimos aos países às voltas com a crise da dívida externa na primeira metade dos anos 80 (veja o Capítulo 14 sobre a macroeconomia aberta brasileira e a parte do livro sobre o sistema monetário internacional). Estes países endividados se defrontavam com déficits em conta corrente em decorrência do desaparecimento do crédito bancário externo, inclusive para rolagem do serviço da dívida anterior (um choque para baixo de TT). Além disso, pressões inflacionárias e/ou de desemprego também eram regra geral.

Neste contexto, invariavelmente o FMI propugnava uma combinação de política fiscal recessiva e desvalorização cambial. Esta última deslocaria gastos e moveria para cima a curva TT, acelerando o ajuste monetário externo da demanda agregada, o que encurtaria a trajetória até o equilíbrio pleno e de pleno emprego. Ao mesmo tempo, os efeitos expansivos da desvalorização sobre DD' seriam revertidos pela política fiscal contracionista.

O exemplo também pode ser útil para explicar a confiança de alguns economistas no tocante à autocorreção de programas de estabilização com base em valorização cambial (deslocamento de TT para baixo), cujos resultados exitosos em termos de inflação em geral se fizeram acompanhar por déficits comerciais e desemprego. A deflação de preços e salários, desde que não desacelerada por políticas fiscal e monetária expansivas, tenderia a eliminar tais efeitos colaterais no longo prazo. A flexibilização ou desregulamentação do trabalho facilitaria a deflação. Aumentos de produtividade acima do resto do mundo, por sua vez, poderiam vir a recuperar para cima a posição de TT.

Observe também que, nesta fundamentação clássica do Mundell-Fleming, a desvalorização cambial tem apenas efeitos nominais inflacionários no longo prazo, sem exercer nenhum impacto sobre as variáveis reais. Partindo-se de E no (b) da Figura 12.6, uma desvalorização cambial elevaria TT. No longo prazo, no entanto, o retorno a alguma intersecção com FF exigiria uma inflação à mesma taxa que a da desvalorização. Basta observar que $\overline{T}$ - m . $\overline{Y}_f$ + φ . (e . P* / P) = 0 exige uma mesma taxa real de câmbio antes e depois da desvalorização e, portanto, uma aceleração em P exatamente proporcional àquela da taxa nominal de câmbio. A longo prazo, prevaleceria a Paridade Relativa do Poder de Compra (Capítulo 10).

O patamar nominal de taxas de câmbio não afeta, no longo prazo, o emprego, a renda real, a taxa real de câmbio e os preços relativos de bens e serviços na economia, sendo estes os de equilíbrio. Variáveis monetárias são neutras no longo prazo.

Vejamos então em que se alteram os mecanismos de ajuste macroeconômico com preços flexíveis e, agora, taxas de câmbio também flexíveis. Na ausência de mobilidade de capitais, a flutuação contínua das taxas de câmbio ao sabor da oferta e da procura por divisas anula o saldo comercial. Desta forma, a conjunção entre IS e LM se move continuamente para a curva TT.

A demanda agregada pode então ser representada por uma conjunção entre IS e LM onde $\overline{T}$ - m . Y + φ . (e . P* / P) se iguala a zero. Lembrando que a IS se torna (4a) neste caso e substituindo r nela por (2b), obtemos:

$$Y = \varphi^{“} . [\overline{C}+ \overline{G} + \overline{I}] - \alpha^{“} . b . [(k / h) . Y - \overline{M}_s / P. h]$$

$$(6) \quad Y = \pi^{‘} . \alpha^{“} \ [\overline{C}+ \overline{G} + \overline{I} + b. (\overline{M}_s / P. h)]$$

onde $\pi^{‘} = 1 / (1 + a^{‘}. b . k / h)$ e $\alpha^{“} = .1 / (1 - c)$. Desaparece o efeito de comércio exterior, mas mantém-se o efeito de saldos monetários reais e a demanda agregada negativamente inclinada. A posição da curva depende das políticas fiscal e monetária. DD' e DD no gráfico (a) da Figura 12.7 são exemplos.

Conforme mostrado no gráfico (a) da Figura 12.7, o ajustamento de longo prazo se dá sobre a curva TT. A conjunção entre a demanda agregada e a oferta agregada de curto prazo se desloca em direção a E, por força de queda nos salários nominais.

No caso de mobilidade perfeita de capitais e taxas flexíveis de câmbio, nós vimos que as variáveis de absorção autônoma são dominadas pela política monetária e pela posição da LM. Qualquer aumento (diminuição) nas primeiras provoca aumento (queda) na taxa de juros e automáticos ingressos (saídas) de capital que levam, por sua vez, a uma apreciação (depreciação) cambial que anula o efeito da mudança inicial. Portanto, para conhecer a demanda agregada, ou seja, as combinações entre renda de equilíbrio nos mercados monetário e de bens e serviços e cada um dos níveis de preços, basta observar (2c), ou seja, a própria LM. Mais uma vez, não há efeito de comércio exterior mas permanece o efeito de saldos monetários reais.

A mobilidade de capitais permite agora que o equilíbrio de curto prazo entre oferta e demanda agregada não necessariamente esteja sobre TT. No entanto, prevalecendo a observação quanto a uma restrição comercial que tende a exercer-se na economia no longo prazo, uma vez esgotado o ciclo de movimentos de capital de curto prazo que acompanha a atuação da PNCJ, o ajustamento no longo prazo via salários e preços também inclui um movimento em direção da TT.

O gráfico (b) na Figura 12.6 para o caso de taxas fixas de câmbio também serviria para ilustrar o presente caso. Uma diferença importante é a de que aqui apenas a política monetária afeta a posição da demanda agregada. O gráfico (b) na Figura 12.7 apresenta um exemplo de ajustamento diante de superemprego e déficit em conta-corrente financiado por capitais de curto prazo.

Tanto no regime de câmbio fixo, quanto no flexível, o papel das políticas fiscal, monetária e, no primeiro caso, cambial é acelerar o ajustamento automático. Os patamares nominais da taxa de câmbio, como todas as outras variáveis de política econômica, não têm efeitos reais a longo prazo sobre o nível de renda e emprego. Mais ainda que no Mundell-Fleming básico, há um viés em favor das taxas flexíveis de câmbio nesta versão clássica, posto que a flutuação dessas poderia impedir a propagação de choques isolados.

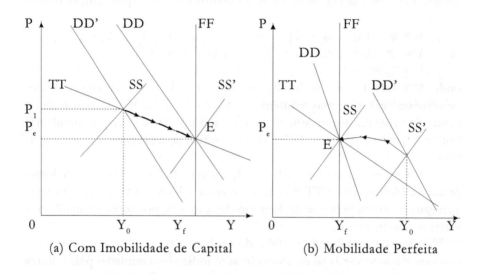

(a) Com Imobilidade de Capital   (b) Mobilidade Perfeita

Figura 12.7
Ajustamento macroeconômico com preços flexíveis e taxas flexíveis de câmbio

A resposta keynesiana quanto aos mecanismos automáticos de ajustamento via salários e preços será vista no Apêndice 3. Cabe por enquanto notar que as duas últimas ordens de crítica ao Mundell-Fleming listadas ao final da seção anterior ainda não foram enfrentadas. Estoques de ativos e passivos ainda não foram abordados em plenitude. Expectativas foram incluídas apenas no mercado de trabalho. Veremos a seguir os enfoques da taxa de câmbio e do balanço de pagamentos a partir da operação dos mercados de ativos.

CAPÍTULO
13

Mercados de ativos
e macroeconomia aberta

O ENFOQUE MONETÁRIO DO BALANÇO DE PAGAMENTOS E DA TAXA DE CÂMBIO

Taxas fixas de câmbio e ajuste do balanço de pagamentos

Mecanismos automáticos de ajustamento por meio dos preços em economias abertas foram abordados por David Hume no século XVIII, com seu argumento formulado em um contexto de padrão ouro (veja a parte do livro sobre o sistema monetário internacional). Sendo um dos formuladores iniciais da teoria quantitativa da moeda, esta cumpria papel central em seu raciocínio. Os argumentos de Hume foram retomados modernamente pelo autodenominado enfoque monetário do balanço de pagamentos e da taxa de câmbio, prescindindo da referência ao padrão ouro, ou seja, a sistemas monetários onde o volume de moeda em circulação seria conversível a uma taxa fixa em unidades de algum metal precioso e, portanto, proporcional ao estoque disponível deste metal atuando como lastro.

A teoria quantitativa da moeda (TQM) parte da identidade $\overline{M}_s.V \equiv P.T$, onde V corresponde à velocidade de circulação da moeda e T ao volume bruto de transações, um resultado necessariamente verdadeiro *ex post*. Torna-se teoria quando formula a hipótese de estabilidade em V e, portanto, de tradução direta do volume de meios de pagamentos em valor nominal bruto das transações. Se a relação de estabilidade é estabelecida com respeito à renda, a TQM assume sua chamada versão de Cambridge, onde $\overline{M}_s = M_d = (1/\overline{V}) . P. Y = \overline{k} . P. Y$.

Essa TQM foi revisitada por Milton Friedman nos anos 50, reformulando-a no contexto de seu confronto com os keynesianos. Uma das implicações da demanda especulativa por moeda, como reserva de valor, proposta pelos keynesianos, era a variabilidade da velocidade de circulação. Friedman, por sua vez, aborda a moeda como um ativo como outros e, portanto, de proporção em princípio variável nos portfólios. Friedman submete a retenção de moeda a um cálculo maximizador pelos agentes, no qual ela é confrontada com as demais formas de reserva de riqueza e onde sua atratividade é função decrescente da taxa de juros.

A variabilidade estabelecida em princípio para a demanda por moeda, no entanto, desaparece no momento seguinte. Na medida em que o autor também acopla a idéia de uma "taxa natural de juros" ou de equilíbrio (r_e), à qual tenderia a economia (seguindo Wicksell), uma vez alcançada esta taxa a estabilidade da TQM retorna:

(1) $\quad \overline{M}_s = M^d = k\,(\,r_e\,)\,.\,P.\,Y$

Excesso (ou escassez) de saldos monetários desejados em relação à oferta são eliminados mediante corte (ou aumento) de compras de bens ou ativos não-monetários, ou seja, por meio de redução (ou elevação) do lado direito da equação. Se a economia está no pleno emprego — na "taxa natural de desemprego" — correspondente ao equilíbrio geral, o ajuste se dá, respectivamente, por deflação ou inflação nos preços de bens ou ativos não-monetários. É relevante realçar que é o ajuste nos estoques de ativos que determina o movimento nos fluxos.

O raciocínio original de Hume sobre o ajustamento externo automático pode ser assim resumido: qualquer excedente (déficit) na balança comercial (identificada com o balanço de pagamentos) implicaria tendência a apreciação (depreciação) da moeda local. Dada a taxa de câmbio definida a partir do conteúdo oficial das moedas em ouro, a partir de certo ponto — "pontos do ouro" — tornar-se-ia lucrativo importar (exportar) ouro. Como conseqüência, em função de uma (teoricamente) obedecida relação entre volume de moeda em circulação na economia e seu lastro em ouro, o estoque de moeda aumentaria (diminuiria). De acordo com a TQM, os deficitários comerciais exportadores de ouro passariam por uma deflação, enquanto os superavitários comerciais importadores de ouro sofreriam inflação. Superavitários perderiam competitividade e o inverso se passaria com os deficitários.

O enfoque monetário do balanço de pagamentos em regimes de câmbio fixo mantém a mesma seqüência, substituindo a interveniência do ouro pela variação de reservas externas do banco central. Seus formuladores sempre insistiram em atribuir um caráter não necessariamente monetarista ao enfoque, ou seja, este não dependeria de supor a vigência da TQM. A ênfase nas repercussões monetárias dos saldos globais ou de compensações oficiais no balanço de pagamentos em regimes de câmbio fixo foi até, de fato, parte básica do Mundell-Fleming, como vimos. Tais repercussões não eram devidamente contempladas nos enfoques de elasticidade e absorção.

A novidade aqui seria a incorporação explícita do cálculo otimizante aplicado à moeda e os demais ativos ou, dito de outro modo, a fundamentação em um equilíbrio de estoques que comanda a posição final de equilíbrio dos fluxos, algo que em tese poderia ser compatível com qualquer modelo do mercado de trabalho, dos mercados de bens e serviços e da conta corrente do balanço de pagamentos. A filiação a Friedman e à escola de Chicago de onde vinham seus formuladores (Harry Gordon Johnson, Jacob Frenkel etc.), contudo, se revela na adoção quase exclusiva da TQM com pleno emprego como referência, até porque o enfoque perde sua força de predição quanto ao caráter monetário dos desequilíbrios de balanço de pagamentos se não há estabilidade entre as variáveis reais e os estoques monetários.

Em relação a Hume, a TQM de Friedman já havia introduzido a novidade teórica do direcionamento do excesso ou escassez de saldos monetários reais incluindo ativos e não apenas bens. Por sua vez, o enfoque monetário para economias abertas incorpora também a possibilidade de direcionamento do excesso ou escassez para compra ou vendas de ativos no exterior, supondo que agentes locais não mantêm reservas de liquidez em moeda estrangeira e supondo também homogeneidade entre ativos domésticos e externos.[1] Além disso, pressupõe também a vigência da lei do preço único e, portanto, da paridade do poder de compra (reveja Capítulo 10).[2] Decorre daí uma outra diferença em relação a Hume: em regimes de câmbio fixo, o ajustamento entre estoques existentes e desejados de moeda deixa de estar centrado em inflação ou deflação domésticas e se efetiva mediante déficits ou superávits externos (conta corrente mais capitais), cujo impacto sobre a base monetária não pode ser esterilizado indefinidamente.

Na posição de equilíbrio geral estarão definidas a renda de pleno emprego e a taxa natural de juros. Portanto, há uma única quantidade de encaixes reais estável, endogenamente determinada. A implicação do enfoque monetário é que todo e qualquer desequilíbrio global de balanço de pagamentos é um fenômeno monetário, de desajuste entre disponibilidade e necessidade de liquidez:

(2) $\quad (M_s / P)_e = k\, (\bar{r}_e)\; \cdot\; \bar{Y}_f$

(3) $\quad SG = \phi \cdot [\, (M_s / P)_e - (M_s / P)\,]$

onde $\bar{r}_e$ é a taxa natural de juros emanada da posição de equilíbrio geral, $(M_s / P)_e$ é a única quantidade estável de liquidez real e ϕ é um parâmetro que mede a velocidade de ajuste em que o excesso ou a escassez de liquidez

---

[1] A substitubilidade imperfeita entre ativos domésticos e externos, em função de riscos, ainda não foi abordada.

[2] Essa é uma diferença importante entre o enfoque monetário e os modelos Mundell-Fleming com preços fixos ou flexíveis. Nestes, a taxa real de câmbio podia ser diferente de um, mesmo quando prevalecendo, no caso de preços flexíveis, a PPC relativa no longo prazo.

são eliminados via compra ou venda de bens e títulos, não sendo possível resolver o desequilíbrio localmente. Observe ainda que, como os agentes não detêm reservas em liquidez externa, o excesso ou escassez de liquidez real reflete o componente de "crédito do banco central" ou crédito doméstico no volume de meios de pagamento. Este CBC é em geral o alvo de metas de políticas de ajustamento externo no enfoque monetário, até porque as mudanças nas reservas refletem no caso o ajustamento de liquidez, cujo desajuste é gerado pelo CBC.

Taxas flexíveis de câmbio e ajuste do balanço de pagamentos

O ajuste monetário se torna automático e restrito ao país em desequilíbrio no regime de taxas flutuantes de câmbio. Seja (4) o equivalente de (2) para o resto do mundo:

(4) $(M_s^* / P^*)_e = k^* (\bar{r}_e^*) \cdot \bar{Y}_f^*$

A lei do preço único, por sua vez, implica uma taxa real de câmbio igual a um, como se depreendeu no Capítulo 10, ou seja:

$$e = P / P^*$$

A partir de (2), (4) e da expressão acima obtemos:

(5) $e = (M_s / M_s^*) \cdot [k^* (\bar{r}_e^*) \cdot \bar{Y}_f^*] / [k (\bar{r}_e) \cdot \bar{Y}_f]$

Excesso ou escassez de liquidez real se traduzem em variações na taxa nominal de câmbio e o efeito destas sobre preços domésticos trata de eliminar o desequilíbrio de liquidez. A posição nominal da taxa de câmbio é ditada pelas proporções efetivas entre liquidez nominal disponível (oferta de moeda) e liquidez real necessária (demanda por moeda) que vigoram no país e no resto do mundo.[3]

No caso de taxas fixas de câmbio, a exogeneidade dos meios de pagamento postulada nos modelos monetaristas de economia fechada deu lugar a sua endogeneidade nominal (exogeneidade em termos reais). As flutuações de curto prazo correspondem a fenômenos monetários, dado que as variáveis reais — inclusive a demanda por saldos monetários reais — são vistas como inerentemente estáveis. A exogeneidade da moeda reaparece agora nos regimes de câmbio flexível.

---

[3] Um resultado que vai contra os modelos anteriores é o de que uma expansão na renda real doméstica, com oferta monetária fixa, implica escassez de liquidez e apreciação cambial. Vale também lembrar que, mesmo com a substitubilidade perfeita entre ativos domésticos e estrangeiros, o igualamento de taxas reais de juros continua dependendo do grau de mobilidade dos capitais.

Vejamos o caso de economias grandes, com repercussão global. No caso das taxas fixas de câmbio, a lei do preço único implica inflações ou deflações iguais no conjunto da economia mundial, em conformidade com o total de liquidez disponível excedente ou escasso, o qual se distribui pelos saldos globais de balanços de pagamentos nacionais. Isso aconteceria independentemente da origem nacional dos desequilíbrios.

Este "monetarismo global" foi usado como uma das explicações da inflação mundial dos anos 60, sendo esta vista como disparada pelos déficits norte-americanos no contexto de taxas fixas de câmbio. Tornou-se uma fonte de defesa adicional de um sistema de taxas flexíveis de câmbio.

O desempenho empírico do enfoque monetário mostrou-se fraco (Caves, Frankel e Jones, 1996). Ao mesmo tempo, como já mencionamos, o funcionamento do sistema de taxas flutuantes a partir dos anos 70 caracterizou-se por forte instabilidade cambial e de juros, em contraste com suas propriedades estabilizadoras anunciadas pelo enfoque monetário e pelo modelo Mundell-Fleming com preços flexíveis. Por outro lado, seu foco nos equilíbrios de estoques de ativos seria aprofundado em uma nova família de modelos que emergiu na segunda metade dos anos 70 e nos anos 80, abordada a seguir.

Um aspecto do enfoque monetário em contraste com a evidência empírica é a desimportância que atribui aos saldos em conta corrente, enquanto se sabe, por exemplo, que mudanças cumulativas nesta conta exercem influência sobre as taxas nominais de câmbio (Baillie e McMahon, 1989). A dinâmica macroeconômica aberta é vista por aquele enfoque exclusivamente a partir do saldo global do balanço de pagamentos. Também no Mundell-Fleming, tinha-se ou a desconsideração das diferenças entre estruturas de balanço de pagamentos no que diz respeito à composição entre saldos correntes e movimentos de capitais (modelo com preços fixos), ou o estado final de inevitável exaustão do ingresso/saída de capitais, dados os custos de transação cambial e a perfeita substitubilidade entre ativos (modelo de longo prazo, com preços flexíveis).

Os modelos de equilíbrio de portfólios buscam introduzir a substitubilidade imperfeita entre ativos, além da interação entre a conta corrente e a conta de capitais. As dinâmicas de estoques de ativos e de fluxos se tornam então interdependentes.

O ENFOQUE PELO EQUILÍBRIO DE PORTFÓLIOS

A crescente integração financeira internacional provocou uma reviravolta na teoria da macroeconomia aberta a partir dos enfoques de equilíbrio de portfólios internacionalizados, estendendo os modelos macroeconômicos com base em equilíbrios de portfólio de James Tobin. Se a introdução da mobilidade de capitais trouxera modificações de peso na macroeconomia aberta com o modelo Mundell-Fleming, o foco direto em tais movimentos de capitais o faria com maior força ainda. Em sintonia com a generalizada percepção de que a integração financeira estava implicando modificações nucleares no modo de funcionamento das economias nacionais, tratava-se de endogenizar na teoria macroeconômica os determinantes da órbita financeira internacionalizada. Veremos aqui uma amostra seletiva e simplificada, dentro do possível, da agenda de discussões contida nesta atual fronteira da teoria macroeconômica aberta.

Tanto na primeira aproximação aos fundamentos da taxa de câmbio (Capítulo 10), quanto no Mundell-Fleming e no enfoque monetário, observamos que se abstraía então a não-comparabilidade entre ativos, tomando-os como substitutos perfeitos ou, o que resultava no mesmo, supondo agentes neutros em relação aos riscos e que levam em conta exclusivamente os rendimentos esperados. Contudo, os ativos, além de variarem em liquidez e maturidade, incorporam atributos de riscos diferenciados, que vão desde uma variabilidade possível nos resultados reais da aplicação dos recursos nos casos de investimento de risco, riscos de preços associados a inflação não antecipada, até a possibilidade de inadimplência (*default*) do emissor de títulos em carteira, riscos políticos que independem do emissor do passivo e outros. No caso de transações internacionais de ativos, acrescentam-se os riscos próprios às transações cambiais, o que é uma das possíveis explicações de não prevalecer, empiricamente, a PNCJ entre ativos equivalentes, mesmo quando há alta mobilidade e baixos custos de transação (Baillie e McMahon, 1989) (Rivera-Batiz e Rivera-Batiz, 1994).

Um ponto de partida geral da economia financeira é justamente tomar os agentes como avessos ao risco. Em sua comparação entre portfólios contendo ativos de distintas classes de risco, exigem maiores retornos como forma de compensar uma tomada de riscos maiores (um prêmio de risco). Uma questão a ser respondida se torna então como os agentes estabelecem este cálculo de risco e de prêmios, ou seja, em que medida os agentes estabelecem um *trade-off* entre rentabilidade e risco.

No que segue, estabelecemos a seguinte seqüência: introduzimos inicialmente alguns aspectos básicos a respeito da seleção de portfólios diante de risco, para um agente individual, seguindo Caves, Frankel e Jones (1996, pp. S70-S72). A partir destes pontos, esboçamos um conjunto de equações representando o equilíbrio geral nos mercados de ativos internacionais. Algumas considerações sobre estoques de dívidas externa e pública e política econômica podem então ser extraídas.

Vejamos de início como a diversificação de ativos em um portfólio tende a diminuir o risco associado a este. Suponha que há dois ativos, um de longo e outro de curto prazo — nossos B e D do Capítulo 9 — com retornos reais (i_b e i_d respectivamente) correspondendo a variáveis aleatórias.[4] Qualquer que seja o método expectacional de construção (veja adiante), o agente estabelece subjetivamente uma distribuição de probabilidades quanto ao retorno do ativo. O retorno esperado, E(R), de qualquer portfólio composto por estes ativos será:

(6) $E(R) = E(i_b) . x + E(i_d) . (1 - x)$

onde as E(.) denotam os valores esperados — esperança matemática — de cada uma das variáveis aleatórias e x é a parcela do portfólio mantida em B. O risco é medido pela variância. Com Var(.) significando a variância de uma variável aleatória, bem como Cov(.) representando a covariância entre as duas variáveis aleatórias (a relação entre os retornos dos dois ativos), a variância do retorno total do portfólio será:[5]

(7) $Var(R) = Var(i_b) . (x)^2 + Var(i_d) . (1 - x)^2 + (x)(1 - x) . 2 . Cov(i_b, i_d)$

O risco do portfólio será tão maior quanto mais correlacionados forem os retornos dos ativos presentes.

Vejamos o caso mais simples em que os dois ativos têm variâncias iguais. Se além disso os dois ativos são perfeitamente correlacionados, ou seja, $Var(i_b)$ = $Var(i_d)$ = $Cov(i_b, i_d)$ = uma constante $\bar{V}$, não importa a composição do portfólio em termos de risco (a variância do retorno do portfólio independe do x na equação 7). Não é possível reduzir risco mediante diversificação, porque manter um ativo é exatamente igual a manter o outro.

---

[4] Veja o encarte para uma breve recuperação dos conceitos estatísticos usados a seguir. Os autores agradecem à professora Catherine Marie Mathieu por sua elaboração.

[5] Duas propriedades são necessárias para derivar a seguinte equação. Uma é a de que a variância de x vezes uma variável aleatória seja igual a x^2 vezes a variância da variável. A outra é a de que a variância da soma de duas variáveis seja igual à soma das variâncias de duas variáveis mais duas vezes a covariância.

CONCEITOS BÁSICOS

ESPERANÇA MATEMÁTICA: é o valor médio esperado — portanto um valor teórico — que associa os diversos resultados possíveis (valores assumidos pela variável) a suas respectivas probabilidades/freqüências de ocorrência. É diferente da média, pois esta última palavra costuma ser usada preferencialmente em estatística descritiva.

VARIÂNCIA: sempre positivo, este valor é a soma dos desvios (elevados ao quadrado, porque a soma dos desvios, por definição, é nula) em relação à média (ou à esperança matemática). Informa a respeito da variabilidade/dispersão dos dados em relação à tendência central.

COVARIÂNCIA: é o valor médio do produto dos desvios para cada par de pontos de dados, vale dizer, a média do produto dos desvios de pontos de dados em relação a suas respectivas médias. Mede a relação entre dois intervalos de dados, informando se se movem juntos ou não: (1) a covariância é positiva quando os maiores valores de um conjunto são associados aos maiores valores do outro conjunto; (2) é negativa quando os menores valores de um conjunto de dados correspondem aos maiores valores do outro conjunto; (3) é nula quando os valores dos dois conjuntos não se relacionam, vale dizer, quando as variáveis são independentes.

CORRELAÇÃO: medida por meio de um coeficiente cujo valor é sempre compreendido entre -1 e 1 inclusive, é a relação entre a covariância e o produto dos desvios padrão (estes últimos sendo a raiz quadrada da variância). Compara o movimento conjunto das variáveis com o produto das variabilidades individuais: (1) a correlação é positiva (podendo ser perfeita) quando o coeficiente tem valor próximo de 1 (igual a 1): descreve variáveis tendo um mesmo movimento plenamente relacionado; (2) a correlação é negativa (perfeita) quando o valor do coeficiente é próximo de -1 (igual a -1): descreve variáveis tendo um movimento inverso porém plenamente relacionado; (3) a correlação é quase nula (ou nula) quando o coeficiente é próximo de zero (igual a zero): revela a independência entre os comportamentos das variáveis. Nota: a correlação igual a zero decorre (isto é visível por sua própria expressão) de uma covariância nula, isto é, da independência entre as variáveis.

Contudo, basta não haver tal correlação perfeita para que, mesmo com a igualdade de variâncias, a diversificação de ativos permita a redução de risco. Neste caso, Cov (i_b, i_d) é menor que $\overline{V}$. Se $x = 1$ ou se $x = 0$ (portfólios integralmente compostos por B ou D), tem-se Var(R) $= \overline{V}$, enquanto que, caso $0 < x < 1$, tem-se uma Var(R) $< \overline{V}$.[6] Há um ganho de redução de risco no portfólio por meio da diversificação de ativos mesmo quando os riscos associados a cada ativo em particular são iguais.

Vejamos agora como o risco associado a ativos se expressa na exigência de um prêmio por isso. Suponha que um dos ativos não envolva risco. Digamos que a variância de D é igual a zero, tratando-se de um ativo quase-monetário relativamente seguro. Enquanto isso, B é um ativo envolvendo um retorno pós-fixado, com um componente pré-fixado, ou seja, $(i_b + \Delta i)$. Pode tratar-se de uma debênture para a qual há pagamentos pré-estabelecidos e o Δi corresponde a ganhos ou perdas de capital associados ao preço de revenda; pode, alternativamente, ser um título com taxa nominal pré-fixada sujeita a riscos inflacionários; pode ainda ser um ativo quase-monetário externo sujeito ao risco cambial onde o Δi representa então a desvalorização da moeda local etc. O retorno esperado do portfólio se torna:

(6a) $E(R) = x \cdot [\, i_b \cdot E(\Delta i)\,] + (1 - x) \cdot i_d$

Dado que a variância de D e a covariância são zero, a variância do portfólio depende exclusivamente de B. A equação (7) reduz-se a:

(7a) $\mathrm{Var}\,(R) = x^2 \cdot \mathrm{Var}\,(\Delta i)$

Em termos gerais, o agente buscará alguma composição entre retorno e risco. Seja $\Psi\,[E(R); \mathrm{Var}(R)]$ a função-objetivo que ordena as preferências do agente entre retorno e risco. A escolha do x que maximiza Ψ será aquela cuja primeira derivada desta função-objetivo seja nula, ou seja:

(8) $d\Psi/dx = [d\Psi/d\,E(R)] \cdot [d\,E(R)/dx] + [d\Psi/d\,\mathrm{Var}(R)] \cdot [d\,\mathrm{Var}(R)/dx] = 0$

A partir de (6a), obtém-se $d\,E(R) / dx = i_b \cdot E(\Delta i) - i_d$. Por sua vez, (7a) nos dá $d\,\mathrm{Var}(R) / dx = 2 \cdot x \cdot \mathrm{Var}(R)$. O ponto de máximo para Y, ou seja, (8), corresponde neste caso a:

(8a) $d\Psi/dx = [d\Psi / d\,E(R)] \cdot [i_b \cdot E(\Delta i) - i_d] + [d\Psi/ d\,\mathrm{Var}(R)] \cdot [2 \cdot x \cdot \mathrm{Var}(R)] = 0$

---

[6] Para verificar estes resultados, observe que, com variâncias iguais para os dois ativos, os dois primeiros termos em (7) equivalem a $\overline{V} \cdot (1 - 2 \cdot x + 2 \cdot x^2)$, enquanto o terceiro termo é $(2 \cdot x - 2 \cdot x^2) \cdot \mathrm{Cov}\,(\,.\,)$. Se Cov$(\,.\,)$ é igual a $\overline{V}$, a soma dos três termos resulta em $\overline{V}$. Se a covariância é menor do que as variâncias, tal soma só pode resultar em um valor menor que $\overline{V}$.

A resolução da equação dá a alocação ótima de portfólio (a proporção entre B e D) para o agente:

$$(9) \quad x_e = \frac{i_b \cdot E(\Delta i) - i_d}{\{ [-d\Psi/ d\ Var(R)] / 2 \cdot [d\Psi / d\ E(R)]\} \cdot Var(R)}$$

O termo entre chaves no denominador revela a medida em que o agente é avesso ao risco em relação a quanto aprecia em retorno, sendo usualmente chamado de coeficiente relativo de aversão ao risco, ou $RAR \equiv - [d\Psi/ d\ Var(R)] / 2 \cdot [d\Psi / d\ E(R)]$. Observe que o numerador, ou seja, $i_b \cdot E(\Delta i) - i_d$, representa um prêmio (Pr) em termos de remuneração em B para compensar o risco em relação a D. A equação (9) então nos mostra o portfólio ótimo, isto é, $x_e = Pr / [RAR \cdot Var(R)]$ e simultaneamente o prêmio de risco aceito pelo agente:

$$(10) \quad Pr_e = x \cdot RAR \cdot Var (R)$$

Se o agente é extremamente avesso ao risco, sua função-objetivo o levará a reter apenas D em seu portfólio. Já o agente neutro em relação ao risco ($RAR = 0$) não exige prêmio de risco.

Observe que caso D e B sejam respectivamente um ativo doméstico e um ativo externo, com Δi correspondendo à desvalorização cambial esperada sujeita ao risco cambial, vemos que a PNCJ é um caso especial de neutralidade em relação ao risco ou de ausência deste. A PNCJ homogênea, em sua formulação geral, se torna:

$$(11) \quad (1 + i) = (1 + i^*) \cdot (1 + ê^0) \cdot (1 + Pr)$$

Desprezando os pequenos produtos entre as taxas, a PNCJ se reduz a:

$$(11a) \quad i = i^* + ê^0 + Pr$$

Note também que, caso o agente já detenha ativos de alto risco em seu portfólio e se defronte com a possibilidade de agregar um título com menor variância e com baixa covariância em relação aos incorporados previamente, o prêmio pode até ser negativo. Em (11a), por exemplo, se há um risco de preço doméstico por razões inflacionárias e uma expectativa segura quanto à evolução das taxas nominais de câmbio, o prêmio de risco para a aquisição de títulos no exterior tende a ser negativo (um desconto).

Os exemplos acima ilustram dois pontos. O primeiro exemplo mostra os ganhos de diversificação de portfólios (caso dos dois ativos com remunerações e variâncias iguais), ou seja, o conhecido princípio de "nunca colocar todos os ovos em uma mesma cesta". O segundo evidencia o *trade-off* entre remuneração e risco, onde se inscrevem prêmios de risco no retorno para que o agente possa sentir-se compensado por este risco (caso dos dois ativos com variância nula em um deles). Este prêmio será tanto maior quanto maior for a proporção do ativo no portfólio, quanto maiores forem sua variância e sua covariância com os demais e, além disso, quanto maior for o grau de aversão ao risco pelo agente.

Dada uma estrutura de taxas de retorno e de riscos mensuráveis pelas variâncias e covariâncias, os agentes estabelecem seus portfólios ótimos em termos de quantidades desejadas dos ativos. O equilíbrio geral dos mercados de ativos supõe então uma adequação entre a oferta relativa de ativos — via quantidades ou taxas de retorno — e a expressão agregada das demandas relativas de ativos pelo conjunto de agentes.[7] No tocante aos estoques absolutos de riqueza patrimonial doméstica e do resto do mundo, remete-se ao lado real (associados ao comércio intertemporal entre o consumo presente e o futuro de bens e serviços).

No plano internacional, a mobilidade perfeita de capitais faz dos mercados de ativos globalizados o cenário de alocação de portfólios, submetendo-os a sua lógica de operação. Adaptando a introdução de Branson e Henderson (1985), o sistema de equações a seguir representa as condições de equilíbrio onde as combinações de quantidades e taxas de retorno para cada ativo estão endogenizadas, tendo-se, como parâmetros, as variâncias e covariâncias entre outros.

Há três ativos domésticos, moeda (M), um título de dívida de curto prazo (D) e ações (B), e três no resto do mundo, moeda (M*), título de dívida de curto prazo (D*) e ações (B*). Todos são objeto de demanda por cada um dos agentes — incluindo-se portanto a possibilidade de "substituição de moedas" (*currency substitution*), que ocorre quando agentes não retêm reservas líquidas apenas na moeda de seu país de origem. As demandas agregadas dos agentes domésticos e estrangeiros por cada ativo correspondem respectivamente a m(.), d(.), b(.), m*(.), d*(.) e b*(.) nas equações abaixo, com os subscritos h para domésticos e f para estrangeiros. No exemplo, a oferta de cada ativo está dada no curto prazo e é sua taxa de rendimento que se ajusta.

O sinal da derivada em relação a cada um dos determinantes da demanda está colocado acima destes. Por sua vez, os valores em moeda estrangeira estão convertidos à moeda local, segundo a taxa de câmbio nominal vigente.

---

[7] Se as preferências que regem a escolha de portfólios são homogêneas de grau um, as quantidades relativas de cada ativo em equilíbrio independem da magnitude absoluta da riqueza a ser alocada e constituem as variáveis de ajuste em relação a rendimentos e riscos.

$$
\begin{array}{ccccccccccccccc}
& - & - & - & - & - & + & + & - & - & - & - & - & - & + \\
\end{array}
$$

(12a) $M_s - m_h(\, 0 \,; \hat{e}^0 \,; i_d \,; i_b \,; i_d^* + \hat{e}^0 \,; i_b^* + \hat{e}^0 \,; P.Y \,; W) - m_f(\ \hat{e}^0 \,; 0 \,; i_d - \hat{e}^0 \,; i_b - \hat{e}^0 \,; i_d^* \,; i_b^* \,; P^*.Y^* \,; W^*) = 0$

$$
\begin{array}{ccccccccccccccc}
& - & + & - & - & - & - & + & - & + & - & - & - & - & + \\
\end{array}
$$

(12b) $D_s - d_h(\, 0 \,; \hat{e}^0 \,; i_d \,; i_b \,; i_d^* + \hat{e}^0 \,; i_b^* + \hat{e}^0 \,; P.Y \,; W) - d_f(\ \hat{e}^0 \,; 0 \,; i_d - \hat{e}^0 \,; i_b - \hat{e}^0 \,; i_d^* \,; i_b^* \,; P^*.Y^* \,; W^*\,) = 0$

$$
\begin{array}{ccccccccccccccc}
& - & - & + & - & - & - & - & + & - & + & - & - & - & + \\
\end{array}
$$

(12c) $B_s - b_h(\, 0 \,; \hat{e}^0 \,; i_d \,; i_b \,; i_d^* + \hat{e}^0 \,; i_b^* + \hat{e}^0 \,; P.Y \,; W) - b_f(\ \hat{e}^0 \,; 0 \,; i_d - \hat{e}^0 \,; i_b - \hat{e}^0 \,; i_d^* \,; i_b^* \,; P^*.Y^* \,; W^*\,) = 0$

$$
\begin{array}{ccccccccccccccc}
& + & - & - & - & - & + & + & + & - & - & - & - & + & + \\
\end{array}
$$

(12d) $e.M_s^* - m_h^*(\, 0 \,; \hat{e}^0 \,; i_d \,; i_b \,; i_d^* + \hat{e}^0 \,; i_b^* + \hat{e}^0 \,; P.Y \,; W) - m_f^*(\hat{e}^0 \,; 0 \,; i_d - \hat{e}^0 \,; i_b - \hat{e}^0 \,; i_d^* \,; i_b^* \,; P^*.Y^* \,; W^*) = 0$

$$
\begin{array}{ccccccccccccccc}
& + & - & - & + & - & - & + & + & - & - & + & - & - & + \\
\end{array}
$$

(12e) $e.D_s^* - d_h(\, 0 \,; \hat{e}^0 \,; i_d \,; i_b \,; i_d^* + \hat{e}^0 \,; i_b^* + \hat{e}^0 \,; P.Y \,; W) - d_f^*(\hat{e}^0 \,; 0 \,; i_d - \hat{e}^0 \,; i_b - \hat{e}^0 \,; i_d^* \,; i_b^* \,; P^*.Y^* \,; W^*) = 0$

$$
\begin{array}{ccccccccccccccc}
& + & - & - & - & - & - & + & + & - & - & - & + & - & + \\
\end{array}
$$

(12f) $e.B_s^* - b_h(\, 0 \,; \hat{e}^0 \,; i_d \,; i_b \,; i_d^* + \hat{e}^0 \,; i_b^* + \hat{e}^0 \,; P.Y \,; W) - b_f^*(\hat{e}^0 \,; 0 \,; i_d - \hat{e}^0 \,; i_b - \hat{e}^0 \,; i_d^* \,; i_b^* \,; P^*.Y^* \,; W^*) = 0$

(12g) $\qquad \overline{W} = m_h(.) + d_h(.) + b_h(.) + m_h^*(.) + d_h^*(.) + b_h^*(.)$

(12h) $\qquad \overline{W}^* = m_f(.) + d_f(.) + b_f(.) + m_f^*(.) + d_f^*(.) + b_f^*(.)$

Os seis primeiros itens nos argumentos funcionais das demandas em 12a - 12f perfazem o vetor de rendimentos nominais associados aos ativos. Os dois primeiros itens refletem a desvalorização cambial esperada. Do ponto de vista doméstico, as taxas de rendimento são nulas para a moeda local e a desvalorização cambial esperada significa um rendimento para reservas líquidas em moeda do resto do mundo. Por sua vez, para os estrangeiros, a desvalorização cambial equivale a um custo de reservas na moeda doméstica, ao passo que seu rendimento é nulo sobre reservas monetárias em sua própria moeda.

Cada ativo tem sua demanda positivamente dependente de seu rendimento próprio e negativamente dependente do rendimento dos demais. A desvalorização cambial se acrescenta aos rendimentos dos ativos estrangeiros.

As rendas nominais dos países (P.Y e P*.Y*) entram como fatores determinantes da demanda transacional de moeda. A partir das restrições 12g e 12h, sabe-se que, para agentes domésticos e estrangeiros, as somas das primeiras derivadas das demandas em relação a qualquer um dos parâmetros é necessariamente zero, ocorrendo em cada um destes casos uma redistribuição da riqueza entre ativos e/ou países. Já no caso de aumentos na riqueza (W e W*), todos os ativos têm aumentos em suas demandas absolutas. As derivadas somam 1 neste segundo caso.

O ponto central é o seguinte: dada uma estrutura de avaliação de riscos quanto aos ativos, bem como um estado da arte quanto às expectativas cambiais, há uma estrutura de taxas de retorno compatível com a quantidade ofertada de cada ativo.[8] Alternativamente, há quantidades ofertadas de cada

---

[8] Riscos e prêmios não-mensuráveis pela variância e covariância serão abordados no Apêndice 3. Sobre expectativas, veja logo a seguir.

ativo compatíveis com as taxas de retorno oferecidas por estes. Em geral, maiores quantidades de cada ativo só podem ser colocadas mediante oferecimento de maior retorno. Da mesma forma, um aumento (redução) nos riscos associados a ativos em particular — riscos *específicos de ativos e/ou de países* — altera a taxa de retorno exigida pelo ativo na mesma direção.

Diante da negociabilidade dos ativos e a mobilidade de capitais, a arbitragem leva ao ajuste automático dos mercados. Taxas de retorno dos ativos e/ou taxas de câmbio são obrigadas a mover-se de modo a estabilizar a distribuição internacional de riqueza. Trata-se do estabelecimento simultâneo da "curva de rendimentos" (*yield curve*) entre os ativos de cada país e das PNCJ que incluem os prêmios de risco entre os ativos de cada classe internacionalmente comparável (na forma da equação 11a mostrada anteriormente).

A conta de capitais reage mais rapidamente que a conta corrente. O equilíbrio global do balanço de pagamentos pode envolver saldos correntes diferentes de zero, dependendo da distribuição internacional da riqueza entre os diversos ativos.

Uma das principais insuficiências apontadas no modelo Mundell-Fleming foi a não-endogenização dos impactos dos fluxos associados à política fiscal sobre o estoque da dívida pública. A mesma crítica foi posta no tocante aos reflexos de déficits em conta corrente e ingressos de capital sobre o estoque de dívida externa. O enfoque monetário, por sua vez, deu ênfase a limites na estocagem de moeda pelos agentes, o que equivale a dizer restrições à política monetária. O equilíbrio internacional de portfólios acima, por seu turno, indica *capacidades de absorção* dos diversos ativos pelos portfólios internacionalizados (tanto dos agentes domésticos quanto dos agentes externos), em termos de combinações factíveis entre quantidades e taxas de juros oferecidas. O presente enfoque, portanto, apresenta-se como um preenchimento da lacuna dos enfoques anteriores, ao propor determinantes dos limites e possibilidades que as políticas fiscal e monetária teriam para atuar.

A conta corrente participa do equilíbrio de portfólios pelos volumes — e taxas de retorno — dos ativos a ela associados. Por seu turno, este equilíbrio define os saldos em conta corrente. Cumpre observar que o equilíbrio de portfólios é compatível com qualquer visão quanto aos mercados de bens e serviços e de trabalho, não havendo razão intrínseca pela qual o saldo em conta corrente se materialize em posições de pleno emprego. É possível, em tese, combinar tal enfoque walrasiano dos mercados de ativos com enfoques não-walrasianos dos mercados de bens e serviços e das balanças comerciais.

Também os investimentos no país e no resto do mundo estão condicionados por sua capacidade de colocação de títulos nos portfólios de equilíbrio. Se são dados os estoques de riqueza a serem distribuídos entre os ativos, os investimentos concorrem entre si e com outros tipos de ativos por espaços em tais portfólios. Há combinações de quantidades e taxas de rendimento para cada ativo em particular e para cada país, dado o *country risk* (incluindo o cambial) e o espaço ocupado pelo país nos portfólios globais. O equilíbrio de portfólios emerge deste modo como uma das fundamentações possíveis da dinâmica interativa entre estoques e fluxos e entre poupança financeira e investimento descrita contabilmente no Capítulo 9.

A abordagem do equilíbrio de portfólios cria um novo item na agenda da política econômica: a *gestão de riscos*, específicos ao país e aos títulos de dívida pública que financiam a política fiscal e de investimentos públicos. Uma redução de tais riscos implicaria combinações mais favoráveis de taxas de retorno e quantidades de títulos dentro da capacidade de absorção nos portfólios internacionalizados.

Cabe observar que a noção de equilíbrio de portfólios, assim como no tocante a visões com respeito aos mercados de bens e serviços e de trabalho, é compatível com distintas visões sobre a estabilidade dos parâmetros, a natureza das expectativas e o escopo dos fatores de risco envolvidos. Vale a pena, portanto, precisar as abordagens das expectativas pela literatura.

Afinal, a formação de expectativas acaba tendo um peso importante na determinação do equilíbrio de portfólios. Este último corresponde a uma espécie de "mundo virtual" (Bourguinat, 1993), uma tradução em termos de valores presentes esperados para cada um dos ativos, e esse mundo virtual pode condicionar o movimento real (investimentos, políticas fiscal e monetária, déficits em conta corrente etc.). No tocante às relações entre a avaliação virtual de ativos na esfera das finanças e as variáveis ditas reais que lhe dão fundamentos, as diferenças entre os "núcleos duros" delineados no Apêndice 1 aparecem com força.

Duas são as principais formas de tratamento das expectativas e dos processos decisórios na literatura macroeconômica, cada uma delas incorporando variantes. De um lado, propõe-se a abordagem do processo decisório dos agentes como um problema de maximização sob restrições, no estilo utilizado acima na apresentação do *trade-off* entre risco e retorno. Variantes aparecem na especificação do processo de aprendizado dos agentes e de formação das expectativas. Vamos chamá-las de *abordagens pela maximização*.

Do outro lado, encontra-se um questionamento quanto a tais abordagens pela maximização. Enfatizam-se as condições de *incerteza* que cercam as decisões, tais como impossibilidade de redução de vários elementos decisórios a variáveis calculáveis de risco, variabilidade suficientemente forte de parâmetros para impedir um aprendizado que faça convergirem expectativas e os processos concretos etc. Na presença de incerteza, enfraquece-se a pressuposição de que agentes adotam algoritmos de maximização como norma racional de comportamento. Podemos chamar as contestações das abordagens pela maximização de *abordagens pela racionalidade circunscrita* ou *limitada*.

Uma das variantes nessa linha inclui, por exemplo, tomar expectativas e processos decisórios como não-teorizáveis ou como exógenos. Conforme observamos no Apêndice 1, o estado da arte das expectativas empresariais é um dos determinantes exógenos do equilíbrio macroeconômico da teoria geral de Keynes. Esta abordagem é mantida entre alguns autores, que consideram pouco profícuo endogenizar teoricamente o processo decisório e de formação de expectativas.

Já outra variante propõe abordar os processos decisórios a partir de *rotinas* diante da incerteza, ou seja, observando como os agentes adotam regras de comportamento invariáveis diante de pequenas mudanças no conjunto de informações do ambiente em que operam, regras que são revisadas apenas periódica e não-automaticamente. Esta variante se aplica sobretudo ao contexto de decisões organizacionais complexas em ambientes estáveis, como é freqüente no caso das decisões das corporações nos mercados de bens e serviços (Canuto, 1995) (Higashi et al., 1996).

Uma das abordagens pela racionalidade limitada será utilizada no Apêndice 3, para o caso das decisões de agentes sobre seus portfólios, dentro de nosso exemplo de abordagem keynesiana. O agente formula um cálculo de maximização, porém em condições de incerteza e confiança menos que perfeita quanto aos parâmetros.

Tratamos no Apêndice 2 da formação de expectativas dentro das abordagens pela maximização.

14

Brasil: ajuste do balanço de pagamentos e taxas de câmbio

Este capítulo aborda o ajuste do balanço de pagamentos e o papel cumprido pelas taxas de câmbio na economia brasileira a partir do final dos anos 60. O comércio brasileiro foi visto na Parte I deste livro, ao passo que os fluxos de capital para o Brasil estão presentes nas Partes II e IV. Aqui, neste capítulo, cumpre delinear os principais aspectos das políticas de ajustamento macroeconômico implementadas pelo governo brasileiro, diante de mudanças de fundo na dinâmica daquelas contas, ou seja, mudanças que impuseram adequação nos fluxos do balanço de pagamentos.

O trajeto dos modelos de macroeconomia aberta desta parte culminou em uma versão na qual a dinâmica dos mercados de ativos, em nível internacional, assumiu uma posição básica. A dinâmica dos mercados de bens e serviços (vale dizer, renda e emprego) é condicionada pelos saldos comerciais (bens e serviços não-de-fatores) autorizados pelas demais contas do balanço de pagamentos. Estas demais contas são as variações nas reservas externas e o ingresso líquido de capital, descontados os serviços de fatores (remessa de lucros e pagamentos de juros).

Veremos neste capítulo como as grandes alterações nas magnitudes e nas características dos fluxos de capital externo para o Brasil suscitaram políticas de ajustamento diferenciadas ao longo do tempo. Antes, contudo, convém repassar alguns dos pontos sobre o ajuste de balanço de pagamentos apresentados nos capítulos anteriores.

POLÍTICAS DE AJUSTAMENTO MACROECONÔMICO E BALANÇO DE PAGAMENTOS

A rigor, pode-se apontar dois níveis de alcance temporal nas políticas de ajustamento da macroeconomia aberta. Em um nível, há a *acomodação* da economia e de seu balanço de pagamentos, no curto prazo, às possibilidades e limites de ingresso de capital vigentes. Uma vez que tenham efeito em breve tempo, as políticas de deslocamento e de variação de gastos abordadas nos Capítulos 11 e 12 são empregadas, em busca de adequação dos saldos comerciais às restrições. Da mesma forma, políticas monetárias ou de taxas de juros podem gerar movimentos compensatórios de capital, durante períodos curtos, conforme o modelo Mundell-Fleming com mobilidade de capital (Capítulo 12).

Em outro nível, estariam as políticas de *ajustamento estrutural*, que buscam alterar as condições paramétricas que demarcam as relações econômicas com o exterior, algo a ocorrer ao longo de vários períodos. Políticas não estritamente compensatórias concernentes aos estoques e fluxos de capital aqui se incluem. Exemplos são a renegociação de dívidas junto a credores externos, mudanças patrimoniais locais como tentativa de mudar o ingresso de capital, reformas estruturais no sistema financeiro, inclusive em suas relações com o exterior etc.

O ajustamento estrutural também envolve, é claro, o efeito ao longo do tempo das políticas atuantes sobre a relação entre saldos comerciais e níveis domésticos de renda — inclusive as de variação e de deslocamento de gastos. A mudança estrutural corresponde, no caso, a alterações na razão entre saldos comerciais e renda doméstica, para dados níveis de taxa de câmbio, correspondendo tal processo a uma resposta adaptativa de agentes e mercados diante de políticas ou do próprio quadro estrutural.

Independentemente de seus efeitos de longo prazo, as políticas de aumento ou diminuição de gastos e de seu deslocamento, por meio das quais o saldo comercial é conformado dentro das restrições, exercem impacto sobre a renda real local. No caso da variação de gastos, o efeito se dá diretamente sobre o nível da demanda agregada, por meio das políticas fiscal e monetária. Por sua vez, a mudança cambial e os instrumentos equivalentes de deslocamento de gastos (proteção e promoção comercial) alteram os preços de produtos locais em relação aos do exterior e, por conseguinte, mudam o poder de compra de cada unidade de renda local.[1]

Uma desvalorização cambial encarece localmente os produtos externos e, ao final, os agentes domésticos se defrontam com preços mais altos, quer das importações ou de seus substitutos locais. O resultado é simetricamente inverso no caso da valorização: importações ficam mais baratas, inclusive na substituição de produtos domésticos. O ajustamento estrutural da restrição de comércio exterior sobre a renda busca, no longo prazo, modificá-la sem recorrer a essa adequação via nível de emprego e/ou de poder de compra dos rendimentos locais.[2]

---

[1] No Capítulo 11, o efeito desta mudança foi parcialmente capturado, por exemplo, no coeficiente δ da equação (9).

[2] O efeito termos-de-troca acompanha o efeito competitividade, como vimos no Capítulo 11. Canuto (1997b) apresenta um modelo de crescimento com restrição de divisas no qual os ritmos setoriais de inovação e imitação tecnológica e os níveis de elasticidade-renda e elasticidades-preço, também diferenciáveis setorialmente, tornam mais ou menos perverso o *trade-off* entre ajustes comerciais via taxas de câmbio e via emprego em função dos padrões de especialização das economias.

Conforme exemplificamos no Capítulo 12 — na discussão sobre ajustamento com preços flexíveis —, a visão clássica ou novo-clássica enxerga um ajustamento estrutural automático no lado das transações comerciais, por intermédio de mudanças nos preços relativos. No máximo, políticas de variação e deslocamento de gastos aceleram o ajustamento, em direção a uma ou poucas posições "naturais" de emprego e renda.

O crescimento econômico local, a partir do pleno emprego, dependeria de economias de escala, aprendizado tecnológico local e transferido do exterior, acumulação de capital humano ou, simplesmente, mudança na repartição do produto entre consumo e poupança.[3] Além disso, restaria a austeridade fiscal e monetária, bem como a adoção e obediência a regras estáveis, de modo a ensejar credibilidade e atribuição de baixo risco ao país por parte dos detentores de ativos em escala internacional. A despeito do caráter dominador da alocação internacional de poupança sobre os saldos comerciais em primeira instância, os fundamentos reais seguem comandando o processo em última instância no longo prazo, nesta visão.

Nas visões divergentes da (novo)clássica, como a keynesiana, há um escopo para políticas de ajustamento estrutural que não se limitem a acelerar a trajetória em direção a um equilíbrio natural de pleno emprego ou a buscar austeridade e credibilidade. O "núcleo duro" keynesiano esboçado no Apêndice 1 destaca a histerese e a multiplicidade de trajetórias possíveis, ao longo do tempo, na interação entre o mundo virtual dos estoques patrimoniais nas finanças e os fluxos de produção e renda nos mercados de bens e serviços. O mundo das finanças, instável e de ajuste rápido, condiciona a trajetória de produção e renda, sendo os mercados de bens e de trabalho relativamente inertes e de ajuste mais lento. Por seu turno, a trajetória cumulativa dos mercados de bens e serviços pode traduzir-se, nos mercados financeiros, em descontinuidades e rupturas expectacionais que se autovalidam. No que tange ao balanço de pagamentos, quanto maior o número de opções de ajuste acomodatício do saldo comercial às contas de capitais, maior é também o número possível de trajetórias de longo prazo e de ajustamento estrutural.

Para finalizar, vale relembrar as diferenças entre os novos clássicos e o enfoque keynesiano apresentado no Apêndice 3 no tocante aos mercados de ativos e a conta de capitais do balanço de pagamentos. Para os primeiros, trata-se sempre de poupanças interna e externa que se complementam ou se substituem como fontes de financiamento do investimento.

---

[3] Conforme os velhos e novos modelos neoclássicos de crescimento exógeno ou endógeno (Ferreira e Ellery Jr., 1996). Os mesmos fatores de crescimento são destacados nos modelos keynesianos e evolucionistas, porém, ao contrário dos anteriores, de modo não necessariamente independente da demanda agregada. Sobre esses e os modelos neoclássicos, consulte Verspagen (1993), McCombie e Thirlwall (1994) e Higashi et al. (1996).

No segundo caso, a venda de ativos locais no exterior se inscreve no processo de *finance* e *funding* de estruturas patrimoniais domésticas. Neste contexto keynesiano, os sistemas financeiros nacionais diferem em suas funcionalidades, isto é, em suas capacidades de gerar e sustentar o financiamento do investimento de longo prazo e, através disso, o *funding* de estruturas patrimoniais carregadas com ativos de longa maturação.

O ingresso de capital externo pode então estar associado a uma busca de *funding* no exterior, quando o sistema financeiro do resto do mundo se apresenta mais funcional que o doméstico. Tem-se, no caso, um movimento de capital que não se identifica como contrapartida de saldos em transações correntes do balanço de pagamentos. Trata-se de um movimento autônomo de capitais, cuja harmonia com as transações correntes é justamente buscada via acomodação do saldo comercial ou via movimentos compensatórios de capital.

Verifica-se então a presença de um saldo líquido no movimento de capitais cuja determinação está em necessidades de financiamento do investimento doméstico e não da conta corrente do balanço de pagamentos, com os níveis correspondentes ao financiamento do investimento podendo ser maiores ou menores que aqueles exigidos pelo balanço de pagamentos. Há, no caso keynesiano, a idéia de que as necessidades de financiamento externo derivadas da conta corrente podem divergir *ex ante* das necessidades de uso da poupança financeira externa para o investimento doméstico. Conclui-se que as políticas de ajustamento estrutural, nesta abordagem keynesiana, compreendem também políticas concernentes às funções de financiamento que o resto do mundo cumpre no que diz respeito à reprodução e crescimento das estruturas patrimoniais locais.

Em economias com sistemas financeiros domésticos pouco funcionais, investimentos públicos — em infra-estrutura ou em outros ativos de retorno baixo e de longo prazo — são exemplos básicos de inversões com necessidades de financiamento sem atendimento local. Neste caso, restrições fiscais fazem do setor público um componente usual deste *funding* no exterior. Veremos a seguir que este foi o caso no Brasil.

A MACROECONOMIA ABERTA BRASILEIRA: 1970-96

Podemos *grosso modo* dividir a evolução do balanço de pagamentos e dos correspondentes ajustes macroeconômicos no Brasil, entre o final dos anos 60 e o presente, em três grandes períodos:

O ciclo de endividamento externo junto aos bancos (1970-82)

Conforme examinado na Parte IV, a partir de fins dos anos 60 se inicia um ciclo de endividamento externo brasileiro junto ao sistema bancário então em pleno processo de internacionalização. Partindo de US$ 3,9 bilhões e

11,3% do PIB em 1968, a dívida externa bruta cresceu até atingir 24,5% do PIB ao final de 1981.[4]

O gráfico da Figura 14.1 mostra a contrapartida deste endividamento em termos de fluxos anuais correspondentes às contas do balanço de pagamentos. O ingresso anual na conta de capitais eleva-se em patamares até 1981, sofrendo uma inflexão para níveis negativos depois de 1984. O total de investimentos diretos líquidos (exceto reinvestimentos) de risco ao longo de 1969-82 não chegou a US$ 12 bilhões, e os empréstimos e financiamentos de médio e longo prazos foram os principais responsáveis pela entrada de capital no período.

Os gráficos das Figuras 14.1-14.3 revelam também que, entre o início do endividamento externo junto a bancos e o ano de 1973, não são os saldos comerciais ou de conta corrente do balanço que explicam o aporte de capital, conforme expresso na expansão da liquidez internacional (reservas) no período. Decerto que passou a ser este o caso entre 1973 e 1975, após o primeiro choque de preços do petróleo (importado) em 1973 e a conseqüente deterioração nos termos de troca, com ambos se fazendo sentir na ascensão do coeficiente de importações no PNB (Figura 14.3). Contudo, os gráficos das Figuras 14.1, 14.2 e 14.3 também apontam que o saldo comercial ao longo do período de 1970-82 como um todo dificilmente poderia ser indicado como fator exclusivo de explicação do endividamento.

O déficit em transações correntes cresce sistematicamente entre 1977 e 1982, ultrapassando US$ 10 bilhões em 1979, mas a média anual de déficits comerciais de bens e serviços não-de-fatores (ou seja, exceto rendas de capitais) é menor que US$ 3,4 bilhões no mesmo período, enquanto a liquidez externa se eleva sistematicamente, com a breve exceção de 1973-75. Por sua vez, os níveis de taxas de juros internacionais da década não poderiam ter tornado explosivo este déficit de 1973-75 e responsabilizá-lo pelo endividamento externo.

Na verdade, a entrada de empréstimos e financiamentos diz mais respeito ao *finance* e *funding* do que à relação entre saldos comerciais e crescimento local. Os investimentos públicos e o financiamento público de investimentos privados de firmas nacionais, elementos básicos do crescimento brasileiro no período, encontraram na disponibilidade de crédito bancário externo, a baixo custo, a possibilidade de evadir-se das restrições fiscais e financeiras domésticas.[5] Como subproduto, o financiamento bancário ex-

---

[4] Cruz (1984) apresenta uma radiografia exaustiva desse processo e é a base do que se segue. Exceto quando indicado de outro modo, todas as estatísticas mais recentes desta seção foram obtidas de boletins mensais do Banco Central do Brasil.

[5] Cruz (1984) é o trabalho clássico sobre a insuficiência dos saldos comerciais como explicação exclusiva do endividamento externo junto aos bancos, destacando a função de fonte de financiamento do investimento cumprida pelo crédito externo, preenchendo a lacuna de alternativas domésticas. Sobre as características do crescimento industrial do período, comparando-o com os anteriores, veja-se por exemplo Canuto (1991; 1994).

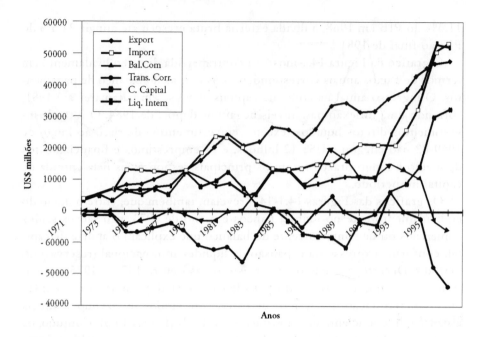

Figura 14.1

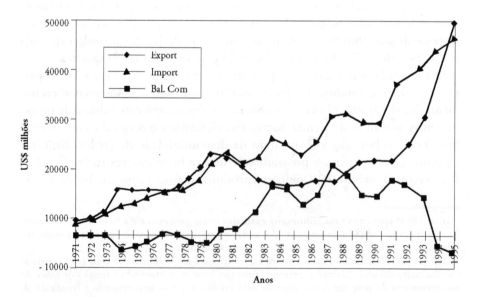

Figura 14.2

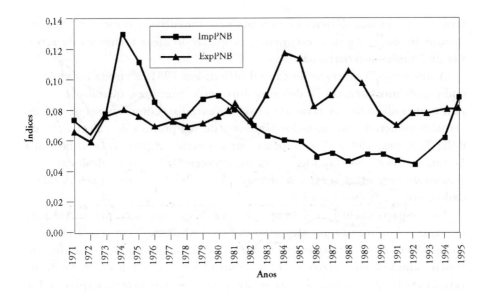

Figura 14.3

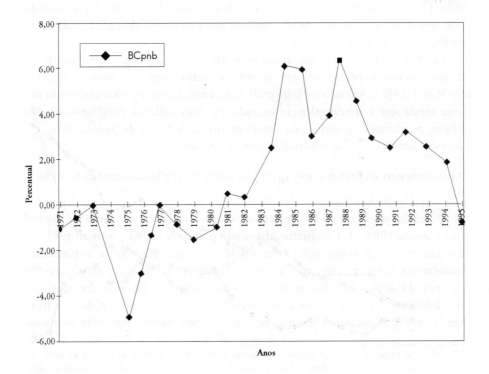

Figura 14.4

terno permitiu que déficits comerciais não impedissem o ciclo de investimentos industriais e de crescimento, propiciando até a formação de reservas de liquidez internacional.[6]

A despeito do ingresso de capital infletir em 1981, a virada do ciclo de endividamento bancário se deu nos dois anos anteriores, quando se elevaram acentuadamente as taxas de juros no exterior, como conseqüência do arrocho monetário nos Estados Unidos e de sua política de valorização do dólar (Tavares, 1992). A economia norte-americana tornou-se então uma bomba de sucção de liquidez mundial, exercendo um efeito-deslocamento (*crowding-out*) sobre o espaço ocupado, pelo Brasil e outros países endividados, nos portfólios bancários.

Este espaço, inclusive, já se aproximava de níveis pouco prudentes para os bancos, implicando um alto grau de sua "exposição" em relação a esses países. Além disso, os novos patamares de taxas de juros, incorporados automaticamente em novos e velhos contratos —mediante cláusulas de repactuação periódica de taxas de juros — tornaram explosivo o endividamento. O fato de ter mudado a tendência quanto ao ingresso de capital, embora este tenha assumido patamares absolutos maiores entre 1979 e 1982, pode ser notado no declínio da liquidez externa (ver gráfico da Figura 14.1). Cumpre notar, também, a fragilidade da "defesa" constituída por reservas externas diante do movimento estrutural de redução drástica de ingressos na conta de capital.

Em 1982, a moratória declarada pelo México inaugurou a crise aberta da dívida externa de economias em desenvolvimento junto aos bancos. O caráter Ponzi (veja o Apêndice 3) do endividamento destas economias implicava uma tendência à inadimplência quando os empréstimos paralisassem. No Brasil, seguiram-se políticas de ajustamento do balanço de pagamentos, diante do fim do ciclo de endividamento junto aos bancos.

Ajustamento externo e estagnação com inflação ascendente (1983-91)

O gráfico da Figura 14.1 mostra os saldos negativos na conta de capital ao longo de 1984-91. Conforme abordado por Baer (1993), os maiores bancos credores, em articulação com instituições multilaterais e autoridades monetárias norte-americanas, adotaram uma estratégia peculiar de gestão da crise da dívida. Monitoraram as contas externas e internas dos devedores, buscando obter a máxima recuperação possível de seus créditos e liberando, nas renegociações em que se defrontavam com os países individuais,

---

[6] O custo de carregamento de reservas externas corresponde à diferença entre as taxas de juros de empréstimos não amortizados e os rendimentos de ativos líquidos externos guardados como reservas. Cumpre observar que a expansão de fluxos nas contas de capitais aumenta as proporções consideradas prudentes de reservas líquidas, em relação a transações comerciais, visto que a liquidez concerne à segurança de todos os fluxos de pagamento.

os montantes exatamente suficientes para evitar maiores rupturas e moratórias (assumindo inclusive a lacuna deixada pelos pequenos bancos que se afastaram).

Com a recuperação de negócios nos EUA e outros países desenvolvidos, pouco a pouco caiu a parcela daqueles países em crise nos portfólios dos bancos, além do fato de estes terem recuperado parte de seu crédito aplicado. Iniciaram-se, então, processos de renegociação efetiva da dívida restante, envolvendo queima parcial, alongamento de prazos e outros mecanismos de alívio — evidentemente, sem qualquer ressurgimento de "dinheiro novo" bancário.

A contrapartida de ajustamento brasileiro teve vários elementos. Mudanças (desvalorização) no patamar médio de taxas reais de câmbio bem como o recurso, quando necessário, a mecanismos de proteção comercial, cumpriram um papel significativo de deslocamento de gastos. Políticas monetárias, salarial e fiscal (particularmente as duas primeiras) exerceram efeitos de redução de gastos também quando necessário.

Como resultado da maturação de investimentos de longo prazo realizados nos anos 70 e da resposta adaptativa à política de ajuste por parte do sistema produtivo local, os saldos comerciais transitam para níveis megasuperavitários a partir de 1983 (Figuras 14.1 a 14.3). Cresce acentuadamente o grau de abertura pelas exportações, em volume e em participação no PNB, enquanto os mesmos indicadores apresentam declínio no caso das importações. O saldo em conta corrente flutua em torno de zero no período.[7]

Vale observar, adicionalmente, o volume acumulado de superávits comerciais, no período, em relação aos déficits comerciais da fase anterior. A economia brasileira apresentou "bom comportamento" dentro da estratégia dos credores, com exceção de breves momentos de moratória ou atraso. O ajuste do balanço de pagamentos, por outro lado, condicionou fortemente os demais aspectos (internos) da macroeconomia aberta.

Para além dos fluxos comerciais, efetivou-se um ajuste patrimonial do setor privado diante do quadro, processo iniciado até bem antes da erupção da crise da dívida, em 1982, quando já se vislumbrava a insustentabilidade a longo prazo do ciclo de endividamento bancário (Almeida, 1994). Grandes empresas nacionais e subsidiárias de estrangeiras reduziram investimentos ao mínimo e usaram todos os recursos correntes possíveis para reduzir seu grau de endividamento, externo e interno. Além disso, contaram com os rendimentos financeiros baseados na dívida pública, como uma fonte significativa e segura de receita para sanear seus patrimônios.

A contraface do ajustamento do balanço de pagamentos e da estrutura patrimonial do parque empresarial foi a deterioração fiscal e financeira do

---

[7] O caráter atípico do ano de 1986 — o Plano Cruzado — se manifesta na queda de exportações e na redução de reservas externas.

setor público. Este bancou parte do ajuste privado sob várias formas: (i) encampou parte da dívida externa privada;[8] (ii) o declínio em termos reais da receita tributária, além de outros subsídios diretos, transferiu parte do ônus do ajuste privado ao governo; (iii) o circuito de rendimento financeiro teve, como sua outra ponta, taxas altas de juros bancadas por uma expansão da dívida pública etc.

Em adição a esses fatores, a desvalorização cambial real, ingrediente básico do ajustamento comercial, exerceu impacto sobre o valor em moeda local da dívida externa pública. O descompasso entre, de um lado, os superávits comerciais privados e, de outro, a responsabilidade pelo setor público quanto aos encargos associados à dívida aceleraram um processo específico de endividamento público interno. O ajuste comercial causou desajustes fiscais e necessidades de financiamento público crescentes!

Em termos de dinamismo macroeconômico, a crise do setor público e a baixa propensão a investir fora do circuito lastreado na dívida pública, por parte do setor privado, implicaram que os saldos comerciais fossem obtidos sem grande criação de capacidade produtiva adicional, em geral entrando em conflito com o mercado interno. Baixas taxas de crescimento e de investimento marcaram a época.

A inflação entrou em ritmo ascendente. A indexação generalizada de preços e de patrimônios (até pela importância da dívida pública indexada) tornou sensíveis os patamares inflacionários a eventuais choques cambiais ou de outra ordem. A dependência crescente do governo em relação à reciclagem de sua dívida interna — a essa altura de curtíssimo prazo —, bem como aos fluxos de divisas, suscitou ataques especulativos de origem doméstica, quanto à taxa de câmbio e às taxas de juros, que endogenizaram aqueles choques cambiais e de juros (Belluzzo, 1993). Políticas ortodoxas e heterodoxas (congelamento de preços e outras) mostravam-se cada vez mais incapazes de deter a tendência hiperinflacionária.

Abertura comercial e financeira e novo ingresso de capital (1992 - 96)

A primeira metade dos anos 90 foi marcada, entre outros aspectos, pela liberalização comercial (redução da proteção comercial) e financeira, incluindo-se aí as mudanças quanto aos investimentos diretos externos. No tocante ao comércio, chama a atenção o crescimento das importações em valor e em relação ao PNB a partir de 1992 (Figuras 14.2 e 14.3). As exporta-

---

[8] A participação relativa do setor público na dívida externa total de médio e longo prazos era de algo em torno de 52% em dezembro de 1973, passando a 63% em dezembro de 1978 e a 76% em junho de 1984. Parte deste aumento deveu-se a ter sido o setor público o grande captador externo, quer para seus investimentos, quer para fazer o *funding* indiretamente de investidores privados, conforme notamos acima. Outra parte, contudo, correspondeu à absorção pública de dívidas externas privadas (Cruz, 1984).

ções se elevam, mas a um ritmo bem menor, o que se expressa na transição dos mega-superávits para déficits comerciais a partir de 1995.

Tais mudanças são viabilizadas pelo novo ingresso massivo de capital, suficiente até para composição de reservas externas elevadas (Figura 14.1). Trata-se de um novo perfil de capital, associado às transformações financeiras internacionais.[9]

O fato é que as condições de disponibilidade de liquidez em nível mundial vêm permitindo à economia brasileira atrair tal entrada de capital, a partir da liberalização, mediante oferta de um diferencial de taxas de juros em relação ao exterior. Como mostram Garcia e Barcinsky (1996) e Ramos (1997), os diferenciais de juros, tendo como referência medidas diversas de PNCJ (veja capítulo 10), revelam bom desempenho explicativo dos fluxos de ingresso neste período recente.

A margem de manobra para uma política antiinflacionária, permitida pelo novo relaxamento da conta de capitais, foi particularmente exercitada a partir do Plano Real, em 1994, um plano de estabilização assentado na valorização cambial. Esta valorização, em um contexto de abertura comercial e sem a camisa-de-força das metas quanto ao saldo comercial (como foi o caso nos anos 80), implicou forte pressão para baixo sobre os preços dos bens comercializáveis, revertendo a tendência altista característica do período anterior.

A contrapartida foi uma aceleração no crescimento das importações, em função da taxa valorizada de câmbio real e do efeito termos-de-troca desta taxa cambial sobre o poder de compra dos residentes, um efeito inverso ao das desvalorizações típicas dos ajustes comerciais (além da queda abrupta do imposto inflacionário).[10] A crescente vulnerabilidade externa já provocou, em certos momentos, revisões parciais de política: inibição de entrada de aplicações mais voláteis; flexibilização cambial por meio da adoção de faixas reajustáveis de flutuação (os tetos e pisos das "bandas cambiais") etc.

O êxito antiinflacionário do Plano Real teve como subprodutos a explosão no déficit comercial e uma preocupação, manifesta por muitos economistas, de que o crescimento possa estar, de novo, como nos anos 80, "travado" pelo saldo comercial autorizado. O relaxamento na conta de capitais teria sido gasto com o aumento na razão entre o déficit em conta corrente e o PIB. Os economistas do governo, por seu turno, alegam ainda existir larga margem de absorção, no equilíbrio internacional de portfólios, para déficits em conta corrente brasileiros.

---

[9] As transformações no sistema financeiro internacional e o perfil do novo ingresso de capital no Brasil são temas das partes 2 e 4 deste livro.

[10] Holland et al. (1997) nuançam, empiricamente, o contraste entre a predominância das taxas reais de câmbio como fator determinante dos saldos comerciais brasileiros nos anos 80 e, nos anos 90, a atuação das elasticidades-renda sobre esses saldos.

Um outro ponto de fragilidade no quadro econômico montado pelo Plano Real diz respeito aos déficits e à dívida do setor público, visto que sobre eles se fazem sentir as taxas reais de juros elevadas, o componente básico para o ingresso de capital, conforme mencionado. Além disso, os próprios investimentos privados são desestimulados pelo mesmo problema, embora possam recorrer a fontes externas mais baratas e de prazos mais longos que internamente (Ramos, 1997).

O governo afirma ter a solução na privatização e nas reformas estruturais que permitam a diminuição do déficit e da dívida do setor público. A taxa valorizada de câmbio poderia então ser substituída como instrumento antiinflacionário, ao passo que os investimentos diretos externos substituiriam os capitais movidos a diferenciais de juros etc. Por enquanto, o único consenso parece ser o de que, mantendo-se sem reformas e como está, o quadro macroeconômico é insustentável a longo prazo.

PARTE IV

O sistema monetário internacional

A existência de um sistema monetário internacional em um determinado momento pressupõe a satisfação de algumas condições básicas, relacionadas com a existência de regras bem definidas, critérios de ajustes entre as moedas dos países participantes e outros. Esta Parte IV apresenta de forma sistemática alguns desses critérios conforme discutidos na literatura especializada. Dois exemplos mais claros e mais freqüentemente referidos na literatura são o padrão ouro e o sistema de Bretton Woods. O Capítulo 15 apresenta uma breve evolução histórica desses dois sistemas, suas principais características e debilidades, a institucionalidade que tem caracterizado as últimas cinco décadas e o processo de redefinição das relações monetárias internacionais.

Alguns autores consideram que o período pós-Bretton Woods é caracterizado por um "não-sistema", dada a multiplicidade de arranjos existentes. O período que se segue ao fim da convertibilidade do dólar em ouro é apresentado de forma evolutiva, comparando-se a experiência com taxas de câmbio flexíveis com a experiência com taxas fixas. No Capítulo 15 apresenta-se algumas das principais propostas que têm sido consideradas para lidar com a pronunciada instabilidade das taxas de câmbio dos últimos anos.

O Capítulo 16 discute a percepção dos países em desenvolvimento com relação às atribulações do sistema pós-Bretton Woods, a expansão e integração dos mercados financeiros internacionais, no que se convencionou chamar de globalização financeira, os principais fatos relativos ao período de taxas de câmbio flutuantes e algumas interpretações encontradas na literatura a respeito.

No Capítulo 17 faz-se uma análise das relações entre o Brasil e o sistema monetário internacional, com ênfase nas relações entre o país e as instituições multilaterais, na questão do endividamento externo e na inserção mais recente do país no sistema financeiro internacional.

CAPÍTULO
15

Do Padrão-Ouro a Bretton Woods

SISTEMAS MONETÁRIOS INTERNACIONAIS

A expressão *sistema monetário internacional* refere-se ao conjunto de regras e convenções que governam as relações financeiras entre os países. Elas formam o aparato institucional que mantém as relações entre as diversas economias.

Essas normas referem-se em geral a dois aspectos — a conversão de uma moeda a outra e o padrão monetário adotado.

A conversão de uma moeda a outra está associada aos padrões de ajuste das taxas de câmbio, os preços relativos das diversas moedas. Existe uma variedade de possibilidades, desde sistemas de taxas fixas a taxas totalmente flexíveis, e outros, como sistemas mistos, como flutuação administrada, faixas de variação de paridades, desvalorizações marginais e freqüentes, entre outras.

Os padrões monetários são definidos, por sua vez, pela natureza dos ativos de reserva. Essencialmente, podem ser baseados em reservas em espécie (com freqüência o ouro), com valor intrínseco, ou reservas fiduciárias, em que as relações estão baseadas no valor que os agentes econômicos outorgam a cada momento aos diversos ativos.

A eficiência de um sistema monetário internacional não é um fim em si mesmo. Seu principal objetivo é viabilizar a fluidez das relações econômicas entre países, proporcionando a maximização dos ganhos com o comércio e os benefícios derivados dos movimentos de capital.

Um sistema eficiente permite aos produtores se especializarem naqueles bens em relação aos quais cada país tem vantagens comparativas e, aos poupadores, buscar no exterior oportunidades rentáveis de investimento. Isso ocorre por meio das virtudes da *estabilidade* — que contribui para minimizar a volatilidade dos preços de exportação e importação — e da *complementaridade*, que permite que objetivos díspares das autoridades monetárias dos diversos países possam ser compatibilizados.

Os fundamentos da moeda internacional

O uso de um instrumento monetário aceitável como meio de pagamento e como unidade de conta para os participantes das transações internacionais é um pré-requisito para o desenvolvimento do comércio internacional. Sem um meio de pagamento aceitável e uma unidade de conta o comércio internacional tem de reverter a simples trocas. O problema de um sistema de trocas simples é que um agente que deseje adquirir um determinado produto não tem certeza de que o produto que ele fabrica é aceitável pelo produtor do bem que ele deseja adquirir, o que torna limitado o potencial de expansão do sistema.

Em nível internacional existe concorrência entre as moedas nacionais. No mundo moderno nenhum país até hoje conseguiu impor sua moeda como referência única para as trocas internacionais. Isso leva a dois conjuntos de questões: aquelas associadas ao fato de que a moeda é um bem coletivo (tanto nacional como internacional) e as questões relacionadas com a confiança na moeda.

Um país que consegue ter sua moeda aceita para um número significativo de transações internacionais está de fato ofertando um bem coletivo ao mundo. Esse país terá condições de capturar os benefícios derivados dessa posição, ao obter uma diferença entre seus ativos e suas dívidas. Se uma moeda nacional ganha aceitação como unidade de transação, o país que emite essa moeda pode se beneficiar dessa maior aceitabilidade expandindo suas operações.

A oferta de moeda envolve uma operação dupla. O pais emissor "emite uma obrigação", que é usada como moeda, e compra um ativo (dá crédito). A fonte do ganho é a diferença entre a taxa de juros ganha sobre o ativo e a taxa de juros paga sobre a "obrigação". Quando a "obrigação" do país emissor ganha aceitação crescente como moeda, os usuários aceitam "pagar mais pelo serviço", isto é, abrem mão de taxas de juros mais elevadas em troca da posse dessa moeda. Como resultado, a margem entre os juros dos ativos e os juros das "obrigações" do país emissor pode aumentar: o emissor lucra com os rendimentos crescentes de escala.

Isso faz com que exista uma disputa constante, entre os diversos países, para apropriar-se dessa fonte de ganhos. Como não existe uma autoridade monetária internacional que monopolize a emissão de moeda, a oferta de moedas de curso internacional permanecerá ainda por um bom tempo como uma questão em aberto e um estímulo à competição entre países.

A questão básica da confiança

Boa parte da história do sistema monetário internacional tem sido caracterizada pelas tentativas de encontrar estruturas institucionais capazes de minimizar os efeitos da concorrência na oferta de moeda internacional. A questão básica é como o emissor de uma moeda pode convencer potenciais usuários estrangeiros de que sua moeda é estável e tem um valor previsível.

A maneira mais comum de induzir confiança é anunciar que uma determinada moeda é conversível livremente em outro ativo — freqüentemente ouro ou outras moedas — sobre a emissão do qual o país não tem controle.

Isso envolve, entre outras questões, a da *credibilidade,* uma vez que o país pode anunciar hoje que sua moeda equivale a tantos gramas de ouro ou a um preço dado em termos de outra moeda, mas nada garante que esse compromisso será honrado no futuro. Manter um preço determinado como referencial pressupõe a subordinação da política monetária interna do país às necessidades da conversibilidade. Ao mesmo tempo, a confiança dos agentes econômicos em uma moeda abre ao país emissor a possibilidade de apropriar-se de ganhos de escala. Desse modo, ao mesmo tempo em que vários países competem para consolidar suas moedas como unidades de troca internacionais, esses países enfrentam a cada momento a potencial desconfiança dos usuários dessas mesmas moedas.

A história do sistema monetário internacional nos últimos cem anos é uma seqüência de tentativas de construir instituições internacionais que permitam capturar os benefícios do processo de criação de moeda internacional, evitando ao mesmo tempo as crises inerentes a esse sistema competitivo.

O problema da consistência

Um sistema monetário internacional requer a existência de regras claras, aceitas por todos os países que dele participam. Qualquer conjunto de regras implica, no entanto, o que se convencionou chamar de "problema da consistência".

Esse problema deriva do suposto básico de que a soma dos déficits e superávits dos balanços de pagamentos de todos os países em um determinado período de tempo tem de ser igual a zero. Com *n* países, isso significa que *n-1* países podem determinar suas posições quanto ao balanço de pagamentos de forma independente, enquanto o *n-ésimo* país deve aceitar passivamente o resultado do balanço de pagamentos que lhe é imposto pela ação dos demais países. Alternativamente, o sistema deve compreender algum mecanismo que induza à consistência entre os objetivos dos *n* países.

Um sistema monetário internacional pode lidar com esse tipo de problema por meio de: (1) um enfoque do tipo *n-1*, em que o *n-ésimo* país abre mão de definir metas externas, (2) mecanismos de ajuste automático, como taxas de câmbio flexíveis, ou (3) coordenação de políticas entre países, entre outras formas.

É possível associar uma alternativa como (1) ao chamado sistema de Bretton Woods[1] (em que um país permite que sua posição em divisas se

---

[1] Abordado mais adiante neste capítulo.

ajuste ao nível requerido para acomodar as políticas aplicadas pelos demais países), a alternativa (2) às experiências de diversos países nos anos 70 e a alternativa (3) ao período a partir da segunda metade dos anos 70, quando as tentativas de coordenação entre as principais economias passaram a ser um exercício sistemático.

No caso de um sistema do tipo do de Bretton Woods a questão básica é por que um país (no caso, os Estados Unidos) abriria mão de sua capacidade de influenciar suas contas externas. A resposta está em sua posição diferenciada: o fato de sua moeda nacional ser usada como reserva de valor permitia a esse país absorver ganhos (*seigniorage*) derivados da não-necessidade de manter entre seus ativos outras moedas (que rendem retornos limitados) para financiar eventuais déficits futuros. Por intermédio da captação de recursos a baixo custo [uma vez que os outros (n-1) países aceitam seus títulos], o país hegemônico tem facilidade para financiar a aquisição, por exemplo, de ativos produtivos no exterior.[2]

Um sistema desse tipo exige da economia hegemônica a esterilização dos efeitos dos movimentos de reservas. Existem, portanto, limites ao seu funcionamento: (a) quando não apenas esse mas também os demais países procuram esterilizar esses efeitos, tornando o sistema instável; (b) quando o país emissor da moeda de referência não controla seus custos em relação aos dos demais países, comprometendo a evolução do seu saldo em conta corrente.

A análise do sistema monetário internacional é melhor compreendida quando apresentada de acordo com sua seqüência cronológica, uma vez que a evolução das diversas economias e das próprias instituições envolvidas determina — a cada período — os tipos de arranjos viáveis. Historicamente, o primeiro sistema identificado como tal é o padrão ouro, objeto da próxima seção.

O PADRÃO-OURO

A existência de um padrão-ouro está associada à adesão de um número expressivo de países a três características básicas: (1) conversibilidade das moedas nacionais em ouro; (2) liberdade para o movimento internacional de ouro (entrada e saída de cada país); (3) um conjunto de regras que relacionem a quantidade de moeda em circulação em um determinado país ao estoque de ouro de que esse país dispõe.

Com cada país disposto a converter sua moeda a uma quantidade pré-definida de ouro, e com o preço do ouro definido nos mercados internacionais, na prática isso significa que um padrão-ouro estabelece uma paridade fixa entre cada moeda e o preço do ouro, e portanto entre as diversas moe-

---

[2] Alguns analistas argumentam, contudo (Oppenheimer, 1977), que não é correto identificar no sistema de Bretton Woods um "problema do tipo (n-1)", uma vez que o ouro funcionava de fato como a *n-ésima* moeda à qual as demais moedas deveriam estar referenciadas.

das. Eventuais desequilíbrios de balanço de pagamentos são sanados por meio de transferências internacionais de ouro, e o equilíbrio é obtido pelo impacto dos fluxos de ouro sobre o sistema econômico interno. Dado que as autoridades monetárias em cada país estavam sujeitas às mesmas limitações, um dos resultados desse sistema foi uma harmonização efetiva das políticas monetárias, sem necessidade de esforços de coordenação.

A vigência do padrão-ouro é freqüentemente associada à existência de um mecanismo eficiente para assegurar a estabilidade de preços, por limitar o raio de ação das autoridades monetárias nacionais, evitando desequilíbrios do balanço de pagamentos. É geralmente aceito pelos historiadores hoje que esse sistema vigorou de forma plena e em escala global[3] apenas por um período de tempo limitado, de aproximadamente vinte anos.

Origens do Padrão-Ouro

Já em 1816 uma disposição legal (The Coinage Act) na Inglaterra autorizava a cunhagem de moedas em ouro. Três anos depois, outra lei específica determinava ao Banco da Inglaterra que as cédulas emitidas pela instituição fossem resgatáveis em valor correspondente em barras de ouro, tornando a libra esterlina referenciada em termos de sua paridade em relação ao ouro.

Os Estados Unidos por essa época adotavam padrão bimetálico, baseado em ouro e prata. Disposições legais em 1834 e 1837 alteraram a relação do dólar com os dois metais, elevando o peso do ouro na composição (levando de fato a um padrão ouro). O Gold Standard Act de 1900 oficializou a adesão ao novo padrão.

Na Alemanha, em 1871, os recursos recebidos a título de reparação de guerra com a França[4] permitiram a substituição do padrão-prata adotado até então por emissões monetárias baseadas em ouro. A queda na demanda por prata e o aumento paralelo de sua oferta induziram outros países que adotavam esse metal como referência a seguirem o exemplo alemão, de modo que já em 1879 o ouro havia se convertido em referencial para as emissões monetárias em boa parte da Europa, nos Estados Unidos, na Rússia, no Japão e em diversos países latino-americanos.

Vários autores concordam que é mais fácil determinar o período em que o padrão ouro chegou ao fim — 1914, com o início do conflito bélico — do que a data efetiva de sua origem. Como indicado por Yeager (1976): o que se sabe com alguma certeza é que o padrão-ouro não existia em 1870, mas operava plenamente em 1900.

---

[3] Adotaram esse padrão países tão diversos quanto a Grã-Bretanha, Estados Unidos, França, Alemanha, Holanda, Dinamarca, Noruega, Finlândia, Suécia, Bélgica, Suíça, Itália, Grécia, Áustria-Hungria, Rússia, Japão, Austrália, Chile, Portugal, China, África do Sul e Egito (Eichengreen, 1985).

[4] Juntamente com a descoberta de novas minas de prata, que reduziu o preço desse metal.

Funcionamento do modelo básico: a versão de Hume

O funcionamento do padrão-ouro requer que a economia opere em condições de concorrência perfeita, com preços e salários totalmente flexíveis, pleno emprego de fatores de produção, com a demanda por moeda sendo total ou predominantemente para fins de transação e a oferta de moeda uma função do estoque de ouro. Sendo satisfeitas essas condições a chamada teoria quantitativa da moeda[5] passa a ser representativa.

O modelo clássico do processo de ajuste sob o padrão-ouro foi descrito por David Hume (1752), e pode ser apresentado em forma resumida da seguinte maneira, em um modelo com apenas dois bens — ouro e o conjunto de todos os demais produtos.

Um aumento da quantidade de moeda em circulação eleva o nível de preços internos, o que afeta negativamente o saldo comercial externo da economia. Como resultado do déficit em suas transações com o exterior o país demandará uma quantidade maior de ouro para fazer face aos seus compromissos externos. Esse processo reduz o estoque de reservas (ouro) disponíveis, afetando negativamente a oferta de moeda, até o ponto em que essa oferta retorne ao seu nível original. Como resultado da menor oferta de moeda tanto o nível de preços quanto o ritmo da atividade econômica são reduzidos. Esse movimento continua até o ponto em que — a um nível de produção física mais baixo que o original — a quantidade ofertada de moeda é apenas suficiente para manter a economia operando a um nível de preços que permite recuperar o equilíbrio nas transações com o exterior.

É importante notar que o processo é simétrico. Mesmo com a atividade econômica tendo recuperado seu patamar original, o nível de preços permanece relativamente baixo.[6] Isso dá ao país um adicional de competitividade temporário no mercado internacional, levando a um superávit. Como conseqüência desse superávit e da correspondente entrada de ouro, ocorre expansão da oferta de moeda, o que afetará o nível de preços, e no final o equilíbrio das contas externas será necessariamente restabelecido.

Essa racionalização do processo levou a que fossem enfatizadas como vantagens inerentes ao padrão ouro: a tendência à estabilização de preços nos diversos países participantes do sistema, a manutenção de taxas de câmbio razoavelmente constantes,[7] a liquidez internacional que o sistema torna possível ao agilizar o fluxo de recursos reais entre países superavitários e

---

[5] Essa teoria é representada pela identidade $MV=PY$, em que M é a quantidade de moeda em circulação, V a velocidade de circulação da moeda, P um índice representativo dos preços na economia e Y um índice do volume físico de transações. Considerando-se que no curto prazo V é constante (ou sofre alterações imperceptíveis), existe uma relação direta entre a quantidade de moeda em circulação e o nível de preços e de produção.

[6] Como por hipótese M e V são constantes, a um nível de Q mais elevado corresponde um nível de P reduzido, de modo a manter-se válida a relação $MV=PY$.

[7] Com implicações importantes para o estímulo ao comércio internacional.

deficitários, e a possibilidade que o sistema cria de assegurar posições de equilibrio sem intervenção estatal significativa.

Aspectos controversos

O modelo básico de funcionamento do padrão-ouro tem sido objeto de diversas revisões críticas. Entre os aspectos que têm merecido atenção nas análises do período em que se considera que o sistema vigorou para a maior parte dos países estão:[8] os critérios efetivos para a emissão de moeda,[9] o papel do sistema bancário na expansão da quantidade de moeda em circulação, a existência de rigidez à redução nos salários (afetando a capacidade de atuação do mecanismo equilibrador do sistema), a atuação dos bancos centrais,[10] os efeitos diferenciados entre os países industrializados e os demais países,[11] a existência de movimentos de capital (investimentos) que ajudaram a neutralizar os efeitos dos superávits comerciais dos países industrializados, a evidência de que mesmo no periodo de vigência do padrão-ouro as flutuações de preços foram consideráveis, os efeitos — sobre os preços relativos — das variações na produção internacional de ouro, a distribuição desigual de ouro entre os países,[12] entre outros.

Em suma, o que uma revisão crítica do funcionamento do padrão-ouro indica é que o processo teve de fato um grau bem mais pronunciado de intervenção do que o modelo básico de ajustamento sugere.

A tentativa de retorno ao Padrão-Ouro nos anos 20

Da mesma forma que sua origem, a data precisa do final do padrão-ouro é de difícil identificação. Uma série de fatores — desde o fechamento das operações financeiras externas no mercado londrino até o comportamento dos agentes econômicos que consideravam impatriótico o ato de exigir a contraparte em ouro das cédulas que detinham, e incluída a própria dificuldade de movimentação internacional do metal durante o periodo bélico — determinaram esse final.

---

[8] Triffin (1985), Eichengreen (1985).

[9] Que nem sempre correspondia de fato a uma relação fixa com a disponibilidade de ouro, com alguns países adotando uma regra de proporcionalidade.

[10] Em particular, o Banco da Inglaterra, ao influir no fluxo de entrada e saída de ouro na economia britânica, mediante política ativa de juros (Yeager, 1976; Eichengreen, 1985).

[11] Para os primeiros o mecanismo parece ter sido (Triffin, 1985) bem-sucedido em preservar a estabilidade da taxa de câmbio, reduzindo a necessidade de política comercial ativa. Nos países não-industrializados, diferentemente, o que se observa são variações pronunciadas e depreciação das taxas de câmbio.

[12] Um aspecto adicional está associado ao papel da Inglaterra como economia mais importante na época, com grau de abertura comercial e financeira sem paralelo e, portanto, com grande interesse na manutenção da estabilidade das transações internacionais. Para tanto, atuou de forma importante como "emprestador de última instância", emprestando volumes consideráveis de recursos a países deficitários.

O importante a reter, contudo, é que talvez pelo fato mesmo de não se identificar uma causa específica, o comportamento dos agentes econômicos durante o conflito — e sobretudo ao se aproximar o armistício — refletia a expectativa de que naturalmente as taxas de câmbio retornariam ao seu nível "normal" de antes da guerra.[13]

Essa perspectiva de uma volta aos padrões do pré-guerra não considerava as profundas modificações ocorridas durante o conflito no âmbito político (surgimento de novos países), físico (destruição de parques produtivos, sobretudo em países europeus importantes) e financeiro (endividamento público para a reconstrução das economias e pagamento de reparações de guerra).

Nos anos imediatos após o fim da guerra (1919-23) as paridades entre as principais moedas oscilaram de forma pronunciada. Isso estimulou as autoridades de diversos países a buscar a volta da estabilidade obtida nos vinte anos anteriores à guerra. Entretanto, as pressões inflacionárias em quase todos os países nesse período levaram à escassez relativa de estoques de ouro. Para superar essa escassez o Comitê Financeiro da Conferência de Genebra, de 1922, recomendou a adoção mundial do padrão-ouro.

Em que pesem as novas condições a década de 20 testemunhou uma série de esforços no sentido de recuperar a experiência anterior. Aproximadamente cinqüenta países retornaram a esse padrão no período entre as duas guerras mundiais. Em geral a referência mais importante (pelo seu peso específico) é o retorno da Inglaterra ao padrão-ouro em 1925. Já em 1931, contudo, como o desequilíbrio externo da Inglaterra aumentava, levando à saída de ouro, com conseqüências sobre a liquidez e o ritmo de atividade internos, aquele país saiu do padrão-ouro e desvalorizou a libra esterlina. Essa medida foi seguida em pouco tempo por outros 25 países. Os Estados Unidos permaneceram no sistema até 1933. A Alemanha e a Itália também permaneceram no padrão-ouro, mas adotaram medidas de controle sobre o movimento de capitais. A França, Holanda, Bélgica, Suíça e Polônia permaneceram atreladas ao padrão-ouro até1936.[14]

O segundo período histórico em que é possível identificar com nitidez a existência de um sistema monetário tem início no final da Segunda Guerra Mundial, e sua concepção foi fortemente influenciada pela instabilidade que caracterizou o período entre as duas guerras mundiais, sobretudo a década de 30.

---

[13] Uma expectativa não totalmente descabida, se for considerado que as taxas de câmbio de países como a Holanda, Espanha, Estados Unidos, Inglaterra, Japão, França, Suécia, Argentina, Brasil e Itália haviam se alterado relativamente pouco durante o conflito (Yeager, 1976).
[14] Segundo Yeager (1976), pelo menos 35 países abandonaram o padrão-ouro entre 1929 e 1933.

O SISTEMA DE BRETTON WOODS

Em 1944, os delegados de 45 países não-comunistas participaram de uma conferência em Bretton Woods, estado de New Hampshire, nos Estados Unidos, com o propósito de reformar o sistema monetário internacional. O conjunto de medidas acordadas naquela oportunidade passou a ser conhecido como o sistema de Bretton Woods, e compreende tanto iniciativas para lidar com desequilíbrios externos dos diversos países participantes[15] — como parâmetros para eventuais alterações nos valores das moedas nacionais —, quanto a definição do aparato institucional para prover liquidez e financiar o desenvolvimento econômico — como o Fundo Monetário Internacional e o Banco Mundial.[16]

Os acordos para pagamentos internacionais podem ser de tipo bilateral ou multilateral. A experiência do imediato pós-guerra (meados da década de 40) é ilustrativa de um processo de evolução de mecanismos bilaterais de pagamentos para um sistema multilateral.

Naquele momento, os Estados Unidos acumulavam um superávit considerável em relação ao resto do mundo (a Tabela 15.1 ilustra a evolução da posição norte-americana ao longo do tempo) e os pagamentos deveriam ser feitos em dólares ou ouro. No entanto, as reservas disponíveis no resto do mundo eram insuficientes para concretizar esses pagamentos, o que só foi possível com recursos associados ao Plano Marshall[17] e créditos comerciais do Eximbank.

Tabela 15.1
EUA: saldo de conta corrente — periodos selecionados (média do periodo)(*)

Período	Saldo (US$ bilhões)	Número de Anos com Saldo Negativo
1947 - 49	4,09	0
1950 - 70	1,98	3
1971 - 76	7,88	0
1977 - 81	- 4,47	3
1982 - 94	- 96,76	13

Fonte: McCallum (1996), tabela 1-1, pg.7; FMI, *International Financial Statistics.*

[15] Como forma de evitar a repetição das crises vividas na década de 30. A referência clássica a respeito é Kindleberger (1987).

[16] Naquela oportunidade também esteve a ponto de ser criada uma instituição encarregada de um terceiro aspecto importante das relações internacionais — a regulação do comércio entre países —, a Organização Internacional do Comércio.

[17] Entre 1948 e 1952 o Plano Marshall proporcionou aproximadamente US$ 12 bilhões em ajuda e outros US$ 2 bilhões em empréstimos, contribuindo para aliviar a escassez de dólares das economias européias.

Esse movimento teve ao menos dois efeitos importantes, como se verá a seguir. Primeiro, aumentou a preocupação dos diversos países em adotar medidas que evitassem a redução do nível de reservas. Outro efeito foi levar à aproximação gradual de um sistema de pagamentos multilateral, onde um crédito de um país A junto a um país B pudesse ser saldado com moeda de um terceiro país, digamos C, desde que a moeda do país C cumprisse com certas condições de aceitabilidade universal.

A etapa bilateral: 1945-49

No periodo do imediato pós-guerra havia duas áreas monetárias — a área do dólar e a da libra esterlina —, moedas então utilizadas como meios de pagamento internacional. De fato, o cenário se caracterizava então por um conjunto de acordos bilaterais, pelos quais distintos países aceitavam formas diferenciadas de pagamentos:[18] (1) os débitos com o Reino Unido deveriam ser saldados em libras; (2) alguns países aceitavam libras apenas até um limite pré-definido, a partir do qual os pagamentos deveriam ser feitos em dólares ou em ouro; (3) outros países (como a Suíça) aceitavam apenas pagamentos em ouro.

Esse sistema — sobretudo a dependência em relação à libra — mostrou-se crescentemente inadequado à medida que — entre outros motivos — os países europeus recipientes dos dólares derivados do Plano Marshall (a partir de 1947) passaram a tentar superar o caráter estritamente bilateral dos acordos monetários do pós-guerra. Já em novembro de 1947 foi assinado um Acordo para Compensações Monetárias Multilaterais, resultante dos esforços do Comitê Europeu para a Cooperação, criado para a implementação do Plano Marshall. Em outubro de 1948 e novamente em julho de 1949 esse mecanismo foi substituído por Acordos para Pagamentos Intra-Europeus, envolvendo todos os países membros da Organização para a Cooperação Econômica Européia.

Em 1950 um mecanismo ainda mais poderoso foi adotado pelos países europeus — a União Européia de Pagamentos —, por meio do qual os débitos e créditos de cada país europeu com seus parceiros eram saldados (em sua maior parte em libras esterlinas) com base na posição líquida de cada país ao final de cada período. Ou seja, o que interessava agora não era mais a posição bilateral, mas o saldo das diversas transações intra-européias. Esse mecanismo converteu-se, de fato, em um primeiro sistema multilateral, e permitiu a convivência — durante a maior parte da década de 50 — da área do dólar com a área dominada pela libra.

---

[18] Para uma descrição detalhada, ver Tew (1977).

Convertibilidade e ajuste: 1958-71

A rigor, um sistema verdadeiramente multilateral de pagamentos internacionais só passa a existir de fato a partir do momento em que os agentes têm acesso — via mercado — às quantidades desejadas de divisas. Em dezembro de 1958, treze países europeus adotaram medidas que não apenas significaram o desmantelamento dos controles existentes nos mercados de divisas, mas permitiram sua plena convertibilidade para não-residentes, isto é, os possuidores de uma moeda passaram a poder adquirir outras moedas por meio de operações de mercado.

O sistema, após 1958, incluía um dado sem precedentes. Não apenas as moedas dos diversos países tornaram-se conversíveis entre si, via operações de mercado, como incluía a conversibilidade do dólar em ouro, à taxa de US$ 35 por onça de ouro.

Os países que formavam parte do sistema de Bretton Woods aceitavam o fato de que a conversibilidade oficial implicava que suas reservas de divisas fossem mantidas sob a forma daqueles ativos aos quais eles pretendiam converter suas moedas nacionais. Desse modo, os Estados Unidos mantinham boa parte de suas reservas em ouro, o Reino Unido em dólares norte-americanos e um terceiro país, por exemplo a Austrália, em libras esterlinas.

Essa diversidade na composição das reservas chegou a um nível tal que as transações entre moedas nacionais passaram a ocorrer não apenas via mercado, mas também entre bancos centrais e entre estes e o FMI: freqüentemente foram necessárias operações para apoiar países com problemas de déficits persistentes em seus balanços de pagamentos.[19]

As regras básicas para a política cambial do período Bretton Woods estavam centradas em critérios associados à atuação do FMI: os países membros deveriam manter suas paridades dentro de uma faixa de $\pm$ 1% em torno dos valores acordados. Variações superiores a 1% obedeciam a duas condições: até 10% as desvalorizações deveriam ser formalmente comunicadas ao FMI; acima de 10%, era necessária autorização por parte do Fundo.[20]

A década de 60 foi caracterizada pela desconfiança em relação ao dólar: (a) a recuperação das economias européias, associada à expansão do mercado de Eurodólares e aos investimentos norte-americanos no exterior levou

---

[19] Outro aspecto relevante e associado a esse é que a posição deficitária norte-americana perante as demais economias industrializadas frequentemente levava os bancos centrais dos países superavitários a converterem seus dólares em ouro, provocando preocupação crescente quanto às reservas de ouro do Tesouro norte-americano. Em março de 1961, os Estados Unidos e outros nove países criaram o GAB (General Agreement to Borrow), pelo qual se comprometiam a aportar recursos ao FMI quando um desses países demandasse empréstimos em grande escala.

[20] Isso refletia o enfoque adotado pelo FIM: desequilíbrios *temporários* do balanço de pagamentos deveriam ser financiados por reservas do país; desequilíbrios *persistentes* deveriam ser solucionados com políticas fiscais e monetárias restritivas. Apenas quando os desequilíbrios fossem *fundamentais* é que se deveria recorrer à desvalorização cambial.

a freqüentes déficits de balanço de pagamentos por parte dos Estados Unidos; (b) o financiamento via emissão da Guerra do Vietnã, do programa espacial e os esforços relacionados à Guerra Fria provocaram pressão inflacionária que reforçou a tendência ao desequilíbrio externo; (c) a oferta de ouro não aumentou em forma proporcional à demanda, gerando pressão no mercado desse metal.

As condições para a convertibilidade oficial estabelecidas originalmente no sistema de Bretton Woods esgotaram-se em agosto de 1971 — quando foi suspensa a convertibilidade do dólar em relação ao ouro — e subseqüentemente em relação à convertibilidade entre o dólar e outras moedas (as cotações deixaram de ser feitas exclusivamente em termos da paridade em relação à moeda norte-americana).

A INSTITUCIONALIDADE CRIADA EM BRETTON WOODS

O Fundo Monetário Internacional

A chamada Carta de Bretton Woods criou o Fundo Monetário Internacional e o Banco Internacional para a Reconstrução e o Desenvolvimento, ou Banco Mundial. Com isso, estariam criadas as condições para tratar das questões relacionadas com as finanças internacionais e com a retomada do desenvolvimento. Ambas as instituições iniciaram suas operações em 1947. A parte mais polêmica e resolvida apenas parcialmente do ponto de vista institucional era a regulamentação do comércio entre países. A alternativa factível foi um arranjo parcial — o Acordo Geral sobre Tarifas e Comércio — que esteve em vigor por quase cinqüenta anos.

Conforme o acordo inicial, ao Fundo Monetário são atribuídas duas funções: prover os países membros de um código de conduta internacional e zelar pelo seu cumprimento.[21]

Um país com problemas em seu balanço de pagamentos pode impor controles sobre as operações externas de capital. Não lhe é permitido, contudo, impor restrições sobre os fluxos de comércio, a menos que o Comitê Executivo do Fundo reconheça formalmente a existência de dificuldades de pagamento.

O sistema que caberia ao Fundo zelar foi desenhado a partir das experiências traumáticas com flutuações de taxas de câmbio no período entre as duas guerras mundiais, que estimularam movimentos de desvalorização competitiva e levaram de fato à redução do volume de comércio internacional. Assim, o novo sistema estava centrado na manutenção da estabilidade das taxas de câmbio e na provisão de liquidez, quando necessário.

Os países membros adotaram como compromisso a manutenção de suas taxas de câmbio em relação ao dólar norte-americano variando em uma

---

[21] A importância da instituição pode ser medida em termos do número de países participantes: de 45 países fundadores para cerca de 170 atualmente, incluídas aí as principais economias.

margem de 1% dos níveis estabelecidos, embora o mecanismo contemplasse a possibilidade de variações mais pronunciadas, caso justificadas, por meio da compra e venda de divisas: para variações superiores a 1% mas inferiores a 10%, o Fundo deveria ser comunicado formalmente, sem no entanto poder objetar; variações superiores a 10% tinham de ser autorizadas pelo Fundo.

O segundo aspecto que define a base de operação do Fundo desde sua criação é atuar como provedor de liquidez.

Desde sua criação e até 1969 — quando foram criados os Direitos Especiais de Saque —, as operações financeiras do Fundo eram feitas exclusivamente em ouro e nas moedas nacionais dos países membros. Cada país membro tem uma quota — normalmente de 25% em ouro e 75% em sua própria moeda — que serve como referencial para o montante ao qual o país pode aceder nos financiamentos feitos pelo Fundo: cada país tem direito automático a tomar emprestado valor correspondente a até 25% de sua quota sem qualquer condicionalidade específica. A partir daquele limite as autoridades nacionais devem se submeter a um conjunto de medidas, definidas em conjunto com o corpo técnico do Fundo.

As linhas básicas de atuação do FMI estão centradas em sete tipos de facilidades de crédito: (a) Acordos *Stand-By* — freqüentemente com duração entre 12 e 24 meses, são destinados a corrigir desequilíbrios no setor externo dos países, e seu desembolso em parcelas é condicionado ao desempenho econômico segundo metas pré-definidas; (b) *Extended Fund Facilities* — créditos de três anos, originalmente programados como fonte de crédito de longo prazo para lidar com desequilíbrios externos; (c) *Structural Adjustment Facility* — criado em março de 1986, destina-se a países de baixa renda com problemas recorrentes de balanço de pagamentos; (d) *Compensatory and Contingency Financing Facility* — mecanismo de crédito criado em 1963 para países (sobretudo exportadores de produtos primários) com dificuldades de balanço de pagamentos derivadas de queda nas relações de troca; (e) *Enhanced Structural Adjustment Facility* — criado em 1988 para apoio à facilidade (c); (f) *Buffer Stock Financing Facility* — criado em 1969 para financiar a amortização de capital; (g) *Oil Facility* — criado em 1974, permite ao FMI receber empréstimos de exportadores de petróleo e emprestá-los a países deficitários.

O Banco Mundial

À época de sua criação o Banco Mundial foi concebido como um instrumento para ajudar na reconstrução das economias européias afetadas pelo esforço de guerra. Na prática, contudo, esse papel ficou a cargo do chamado Plano Marshall, e o Banco passou a lidar de modo crescente com o tema do "desenvolvimento econômico", e a atuar sobretudo junto a países subdesenvolvidos. Formalmente, seu propósito era o de prover capital para investimentos que permitissem elevar a produtividade, o padrão de vida e as condições de trabalho nos países-membros.[22]

Até os anos 60 o Banco concentrou suas atividades na provisão de recursos para o setor público desses países, financiando grandes projetos de infraestrutura (transporte e energia em particular). A partir de meados daquela década o Banco passou a se ocupar também de projetos nas áreas educacional, de desenvolvimento urbano e agrícola, entre outras.[23] O processo de diversificação da forma de atuar da instituição prosseguiu na década de 70, com o recurso a empréstimos não vinculados a projetos, mas a programas de política econômica e, a partir dos anos 80, por meio de empréstimos para ajustes estruturais, destinados a viabilizar reformas em setores econômicos específicos, como liberalização da política comercial externa, mudanças nos preços relativos do setor agrícola, desregulamentação do setor financeiro, entre outros.[24]

A maneira como o Banco opera na maior parte dos programas é levantando recursos junto ao mercado financeiro a taxas preferenciais e emprestando aos países a essas taxas, acrescidas de uma margem para cobrir custos operacionais: desse modo, o Banco provê crédito em condições preferenciais a países que dificilmente teriam acesso a essas condições por meio dos mecanismos de mercado.

O GATT

No processo de definição da institucionalidade do mundo ocidental no imediato pós-guerra, caberia ao FMI regular a política cambial e as soluções para dificuldades do balanço de pagamentos e, ao Banco Mundial, prover as condições para o desenvolvimento econômico.[25] A tentativa de criar uma Organização Internacional do Comércio foi frustrada pelo Congresso nor-

---

[22] Ver Feinberg/Bacha (1988), para uma análise de desempenho do Banco Mundial. Outros bancos multilaterais que visam a promoção do desenvolvimento econômico são o Banco Interamericano de Desenvolvimento, criado em 1959 e sediado em Washington, o Banco de Desenvolvimento Africano, criado em 1964 e sediado em Abidjã, o Banco de Desenvolvimento Asiático, criado em 1966 e sediado em Manila, o Banco de Desenvolvimento do Caribe, criado em 1969 e sediado em Barbados, e o Banco Europeu para a Reconstrução e o Desenvolvimento, criado em 1991 e com sede em Londres. Todos eles têm fundos especiais para empréstimos a taxas preferenciais, assim como facilidades para empréstimos ao setor privado.

[23] A partir de meados dessa década o Banco passou também a intermediar a concessão de ajuda econômica de parte dos países industrializados, por meio da IDA (Agência Internacional para o Desenvolvimento).

[24] O Banco inovou ainda ao criar (em meados dos anos 50) uma agência — IFC (Corporação Financeira Internacional) — destinada a prover empréstimos e capital de risco diretamente ao setor privado. Além disso, o Banco desenvolve atividades de pesquisa econômica aplicada e capacitação.

[25] À Organização das Nações Unidas (à qual o Banco e o Fundo estão vinculados) caberia a promoção da paz e a discussão de temas de interesse geral.

te-americano, que via nessa iniciativa o risco de perda de autonomia. A solução factível foi um acordo — o Acordo Geral sobre Tarifas e Comércio (GATT) — que veio a se constituir de fato no foro básico para as questões relacionadas à regulamentação do comércio internacional.

Existe consenso entre os analistas da atuação do GATT no sentido de que as diversas rodadas de negociação multilaterais para redução de barreiras ao comércio foram decisivas para o desempenho de diversas economias, assim como para a própria criação de novas condições para as relações internacionais.

O GATT teve origem na Carta de Havana de 1947 e durou até sua substituição pela Organização Mundial do Comércio, criada pelo Acordo de Marrakesh, de 1994, que consolidou os pontos negociados durante a chamada Rodada Uruguai.

Relações institucionais

Das organizações originais do sistema de Bretton Woods apenas o FMI e o GATT têm relações estatutárias definidas. O Fundo tem um papel ativo nas consultas do Comitê de Balanço de Pagamentos do GATT, que é o foro onde se examinam as restrições às importações impostas por cada país para evitar a deterioração de suas contas externas, ao mesmo tempo que tem proporcionado informações macroeconômicas sobre as diversas economias objeto de consultas.[26]

As relações entre o Fundo e o Banco Mundial, no entanto, têm se intensificado nos últimos anos e tornaram-se objeto de crítica freqüente por parte dos países em desenvolvimento.

Até a década de 70 era razoavelmente clara a demarcação dos papéis respectivos do FMI e do Banco Mundial, com o primeiro provendo referencial para solucionar problemas de balanço de pagamentos e o segundo assessorando o Fundo em questões relacionadas com desenvolvimento econômico.

A partir de meados daquela década — quando ficou clara a existência de distorções na estrutura produtiva e política comercial dos países em desenvolvimento, que se traduzia em desequilíbrios externos recorrentes —, o Fundo criou as *Extended Fund Facilities* em 1974, e no início da década seguinte o Banco passou a prover programas de ajuste estruturais, não se limitando mais a financiar apenas projetos.

---

[26] O Artigo II do GATT reconhece que a manipulação das taxas de câmbio e os controles cambiais podem ser usados como formas de proteger os mercados nacionais contra importações, e o Artigo XV detalha em quais áreas as partes contratantes (países membros) devem estabelecer relações com o FMI, provendo informações sobre restrições cambiais inconsistentes com o Acordo GATT e sobre acordos cambiais com países não-membros, entre outros. Para maiores detalhes ver Durán (1995).

As condicionalidades que passaram a ser exigidas em ambos os casos têm clara superposição: os programas financiados pelo Banco passaram a incluir temas de política macroeconômica, enquanto os acordos com o Fundo passaram a incluir reformas estruturais que antes eram objeto exclusivo dos programas do Banco: ao final da década de 80 todos os países que receberam empréstimos para ajuste estrutural fizeram acordos do tipo "stand-by" com o Fundo, em um cenário não-previsto de condicionalidades cruzadas.[27]

OS PROBLEMAS DO SISTEMA DE BRETTON WOODS

A falta de mecanismos de ajuste adequados

O sistema de Bretton Woods permitia o recurso a uma desvalorização cambial como última instância, depois de fracassados os ajustes internos possibilitados por política monetária e comercial. Ainda assim, a variação cambial deveria ser adotada na hipótese de um "desequilíbrio fundamental" nunca definido de forma clara. Essa falta de definição de uma regra básica para o ajuste entre as economias é apontada como uma das causas da falência do sistema.

Um sistema baseado no padrão de taxas fixas de câmbio era particularmente frágil pelo fato de que a economia de referência — a norte-americana — se caracterizava por baixa relação comércio-produto, ou seja, era relativamente fechada. Os desequilíbrios observados deveriam ser idealmente corrigidos por desvalorização do dólar. No entanto, se a margem de variação da paridade fosse pequena isso comprometeria os esforços para evitar uma corrida pela conversão dos estoques de reservas em ouro. Já a alternativa de uma desvalorização em proporções expressivas esbarrava na resistência por parte dos países que detinham a maior parte de suas reservas internacionais em dólares.

Na prática, havia um componente político que se sobrepunha à lógica puramente econômica. Os países industrializados evitavam ao máximo desvalorizar suas moedas — uma desvalorização era frequentemente interpretada como sinal de debilidade nacional —, e só o faziam quando pressionados por movimentos especulativos desestabilizadores.[28] Os países em desenvolvimento, por sua vez, usaram o recurso da desvalorização cambial com mais freqüência.

De modo semelhante, os países superavitários — Alemanha Ocidental, Japão e Suíça em particular — relutavam em valorizar suas moedas tanto quanto os países deficitários em desvalorizar: era precisamente graças a essa

---

[27] Ver, a respeito, os Relatórios do Grupo dos 24. Por exemplo, o Suplemento publicado no *IMF Survey*, agosto de 1987.

[28] Nos quatorze anos entre 1957 e 1971 a Inglaterra só desvalorizou a libra uma única vez, em 1967, a França duas vezes, em 1957 e 1969, os Estados Unidos, a Itália e o Japão mantiveram inalteradas suas paridades, e a Alemanha Ocidental valorizou o marco em 1961 e 1969.

posição relativa nas paridades que esses países haviam conseguido ser mais competitivos e gerar superávits. Valorizar a moeda poderia comprometer seu desempenho exportador e eventualmente levar à destruição de segmentos de seu parque produtivo.

A resistência dos países industrializados a variar a paridade de suas moedas contribuiu para comprometer de forma significativa a flexibilidade do sistema de Bretton Woods para lidar com desequilíbrios externos, ao mesmo tempo em que originou um enorme fluxo de capitais que encontrou fonte importante de remuneração nos movimentos especulativos nos mercados de divisas.[29]

Problemas com a liquidez internacional: o "dilema de Triffin"

A desconfiança em relação a um sistema baseado no lastro em ouro da principal moeda de troca e reserva de valor tornou-se mais explícita a partir da publicação do trabalho de Triffin (1960), que deu origem ao que ficou conhecido como o "Dilema de Triffin".

O argumento básico era de que um sistema do tipo do padrão-ouro — no qual as reservas consistiam tanto de ouro quanto de dólares conversíveis em ouro — era intrinsecamente instável: a expansão do comércio internacional (e portanto o crescimento do produto) só poderia ser mantida com uma expansão paralela da liquidez internacional.

A conversibilidade do dólar em ouro leva a um aumento da demanda por dólares, uma vez que sua disponibilidade facilita as transações comerciais. No entanto, os déficits de balanço de pagamentos continuados por parte dos Estados Unidos levam a uma erosão da confiança em sua moeda. Nesse contexto, a menos que houvesse uma reforma que tornasse a provisão de liquidez mais racional, o mundo experimentaria um estrangulamento crescente da atividade comercial como resultado da correção do déficit norte-americano, ou haveria uma corrida contra o dólar, em que os agentes tratariam de converter seus estoques de dólares em ouro, a exemplo do ocorrido em 1931.[30] Para lidar com essa situação, Triffin propunha três alternativas: tornar as taxas de câmbio flexíveis, elevar o preço do ouro ou criar um banco central universal e uma moeda única.

O problema do diagnóstico de Triffin foi supor que a convertibilidade dólar-ouro seria mantida inalterada. Assim, a solução definitiva para o pro-

---

[29] Exemplo disso foi a experiência da Inglaterra: deficitário desde a Segunda Guerra Mundial, o país experimentou entrada maciça de recursos especulativos apostando em uma desvalorização da libra, o que acabou ocorrendo em 1967, apesar dos esforços para evitá-la, via deflação.

[30] Houve, de fato, uma crescente tendência dos bancos centrais dos países superavitários converterem seus dólares em ouro, com forte impacto negativo sobre as reservas de ouro do Tesouro norte-americano: a relação entre reservas e disponibilidades líquidas passou de 2,73 em 1950 para 0,31 em 1970 (Pilbeam, 1994).

blema identificado só poderia ocorrer depois que fosse sanado o déficit comercial norte-americano. Na ausência de uma moeda universal, a solução para o problema do dólar só poderia ocorrer por meio de modificações na paridade do dólar, o que significaria alterar a relação dólar-ouro[31] ou abandonar o sistema de taxas fixas de câmbio.

O reconhecimento da situação potencial apontada por Triffin levou, no entanto — ainda na década de 70 —, à adoção de medidas que induzissem os países a manter seus estoques de dólares em lugar de tentar convertê-los em ouro, enquanto se buscava a redução do déficit norte-americano e formas alternativas de prover liquidez mundial.[32]

Uma das prescrições deTriffin era que algum mecanismo deveria ser criado de modo a permitir o aumento de liquidez, evitando ao mesmo tempo o surgimento de crises de confiança. Uma possibilidade era o FMI ser convertido em um banco de depósitos para os bancos centrais, de modo que os países mantivessem parte de suas reservas na forma de depósitos no Fundo, e por meio de um "multiplicador bancário" fosse possível ampliar a capacidade de prover empréstimos ou adquirir títulos, em um processo sob controle do Fundo. Um novo ativo de reserva seria criado. Isso acabou ocorrendo na reunião do Fundo no Rio de Janeiro em 1967.

Os anos 60: a criação dos Direitos Especiais de Saque

As discussões sobre reforma do sistema monetário internacional durante a década de 60 estiveram centralizadas na idéia de tornar as reservas internacionais administráveis sob algum tipo de controle central, que as mantivesse protegidas de fatores adversos. Os Estados Unidos buscavam mecanismos para evitar variações bruscas na paridade ouro-dólar, enquanto outros países — sobretudo europeus — procuravam formas de evitar as facilidades encontradas pela economia norte-americana em manter posições deficitárias por longos períodos de tempo. Essas foram as motivações de longo prazo subjacentes à criação dos Direitos Especiais de Saque.

---

[31] Desde o final da Segunda Guerra Mundial a oferta de ouro tendeu a ser superada pela demanda. Essa situação tornou-se particularmente aguda a partir de 1966; entre os meses de novembro de 1967 e março de 1968 estima-se que o excesso de demanda tenha alcançado USS 3 bilhões, graças à especulação motivada pela desvalorização da libra (Oppenheimer, 1979).

[32] Como lembra Williamson (1977), em meados da década de 60 parecia razoável apostar na correção do déficit norte-americano: a taxa de inflação americana era mais baixa que nos países europeus, o superávit em conta corrente havia atingido um nível recorde em 1964 e os ganhos com investimentos externos aumentavam a taxas elevadas. Note, contudo, que de acordo com os artigos do FMI uma alteração na paridade do dólar seria o procedimento mais recomendável. No entanto, essa alternativa foi afastada por razões políticas e pela suspeita de que ela serviria apenas para financiar o déficit norte-americano, em vez de corrigi-lo, ao mesmo tempo em que implicaria perda de valor das reservas dos demais países.

A criação do novo ativo de reserva não foi a única solução aventada para lidar com os problemas levantados por Triffin. A discussão de diversas medidas (como a flexibilização das taxas de câmbio ou a valorização do ouro) de fato caracterizou boa parte da segunda metade da década de 60. Entretanto, não se pode esquecer que por essa época a escalada do conflito no Vietnã, a corrida espacial e a Guerra Fria — financiadas em boa medida por expansão monetária — reverteram a tendência de correção do desequilíbrio externo da economia norte-americana.

Entre as soluções paliativas, em 1961 um grupo de sete países industrializados liderado pelos Estados Unidos constituiu o chamado "grupo de ouro" para vender o ouro de suas reservas no mercado de Londres com o objetivo de evitar que o preço do metal ultrapassasse os US$ 35 por onça. Esse grupo durou até 1968, quando foi estabelecido um mercado duplo, para evitar o esgotamento das reservas de ouro do Tesouro norte-americano: para transações entre bancos centrais persistia a paridade de US$ 35 por onça; para as demais transações, o mercado passaria a determinar as cotações.

Os Direitos Especiais de Saque (DES) foram a solução adotada a partir de 1967 com o propósito de elevar o estoque de reservas internacionais. Originalmente, o valor dos DES foi definido em termos de ouro, mas à mesma paridade do dólar, ou seja, cada unidade de DES equivalia a 35 onças de ouro, e o estoque inicial foi alocado entre os diversos países de acordo com suas quotas do Fundo.

Entre outros argumentos favoráveis aos DES está o de que eles são não apenas um substituto perfeito ao ouro, mas na verdade superior a este, por não estarem vulneráveis aos efeitos-preço das variações de estoque, como o ouro.[33] Além disso, os DES funcionam como moeda de curso internacional, com seu poder definido pelo seu uso — por parte dos bancos centrais — como meio de pagamento e reserva de valor.

A discussão relativa aos Direitos Especiais de Saque ganhou novo impulso a partir de 1971: a proposta do ministro das Finanças inglês de que os DES substituíssem o ouro como referencial para definir as paridades das diversas moedas, a possibilidade de margens mais amplas para a variação das paridades em relação ao dólar, a partir do Acordo Smithsonian, em comparação com o sistema prevalecente à época de lançamento dos DES, as discussões no âmbito do Comitê dos 20 e o cenário — desde 1973 — em que diversas moedas dos países industrializados passaram a flutuar livremente, tornaram necessário redefinir a questão básica do valor dos DES.

A discussão envolveu duas dimensões: (1) o método para fixar o valor dos DES e (2) os critérios para a alocação dos DES.

Em relação ao primeiro, as discussões foram centradas em quatro critérios básicos: (a) o método da paridade (as transações com DES ocorreriam em valores próximos aos da paridade dólar/cada moeda); (b) o método de uma "cesta básica" (que define as paridades para um conjunto de moedas,

---

[33] Note que o preço do ouro é afetado por fatores como progressos técnicos na indústria mineira, variações na indústria de joalheria etc.

com pesos variados); (c) o método da "cesta ajustável" (pelo qual o peso relativo de uma moeda é alterado quando ela é desvalorizada ou revalorizada) e (d) uma "cesta assimétrica" (o peso das moedas que desvalorizam aumentam relativamente, o mesmo não ocorrendo com as moedas que revalorizam, de modo a evitar uma deterioração no valor dos DES). O critério finalmente aprovado foi o item (b), o método de uma cesta básica de moedas. A aceitação dos DES pode ser ilustrada por seu peso relativo na composição das reservas internacionais: de 3,2% do total de reservas (incluindo ouro, divisas, DES e posições de reservas no FMI) em 1970 já em 1973 representavam 5,9%,[34] segundo o *International Financial Statistics*, do FMI.

Mais complicada politicamente foi a discussão sobre a alocação dos DES. A proposta era utilizar o mecanismo dos DES para transferir recursos reais aos países em desenvolvimento sem prejuízo de sua função básica de ativo monetário dos bancos centrais, o que acabou não se verificando.

A paridade inicial de um para um com o dólar foi finalmente alterada em 1974 para ser uma função de uma cesta de dezesseis moedas (com predominância do dólar), e novamente em 1981 o valor dos DES foi redefinido como uma média ponderada das paridades do dólar, marco alemão, iene, franco francês e libra esterlina.[35]

O volume dos DES é controlado pelo FMI, e não pode ser ampliado, a menos que haja decisão favorável nesse sentido por parte de ao menos 80% dos países membros do Fundo.

A questão das reservas internacionais

O sistema de Bretton Woods chega ao fim em 1971-73, período de altas taxas de inflação nos países industrializados: no período 1970-73, o índice de preços ao consumidor acumulou um aumento de 14,4% nos Estados Unidos, 22,9% na Comunidade Européia e 24,4% no Japão. A discussão sobre estabilidade das paridades entre moedas não pode ser completa sem alguma consideração desse aspecto.

Existe uma relação direta entre a aceleração do processo inflacionário nesses países, a desconfiança crescente em relação ao papel central do dólar e o aumento do nível das reservas internacionais.

A persistência de déficits comerciais norte-americanos[36] possibilitou um aumento substancial nas reservas disponíveis nos bancos centrais dos de-

---

[34] No início da década de 80 essa participação havia voltado ao nível de 3%.

[35] Os pesos relativos são: dólar — 43%; marco — 19%; iene — 17%; franco francês — 10% e libra esterlina — 10%.

[36] Entre 1945 e 1949 os Estados Unidos acumularam sistematicamente enormes superávits comerciais em relação aos países europeus. Com a recuperação das economias européias, a balança comercial norte-americana passou a deficitária, com resultados negativos em torno de US$ 1 bilhão anuais, entre 1950 e 1957. A partir de 1958 os déficits do balanço de pagamentos norte-americano passaram a aumentar em grandes proporções, aproximadamente US$ 3 bilhões ao ano, graças aos investimentos diretos feitos na Europa e — a partir de meados dos anos 60 — pelo esforço bélico, financiado por emissões de dólares.

mais países. O volume mundial de reservas internacionais[37] aumentou em média em US$ 2 a 3 bilhões ao ano na década de 60. Em 1970 o aumento foi de US$ 12 bilhões, no ano seguinte de US$ 36 bilhões e de US$ 23 bilhões em 1972 (ou seja, US$ 71 bilhões em apenas três anos), refletindo operações de empréstimos oficiais entre países outros que não os Estados Unidos, mas resultando sobretudo de superávits gerados nas transações com a economia norte-americana.[38] Entre 1969 e 1979 o volume mundial total de reservas passou de US$ 79 bilhões para US$ 349 bilhões.

Esse aumento de reservas contribuiu para estimular o processo inflacionário tanto diretamente, via aumento de oferta monetária, quanto indiretamente, por meio do impacto sobre os mercados de bens primários: o preço dos produtos primários triplicou entre 1971 e 1974.

Ao mesmo tempo, esse aumento de reservas tornou sem sentido a preocupação de criar liquidez internacional, que levou, em 1969, à criação de US$ 9,5 bilhões de DES: mesmo com a crise do petróleo em 1973, o volume de reservas internacionais seguiu aumentando, tendo ampliado um total de US$ 242 bilhões entre 1974 e 1978.

O FIM DO SISTEMA DE BRETTON WOODS

Em 15 de agosto de 1971 o presidente Nixon anunciou um pacote de medidas destinado a demonstrar a gravidade com que sua administração via a necessidade de ajuste nas contas externas dos Estados Unidos. Esse conjunto de medidas compreendia a suspensão da conversibilidade dos dólares que compunham reservas oficiais em ouro ou outros ativos, além de impor sobretaxas às importações norte-americanas e reduzir os incentivos fiscais à aquisição de bens de capital produzidos internamente.

O resto do mundo reagiu a essas medidas com apreensão[39] e teve início então uma série de negociações que ocupariam os três anos seguintes, destinadas a reconstruir o sistema monetário internacional.

A primeira das negociações com resultados substantivos teve lugar no Instituto Smithsonian, em Washington, em dezembro de 1971. Essas negociações ocorreram no âmbito do G-10 (os dez países industrializados mais ricos do mundo), e foram as primeiras em que se procurou promover ajustes de taxas de câmbio em bases multilaterais, ao mesmo tempo em que —

---

[37] Excluindo-se ouro, DES e posições de reservas junto ao FMI.

[38] Dados de Oppenheimer (1977), com base no *International Financial Statistics*. Esses aumentos estiveram fortemente concentrados nos países industrializados: os aumentos de reservas para os países em desenvolvimento (inclusive produtores de petróleo) foi de apenas US$ 2 bilhões em 1970 e US$ 4 bilhões em 1971.

[39] Os Estados Unidos demandavam uma apreciação geral das demais moedas, como forma de contribuição para seu próprio desequilíbrio externo, ao mesmo tempo em que relutavam em reduzir as sobretaxas cobradas pelas importações.

igualmente sem precedentes — se buscou reconciliar objetivos de balanço de pagamentos de diversos países.[40]

Pelo acordo obtido (em 18 de dezembro) os Estados Unidos se comprometiam a eliminar as sobretaxas sobre importações, em troca de uma redefinição das paridades das nove moedas em relação ao dólar, significando de fato uma desvalorização substantiva do dólar.[41] Além disso, a margem permitida para flutuações futuras passou a ser de 2,25%, superior em 1,25 pontos de percentagem aos limites impostos pelo sistema de Bretton Woods, e o preço do dólar foi elevado de US$ 35/onça para US$ 38/onça.

A nova faixa de variação permitida para as taxas de câmbio constituiu um problema para os países europeus.[42] As características do comércio entre esses países — com um componente preponderante de transações entre os membros da atual União Européia — e os propósitos de consolidar a união econômica entre esses países tornaram necessário estreitar a margem de variação possivel entre as paridades de suas moedas.

Os ministros de finanças europeus adotaram então um sistema que ficou conhecido como a "serpente européia": (a) seus países permaneciam adeptos das decisões do Acordo Smithsonian, com faixa de variação de suas moedas em relação ao dólar da ordem de 2,25%; (b) mas ao mesmo tempo, definiu-se um esquema específico para os países europeus limitando a faixa de variação entre pares de moedas européias — quando a moeda européia mais valorizada atingir um diferencial em relação à moeda européia menos valorizada igual a 2,25% (metade, portanto, do permitido pelo Acordo Smithsoniano), ocorrerá compra da moeda menos valorizada utilizando-se a moeda mais valorizada.[43] Esse tema é retomado no próximo capítulo.

O ano de 1972 foi caracterizado por dois eventos importantes para a evolução do sistema monetário internacional.

No primeiro deles, a Inglaterra passou a apresentar novos sinais de desequilíbrio externo expressivo, e em junho daquele ano anunciou duas medidas relevantes: a libra esterlina se desligava da serpente européia e do Acordo Smithsoniano e passava a flutuar, tendo seu valor estabelecido pelo

---

[40] Segundo Williamson (1977) e Tew (1977), as decisões adotadas então foram fortemente influenciadas pelos resultados das simulações feitas pelos técnicos do FMI e OCDE.

[41] A valorização resultante do acordo foi, segundo Tew (1977), de: 11,6% para a Bélgica, 8,6% para a França, 13,6% para a Alemanha, 7,5% para a Itália, 16,9% para o Japão, 11,6% para a Holanda, 7,5% para a Suécia, 8,6% para a Inglaterra, e o Canadá manteve a cargo do mercado a definição da nova paridade.

[42] Um limite de 2,25% significa uma faixa de possibilidades de variação em relação ao dólar de amplitude igual a 4,5%. Tomando-se dois países quaisquer (exclusive os Estados Unidos) em um dado período, isso significa que a flutuação possível entre suas moedas pode ser expressiva, se um estiver no teto e outro no piso da banda cambial assim definida.

[43] Essa compra podia ser realizada por um dos dois países envolvidos. Para tanto, criou-se um mecanismo de ajuste mensal no âmbito da Comunidade Européia, pelo qual os países credores e devedores podem trocar entre si moedas menos valorizadas por outros ativos.

mercado, ao mesmo tempo em que impunha controles sobre movimentos de capital.

A importância dessas medidas é que de fato o exemplo inglês foi seguido por outras moedas: a percepção de que o dólar poderia voltar a ser desvalorizado levou a uma falta de confiança generalizada, ao mesmo tempo em que os agentes percebiam que os dois países superavitários — Alemanha e Japão — acumulavam reservas em proporções incompatíveis com seu equilíbrio macroeconômico.

Essas expectativas foram concretizadas em fevereiro de 1973: o Japão fechou as operações do seu mercado de divisas, dado o excesso de oferta de dólares, e uma nova rodada de negociações multilaterais restabeleceu o equilíbrio, agora com não apenas a libra e o dólar canadense flutuando, mas também a libra irlandesa, a lira, o franco suíço e o iene. Novamente em março as operações nos mercados de divisas tiveram de ser suspensas mais uma vez, e o acordo que levou à retomada dos negócios representou de fato o fim do padrão-dólar para os países industrializados: os países membros da Comunidade Econômica Européia passaram a adotar uma flutuação conjunta, enquanto Canadá, Japão e Suíça seguiram adotando regimes de taxas flexíveis.

O segundo evento importante com início no ano de 1972 foi a criação do Comitê dos 20, assim chamado por ser formado pelos vinte países ou grupos de países que indicam diretores executivos do FMI. Esse comitê foi encarregado pelos governadores de propor um novo sistema monetário internacional. As discussões duraram até a publicação (em junho de 1974) do relatório *Outline of Reform*.

A falta de consenso político, dificuldades técnicas para propor um sistema internacional equilibrado, além dos eventos ocorridos durante o longo processo de discussão — entre eles, destaque deve ser dado à quadruplicação dos preços do petróleo em outubro de 1973 — fizeram com que os planos originais de desenhar um novo sistema fossem abandonados e transformados no que foi possível alcançar: acordos parciais sobre temas específicos: composição da cesta para formar os Direitos Especiais de Saque, criação de uma linha de crédito no FMI para os países afetados pela crise do petróleo, criação de Comitê para o Desenvolvimento, envolvendo o FMI e o Banco Mundial, reformas internas no FMI, entre outras medidas.

Esses acordos não eliminavam um obstáculo formal básico: a existência de moedas cujas paridades eram determinadas livremente pelo mercado era algo não contemplado nos artigos constitutivos do FMI, o que tornava necessário algum tipo de alteração dos textos básicos.

Em novembro de 1975, em Rambouillet, na França, representantes das principais nações industrializadas concordaram em modificar os artigos constitutivos do FMI para comportar a existência do regime de taxas de câmbio flutuantes. Isso foi obtido em janeiro do ano seguinte, em conferência realizada em Kingston, Jamaica, quando foi decidido legitimizar a prática de taxas flutuantes de câmbio, abolir o preço oficial do ouro e aumentar a importância dos Direitos Especiais de Saque como reserva internacional, que deveriam passar a ser o principal ativo dos bancos centrais.

16

Evolução recente do sistema monetário internacional

O SISTEMA MONETÁRIO EUROPEU

O Sistema Monetário Europeu teve origem em setembro de 1950, quando os países membros da Organização para a Cooperação Econômica Européia firmaram acordo para a criação da União Européia de Pagamentos, sob os auspícios do BIS. Esse era um sistema de *clearing* dos pagamentos entre os países membros, pelo qual cada país deveria honrar apenas sua posição *líquida* com os demais parceiros.[1]

Esse sistema contribuiu para estabilizar as relações entre os países envolvidos, ao ponto de possibilitar que em 1958 os países envolvidos tivessem um volume tal de reservas internacionais que tornou possível sua plena conversibilidade para não-residentes. Em dezembro daquele ano a União Européia de Pagamentos foi desfeita e substituída por um Acordo Monetário Europeu, que criava facilidades para os pagamentos bilaterais em ouro ou dólar.

O Acordo Monetário vigorou até dezembro de 1972, quando os países membros da Comunidade Econômica Européia decidiram — em vista do fim da paridade-ouro do dólar e da desconfiança crescente em relação ao Acordo Smithsoniano — manter a paridade de suas moedas variando em limites inferiores (±2,25 por cento) aos limites estabelecidos pelo Acordo Smithsoniano para as variações das diversas moedas em relação ao dólar (± 4,5 por cento). Essa medida levou a uma flutuação coordenada das moedas européias, que se tornou conhecida como "a serpente européia".

---

[1] Mecanismo posteriormente adotado por diversos países da América Latina, por meio de Convênios de Crédito Recíproco, e que vieram a constituir instrumento importante para o financiamento do comércio regional.

O conjunto de países que aderiram a esse sistema variou bastante ao longo do tempo,[2] e alguns analistas (McCallum, 1996) enfatizam como um indicador de seu insucesso o fato de que em seus últimos tempos não incluía outro país europeu de expressão além da Alemanha. O argumento a favor é de que a evidência de que os ajustes das paridades entre as moedas remanescentes foram limitados sugere de fato que o mecanismo foi bem-sucedido.

De qualquer forma, a "serpente" serviu de base para a criação — em março de 1979 — do Sistema Monetário Europeu, centrado no Mecanismo de Taxas de Câmbio, que mantinha as paridades fixas entre si. Foi criada a UME (Unidade Monetária Européia)[3] — essencialmente uma "cesta" referencial de moedas[4] —, e foi definido para cada moeda participante um valor em termos de UMEs, devendo ser mantida sua paridade dentro de uma faixa de variação limitada[5] em relação à UME, por meio de intervenções dos bancos centrais e ajustes nas políticas monetárias.

O Sistema Monetário não se limitava apenas à fixação das paridades das diversas moedas. A UME passou a funcionar de fato não apenas como um referencial para as diversas taxas de câmbio, mas também como a unidade de conta oficial da União Européia, utilizada na elaboração de orçamentos e na provisão de créditos pelos organismos oficiais, além de servir igualmente como reserva de valor para os bancos centrais europeus. O sistema compreen-

---

[2] Originalmente a "serpente" compreendia todos os membros da Comunidade Européia exceto a Dinamarca, Irlanda e o Reino Unido, que aderiram em maio de 1972, mas por pouco tempo. A Dinamarca e a Irlanda voltaram a aderir, mas novamente se retiraram, do mesmo modo que a Itália em 1972 e a França em 1974 e 1976. Ao final de sua existência (1979), a "serpente" compreendia apenas a Dinamarca, a Alemanha, a Holanda e Bélgica-Luxemburgo. A história da "serpente" pode ser resumida nos seguintes movimentos: 1972 — abril: entra em vigor o Acordo de Basiléia (participam Alemanha, Bélgica, França, Holanda, Itália, Luxemburgo); maio: incorporação da Inglaterra e Dinamarca (que saem em junho) e Noruega; outubro: regressa a Dinamarca. 1973 — fevereiro: Itália se retira; março: flutuação conjunta frente ao dólar, Suécia adere, marco é valorizado em 3%; junho: marco se valoriza 5,5%; florim se valoriza 5%. 1974 — janeiro: França se retira, volta em julho de 1975 e se retira novamente em março de 1976. 1976 — outubro: desvalorização da coroa dinamarquesa (6%), do florim e franco belga (2%) e das coroas sueca e norueguesa (3%). 1977 — abril: desvalorização das coroas sueca (6%) (que se retira em agosto), dinamarquesa e norueguesa (3% e 6% em agosto). 1978 — fevereiro: coroa norueguesa se desvaloriza 8%; outubro: valorização do marco (4%), do florim e do franco belga (2%); dezembro: Noruega se retira. Ver Fernández de Lis/ Santillan, 1995.

[3] Em inglês e francês, ECU, que significa European Currency Unit, mas que é igualmente o nome de uma antiga moeda adotada na França, nos séculos XIV e XV.

[4] Em dezembro de 1991 a composição percentual da "cesta" que compõe a UME era a seguinte (McCallum, 1996): franco belga — 7,86; coroa dinamarquesa — 2,49; franco francês — 19,13; marco alemão — 30,64; libra irlandesa — 1,12; lira italiana — 9,88; franco luxemburguês — 0,31; guinéu holandês — 9,57; libra esterlina — 12,32; dracma grega — 0,62; peseta espanhola — 5,29; escudo português — 0,77.

[5] Entre 1979 e 1992, uma faixa de variação de ±2,25 por cento (com exceção de Itália, Espanha e Inglaterra, a quem se permitiu uma variação de até ±6%).

dia ainda regras para a fixação do valor da UME, regulamentações das intervenções nos mercados de divisas, e outros dispositivos.

Os dados relativos ao desempenho das economias européias indicam uma convergência crescente em termos de taxas de inflação e aumento do volume de comércio intra-regional. Parte da explicação para esses resultados está associada ao caráter de intenso intercâmbio regional e intra-setorial — sem paralelo em outras regiões[6] —, mas parte é igualmente devida ao funcionamento do sistema monetário e às condicionantes que ele impõe sobre as economias nacionais.

Em agosto de 1993, pressionados por movimentos especulativos que afetavam a maior parte das moedas envolvidas, as autoridades monetárias dos países envolvidos decidiram ampliar de forma substantiva a faixa de variação permitida pelo Sistema Monetário Europeu para as paridades das moedas participantes dos ± 2,25% para ±15%.

Para entender a evolução desse sistema na presente década é preciso antes compreender as medidas adotadas para compensar a relativa perda de competitividade da produção européia em relação sobretudo aos concorrentes asiáticos e americanos. Desde abril de 1989 o chamado Relatório Delors[7] estabeleceu um conjunto de etapas a serem cumpridas para a intensificação da integração monetária européia e para a consolidação de um sistema produtivo competitivo, a partir de 1992.

Do ponto de vista monetário, as etapas previstas pelo Relatório Delors começaram a ser cumpridas em julho de 1990, com a adesão da Itália e da Inglaterra ao Mecanismo de Taxas de Câmbio. Em dezembro de 1991 foi acordado em Maastricht que a partir de janeiro de 1994 começaria a operar uma organização de bancos centrais europeus, com o propósito de preparar os sistemas econômicos dos países europeus — promovendo convergência crescente em termos de taxas de câmbio, inflação, taxas de juros e estrutura fiscal — para uma eventual união monetária, prevista para ter início em 1997, ou — se as condições básicas não fossem satisfeitas — no mais tardar em 1999.[8]

A moeda única européia — o euro — deverá começar a circular no início de 2002, passando gradualmente a ser o único meio de transação a partir de julho daquele ano, e envolverá os países europeus que satisfizerem às seguintes condições básicas: (1) *nacionais*: déficit público anual igual a no máximo 3% do PIB e endividamento de no máximo 60% do PIB; (2) *relativas aos demais países do Sistema Monetário Europeu*: taxa de juros de longo

---

[6] As transações entre países membros da Comunidade Européia absorvem mais de dois terços do comércio externo total desses países, com índices de transações intra-setoriais tipicamente da ordem de 70-80%. Ver algumas estimativas em Baumann (1994) e Globerman/Dean (1990).

[7] Assim chamado por associação ao então presidente da Comissão Européia, Jacques Delors.

[8] A idéia de criar uma união monetária européia teve um forte componente político, uma vez que traduzia o temor — por parte de diversos países — quanto a um eventual papel preponderante do marco alemão após a reunificação da Alemanha.

prazo que não ultrapasse em 2 pontos percentuais a média dos países com as três menores taxas da União Européia (aproximadamente 8,7%), inflação anual máxima de 1,5 pontos percentuais acima da média das taxas mais baixas observadas entre os países membros e taxa de câmbio que tenha respeitado nos últimos dois anos as margens de oscilação do Sistema Monetário Europeu.

O tratado prevê ainda a constituição de um Banco Central Europeu a partir de 1998, que se converterá na autoridade monetária para os países do Sistema Monetário Europeu, e determina que as taxas de câmbio passam a ficar atreladas entre si a partir do início de 1999, como pré-condição para a formação da União Monetária.

Um dos problemas para a implementação do acordo tem sido o detalhamento do tipo de punição a ser aplicada aos países que não cumprirem essas cláusulas básicas. Em reunião de chefes de Estado em Dublin, em dezembro de 1996, foi acertado um tratamento menos rígido para os países onde o cumprimento das metas levarem a uma retração econômica superior a 3/4% do PIB, e a aplicação de penalidades passou a ser não automática, mas sujeita à determinação do Conselho de Ministros.

O ATUAL REGIME DE TAXAS DE CÂMBIO

O regime atual permite que os países adotem qualquer tipo de política cambial.[9] À diferença do final do século passado — com a vigência do padrão-ouro — e dos trinta anos que se seguiram à Segunda Guerra — com o padrão de Bretton Woods —, o que se observa em meados da década de 90 é uma multiplicidade de regimes cambiais, tanto no que se refere à moeda usada como referência (diversos países usam como referencial o dólar norte-americano, outros o franco francês, outros ainda os DES ou outras moedas) quanto em termos dos critérios de ajuste (se referenciados às variações de uma moeda ou de uma cesta de moedas, se determinados pelo mercado ou estabelecidos por acordos etc).[10] Talvez mais importante que todo o resto, contudo, é o fato de que as três moedas mais importantes — dólar, iene e marco — são deixadas livres para flutuar entre si.

---

[9] A Segunda Emenda aos artigos do Acordo do FMI dispõe, na Seção 2(b) do Artigo IV: "Sob o sistema monetário intenacional do tipo prevalecente em 1º de janeiro de 1976 as políticas de taxas de câmbio podem incluir: (1) a manutenção, por parte de um país membro, do valor de sua moeda em termos de Direitos Especiais de Saque ou outro denominador, exceto ouro, escolhido pelo próprio país; ou (2) acordos cooperativos pelos quais países-membros mantenham o valor de suas moedas em relação ao valor de outra moeda ou conjunto de moedas de outros países membros, ou (3) outro sistema que o país-membro escolher."

[10] Por exemplo, Pilbeam (1994) ilustra a seguinte situação encontrada ao final de 1990, em número de países: (a) moeda referencial: dólar — 25; franco francês — 14; outras moedas — 5; DES — 7; outros arranjos — 35; (b) flexibilidade limitada, em termos de uma moeda ou grupo de moedas: flexibilidade em relação a outra moeda — 4; acordos cooperativos — 9; ajuste de acordo com conjunto de indicadores variados — 3; flutuação administrada — 23; flutuação livre ou quase livre —26.

A inexistência de padrões comuns que determinem as paridades das principais moedas é freqüentemente vista como um fator de instabilidade, e tem levado à proposição de diversas medidas que visam introduzir um grau maior de convergência no sistema, aumentando sua estabilidade.

Volatilidade e acesso ao capital (a taxa de Tobin)

De acordo com o prêmio Nobel James Tobin (1982), boa parte das oscilações entre as diversas taxas de câmbio observadas a partir da adoção de taxas flutuantes tem sido causada pelos movimentos de capital de curto prazo. Em um cenário globalizado os graus de liberdade das autoridades monetárias nacionais para adotar políticas independentes são limitados:[11] uma elevação da taxas de juros interna pode provocar entrada maciça de recursos e levar a uma apreciação cambial, com o oposto ocorrendo na hipótese de redução da taxa de juros em relação ao nível praticado por outros países.

A proposta de Tobin consiste na taxação de todas as transações com divisas, o que reduziria o estímulo para os especuladores movimentarem recursos de um país para outro em função de pequenos movimentos das taxas de juros. Uma taxa moderada seria suficiente para afetar o movimento de capitais de curto prazo sem comprometer os capitais de longo prazo.

Entre outras críticas a essa proposta, argumenta-se que para ser efetiva essa taxa teria de incidir sobre todas as transações em divisas — e não apenas sobre movimentos de capitais de curto prazo (o que poderia comprometer o dinamismo comercial), e que algumas transações de curto prazo são de fato estabilizadoras, portanto com uma taxação esse benefício poderia ser perdido. Além disso, é discutível se a menor autonomia da autoridade nacional é um elemento negativo, uma vez que o próprio risco de variações não-planejadas na taxa de câmbio impõe disciplina macroeconômica à formulação das políticas nacionais.

Meta monetária global: a proposta McKinnon

A proposta de McKinnon[12] parte de um diagnóstico próximo mas distinto do de Tobin, uma vez que para McKinnon o fator de instabilidade do sistema monetário não são os movimentos de curto prazo em geral, mas — algo diretamente associado — a facilidade com que ocorrem as transações no mercado de divisas.

Em um cenário globalizado, com pouca possibilidade de controle centralizado, alguns agentes — como empresas transnacionais e investidores institucionais — procuram manter suas carteiras com o mínimo de risco e o máximo de retorno, o que significa que a composição dessas carteiras pode ser bastante flexível, com impactos significativos sobre as cotações das diversas moedas nacionais.

---

[11] Um aspecto discutido recentemente por Lerda (1996).
[12] McKinnon (1982).

Para lidar com esse elemento de distorção McKinnon sugere uma alteração básica na função-objetivo da política monetária de cada país (ou, ao menos, daqueles países que têm suas moedas transacionadas no mercado internacional). Em lugar de perseguir metas fixas em termos nacionais, deveria haver um componente compensatório de tal forma que ao se observar uma queda na demanda pela moeda do país A e um aumento simultâneo da demanda pela moeda de um país B, se buscasse equilibrar o mercado por meio de acordo cooperativo que usasse moeda de B para comprar moeda de A em quantidade suficiente para restabelecer o equilíbrio entre oferta e demanda pelas duas moedas, de tal forma que as duas economias se mantivessem isoladas dos efeitos das mudanças na composição das carteiras dos aplicadores.

Entre as principais críticas ao argumento de McKinnon estão as de Dornbusch (1983), de que o efeito de substituição relevante não ocorre entre moedas, mas entre títulos emitidos por países distintos. Além disso, não é claro qual deveria ser a taxa de paridade usada como referencial a ser mantido, na hipótese de um mecanismo como o proposto ser efetivamente adotado.

Proposta de área-objetivo para as taxas de câmbio

À diferença dos diagnósticos de Tobin e McKinnon — que vêem no movimento de capitais e nas flutuações da demanda por divisas os principais elementos desestabilizadores, — Williamson (1991) enfatiza a necessidade de se aperfeiçoar o próprio manejo da política cambial. Para ele, as paridades das principais moedas deveriam flutuar de forma limitada a uma faixa de variação, definida — para cada caso — a partir de um conjunto de indicadores básicos, e não apenas com base em diferenciais de preços, como, por exemplo, indicado pelo critério da Paridade do Poder de Compra.

Williamson propõe um método para se estimar o que chama de Taxa de Câmbio Efetiva de Equilíbrio Fundamental, que é a taxa de câmbio efetiva consistente com uma posição sustentável das transações correntes de cada país. Essa taxa de câmbio referencial poderia ser periodicamente ajustada para levar em consideração modificações estruturais de cada sistema econômico, e seria permitido à taxa nominal de câmbio oscilar livremente dentro de uma faixa que não se distanciasse muito desse valor referencial, sem exigir das autoridades intervenções freqüentes a cada variação, e supostamente assegurando relativa estabilidade das paridades bilaterais.

Entre as críticas a essa proposta, Krugman (1990) argumenta que a explicitação de uma área para a variação das taxas de câmbio faz com que se obtenha de fato uma taxa fixa, uma vez que induz a expectativas regressivas, levando o mercado a operar a uma taxa estável e, portanto, ao risco de provocar ataques especulativos.

Novas tentativas de coordenação

Ao final de 1978 a tomada de poder no Irã afetou suas exportações de petróleo, e o conseqüente excesso de demanda no mercado internacional do produto elevou o preço do barril, dando origem à segunda crise do petróleo em menos de uma década.

Os países industrializados procuraram minorar o impacto inflacionário — conhecedores da experiência de 1973 — e suas autoridades adotaram políticas ativas de juros (Tabela 16.1) com forte impacto recessivo generalizado:[13] entre 1979 e 1982 os Estados Unidos tiveram uma taxa média de crescimento de sua produção industrial de -1,1%, no Japão essa taxa foi de -4,4% e na Alemanha de -1,6%.[14]

Tabela 16.1
Taxas de juros nominais de curto prazo
em países selecionados (taxas (%) anualizadas)

Período	Estados Unidos(a)	Japão(b)	Alemanha Ocidental(c)
1960-69	4,0	7,8	4,6
1973-79	6,9	7,6	6,6
1980-82	12,1	8,4	10,2

Fonte: UNCTAD (1990). (a) Notas do Tesouro de três meses (*3-months Treasury bills*); (b) taxa do mercado monetário (*money market rate*); (c) taxa de empréstimos interbancários de três meses.

No entanto, a falta de sincronia entre as políticas — sobretudo entre os Estados Unidos (que adotaram política restritiva de juros, em paralelo a uma relativa liberalidade fiscal) e os europeus e japoneses (que adotaram critérios rígidos em suas políticas monetária e fiscal) — levou a que já em 1977 se observasse significativa apreciação do dólar em relação às moedas dos principais parceiros comerciais norte-americanos (Tabela 16.2), o que provocou, de um lado, um crescente déficit nas contas correntes dos Estados Unidos, durante toda a primeira metade dos anos 80 (Tabela 15.1) (que induziu à adoção de medidas protecionistas), ao mesmo tempo em que o diferencial de taxas de juros atraia capitais ao mercado norte-americano. Em novembro de 1978 foi anunciado um pacote de medidas para promover

---

[13] A maior preocupação na época era com a reciclagem dos chamados petrodólares, e não com a definição de novas paridades: a experiência européia recente com taxas flutuantes recomendava cautela a respeito.
[14] Estimativas com base em dados publicados em McCallum (1996).

a recuperação do dólar, incluindo um fundo de US$ 30 bilhões, que permitiu que já em agosto de 1979 a paridade dólar-iene tivesse recuperado seu nível de dois anos antes.

Entre 1981 e 1985 houve forte apreciação do dólar, refletindo a política fiscal expansionista do governo norte-americano. Em setembro de 1985 os ministros de finanças dos cinco países mais ricos do mundo reuniram-se no Hotel Plaza, em Nova York, e chegaram ao que ficou conhecido como o Acordo Plaza, segundo o qual seriam feitas aquisições no mercado de marcos alemães e ienes, como forma de compensar a excessiva valorização do dólar.

Tabela 16.2
Variações (%) nas paridades do marco e do
Iene em relação ao dólar (- = desvalorização)

Período	DM/US Dólar	Ien/US Dólar
1973-74	- 28	+ 1
1979-80	+ 10	+ 7
1986-87	- 30	- 30

Fonte: De Grauwe (1989), tabela 6.7.

A desvalorização do dólar como resultado dessas operações foi tão expressiva (Tabela 16.2) — apesar de um acordo (outubro de 1986) entre o Japão e os Estados Unidos, para sustentar a paridade iene-dólar — que em fevereiro de 1987 os ministros de finanças dos cinco países mais ricos reuniram-se novamente em Paris e chegaram ao chamado Acordo do Louvre, pelo qual tornaram público seu entendimento de que a paridade do dólar havia atingido um nível compatível com os fundamentos econômicos, e se comprometeram a manter as taxas de câmbio próximas aos níveis observados então.

Imediatamente a partir desse acordo as cotações permaneceram estáveis por diversos meses, até que uma sucessão de eventos novamente levou a variações expressivas dessas cotações[15] — a crise das bolsas de valores de outubro de 1987, a reunificação alemã de 1990, a crise do mercado financeiro japonês, a crise de diversas instituições de poupança e empréstimos nos

---

[15] Na segunda metade dos anos 70 o dólar sofreu depreciação de 26% em relação ao marco e 24% em relação ao iene. Na segunda metade dos anos 80 o dólar depreciou 45% em relação ao marco e 40% em relação ao iene. Nos primeiros anos da década de 90 os problemas associados à reunificação alemã levaram a uma valorização do dólar em relação ao marco (4% em 1990-93), enquanto persistia a queda em relação ao iene (25% no mesmo período).

Estados Unidos, entre outros. Segundo Krugman (1990), nunca antes existiu tanta instabilidade das taxas de câmbio na ausência de altas taxas de inflação.

A partir de 1988 o Grupo dos Sete países mais ricos passou a desenvolver esforços de coordenação macroeconômica, sob a forma de reuniões de cúpula periódicas, de tal forma que as políticas de câmbio passaram a ser parte de discussões mais amplas.

A PERCEPÇÃO DOS PAÍSES EM DESENVOLVIMENTO

As discussões sobre a reforma do sistema monetário internacional estiveram por muito tempo concentradas no âmbito do Comitê de 20 países. Isso motivou os países em desenvolvimento a manifestarem seu desejo de participar de maneira mais ativa nesse processo: como foi visto, estavam em questão alguns temas — como a alocação de DES — de interesse direto por parte desses países.[16]

Em novembro de 1971 a reunião ministerial do Grupo dos 77 (países em desenvolvimento com voz ativa em diversos foros das Nações Unidas) iniciou o processo de consulta que resultou na formação, em 1972, do chamado Grupo dos 24, destinado a focalizar aspectos substantivos da reforma monetária.

Esse grupo marcou posições dos países em desenvolvimento não apenas nos debates sobre a reforma monetária internacional, mas também no desenho de facilidades a serem oferecidas no âmbito do FMI e Banco Mundial, assim como na análise do próprio funcionamento dessas instituições.

As propostas feitas pelo Grupo dos 24 são variadas. No que se refere à sua visão geral do sistema, o grupo enfatizava em seus dois documentos principais, em 1979 e 1984: (a) o estabelecimento de um processo de ajuste simétrico, provendo os países em desenvolvimento de acesso a linhas de crédito oficiais e privadas; (b) adoção de regime de taxas de câmbio flexíveis mas estáveis; (c) maior monitoramento de parte do FMI em relação a países deficitários e superavitários; (d) criação de liquidez internacional, usando os DES como instrumento de reserva; (e) promover fluxos de recursos para os países em desenvolvimento como um elemento integral do sistema monetário internacional; (f) estabelecer vínculo entre DES e programas de ajuda ao desenvolvimento; (g) maior papel para os países em desenvolvimento no desenho do sistema monetário internacional; (h) melhorar a coordenação macroeconômica entre países industrializados; (i) melhorar os termos de reestruturação da dívida externa dos países em desenvolvimento; (j) aumentar os recursos disponíveis para empréstimos por parte das

---

[16] Para ilustrar a importância dos argumentos distributivos envolvidos, considere-se que 90% das reservas internacionais estão em poder de 22 países industrializados e dezoito países em desenvolvimento, sendo que 110 países dispõem apenas de 8% das reservas internacionais (Buira, 1995).

instituições financeiras internacionais; (k) vincular a expansão do comércio com a solução dos problemas de balanço de pagamentos (por meio de ação coordenada do FMI, Banco, GATT e UNCTAD), entre outras.[17]

Em sua apreciação do papel das instituições multilaterais o Grupo dos 24 apresentou fortes restrições, sobretudo ao papel do FMI:[18] (a) o Fundo não foi capaz de tornar os DES o principal ativo de reserva; (b) não foi capaz de complementar a liquidez internacional por meio da alocação dos DES; (c) o Fundo tem tido uma atuação assimétrica, ao não assegurar que as políticas dos países industrializados fossem consistentes com as necessidades do crescimento internacional e a estabilidade financeira; (d) as recomendações em termos de ajuste de balanço de pagamentos devem reconhecer que os países nem sempre são capazes de proceder aos ajustes necessários de maneira unilateral; (e) os programas do Fundo deveriam ser reformulados para um contexto de médio (em vez de curto) prazo, e com financiamento suficiente, entre outras.

Uma preocupação maior em relação às instituições multilaterais tem sido estabelecer de forma inequívoca o papel a ser desempenhado por cada uma delas, evitando as condicionalidades cruzadas que caracterizaram os programas de ajuste nos anos 80. Não apenas os modelos teóricos adotados pelos técnicos das diversas instituições deveriam ser ajustados para a realidade dos países em desenvolvimento, como deveria haver maior consistência entre eles: em diversas oportunidades, alguns países não puderam ter acesso a linhas de crédito do Banco Mundial porque a internalização dos recursos era incompatível com as metas de expansão monetária acordadas com o FMI.[19]

A EXPANSÃO E INTEGRAÇÃO DOS MERCADOS FINANCEIROS INTERNACIONAIS

Um dos fenômenos econômicos mais significativos das últimas décadas tem sido o conjunto de modificações nas estruturas financeiras internacionais. Entre outras características, temos: os mercados financeiros têm se tornado mais internacionalizados e integrados; o tamanho desses mercados vem aumentando de forma expressiva na maior parte dos países; há, em diversos países, uma tendência nítida ao desaparecimento de barreiras entre ativida-

---

[17] Ver, a respeito, SELA (1994). Note, ainda, que a própria importância relativa do Fundo se reduz, quando considerada em termos do cenário mundial: a participação do volume de quotas do FMI no valor total do comércio de mercadorias caiu de 7% em1950 para menos de 3% em 1992 (Buira, 1995).

[18] Entre outros motivos, pelos indicadores de desempenho do próprio Fundo: segundo Killick/Malik (1992), entre 1979 e 1989 mais da metade dos programas do Fundo fracassaram, uma vez que os países não cumpriram as metas impostas e não puderam sacar os recursos previstos.

[19] Ver, a propósito, a discussão de alguns pontos específicos em Williamson (1995).

des bancárias e outras atividades de intermediação; observa-se uma crescente institucionalização da poupança (graças à expansão dos fundos de pensão) e o volume e a velocidade de circulação do fluxo de recursos entre países aumentaram consideravelmente, superando em larga margem os valores gerados pela atividade comercial.[20]

Esse fenômeno, freqüentemente chamado de "globalização financeira", tem origem na década de 70, com o relaxamento — por parte dos principais países industrializados — dos controles sobre o movimento de capitais.

Em 1970 o governo americano iniciou um processo de liberalização do seu sistema financeiro ao abolir os regulamentos sobre o pagamento de comissões aos corretores na Bolsa de Valores de Wall Street. Essa medida acarretou não apenas o aumento da concorrência entre as instituições e um rápido processo de desintermediação financeira, mas teve impactos também sobre a competitividade das operações no mercado financeiro de Londres.

O processo de liberalização do mercado financeiro foi intensificado após a desvalorização do dólar em 1974, e por volta de meados da década de 80 seis dos países industrializados mais importantes — Estados Unidos, Alemanha, Reino Unido, Canadá, Holanda e Suíça — haviam tornado seus mercados nacionais totalmente abertos aos capitais externos. No Japão esse processo tem início em 1984, a partir de acordo com os Estados Unidos, que permitiu o acesso de não-residentes ao mercado financeiro.

O resultado da liberalização foi a expansão da atividade do setor financeiro, com expressivo aumento da liquidez e do nível da concorrência entre instituições. Isso possibilitou uma redução dos *spreads* entre taxas de aplicação e captação de recursos, o que levou à queda na capitalização dos bancos. Ao mesmo tempo em que essas inovações possibilitaram maior eficiência, elas expuseram a incapacidade e a inadequação do sistema regulatório existente para lidar com esse novo cenário. Entre os episódios significativos que marcam esse processo, destacam-se as quebras dos bancos Franklin National Bank nos Estados Unidos e do Bankhauss Herstatt na Alemanha, ambos em 1974, e do Banco Ambrosiano, na Itália, em 1982.

Um subproduto da liberalização foi o surgimento de inovações financeiras que criaram mercados secundários para ativos e títulos de dívida de longo prazo (em particular, dívida externa dos países em desenvolvimento), o que contribuiu para a expansão da liquidez do sistema. Ao mesmo tempo, ocorreu uma redução dos prazos de aplicação em ativos financeiros, aumentando o risco de quebra de instituições financeiras, em um contexto de

---

[20] Ver, a propósito, Zini (1996). De acordo com UN/UNCTAD (1990), os empréstimos bancários internacionais representavam 26% do valor do comércio mundial de bens em 1972, percentagem que foi elevada em 1980 para 35% e 73% em 1987. O mesmo indicador para o total das operações financeiras não-bancárias é ainda mais expressivo: 44% em 1972, 68% em 1980 e 137% em 1987.

internacionalização em que a ação das autoridades monetárias nacionais encontrava-se cada vez mais limitada.

Uma das peculiaridades dos anos 80 foi a alteração da forma de intermediação financeira, do sistema bancário para os mercados de securitização, com os empréstimos bancários perdendo importância relativa,[21] outros tipos de instituições financeiras canalizando a maior parte dos recursos e os próprios bancos entrando no segmento de operações de securitização. De acordo com dados citados por Zini (1996), em 1950 os bancos e as empresas seguradoras nos Estados Unidos detinham 76% dos ativos financeiros, proporção que havia sido reduzida para 41% em 1993, ao passo que a parcela de mercado dos fundos de pensão, fundos mútuos e outros tipos de agentes não-bancários aumentou de menos de 10% para 51% no mesmo periodo.[22]

Na segunda metade da década de 80 o movimento no sentido da liberalização recebe novo estímulo, sobretudo na Comunidade Econômica Européia, onde a maior parte das restrições deveria ser eliminada como parte do Projeto Europa-92, de intensificação da unidade econômica.

Um estímulo adicional ao processo de internacionalização financeira foi o tratamento fiscal favorável adotado por diversos países. Em 1984 os Estados Unidos eliminaram os impostos sobre os juros pagos a não-residentes, sendo seguidos por medidas semelhantes por parte da França, Alemanha e Reino Unido.

A liberalização dos movimentos de capital passou a ser um objetivo de política em diversos países,[23] com a adoção de isenções tributárias para não-residentes, acesso de não-residentes aos mercados financeiros internos,[24] remoção de restrições existentes em relação a determinados instrumentos financeiros, entre outras medidas. Como conseqüência, o tema da regulação do sistema financeiro passou a ser objeto de negociações internacionais.

A preocupação não é apenas com a eficiência microeconômica do setor, ou mesmo de âmbito nacional. A expansão dos mercados financeiros e o processo de abertura das contas de capital afetam a distribuição da poupança e do investimento internacional, a formulação de políticas macroeconômicas e a própria estrutura do sistema de reservas internacionais.

A interação entre os sistemas financeiros nacionais e internacionais dá à questão da credibilidade uma importância elevada na determinação do aces-

---

[21] Como resultado, em parte, da suspensão dos financiamentos aos países em desenvolvimento, que tiveram sua credibilidade afetada com a crise da dívida.

[22] Refletindo: (a) a importância dos menores custos para investidores institucionais em relação a investidores privados; (b) a maior propensão de parte dos pequenos poupadores a permitirem que seus recursos sejam administrados por profissionais dessas instituições e (c) a apropriação de vantagens tributárias diferenciadas para poupadores.

[23] O número de países sem restrições sobre movimentos de capital aumentou de 23 em 1975 para 38 em 1993, de acordo com Mussa et al. (1994).

[24] Estima-se que o percentual de títulos públicos em poder de não-residentes supere os 20% nos principais países industrializados (Mussa et al., 1994).

so ao crédito e do custo do crédito obtido. A percepção de que a política de um determinado país é inconsistente ou mal-implementada pode ter efeitos imediatos, não apenas no custo dos recursos captados, mas sobre sua própria capacidade de manter um determinado nível de taxa de câmbio ou uma dada política monetária. Se, por um lado, a maior interação com o mercado impõe disciplina às autoridades de um país, por outro ela tem contribuído para intensificar os esforços de coordenação e supervisão de políticas.

A preocupação com o risco crescente de vulnerabilidade do sistema bancário e os possíveis impactos sobre as economias nacionais levaram os dez países mais ricos a definir a distribuição de responsabilidades na supervisão dos bancos internacionais, entre países de origem e receptores, em 1975, e posteriormente a firmar o chamado Acordo de Basiléia, de 1988, que estabelece as condições básicas a serem adotadas pelos sistemas bancários dos países signatários, de modo a assegurar a solvência do sistema.

O principal argumento a favor de políticas de abertura financeira é o de que essa abertura contribui para aumentar a eficiência na alocação internacional de recursos: por meio de mecanismos de arbitragem, e — sem barrei-ras — o capital fluirá entre países em resposta às expectativas de taxas de retorno. Em princípio, esse movimento deveria contribuir para reduzir os diferenciais de remuneração do capital entre países distintos e — dado que as paridades entre as principais moedas são determinadas livremente via mercado — também o mercado de divisas deveria apresentar um grau crescente de convergência, ao mesmo tempo em que, sem a necessidade de intervenção para manter os níveis de paridade, como em um contexto de taxas fixas, deveria haver menor necessidade de manutenção de estoques elevados de reservas internacionais.

A experiência dos últimos anos tem sido, no entanto, rica em movimentos imprevistos pela teoria convencional, no que se refere a variações e níveis de algumas variáveis centrais, como taxas de câmbio, taxas de juros, preços de ativos financeiros e outros, como mostra a próxima seção.

O PERÍODO RECENTE

Desde o fim do sistema de Bretton Woods (início da década de 70), o sistema monetário internacional tem se caracterizado pela inexistência de fixação prévia de valores a serem honrados e pela eliminação de diversos controles. O "não-sistema"[25] resultante dessa liberalidade permite maior liberdade de atuação aos agentes em distintos países, ao mesmo tempo em que não dá garantias em relação aos preços (sobretudo taxas de câmbio) futuros.

Isso deu origem a dois tipos de visões sobre como as taxas de câmbio devem ser estabilizadas: por meio de políticas macroeconômicas (sobretudo

---

[25] Como o designa Pilbeam (1992).

políticas monetárias ativas)[26] ou de compromissos para assegurar essa esta-bilização (a exemplo do Sistema Monetário Europeu).

A experiência acumulada desde os anos 70 tem sido de que as flutuações nas taxas de câmbio tenderam a ser mais pronunciadas do que as expectati-vas quanto à sua variação, surpreendendo sistematicamente os agentes, em relação à intensidade e ao sentido das alterações nas paridades das princi-pais moedas, que superaram os níveis indicados pelo diferencial de inflação entre os países envolvidos.[27]

Ainda mais importante, a partir do momento em que as taxas de câmbio passaram a ter seu valor determinado preponderantemente pelo mercado, o que se observa é que esses desalinhamentos tenderam a ser mais intensos.[28] Comparando-se os períodos 1961-1972, 1974-1979 e 1980-1989, a variação percentual mensal das taxas de câmbio efetivas das principais moedas foram, respectivamente: dólar — 0,18, 1,06, 1,76; iene — 0,24, 1,64, 1,73; marco — 0,31, 1,04, 0,89 e libra esterlina — 0,32, 1,01 e 0,89.[29]

Ao mesmo tempo em que ocorre essa maior amplitude na variação das paridades, não se observa que ela tenha levado a maior instabilidade na ati-vidade produtiva. Por exemplo, Eichengreen (1995) faz uma resenha de di-versas comparações feitas entre os desvios-padrão de produtos nacionais de nove países industrializados em 1950-70 e 1973-90, e não encontra evi-dência de que o período de taxas flexíveis tenha sido caracterizado por maior instabilidade da atividade produtiva. Além disso, na década de 80 houve maior estabilidade da atividade econômica em relação aos anos 70, embora associada à instabilidade dos mercados financeiro e de divisas, e a uma taxa mais alta de desemprego.[30]

Desde meados da década de 70 os déficits fiscais de EUA, Alemanha e Japão aumentaram significativamente. As divergências nas políticas fiscais desses países tornaram-se mais pronunciadas, em comparação com o perío-do de taxas fixas. As variações nas taxas de juros ocorridas na década de 80 foram efetivamente mais freqüentes do que em qualquer outro período do pós-guerra. A Tabela 16.3 ilustra o argumento de que com maior liberdade do regime cambial as políticas monetária e fiscal nas três principais econo-mias variaram com maior intensidade do que antes.

---

[26] Como alertam Mussa et al. (1994), a política monetária é o instrumento mais potente para se conseguir a estabilidade cambial, uma vez que, por exemplo, políticas fiscais são inflexíveis, associadas a objetivos de médio prazo e têm uma relação pouco clara com a política cambial.

[27] Resenhas com algumas evidências são apresentadas em De Grauwe (1990) e em Pilbeam (1992).

[28] Embora (De Grauwe, 1991) com a característica de que os desalinhamentos no período de taxas flutuantes têm um caráter cíclico e são, portanto, reversíveis.

[29] UNCTAD (1990), tabela 33.

[30] Mais recentemente, o desempenho da União Européia tem sido menos alentador: o cresci-mento do produto caiu de uma média de 3,3% entre 1986-90 para 1,4% em 1991-95, e o déficit público aumentou de 3,4% para 5,3% no mesmo período, embora a taxa de inflação tenha ficado em 2,5%, abaixo dos 3,9% observados 1986-90.

Tabela 16.3
Desvio-padrão das taxas de crescimento do estoque de moeda (M2) e do déficit fiscal (medidos em percentagem do PIB) em países selecionados

	EUA	Japão	Alemanha
Estoque de Moeda			
1960-70	1,6	3,6	1,4
1973-85	3,0	4,2	2,3
Déficit Fiscal			
1960-70	0,6	0,8	0,7
1973-85	1,6	2,5	1,1

Fonte: De Grauwe (1990), tabela 8.1.

Os dados comprovam a maior variação, tanto da política fiscal quanto da monetária, nos anos 70 e 80, em comparação com a década de 60: o sistema de taxas flexíveis induziu ao uso mais intenso dos instrumentos de política econômica. O mesmo resultado se verifica para outros países industrializados: Eichengreen (1995) indica que para o conjunto de Canadá, França, Alemanha, Japão, Reino Unido e Estados Unidos o desvio-padrão da relação entre os gastos do governo e o PIB aumentou de 1,7 no período de Bretton Woods (1945-70) para 2,5 no período 1974-89, indicando ser generalizada a relação entre maior flutuação da taxa de câmbio e maior grau de intervenção na economia.

Uma discussão dos diversos aspectos envolvidos nas várias tentativas de interpretação do período recente transcende o espaço e os objetivos deste capítulo. A seguir são apresentados apenas — e de forma muito resumida — alguns dos principais fatos dignos de registros e alguns dos argumentos que têm sido apresentados a respeito. A seqüência de apresentação não reflete prioridade.

Fatos relevantes do período de taxas de câmbio flexíveis:

- Na década de 80 observa-se maior estabilidade da atividade econômica nos países da OCDE (embora com maior nível de desemprego), em contraste com os anos 70. No entanto, aumentou consideravelmente a instabilidade dos mercados financeiro e de divisas,[31] graças

---

[31] Com um grau de internacionalização significativo: a percentagem de não-residentes detentores de títulos do governo norte-americano aumentou de 7% em 1970 para 17% ao final dos anos 80, enquanto o número de representações de bancos estrangeiros naquele país aumentou de cinqüenta para quase 800, no mesmo período.

aos vários tipos de interação desestabilizadora em políticas monetárias, de taxas de juros e taxas de câmbio.

- As taxas de câmbio das principais moedas na década de 80 foram muito mais instáveis que suas taxas de juros (sobretudo porque as políticas monetárias passaram a adotar como objetivo metas de expansão monetárias, e não níveis de taxas de juros).

- Uma elevação pronunciada do fluxo de capitais entre os países industrializados foi a contraparte dos desequilíbrios em conta corrente: embora esses desequilíbrios fossem evidentes em 1973-75 e 1979-81, o fluxo líquido de capitais entre esses países se expandiu mais rapidamente depois de 1982. A entrada líquida de capitais nos EUA aumentou de uma média de US$ 2 bilhões (0,1 % do PIB) em 1970-72 para US$ 139 bilhões (3% do PIB) em 1985-88.[32] No caso da Alemanha essa entrada variou de 0,5% do PIB em 1970-72 para 4% em em 1985-88. Cabe registro adicional de que a maior parte desses fluxos foi de capitais privados, ao contrário de períodos anteriores.

- Outra diferença entre as décadas de 70 e 80 é que até 1982, quando o dólar declinava em valor, as autoridades monetárias na Europa e Japão intervinham para reduzir a depreciação do dólar, o que provocava expansão da base monetária nesses países. Como resultado, a economia mundial experimentou expansão monetária nos períodos de queda do dólar e contração monetária nas apreciações do dólar. Nos anos 80 ocorreu o oposto: o dólar apreciou e as taxas de expansão monetária na Alemanha e no Japão caíram significativamente. Isso implicou que os movimentos das taxas de câmbio estiveram fortemente correlacionados com os movimentos das taxas de juros nos principais países industrializados, e os movimentos das taxas de juros na Alemanha e Japão tenderam a coincidir com os movimentos nos EUA.[33]

- O modelo teórico de taxas flexíveis sugere que não é necessário um volume muito expressivo de reservas, uma vez que não existe o compromisso de manter um nível pré-definido de paridade. A evidência mostra, contudo, que o tamanho das reservas em 1973-90 (média anual de 379 milhões de DES) era bastante superior ao de 1960-70 (média anual de 72 milhões de DES): a intensidade das intervenções governamentais no período de taxas flexíveis superou fortemente as intervenções durante o período de taxas fixas.[34]

- A discussão sobre a importância de se obter compromissos relativos a paridades encontra algum apoio na experiência do Sistema Monetário Europeu: em 1973-86 os movimentos entre as taxas de câmbio

---

[32] Dados de Mussa et al. (1994).
[33] Para análise ver De Grauwe (1991).
[34] Dados do FMI, publicados em Salvatore (1995).

dos países membros do SME foram menores que entre eles e outros países

- Existe pouca transferência de capital de países com altas taxas de poupança para países com baixas taxas de poupança (tese de Feldstein/ Horioka, 1980), mesmo no âmbito da OCDE, onde há grande mobilidade de capital. Isso tem implicações importantes para a determinação do investimento.

- O comportamento das taxas de câmbio no período posterior a 1973 sofreu influência não apenas das expectativas dos agentes e políticas macroeconômicas dos países. Alguns eventos, como as crises do petróleo, a crise da dívida dos países em desenvolvimento,[35] as modificações na forma de operação do sistema financeiro, diferenciais de produtividade e outros, associados à lógica microeconômica, tiveram influência não desprezível no comportamento dessas taxas.

Alguns argumentos explorados na literatura:

- Os movimentos da taxa de câmbio real das principais moedas apenas em alguns poucos casos podem ser explicados por alterações no *mix* de políticas dos países envolvidos. Para as intervenções serem efetivas elas devem ser acompanhadas de compromissos explícitos em relação a um nível de taxa de câmbio. Este argumento está baseado na experiência européia e na suposição de que — em cenários de incerteza, como os de taxas de câmbio flutuantes — os fundamentos econômicos não são suficientes para prever as taxas futuras, e os compromissos funcionam como âncoras que fixam as expectativas sobre as taxas futuras.[36]

- A instabilidade das taxas de câmbio resultou não apenas das respostas de mercado a mudanças de políticas, mas também de falhas nos mercados financeiros internacionais. Um mercado eficiente é aquele onde os prêmios de risco são pequenos. A evidência é de que o diferencial de juros não foi capaz de indicar elementos do comportamento futuro das taxas de câmbio e que, freqüentemente, ele apontou na direção errada.

---

[35] Em 1982 os países em desenvolvimento tinham uma dívida total de US$ 278 bilhões com os bancos comerciais e de US$ 115 bilhões com os credores oficiais (Dooley, 1995).

[36] Este ponto é elaborado em De Grauwe (1991): a comparação do desvio-padrão das alterações trimestrais das taxas de câmbio reais efetivas entre países membros do SME e de suas taxas relativas a outros países extra-acordo mostra uma variação menos pronunciada no âmbito do SME. Compare-se, por exemplo, os desvios-padrão para o marco alemão e o franco francês no período 1979-86: para o marco, 1,2 intra-SME e 2,7 extra-SME; para o franco, 2,0 e 3,0, respectivamente. Araujo Jr (1994) argumenta de forma semelhante que para os países da América Latina o mecanismo de Convênio de Crédito Recíproco facilitou a atuação dos bancos centrais em momentos de turbulência cambial durante a década de 80.

• Também é importante levar em conta o tipo de comércio entre os países ofertantes das principais moedas. A maior parte dos produtos exportados pelos países industrializados é de manufaturas. Em um mundo de incertezas as firmas adotam uma atitude de cautela antes de reagir a mudanças nos preços relativos, sobretudo quando os *sunk costs* são significativos. Mas, quando reagem, é difícil fazê-las reverterem suas decisões (hipótese da histerese).[37]

---

[37] Argumento desenvolvido, entre outros, em Krugman (1990).

O Brasil e o
sistema monetário internacional

A relação da economia brasileira com o sistema monetário internacional tem um duplo caráter: é de interação cíclica, com aproximações alternadas por posições de relativa autonomia, e de envolvimento com a institucionalidade vigente a cada período, seja na sua constituição, seja no cumprimento de seus ditames.

Este capítulo relata em forma resumida alguns dos principais aspectos dessa relação, desde meados do século passado, com as diversas tentativas de adoção do padrão-ouro. Em seguida, são apresentados indicadores relativos ao período de Bretton Woods, uma análise das relações do país com os organismos multilaterais, digressões específicas sobre as questões da dívida externa e a fuga de capitais e as principais características e implicações das relações com o sistema monetário no período recente.

O BRASIL NO PADRÃO-OURO

A adoção de um padrão-ouro por parte do Brasil data de meados do século passado: em setembro de 1846 foi estipulado que o governo passaria a aceitar nas repartições públicas moedas de ouro. No ano seguinte o governo foi autorizado a cunhar moedas de ouro e prata, tornando generalizado o uso dos metais para pagamentos (Peláez/Suzigan, 1976).

Como visto no Capítulo 16, esse sistema supostamente levaria a ajustes automáticos do balanço de pagamentos, assegurados pelo movimento de entrada e saída de divisas. Para que isso ocorra, um dos requisitos básicos do modelo de funcionamento do sistema é a inexistência de rigidez na oferta e demanda de produtos. Os efeitos de choques externos podem em princípio ser compensados pela realocação de fatores produtivos entre setores, que poderia ser conseguida por intermédio do manejo de políticas monetária e de crédito externo.

O Brasil — como de resto a maior parte dos países da América Latina — apresentava na época um elevado coeficiente de importação, com baixa elasticidade-preço e uma capacidade limitada de substituição por produção interna. Além disso, suas exportações (produtos primários) se caracterizavam pela baixa elasticidade-renda e freqüente oscilação de preços no mercado internacional. A rigidez de oferta interna e a recorrência de choques externos levava a freqüentes expansões monetárias, como forma de viabilizar o financiamento dos gastos públicos (Furtado, 1970).

Como resultado, o Brasil e outros países da região (como a Argentina) recorreram várias vezes a um "padrão papel não-conversível", freqüentemente acompanhado de déficits fiscais e inflação (Bacha/Diaz-Alejandro, 1981, Peláez/Suzigan, 1976, Franco, 1989). Uma das características da política monetária na segunda metade do século passado foi seu caráter anticíclico: em períodos de crise econômica as autoridades monetárias reduziam o encaixe obrigatório (pilar do padrão-ouro),[1] gerando liquidez e agindo assim na direção oposta à postulada pelo modelo.[2]

A segunda experiência do Brasil com o padrão-ouro teve lugar em 1888, em uma situação cambial favorável, e com a mesma paridade de 1846 — 27 pence por mil-réis. Uma terceira experiência ocorreu no período 1906-14, com a criação da Caixa de Conversão, com poderes para emitir notas conversíveis em ouro. Por último, a reforma monetária de Washington Luís em 1926 (com duração até 1930) proporciona nova volta ao padrão-ouro, com conversão a uma taxa fixa e criação da Caixa de Estabilização, com capacidade para emitir notas nos moldes da anterior Caixa de Conversão (Fritsch, 1989).

As apreciações dos períodos de adesão ao padrão-ouro ao longo da história do Brasil[3] enfatizam o aspecto recessivo derivado da contração monetária imposta por esse sistema e o paralelismo entre os efeitos desse sistema, que possibilitava maior estabilidade aos países mais ricos, ao mesmo tempo em que desestabilizava as economias menos avançadas. Nos períodos de aumento do ciclo de investimento internacional e recuperação dos termos de troca do país, a entrada de recursos induzia a uma valorização da taxa de câmbio, ao mesmo tempo em que expandia o crédito interno, estimulando as importações. Como resultado, o equilíbrio externo tendia a se deteriorar. Quando a esses movimentos se somavam a escassez de crédito externo e queda nas relações de troca, a contração monetária resultante tinha efeitos desastrosos sobre a atividade interna (Fritsch, 1989).

O BRASIL NO SISTEMA DE BRETTON WOODS

Ao final da Segunda Guerra Mundial o Brasil dispunha de um estoque considerável de reservas internacionais, da ordem de US$ 650 milhões (compa-

---

[1] Freqüentemente para até 25%.
[2] Ver os dados relevantes em Peláez/Suzigan (1976) e análise em Fritsch (1989).
[3] Fritsch (1989), Peláez/Suzigan (1976), entre outros.

rados com menos de US$ 100 milhões em 1939), mas com uma característica: parte considerável dessas reservas era constituída de moedas bloqueadas (sobretudo libras esterlinas), o que dificultava sua utilização.[4]

Além disso, nos anos que se seguiram ao final da guerra (1945 a 1951), a economia brasileira apresentou superávits comerciais, mas esse saldo era obtido em relação a países com moedas então inconversíveis, ao mesmo tempo em que o país era deficitário em suas relações comerciais com a área de moedas conversíveis, sobretudo os Estados Unidos (Malan et al., 1977).

Entre 1939 e 1953 o Brasil manteve a taxa oficial de paridade, declarada oficialmente ao FMI em 14 de julho de 1948, de Cr$ 18,50 por dólar (igual à taxa média no período 1938-44), apesar de ter uma taxa de inflação interna acumulada próxima aos 400% e da duplicação do produto real.

Esse contexto levou a uma dupla tendência. De um lado, o controle cambial, por meio da adoção de um sistema de leilões de câmbio e a imposição crescente de barreiras comerciais.[5] De outro, a crescente dependência da conta de capital para equilibrar o balanço de pagamentos.[6]

Nos anos de 1955 a 1961 a economia brasileira apresenta dois novos elementos, de importância crescente: o aumento da participação direta do Estado no processo produtivo e a entrada de capital estrangeiro (tanto oficial como privado) para financiar o investimento, estimulado sobretudo pela Instrução Nº 113 da SUMOC (de 1955) e pela Lei das Tarifas, de 1957.[7] A entrada de investimentos privados externos diretos — que havia sido em média de US$ 13 milhões em 1947-54 — passa a uma média de US$ 102 milhões em 1955-61.

A política cambial sofre alterações adicionais em 1957, com a redução das categorias de importação para duas, e em 1959, com a transferência ao mercado livre de diversos produtos de exportação. Em 1961 a taxa de câmbio foi desvalorizada em montante expressivo (100%), e teve início a convergência a um sistema de taxa única, com a redução gradual dos subsídios às importações essenciais. Nos dois anos seguintes houve acúmulo de atraso cambial e, apesar das desvalorizações de 19%, 23% e 18% ocorridas entre 1964 e 1968, estima-se que houve uma valorização significativa da moe-

---

[4] Uma alternativa foi a liquidação de saldos via nacionalização de investimentos britânicos, sobretudo em serviços públicos.

[5] Ver Bergsman (1970) e Baer (1975): a Lei Nº 1.807 (janeiro de 1953) criou um mercado livre de câmbio (para movimentos de capital de risco e operações de turistas) e uma taxa oficial para transações comerciais. Em outubro daquele ano a Instrução 70 da SUMOC introduziu o sistema de taxas múltiplas de câmbio via leilões em cinco categorias de importações.

[6] Malan et al. (1977) apresentam (tabela III.25) as seguintes informações: o superávit comercial em 1939-45 foi de US$ 1.360 milhões, caindo para US$ 1.070 milhões em 1946-52, enquanto o total de empréstimos externos aumentou, no mesmo período, de US$ 25 para US$ 194, e o movimento líquido de capitais privados de longo prazo variou de US$ 40 milhões negativos para US$ 137 milhões positivos.

[7] Ver Bergsman (1970) e Tavares (1972).

da nacional.[8] A partir de agosto de 1968 o regime cambial passou a ser o de minidesvalorizações, o que permitiu reduzir o diferencial entre as taxas de inflação interna e externa, ao mesmo tempo em que trouxe maior estabilidade ao mercado de câmbio.

A evolução das contas externas do Brasil no período de Bretton Woods é apresentada de forma resumida na Tabela 17.1.

O período de Bretton Woods foi uma etapa de crescente internacionalização da economia brasileira. Esse processo esteve bem mais concentrado no âmbito do movimento de capitais (como mostram as entradas autônomas de capital e os montantes de dívida externa) do que no intercâmbio comercial.

Tabela 17.1
Brasil - itens selecionados do balanço de pagamentos - 1947-1971 (US$ milhões)

	1947-49	1950-54	1955-59	1960-67	1968-71
Volume de Comércio (Exp+Imp)	6.319	14.509	12.639	21.671	19.375
Transações Correntes	-235	-1027	-764	-878	-2388
Entradas Autônomas de Capital	103	325	2.045	3.493	6.772
Variação de Reservas	84	503	140	-264	-1.430
Dívida Externa Bruta Total	1.823	4.244	8.820	26.214	20.100

Fonte: Abreu (1989), Anexo Estatístico.

AS RELAÇÕES DO BRASIL COM AS INSTITUIÇÕES MULTILATERAIS[9]

O Brasil é um dos países signatários da Carta de Bretton Woods, e como tal sua relação com o FMI e o Banco Mundial remonta ao início das operações dessas instituições.

O primeiro registro de intervenção técnica por parte do Fundo está relacionado ao pedido de aval feito pelo governo brasileiro em 1954 para obtenção de um empréstimo junto ao Eximbank norte-americano (pedido que foi atendido). No ano seguinte, o desconforto com a política de taxas múl-

---

[8] De acordo com os dados de Suplicy (1976), tabela 5, entre 1960 e 1968 houve uma queda da taxa de câmbio real efetiva para os produtos manufaturados da ordem de 24%.

[9] Esta seção é fortemente baseada em Oliveira (1993), Forero et al. (199O) e Araújo (1991).

tiplas de câmbio adotada pelo Brasil gerou relatório específico por parte do corpo técnico do Fundo, recomendando unificação das diversas taxas, e em 1957 o Fundo deu apoio formal à adoção da Lei das Tarifas, que vigoraria praticamente inalterada até 1987.

A primeira operação direta de empréstimo do FMI ao Brasil teve lugar em 1958, quando foi negociado um crédito de tipo *stand by*,[10] para fazer face às dificuldades de balanço de pagamentos. O conjunto de medidas de política econômica recomendadas não chegou a ser implementado, e as negociações foram suspensas em meados de 1959,[11] com o previsível impacto político sobre o governo Kubitschek. A falta de aval técnico por parte das agências internacionais à política econômica do governo contribuiu para dificultar o acesso aos recursos internacionais, e o país passou a depender de modo crescente de linhas de financiamento de curto prazo a custos elevados, deteriorando substancialmente o perfil da dívida externa.

As relações com o Fundo foram retomadas de forma substantiva em 1961, com novo empréstimo *stand by*, em valor correspondente a 160 milhões de DES. A renúncia de Jânio e as posições da administração Goulart levaram à desconfiança da comunidade financeira e, por conseguinte, das instituições multilaterais com relação à política econômica. Apenas em 1965 — com a mudança de orientação geral — ocorreu a operação seguinte, um empréstimo *stand by* de 75 milhões de DES.

Na segunda metade da década de 60 a economia brasileira experimentou melhora considerável de suas contas externas,[12] o que facilitou o acesso aos financiamentos provenientes de fontes privadas e tornou desnecessária a utilização dos recursos disponíveis no FMI.[13]

Essa situação perdurou durante toda a década de 70 — quando a reciclagem da liquidez proveniente dos petrodólares facilitou de forma sem precedentes o acesso dos países em desenvolvimento a recursos privados — e apenas em 1982 — depois de duas crises do petróleo (1973 e 1979) e em função das dificuldades criadas pela moratória da dívida mexicana em 1982 — as autoridades brasileiras voltaram a recorrer ao FMI, iniciando um novo ciclo de aproximações e atritos.

Em janeiro de 1983 o Brasil assinou com o FMI a primeira do que viria a ser um conjunto de seis cartas de intenções de metas não-cumpridas de política econômica. Por essa época os bancos credores haviam constituido

---

[10] Destinado a corrigir desequilíbrios externos e com desembolso subordinado ao cumprimento de metas econômicas acertadas com o *staff* técnico do Fundo.

[11] Ver, a respeito, Oliveira (1993).

[12] Entre 1967 e 1973 as exportações totais cresceram a uma taxa média anual de 25% em valor e 13% em volume, com as relações de troca melhorando 18,8% no período. As reservas líquidas passaram de uma posição negativa de US$ 777 milhões em 1965 para um saldo de US$ 6,4 bilhões em 1973 (Batista Jr. 1988).

[13] Como mostra Oliveira (1993, quadro II.2) entre 1966 e 1972 houve saque dos recursos disponíveis do Fundo apenas em 1968.

seu comitê negociador com os países devedores, de modo que a negociação tinha de fato duas faces: de um lado, o Fundo requeria um acordo com os bancos, de outro os bancos exigiam o aval técnico do Fundo.[14] Em fevereiro de 1983 foi assinada a segunda Carta de Intenções do governo brasileiro com o Fundo. Em meados daquele ano o Fundo declarou que o país não estava cumprindo adequadamente o que havia sido acordado, o que afetou a disposição dos bancos credores. Como resultado, a dívida brasileira aumentou de US$ 66 bilhões ao final de 1982 para US$ 77 bilhões em 1983.

Em setembro de 1983 foi assinada a terceira Carta de Intenções. As negociações envolveram — além do compromisso com metas a serem cumpridas — o desembolso de recursos por parte do Fundo (US$ 1,6 bilhão), dos bancos comerciais,[15] do Eximbank norte-americano (US$ 2,5 bilhões) e do Banco Mundial (US$ 1,5 bilhão).

A quarta Carta de Intenções foi assinada em novembro de 1983, e no ano seguinte, em março e em setembro, foram assinadas a quinta e sexta cartas de intenções. Duas das dificuldades básicas para o cumprimento dos compromissos embutidos nesses diversos documentos estiveram associadas ao ajuste do conceito de necessidades de financiamento do setor público não-financeiro adotado pelo Fundo às peculiaridades da economia brasileira, bem como às dificuldades técnicas para incluir as expectativas sedimentadas por anos de indexação generalizada nos diagnósticos de excesso de demanda, base para os ajustes postulados pelo *staff* técnico daquele organismo.[16]

As relações do Brasil com o Banco Mundial são mais constantes do que com o FMI. O primeiro empréstimo realizado (US$ 75 milhões) data de 1949 — no setor de energia —, e a partir daí a participação dos recursos do Banco (sobretudo nos anos 70) na constituição da infra-estrutura produtiva do país tem sido uma constante, tendo o Brasil chegado a ser, em alguns momentos, o principal tomador de recursos.[17]

---

[14] Naquele momento, o Brasil propôs ao comitê dos bancos um conjunto de projetos que ficaram conhecidos por sua numeração: Projeto 1 — USS 4,4 bilhões para novos empréstimos de médio prazo; Projeto 2 — negociação de 8 anos de USS 4 bilhões para a dívida de médio prazo vencendo em 1983; Projeto 3 — manutenção de USS 8,8 bilhões de créditos comerciais de curto prazo; Projeto 4 — compromisso de restaurar os depósitos interbancários dos bancos brasileiros no exterior aos níveis anteriores aos da crise do México.

[15] USS 6,5 bilhões para o Projeto 1, USS 5,3 bilhões para o Projeto 2 e USS 10,3 bilhões para o Projeto 3.

[16] Uma boa análise é apresentada em Bastos Marques (1988). Os desvios entre o valor efetivo para algumas variáveis centrais das cartas de intenções — como a variação das reservas internacionais e os desembolsos líquidos da dívida externa — chegaram em alguns meses a superar em mais de 50% os valores compromissados. Ver Almeida (1989) para uma descrição das relações do Brasil com o Fundo.

[17] De acordo com Forero et al. (1990), Tabela 2.2, a participação brasileira no total de empréstimos aprovados pelo BIRD foi de 54,7% em 1949, 22,2% em 1972 e de pouco mais de 13% entre 1983 e 1986.

Durante a década de 50 os empréstimos do Banco Mundial ao Brasil foram essencialmente destinados a projetos de infra-estrutura, sobretudo nos setores de energia (90%) e transportes, de forma consistente com os objetivos do Plano de Metas.

Nos anos 60 o setor energético continuou a absorver a maior parte (76%) dos recursos, mas ocorreu um início de diversificação setorial, com empréstimos destinados também ao setor agrícola (11%) e à indústria de transformação. Esse processo de diversificação dos setores de destino dos empréstimos se intensifica nos anos 70. Nesse período, o setor de transportes absorveu 26% dos recursos, e a área energética outros 24%, enquanto a outra metade foi destinada à agricultura, indústria de transformação, projetos sociais e ao financiamento de bancos de desenvolvimento.

A grande mudança na forma de atuação do Banco teve lugar na década de 80. Como visto no capítulo anterior, ao mesmo tempo em que ficava clara a incapacidade do FMI em lidar com os problemas dos países endividados, o Banco passou a atuar no financiamento de programas de política, e não apenas projetos. No caso do Brasil, o número de projetos aprovados nesse período esteve assim distribuído: agricultura — 30; projetos sociais — 26; transportes — 12; energia — 11; indústria — 2; bancos de desenvolvimento — 2; ciência e tecnologia — 1 e gerenciamento do setor público — 1. Nesse período (1983-96) a participação do Brasil no valor total dos empréstimos do Banco atingiu 13%, comparados com uma participação de 9% nos cinco anos anteriores.[18]

O Banco Interamericano de Desenvolvimento (BID) foi criado em 1961. O processo que levou à sua constituição esteve sempre relacionado com a percepção — por parte dos países da América Latina — de que os países da região tinham uma participação relativamente pouco importante nas instituições criadas em Bretton Woods, no que se refere a acesso a recursos, mas sobretudo no tocante às discussões sobre as linhas gerais de operação dessas agências.

A forma de atuação do BID guarda forte semelhança com a do Banco Mundial, no tocante a financiamento de projetos e — mais recentemente — de políticas específicas. Um aspecto que sempre diferenciou a atuação das duas instituições é que os governos da região desde o início demandaram assistência técnica por parte do *staff* do BID.[19]

O Brasil — como maior economia da região — ocupa naturalmente posição de destaque no conjunto das operações do BID, absorvendo mais de 20% dos empréstimos na década de 60 e algo mais que 15% nas duas décadas seguintes. A distribuição setorial dos recursos emprestados pelo BID ao Brasil é semelhante à estrutura dos empréstimos do Banco Mundial, com

---

[18] Almeida (1990).
[19] Neste aspecto as semelhanças são mais nítidas entre as atuações do BID e da CEPAL.

predominância de projetos de infra-estrutura em energia, transporte e fornecimento de água, mas envolve uma diversificação maior, compreendendo linha de crédito para exportação, apoio à educação, ciência e tecnologia, apoio ao setor industrial e outros.

Duas considerações de ordem geral podem ser feitas quanto ao relacionamento do Brasil com as instituições multilaterais.[20] Em primeiro lugar, elas desempenharam papel de inegável importância no financiamento da construção da infra-estrutura produtiva do país, sobretudo em momentos — até os anos 80 — em que os grandes projetos eram tipicamente financiados (em países em desenvolvimento) por recursos públicos, por falta de acesso a linhas de crédito de longo prazo.

Uma segunda observação, derivada sobretudo das relações com o Banco Mundial e o FMI na década de 80, é que elas tiveram conseqüências políticas e institucionais de parte a parte. Do lado do FMI, as discussões — sobretudo no início da década — sobre as metas-limite para o déficit do setor público levaram a um gradual reconhecimento da necessidade de consideração metodológica dos mecanismos de indexação, e portanto do tratamento diferenciado das metas em relação a diversos conceitos de déficit (primário, operacional etc.).

Do lado do governo brasileiro, os recursos do Banco Mundial tornaram possíveis uma série de reformas na estrutura da administração pública e na área de comércio exterior.[21] Talvez o exemplo mais transparente dos resultados dessa interação seja o esforço de monitoramento e posterior controle dos gastos públicos nas diversas esferas administrativas, o que acabou levando à criação da Secretaria do Tesouro.

A DÍVIDA EXTERNA

A história da dívida externa brasileira é anterior ao período republicano: ainda em 1889 o país devia no total o equivalente a 150 milhões de dólares. Em 1921 o Brasil negociou seu primeiro empréstimo direto com os EUA, no valor de US$ 50 milhões. Nove anos depois, os norte-americanos já detinham 30% da dívida externa brasileira. Ao final da República Velha (a partir de 1926) a dívida externa brasileira já havia atingido um valor correspondente a US$ 1 milhão.

Em 1934 o Brasil pagou, pela primeira vez, parcelas de sua dívida externa. Em 1937 teve lugar a primeira moratória, sendo os pagamentos reiniciados apenas em 1943.

---

[20] Outra instituição da qual o país foi recentemente convidado a participar — junto com outras oito economias emergentes — é o Banco de Compensações Internacionais (BIS), um foro privilegiado dos bancos centrais.

[21] Embora seja digno de nota que outras reformas pretendidas não puderam ser concretizadas, pois implicariam entrada de recursos que superavam as metas de expansão de base monetária acordadas com o FMI.

É no período mais recente, contudo (anos 70 e 80), que esse tema adquire destaque, entre outros motivos pelo fato de o Brasil passar a ocupar — no final dos anos 70 — a posição de principal devedor.

Ao final dos anos 60 o Brasil passou a adotar uma estratégia de utilização de recursos externos como forma de ampliar a capacidade de importar e prover os recursos para financiar a retomada do processo de crescimento. O endividamento externo era, portanto, parte central do modelo de desenvolvimento adotado após 1968.[22]

No período entre 1968 e 1973, ocorreram dois movimentos em relação aos empréstimos em moeda: seu crescimento — a dívida bruta total triplica, passando de US$ 3,8 bilhões para US$ 12,6 bilhões — e uma preocupação com o alongamento do prazo dos créditos — a participação dos compromissos com vencimento no primeiro ano cai de 83% para 17%. Isso permite financiar com sobras o déficit em conta corrente, e como resultado o crescimento das reservas internacionais eleva seu nível de um percentual de 14% do valor das importações em 1968 para 104% desse valor em 1973.[23]

Outra característica da dívida externa nesse período foi a transformação de sua estrutura. Em 1961 o Banco Mundial e o FMI controlavam 23% da dívida externa brasileira. Em 1969 os empréstimos junto a organismos internacionais e agências governamentais correspondiam a 43% da dívida externa brasileira, percentual que foi reduzido para 23% em 1973. Isso significa, entre outros aspectos, que a opção por captar volumes crescentes de recursos — além da provisão de créditos oficiais — levou a um custo mais elevado, e a uma vulnerabilidade maior, uma vez que os contratos no mercado privado eram feitos a taxas de juros mais elevadas.[24]

Essa vulnerabilidade ficou manifesta em 1973, com o aumento do preço do petróleo e a conseqüente deterioração do balanço de pagamentos brasileiro. Em dois anos, a dívida externa brasileira praticamente dobrou, passando de US$ 9,5 bilhões (1972) para US$ 17, 2 bilhões (1974).

A política adotada para enfrentar esse choque foi reduzir a demanda por importações — via controles e estímulos à produção competitiva interna — e aumentar (estimulada pelas condições favoráveis criadas pela reciclagem dos petrodólares) a captação de recursos por meio de novos empréstimos. Ao final de 1978 a dívida externa total havia atingido US$ 43,5 bilhões de dólares.

---

[22] Para uma análise dos mecanismos adotados para a captação dos recursos e sua utilização interna, ver Pereira (1974).

[23] Dados de Batista Jr. (1979). A partir desse ano o aumento substantivo do valor importado (104% de aumento entre 1973 e 1974) reduziu a relação reservas/importações a 43% em 1974 e 33% em 1975.

[24] Por exemplo, em 1973 o custo do crédito do Banco Mundial era de 7, 25% e as linhas do BID tinham um custo de 8%, enquanto a captação no mercado teve um custo para o Brasil de 10,13% (Batista Jr., 1979, tabela II.5).

Esse aumento continha um elemento adicional importante. Como parte da estratégia de manter a presença do país no mercado internacional e conseguir condições mais favoráveis, o Brasil utilizou como elementos de captação de recursos diversas empresas estatais, o que fez com que o componente "estatizado" da dívida externa passasse a ser cada vez mais importante (63% da dívida em 1978 eram de compromissos envolvendo o governo federal).

Novos choques exógenos vieram a demonstrar a fragilidade da estratégia de endividamento externo. O aumento dos preços do petróleo em 1979 afetou negativamente a balança comercial brasileira, e as taxas de juros no mercado internacional experimentaram elevação pronunciada — a *prime rate* subiu de 7,5% em 1977 para 21% em 1982 e a *Libor* de 7,6% para 16,4% no mesmo período — praticamente dobrando o nível da dívida externa em cinco anos, que passou de US$ 50 bilhões em 1979 para US$ 91 bilhões em 1984.

O processo de negociação da dívida externa brasileira é longo e superposto à análise da própria relação do país com os organismos multilaterais.[25] Entre os movimentos mais recentes são dignos de nota a troca — abril de 1994 — de dívida "velha" por títulos com trinta anos de maturidade, contando com a adesão de 97% dos mais de setecentos bancos credores, e sem a necessidade de um monitoramento formal por parte das instituições multilaterais e a liquidação — em outubro de 1995 — da última parcela das garantias exigidas na renegociação da dívida, adquirindo o direito de recomprar os papéis de sua dívida no mercado secundário (Carneiro, 1996).

A FUGA DE CAPITAIS

Entre outras características, a década de 1980 foi marcada, nos países da América Latina, por uma intensificação da saída de recursos reais por intermédio de diversos mecanismos, entre os quais o superfaturamento de importações ou subfaturamento das exportações[26] são os mais conhecidos.

As razões para essa fuga de capitais estão relacionadas a movimentos preventivos de desvalorizações cambiais, a diferenciais de retorno a aplicações financeiras em países distintos, ou simplesmente proteção de ativos.

O Brasil não foi exceção a esse comportamento geral, embora diversos analistas indiquem que esse fenômeno foi relativamente menos intenso aqui do que em outros países da região, em especial a Argentina e o México.[27]

As estimativas dos valores envolvidos no processo de fuga de capitais não são mais que aproximações, uma vez que — por definição — não existe registro que possa servir de referencial. Isso faz com que as diversas estimativas sejam sensíveis à metodologia adotada, ao período considerado e até mesmo à fonte das informações.[28]

---

[25] Ver, a respeito, Batista Jr. (1983) e diversos trabalhos publicados em Batista Jr. (1988).

[26] Além, evidentemente, de uma variedade de medidas ilegais.

[27] Ver Erbe (1985), Khan e Ul Haque (1987) e Cumby e Levich (1987), entre outros.

[28] Para uma boa discussão comparativa de diversos métodos de estimação, ver Cumby eLevich (1987).

Com essas observações em mente, a Tabela 17.2 mostra algumas estimativas feitas para o montante de fuga de capitais do Brasil a partir de meados da década de 70.

Os números apresentados na Tabela 17.2 são indicativos da relativa precariedade das estimativas de fuga de capital. Ao longo do tempo, as indicações disponíveis são de que esse processo teria atingido pontos de máximo em 1978 e 1984.[29] De todo modo, a reversão desse processo, com a volta dos recursos de residentes depositados no exterior, foi aparentemente um fator importante para o influxo total de recursos externos na economia brasileira no período recente.

Tabela 17.2
Brasil: estimativas diversas da fuga de capitais (US$ bilhões)

	1976-84
Banco Mundial (*)	3,5
Erbe (*)	7,8
Morgan (*)	3,0
Cuddington (*)	-0,3
Khan/Ul Haque (**)	3,9
Meyer/Bastos Marques(***)	1,4

Fonte: (*) Cumby e Levich (1987)
    (**) M.Khan e Ul Haque (1987). Estimativas para 1974-82.
    (***) Meyer e Bastos Marques (1989)

O BRASIL E O MERCADO FINANCEIRO INTERNACIONAL NOS ANOS 90

A economia brasileira esteve excluída do expressivo aumento dos fluxos de capital para os países em desenvolvimento durante vários anos, em função das desconfianças em relação à capacidade de lidar com o desequilíbrio macroeconômico e as dificuldades na negociação da dívida.[30] Desde 1991, no entanto, o Brasil — assim como diversas outras economias da América Latina (notadamente o México, Argentina e Chile) — tem recebido uma quantidade substancial de recursos externos: em 1990-91 o país recebeu um total de US$ 3,3 bilhões (0,8% do PIB), comparados com US$ 8,9 bilhões em 1992-94 (2% do PIB).[31]

A maior parte desses recursos derivou de investimentos em carteiras de ações (embora parte tenha sido destinada também ao mercado de títulos) e

[29] Cumby e Levich (1987), quando teria superado os US$ 10 bilhões, segundo sua estimativa. Para Meyer/Bastos Marques (1989), os pontos máximos para o período 1975-88 foram 1978, 1983 e 1984, com valores estimados da ordem de US$ 3 a 5 bilhões nesses anos.

[30] Essa não foi uma peculiaridade brasileira, mas regional: o conjunto dos países latino-americanos absorveu 77% do fluxo de capital destinado aos países em desenvolvimento no período 1975-82, e apenas 16% em 1983-90, segundo Turner (1995).

[31] Considerando-se os capitais de curto e longo prazo, transferências unilaterais e erros e omissões (UN/CEPAL, 1996).

empréstimos em divisas, via colocação de títulos no exterior. O influxo de capitais na economia brasileira no início da década de 90 está relacionado com o cenário macroeconômico (em particular o processo de abertura da economia) e com o equacionamento da dívida externa. Mais recentemente, a estabilização de preços e a retomada do crescimento constituíram incentivos adicionais indiscutíveis.

Outros fatores, contudo, foram igualmente determinantes. Em primeiro lugar (e de forma comparável a outros países da América Latina), o Brasil foi beneficiado pelas condições internacionais — em particular, o diferencial de taxas de juros, comparativamente mais baixas nos Estados Unidos. Para o caso específico do Brasil, a taxa de juros interna (média anualizada) foi — entre 1992 e 1994 — oito vezes superior às taxas internacionais.[32] Como argumentado em Calvo et al. (1992), as reformas de política interna dos países beneficiados pelo influxo de recursos nos anos recentes não são suficientes para explicar esse movimento, até porque esse influxo não ocorreu de forma tão pronunciada em países que promoveram essas reformas há mais tempo, como o Chile.[33]

Assim, um fator explicativo para esses resultados está relacionado com as rentabilidades relativas para os investidores na América Latina e em outras regiões, como nos países asiáticos, por exemplo. Comparando-se as taxas de retorno ao investimento[34] no período 1975-82 encontramos que para o conjunto da América Latina elas situavam-se em 24%, bastante inferiores aos 31% dos NICs asiáticos. Em 1984-93 para as economias dinâmicas da Ásia, essas taxas eram superiores aos 20%,[35] enquanto para os países da América Latina elas foram em média 13%, percentual semelhante à taxa para o Brasil (Turner, 1995) e à taxa estimada para os países industrializados: os estímulos aos investidores externos eram muito mais limitados na América Latina em geral.

Outros elementos que explicam o aumento expressivo de capitais na economia brasileira no período recente são as mudanças na legislação — que permitiram a concretização desses fluxos[36] — e o processo de privatização, que tem gerado ingressos acima de US$ 1 bilhão/ano.

---

[32] Libor em dólares, seis meses. Dados de Gonçalves (1996a).

[33] Garcia e Barcinski (1996) apresentam suporte econométrico para a hipótese de que a entrada recente (pós-1991) de capital na economia brasileira foi determinada preponderantemente pela arbitragem de juros, e que as medidas adotadas pera controlar a entrada de capitais de curto prazo não surtiram efeito, em vista do estímulo remanescente no diferencial de remuneração aos investidores.

[34] Definidas como a recíproca da relação incremental capital-produto (Turner, 1995).

[35] China e NICs Asiáticos — 27%; outros países dinâmicos da região — 22%.

[36] Sobretudo a partir de 1991. Dias Carneiro (1995) lista entre os principais canais pelos quais investidores estrangeiros podem investir no Brasil: Sociedades de Investimento — Capital Estrangeiro; Fundos de Investimento — Capital Estrangeiro; Carteiras de Valores Mobiliários; *Depository Receipts*; Fundos de Renda Fixa — Capitais Estrangeiros, Contra-

Essa retomada do acesso aos recursos externos com forte componente financeiro também tem semelhança com o padrão geral latino-americano. O padrão de investimento direto externo esteve fortemente influenciado pelos movimentos de conversão da dívida e privatizações, ao contrário do padrão asiático, onde tomou forma sobretudo de aquisição de novas empresas. Como resultado, a estrutura dos fluxos de recursos destinados aos asiáticos foi preponderantemente de investimentos diretos, enquanto para os países latino-americanos as inversões em carteira têm tido maior expressão. No período 1983-90 os países da Ásia absorveram em média um total de US$ 2 bilhões anuais em inversões em carteira (22% da soma de investimentos diretos e de carteira), enquanto para a América Latina essa média foi de US$ 3 bilhões (30% da soma de investimentos diretos e de carteira) (Turner, 1995). Em 1994 as proporções permaneciam mais ou menos as mesmas.

Historicamente o Brasil atraiu um volume expressivo de investimento direto externo. Entre 1971 e 1980, por exemplo, o país atraiu 6% do total dos fluxos de investimentos diretos mundiais, e entre 1960 e 1982 em apenas oito desses 22 anos deixou de haver aumento no ingresso de recursos, sendo que o saldo líquido do movimento de capitais de investimento foi positivo durante todo o período. No período 1985-95 o Brasil foi — entre os vinte maiores receptores de investimento direto externo — o 18º colocado, com US$ 20 bilhões (e 19º em termos de FDI per capita, com US$ 130).[37]

No período mais recente o sucesso com a estabilização macroeconômica e a retomada do crescimento do produto estimulou novo influxo de investimento direto. A Tabela 17.3 ilustra essa evolução.

Tabela 17.3
Investimento direto externo no Brasil
— médias anuais (US$ milhões)

Período	Investimento
1973-1977	903
1978-1982	1.471
1983-1989	327
1990-1993	813
1994-1996	5.086(*)

Fonte: Banco Central do Brasil.

---

tos de Fechamento de Câmbio; Carta Circular n° 5 do Banco Central e outros instrumentos, como a Bolsa de Futuros. As principais medidas envolvendo investimento direto são apresentadas em Baumann (1992). Garcia e Barcinski (1996) apresentam as principais medidas recentes relacionadas com o estímulo à entrada de capitais, bem como as tentativas de controlar os fluxos de curto prazo.

[37] Dados de *Focus*, World Trade Organization Newsletter, n° 13, outubro-novembro.

Em que pese a retomada dos investimentos diretos nos últimos anos, contudo, a maior parte dos recursos externos que entraram no Brasil na presente década é de empréstimos em moeda (70% dos influxos em 1990-93) e investimentos em ações (35% em 1993-94) (Carneiro, 1995).

Merece destaque especial a volta do país ao mercado financeiro internacional por meio da colocação de títulos. Os primeiros lançamentos de bônus brasileiros no mercado internacional de títulos foram feitos por empresas estatais de grande porte (57% dos lançamentos em 1991 e 1992). No início do processo de reentrada dos países latino-americanos no mercado financeiro internacional, a maior parcela dos recursos captados pode ser atribuída ao retorno de capitais que haviam fugido nos anos 80: o conhecimento da região e os elevados *spreads* tornaram esses títulos atraentes para os investidores latinos.

Em uma segunda etapa, os fundos mútuos especializados e investidores individuais também foram atraídos pela alta remuneração e pela perspectiva criada pelo fato de as flutuações nos mercados financeiros dos países em desenvolvimento serem relativamente independentes das flutuações nos mercados dos países industrializados.

Uma análise das taxas de juros reais de curto prazo indica que para a América Latina essas taxas em 1988-90 foram negativas em 20% (-0,1% no Brasil), enquanto nos NICs asiáticos eram de 2,6% nesse período. Em 1994 a situação era inversa. Essas taxas foram de 3% na América Latina (24% no Brasil), superiores aos 2% dos países asiáticos (Turner, 1995). Estima-se, contudo, que 60 a 70% dos bônus da região foram absorvidos por capitais que haviam emigrado da região na década passada, 20 a 25% por investidores e fundos de investimentos e apenas 5% por investidores institucionais (Horta, 1993).

A emissão internacional de bônus por parte do Brasil aumentou de US$ 1,8 bilhão em 1991 para um valor estimado de US$ 9,5 bilhões em 1996.[38] O conjunto de bônus, *notes* e investimento em carteira representou uma entrada de US$ 200 milhões em 1990, e já em 1995 havia atingido um total de US$ 32 bilhões, elevando a relação entre ingresso de capital especulativo e PIB de 0,04 para 4,5 (Gonçalves, 1996b).

Esse influxo maciço de recursos impõe — às economias latino-americanas em geral — o desafio de como evitar possíveis perturbações macroeconômicas que ele possa provocar.

Uma preocupação é com a apreciação da taxa de câmbio. De fato, essa tem sido uma característica comum a diversos países da América Latina desde a sua volta ao mercado financeiro internacional: em 1996 diversos países da região apresentavam valorizações de 20-30% (medidas pelo índice de preços ao consumidor)[39] em relação ao índice de câmbio de paridade de 1990.

---

[38] Dados de UN/CEPAL (1996). Compare-se esses números com as emissões mexicanas, de US$ 3,8 bilhões em 1991 e US$ 16,9 bilhões em 1996.
[39] 35% no caso do Brasil. Dados de UN/CEPAL (1996).

Isso se deveu em parte aos processos de convergência de preços nos períodos seguintes à adoção de planos de estabilização e em parte à pressão exercida pelo influxo de recursos.

Um segundo conjunto de preocupações está relacionado ao aumento que esses fluxos podem provocar no déficit quase-fiscal e na dívida pública interna total, como resultado da necessidade de esterilização do seu impacto monetário interno. No caso do Brasil,[40] o déficit fiscal operacional tem aumentado significativamente desde 1994, embora esse resultado possa ser atribuído apenas de forma parcial (Garcia e Barcinski, 1996) ao pagamento de juros.

Um terceiro problema é o próprio custo de manutenção de níveis elevados de reservas internacionais, requeridos para que o Banco Central possa manter as paridades desejadas no mercado de divisas por meio de intervenções não sistemáticas. Isso implica pressão sobre a taxa de juros interna e, portanto, um custo que Gonçalves (1996a) estima ter significado 0,7% do PIB entre 1992 e 1994, superando os pagamentos dos serviços das dívidas interna e externa. A elevação do diferencial de juros, por sua vez, realimenta as operações de arbitragem, em um processo que passa a demandar a imposição de barreiras quantitativas ou tributárias ao movimento de capitais.

---

[40] Com reservas internacionais da ordem de US$ 60 bilhões.

APÊNDICE
1

Da contabilidade nacional à teoria macroeconômica

Ir além da contabilização *ex post* das variáveis econômicas e de suas relações requer o estabelecimento de hipóteses sobre as causalidades envolvidas, de modo a explicar como e por que os níveis contabilizados se tornaram aqueles e não outros quaisquer. Um dos meios para tanto consiste em construir modelos teóricos abstratos, selecionando aspectos considerados essenciais e desenvolvendo analiticamente as hipóteses sobre sua determinação.

Os modelos básicos de macroeconomia aberta esboçados neste livro, além de apresentarem diferenças em hipóteses particulares, fazem algumas opções quanto às características que atribuem a seu objeto, opções divergentes, nada óbvias e que acabam tendo peso sobre seus resultados. Este é o caso, entre outros, dos conceitos de equilíbrio empregados, do tratamento analítico do tempo, da abordagem aos processos de formação de expectativas dos agentes e da dinâmica de interação entre estoques e fluxos. Acreditamos que a breve digressão metodológica a seguir possa auxiliar a compreensão dos Capítulos 11 a 13 e dos Apêndices 2 e 3.

EQUILÍBRIO

Um sistema está em equilíbrio quando não está em um processo dinâmico endógeno, ou seja, quando não há forças internas que o façam mover-se independentemente de mudanças em seus parâmetros, quando não há mais forças internas que ainda estejam ajustando-o a forças exógenas. Em um modelo econômico, compreendendo argumentos funcionais de determinação das variáveis e sua inter-relação, localizar as condições de equilíbrio corresponde a desvelar, dado um conjunto de parâmetros estacionários ou móveis, para onde tende o sistema ao final do processo em que aquelas determinações e inter-relações internas ao modelo se realizem integralmente. Tal exercício pode ter várias funcionalidades: encontrar um ponto de referência para a dinâmica do sistema; separar os componentes endógenos e exógenos do comportamento dinâmico; simplificar a estrutura funcional do sistema etc. (Vercelli, 1991).[1]

Se, por um lado, há funcionalidade na busca das condições de equilíbrio, por outro é fundamental observar as condições necessárias e/ou suficientes para a convergência a este equilíbrio: ausência de "histerese" ou "dependência em relação à trajetória" (que se verifica quando a dinâmica em desequilíbrio afeta a própria estrutura de parâmetros);[2] unicidade ou um pequeno número de posições de equilíbrio possíveis; estabilidade do equilíbrio; rapidez de ajustamento em relação a mudanças de parâmetros (o que será tão mais influente quanto mais instáveis sejam estes parâmetros) etc. Evidentemente, cumpre também buscar tornar endógeno ao sistema teórico o máximo de variáveis relevantes que expliquem seu movimento.

Voltando ao Capítulo 10, lembremo-nos de que, enquanto a PCJ corresponde a um movimento de ajuste rápido e determinado univocamente pelo diferencial de taxas de juros, a dinâmica de ajuste da PPC seria compatível com múltiplas trajetórias das variáveis preços nominais e taxas nominais de câmbio, assim como de diferenciais de juros e expectativas cambiais no caso da PNCJ. As condições de equilíbrio dos dois últimos casos dizem pouco em relação ao sistema, em especial (como na PPC) se envolvem prazos largos durante os quais dificilmente se pode esperar invariabilidade parametral, além da provável histerese implicar uma pluralidade muito grande (indeterminação) de posições de equilíbrio possíveis.

Um sistema com interações múltiplas entre vários subsistemas — como o macroeconômico — apresenta em geral condições e posições distintas de equilíbrio conforme o *tempo* considerado para os ajustamentos. Dado que diferem as velocidades de ajuste entre as causalidades envolvidas em cada interação de subsistemas, um sistema em equilíbrio em um certo período pode estar em desequilíbrio quando observado por uma perspectiva temporal maior. Por exemplo, o subsistema financeiro pode estar em equilíbrio em um certo curtíssimo prazo, no sentido de que um dado conjunto de ativos se distribui entre os agentes, e em desequilíbrio sob uma perspectiva temporal mais longa, se esses ativos propiciam rendimentos diferenciados e sua

---

[1] Não há conotação normativa intrínseca ao equilíbrio. Pode significar desde o máximo de bem-estar social associado ao mundo dos mercados livres dos modelos paretianos até o equilíbrio com estagnação e desemprego involuntário de Keynes.

[2] "Designamos por histerese o seguinte fenômeno: se uma economia passa de um estado E_1 para um estado E_2 quando uma variável v transita do valor v_1 para o valor v_2, ela não retorna a E_1 quando v volta a v_1, por causa de alterações sofridas pelo sistema durante a situação E_2." (Guillhochon, 1993, p. 210). O "estado de repouso" final depende da trajetória. Uma definição mais geral está no *American Heritage Dictionary* (apud Rivera-Batiz e Rivera-Batiz, 1994): histerese é "uma impossibilidade de que uma característica ou propriedade de um sistema, modificada por um agente externo, volte a seu valor original mesmo que a causa da mudança tenha sido removida".

oferta pode então ser alterada. O subsistema do mercado de bens e serviços pode estar em equilíbrio em um certo curto prazo, dado um patamar exógeno de investimentos, e simultaneamente em desequilíbrio de longo prazo se a dinâmica patrimonial aponta para mudanças endógenas neste patamar.

No mesmo contexto, as condições de ajuste (ausência de histerese, unicidade, estabilidade dos parâmetros) podem ser diferenciadas, o que tende a estabelecer propriedades divergentes para as condições de equilíbrio, bem como distintos graus de funcionalidade até mesmo para sua busca teórica.

O sistema macroeconômico contabilmente descrito no Capítulo 10 constitui caso exemplar. Enquanto os ajustamentos nos mercados de ativos financeiros, dados os parâmetros correspondentes aos estoques de ativos reais (físicos) existentes ou em construção via investimentos, podem ser tomados como rápidos, a influência no sentido inverso (do financeiro ao físico) sempre exige prazos e condições distintos para se exaurir. Da mesma forma, os fluxos de geração de produto e renda nos mercados de bens e serviços dependem simultaneamente de estoques de investimentos herdados de períodos prévios (capacidade produtiva instalada) e da demanda correspondente às adições correntes a estes estoques (investimentos), ao passo que as determinações na direção contrária se exercitam apenas de forma gradativa. Por sua vez, a demanda por trabalho é fortemente condicionada pelo movimento nos mercados de bens e serviços, enquanto, por mais "flexível" que seja o ajuste nos mercados de trabalho, seu *feedback* sobre tais mercados de produtos depende das outras interações destes mercados, mencionadas anteriormente.

Há dois modos básicos adotados entre os modelos de macroeconomia para lidar com esta complexidade (Chick e Caserta, 1994). De um lado, a tradição marshalliana-keynesiana de dissecar tal complexidade em modelos entrelaçados (*nested models*), com ordens distintas de incorporação do tempo ou de outras dimensões. Equilíbrios parciais são obtidos mediante suposição de exogeneidade provisória de algumas variáveis, cuja mudança é analisada em outro modelo, inclusive com as implicações desta mudança sobre o equilíbrio anterior. A crescente ordem de complexidade pode coincidir com o alargamento do horizonte temporal da análise. No caso de Keynes, em especial, com uma proposta explícita de atribuir-se importância diferenciada a cada um daqueles modelos, considerando tão menor seu poder explicativo e preditivo quanto maior o escopo de complexidade (múltiplas determinações) pretensamente incorporado.

Nos capítulos de 1 a 18 da *Teoria Geral* de Keynes (1936), por exemplo, o autor aborda sucessivamente os mercados de trabalho, de bens e serviços, de capitais e monetário, estabelecendo condições de equilíbrio em cada um deles. Ele o faz, porém, observando a multiplicidade de equilíbrios possíveis em cada um dos mercados, de modo a negar os mecanismos de ajustamento automático ao pleno emprego apontados pelos clássicos. A indeterminação em cada mercado é fechada no mercado (modelo) subseqüente, em uma exposição em sentido oposto ao da ordem causal.

Depois de negar o ajustamento automático em torno do pleno emprego na interação entre ofertantes e demandantes no mercado de trabalho, o autor atribui ao mercado de bens e serviços e sua correspondente demanda por trabalho a responsabilidade pela determinação do emprego. Em seguida, o próprio equilíbrio no mercado de bens e serviços é mostrado como dependente dos gastos autônomos e de seu efeito multiplicador. Cumpre a partir daí à determinação dos gastos autônomos — basicamente o investimento — nos mercados de ativos a responsabilidade de "fechar" o modelo anterior na seqüência.

Ao final, a síntese macroeconômica tem como determinantes principais, em última instância, as expectativas concernentes ao longo prazo dos agentes privados e o estado de confiança desses agentes em relação a tais expectativas, assim como as políticas fiscal e monetária, podendo a combinação entre essas variáveis exógenas gerar uma situação de equilíbrio com desemprego voluntário. A multiplicidade de elos intermediários (determinações, mercados) entre a política monetária e os mercados de produtos — conforme expresso no grau de complexidade de inter-relações no sistema quando se alcança o mercado monetário —, bem como a exogeneidade das expectativas envolvidas nos investimentos, levam inclusive Keynes a defender, em situações de depressão, a necessidade de uso da política fiscal em complemento à monetária, em uma espécie de qualificação dos resultados do modelo em seu estágio mais complexo, ou seja, numa desconfiança quanto à força preditiva do modelo quando se trata de tantas causalidades intermediárias envolvidas.

A cadeia de modelos construída nos capítulos 1 a 18 da *Teoria Geral*, com os preços fixos em unidades salariais, é compatível com *n* níveis nominais de salário. A análise é estendida para salários nominais e preços flexíveis nos capítulos 19 a 21, momento em que a capacidade de auto-ajustamento no sistema por meio de ajustes nestas variáveis é contestada com maior força ainda.

Muito embora Keynes tenha proferido a célebre frase "no longo prazo todos nós estaremos mortos" em outro contexto (Keynes, 1923), há algo nessa direção na *Teoria Geral*. A interação e o ajuste entre variáveis no curto prazo são tomados como modelos confiáveis, como modelos representativos de processos concretos: a produção e o emprego ajustando-se à demanda efetiva ao longo de períodos de produção; a demanda efetiva ajustando-se, pelo multiplicador keynesiano, ao nível de gastos autônomos (investimentos); dado um perfil do conjunto de expectativas quanto à taxa "normal" de juros, o ajuste das taxas correntes de juros no mercado monetário, acomodando-se ao estoque de moeda que exceda as necessidades de moeda por motivos de transação e precaução. Em cada um desses casos, os parâmetros estão provisoriamente fixos, independente do fato de estarem eles próprios em equilíbrio em suas correspondentes instâncias posteriores de determinação.[3]

Os ajustamentos mais demorados claramente recebem menor importância. No tocante ao mercado de bens de capital (os ativos "instrumentais"), dadas as expectativas de longo prazo e as taxas de juros há um ajuste paulatino dos investimentos, cujo resultado final pode exatamente ser uma saturação de investimentos prévia ao alcance do pleno emprego no mercado de trabalho (Kregel, 1976; Rogers, 1989). Keynes, porém, não se dirige à determinação e à revisão das expectativas de longo prazo.[4] Da mesma forma, o equilíbrio com desemprego involuntário no mercado de trabalho certamente implica uma potencial pressão de rebaixamento nos salários reais ao longo dos curtos prazos. Contudo, esse ajuste pode ser continuamente frustrado em um círculo vicioso de deflação, crise nos mercados de produtos etc. As possibilidades de histerese, plurideterminação de equilíbrios e mudanças de parâmetros aumentam com o grau de complexidade temporal envolvida.

De outro modo, pode-se também observar que a trajetória temporal ao longo dos curtos prazos, especificamente determinada pelas expectativas empresariais de longo prazo, pode vir a reforçar estas últimas, em uma espécie de histerese. A este respeito, Bleaney (1985, p. 200) observa que, embora a exposição formal de Keynes tenha tomado as expectativas como exógenas, seus comentários verbais localizam na endogeneidade de expectativas um risco de que distúrbios de curto prazo possam converter-se em depressões profundas.

A alternativa ao método marshalliano-keynesiano é empregar o método do "equilíbrio puro", da tradição walrasiana, vale dizer, trabalhar apenas com as condições de equilíbrio geral e pleno, buscando homogeneizar e contornar formalmente os (diferentes) requisitos de convergência ao equilíbrio nas diversas partes do sistema complexo. Operar teoricamente com as condições de equilíbrio geral é tomado como rigor científico, visto que só então todas as interdependências entre as variáveis estariam exploradas (Grossman e Helpman, 1991).

---

[3] Marshall (1890), de quem Keynes foi discípulo e sucessor em Cambridge, dissecou o tempo em equilíbrios temporários de vários períodos (curtíssimo ou de mercado, curto, longo, secular), nos quais os parâmetros vão sendo sucessivamente endogenizados. Uma diferença crucial em Keynes é uma atenção decrescente no equilíbrio como referência à medida que aumenta o tempo envolvido.

[4] "Podemos inferir que ele [Keynes] considerou irrelevante a questão da realização ou não das expectativas empresariais de longo prazo (o equilíbrio de longo prazo equivalente a seu equilíbrio de curto prazo). Os resultados não guiariam a ação futura dos empresários, já que as circunstâncias das decisões de investimento teriam mudado" (Chick e Caserta, 1994, p. 10).

Nessa tradição walrasiana, dois requisitos se colocam para que o sistema esteja em equilíbrio (geral): (a) não há excessos de oferta ou demanda nos vários mercados e (b) tais ofertas e demandas dos mercados têm de emergir como agregação de decisões consideradas ótimas, nas condições vigentes, pelos agentes econômicos individuais. Caso contrário, o sistema ainda estaria em movimento provocado por forças internas. O equilíbrio geral walrasiano incorpora o pleno emprego no mercado de trabalho, por ser a única posição em que as decisões são consideradas ótimas, nas condições vigentes, por todos os envolvidos.

EXPECTATIVAS

Tratar teoricamente o tempo não significa apenas abordar o ajustamento ao equilíbrio diante das mudanças de parâmetros, mas também o processo de formação de expectativas dos agentes quanto ao futuro, expectativas que norteiam seu comportamento decisório. As opções quanto ao equilíbrio acima mencionadas se combinam com visões específicas quanto a estas expectativas.

A tradição walrasiana, em sua acepção moderna (os modelos "novos-clássicos"), parte do axioma de *expectativas racionais*. Segundo este axioma, os agentes fazem o melhor que podem com todas as informações a seu alcance, o que significa a ausência de erros sistemáticos de previsão (*ex ante*): apenas choques aleatórios imprevisíveis e não-correlacionados ao longo do tempo podem impedir a previsão perfeita dos eventos (Canuto e Laplane, 1995, p. 38).

O aprendizado dos agentes os leva a convergir em suas expectativas, bastando para isso que:

(1) os mercados sejam *eficientes* em termos de informações, ou seja, que um mesmo conjunto de informações esteja disponível para todos os agentes a custos negligenciáveis (não há assimetria de informações) e, portanto, se reflita nos preços de mercado; e

(2) a estrutura e a convergência ao equilíbrio do sistema sejam estáveis o bastante e, por conseqüência, expectativas e equilíbrio se reforcem mutuamente ao longo do tempo.

As defasagens temporais (presente e futuro, curto e longo prazos), nos diversos mercados, afetam as decisões dos agentes apenas na extensão em que haja uma preferência intertemporal pelo presente. Não há razão por que os agentes possam ter confiança maior ou menor no tocante às informações sobre o presente ou o futuro. Informações e expectativas racionais colapsam o tempo nos preços vigentes e nos correspondentes ajustamentos instantâneos dos mercados. A economia move-se ao longo do tempo exclusivamente a partir de choques aleatórios ou de mudanças de parâmetros — e correspondente atualização de informações.

O equilíbrio parcial e os modelos com distintas complexidades da tradição marshalliana-keynesiana incorporam outra visão da formação de expectativas e dos microfundamentos (características dos ajustes nos mercados e processos decisórios dos agentes). Se há histerese, pluralidade de equilíbrios possíveis ou instabilidade de parâmetros, há *incerteza* nas expectativas formadas pelos agentes e, conseqüentemente, um grau maior ou menor de confiança com a qual os agentes lidam com essas expectativas.[5] Há incerteza não apenas em função do fato de que os resultados de ações de indivíduos dependem das ações de outros, como também em decorrência de mudanças de parâmetros em horizontes temporais mais largos.

A incerteza diz respeito não somente ao destino do sistema, como *a fortiori* também à própria posição dos agentes em decorrência de suas decisões, já que não há o mútuo reforço das expectativas racionais e do equilíbrio geral único. Não há razão para haver convergência (homogeneidade) nos processos decisórios (objetivos e procedimentos) e muito menos em seus resultados individuais — independentemente de assimetria no acesso a informações existentes ou na posição individual e diferenciada de agentes na estrutura do sistema.

A presença de incerteza cria uma diferença entre os momentos no tempo, para além de preferências intertemporais, à medida que os graus de confiança nas expectativas decrescem com a complexidade temporal envolvida. Particularmente no tocante às decisões dos agentes quanto às formas de carregar sua riqueza patrimonial ao longo do tempo, ganha relevância o atributo de liquidez, sinônimo de flexibilidade, associado a cada uma dessas formas. Esse atributo se torna tão mais valorizado quanto menor seja o grau de confiança nas expectativas formuladas. Os graus de confiança importam! Podem mudar em um mesmo mercado em momentos distintos e, de qualquer modo, tendem a decrescer com o horizonte temporal envolvido na decisão.

As características dos processos de ajustamento, bem como sua interação com a formação de expectativas e o exercício da racionalidade são, inclusive, diferenciadas por tipo de mercado ou decisão envolvida. Por exemplo:

Nos mercados financeiros, dada a natureza altamente comercializável do produto, há grande possibilidade de fluidez nas posições individuais dos agentes e suscetibilidade em relação a mudanças de parâmetros, inclusive a novas informações. Basta haver heterogeneidade de opiniões ou de informações para que, na presença de instabilidade de preços, adotar comportamentos miméticos (imitação de outros agentes ou balizamento da ação pelo agente a partir da média de opiniões do mercado, independentemente de qual seja

---

[5] Não confundir com assimetria de informações, tampouco com alguma medida de variabilidade aleatória da estrutura (risco). A incerteza aqui diz respeito às condições de calculabilidade das distribuições de probabilidade associadas aos eventos esperados. A ausência de condições plenas para um equilíbrio único e estável constitui apenas uma das razões para sua presença.

a crença específica do agente quanto aos fundamentos dos ativos) se torne uma possibilidade racional, em face das oportunidades de ganho que pode proporcionar. Por outro lado, o curto horizonte temporal envolvido nas decisões implica que, se há uma avaliação geral de estabilidade, processos de rápido aprendizado e homogeneização de expectativas se seguem ao impacto de informações.

Por seu turno, no equilíbrio de curto prazo dos mercados de bens e serviços e de trabalho, a capacidade instalada — quantidade e qualidade — é um parâmetro, mas um parâmetro cujo ajuste próprio impõe histerese e pluralidade de equilíbrios àqueles mercados no longo prazo. Em tais condições, torna-se racional para os agentes adotar comportamentos de "rotina", nos quais o conhecimento acumulado em experiências conhecidas é mais apreciado do que aventuras em universos informacionais desconhecidos. A heterogeneidade de informações conhecidas pelos agentes e de suas decisões cresce ainda mais com a heterogeneidade de posições dos agentes nas estruturas de mercado (Canuto, 1995).

No caso dos novos-clássicos, a convergência de expectativas e uma suposta homogeneidade na posição estrutural dos agentes permitem a agregação a partir de "agentes representativos" (médios), tornando os agregados macroeconômicos microfundamentados independentes de sua composição (Higashi et al., 1996). Em contraste, há uma tensão entre agregados e microfundamentos nos outros casos, quando a heterogeneidade na posição dos agentes, a possibilidade de comportamentos miméticos ou de rotinas diferenciadas etc. tornam a agregação um exercício mais complexo.[6]

ESTOQUES E FLUXOS

Tanto no caso dos novos-clássicos quanto nas abordagens keynesianas, a interação dinâmica entre estoques e fluxos ocupa papel central, na medida em que os fluxos são ligados intertemporalmente mediante seu efeito sobre estoques e vice-versa. Suas opções quanto a equilíbrio, tempo e expectativas, contudo, levam a diferentes visões também no tocante a essa interação.[7]

Equilíbrio geral, expectativas racionais e mercados eficientes tornam estoques e fluxos convergentes nos modelos dos novos-clássicos. Os agentes antecipam a ação dos fluxos sobre os estoques e incorporam-na em suas expectativas sobre os fluxos correntes, reforçando a convergência.

---

[6] Um procedimento possível é elaborar taxonomias, grupos estilizados de comportamento, como generalizações indutivas a partir da observação empírica. Abre-se assim espaço para uma relação biunívoca entre modelos abstratos e a diversidade em nível histórico-concreto. Outro procedimento possível é trabalhar exclusivamente com agregados.

[7] Para efeito de exposição, não incluiremos os "novos keynesianos" nas abordagens keynesianas, na medida em que seus modelos partem de expectativas racionais e neutralidade da moeda no longo prazo. A síntese neoclássica-keynesiana, por sua vez, está aqui representada no Capítulo 12.

No lado keynesiano, por sua vez, a desconfiança quanto à convergência a um equilíbrio único e estável nos períodos associados aos estoques com ajuste mais lento, reconhecida na própria incerteza e desconfiança expectacional dos agentes, impõe uma interação mais complexa. As crenças e desconfianças quanto ao futuro e ao valor dos estoques afetam fluxos correntes, ao mesmo tempo em que a evolução efetiva dos fluxos deixa suas marcas sobre os estoques.

As trajetórias de longo prazo possíveis na visão keynesiana adquirem um grau de indeterminação maior que no caso dos novos-clássicos. No caso destes, a presença de um — ou poucos — equilíbrios gerais significa uma forte tendência natural em direção a algum(ns) conjunto(s) de preços relativos e quantidades físicas de mercadorias negociadas pelos agentes, uma espécie de equilíbrio "real" que se impõe sobre o mundo das transações monetárias. Isto é chamado na literatura de neutralidade da moeda, prevalecendo no longo prazo ou durante todo o tempo.

Essa sobredeterminação do real sobre o monetário não se coloca no lado keynesiano, onde as duas dimensões adquirem determinações próprias e coevoluem de modo interativo. A ênfase na possibilidade de trajetórias múltiplas de longo prazo para os estoques de bens de capital, ativos intangíveis etc. elimina a possibilidade de que um ou poucos equilíbrios gerais nos mercados de bens e serviços e de trabalho atuem como centros de gravidade bem definidos para a dinâmica monetário-financeira. Keynes — apud Carvalho (1992, p. 21) — observou que, em sua opinião, "não existe uma posição única de equilíbrio de longo prazo que vigore independentemente do caráter da política da autoridade monetária". O caráter múltiplo das trajetórias possíveis da economia — sintetizando a interação entre as diversas esferas — torna não-neutra a moeda, ou seja, a política monetária, bem como todas as outras políticas que possam ser definidas de modo exógeno.

As duas visões aqui delineadas quanto a equilíbrio e tempo, expectativas e estoques configuram dois dos grandes "núcleos duros" presentes na macroeconomia atual. Suas extensões para a macroeconomia aberta respondem, em seus respectivos modos, a um mesmo conjunto de questões: a economia aberta tende automaticamente ao pleno emprego ou a abertura pode criar novas barreiras ou possibilidades? Quais são as políticas econômicas eficazes?

O "núcleo duro" walrasiano-com-expectativas-racionais foi chamado por Minsky (1977) de "paradigma da feira na aldeia". Afinal, a complexidade da malha de transações comerciais, produtivas e financeiras das economias contemporâneas é vista como redutível a um sistema de trocas transparente para as partes contratantes e de ajuste rápido e completo, como naquela feira. A tal paradigma, Minsky contrapõe o "núcleo duro" de Keynes como um "paradigma de Wall Street". Neste, as alterações de perspectivas acerca do futuro se refletem nas variáveis de ordem financeira, e seu "mundo (virtual) de papéis" tem conseqüências sobre a trajetória do mundo real. Esta caracterização de Minsky tem um paralelo na distinção que Keynes fez entre economias cooperativas e empresariais (Carvalho, 1992).

Matzner e Streeck (1991, p. 1) observam que "um modo pelo qual uma teoria complexa pode ser simplificada para consumo público é por meio da transformação, em constantes, de variáveis que a teoria tratou, ou poderia ter tratado, como variáveis (tornando-se um parâmetro fixo que a teoria simplificada não tem de levar em conta)". Freqüentemente grandes reorientações começam com a descoberta de que algo que havia sido considerado fixo e dado é, na verdade, variável ou tornou-se assim por razões históricas ou de outra ordem. Tentativas são então formuladas para demonstrar que a teoria original — o "núcleo duro" — acomoda a endogenização do respectivo parâmetro. Os modelos macroeconômicos abordados na Parte 3 e nos Apêndices 2 e 3 são ilustrativos da disputa entre aqueles dois paradigmas em busca de incorporar os elementos de mudança que a realidade histórica da economia internacional foi colocando.

APÊNDICE
2

Mercados de ativos e macroeconomia aberta: extensões dos enfoques walrasianos

EXPECTATIVAS E FUNDAMENTOS DOS ATIVOS NAS ABORDAGENS PELA MAXIMIZAÇÃO

Seja u o preço de um ativo, enquanto u_f é seu "valor fundamental". Este corresponde ao valor presente de todos os rendimentos, inclusive as variações cambiais quando se tratar de aplicações internacionais.

As funções (1a) a (1c) descrevem três processos distintos de aprendizado e revisão de expectativas dos agentes no tocante ao preço de um ativo. Nelas, ρ representa um coeficiente que mede o grau em que a informação passada é incorporada. A primeira é o caso das expectativas extrapolativas, a segunda e a terceira correspondem a dois tipos de expectativas adaptativas, enquanto a quarta mostra as expectativas regressivas (Frankel e Foot, 1987; Hellier, 1994). A variável u^m na quarta equação representa algum valor fundamental médio extraído das séries históricas do passado.

(1a) $\quad \hat{u}^0_{t+1} = \rho \cdot \hat{u}_t$

(1b) $\quad \hat{u}^0_{t+1} = \rho \cdot \hat{u}_t + \rho \cdot (1 - \rho) \cdot \hat{u}_{t-1} + \rho \cdot (1 - \rho)^2 \cdot \hat{u}_{t-2} + ... + \rho \cdot (1 - \rho)^k \cdot \hat{u}_{tk}$
$\quad$ com $0 < \rho < 1$

(1b') $\quad \hat{u}^0_{t+1} - \hat{u}^0_t = \rho \cdot [\hat{u}_t - \hat{u}^0_t]$

(1c) $\quad \hat{u}^0_{t+1} = -\rho \cdot [u_t - u^m] / u_t$

No primeiro caso, um ρ igual ou próximo a zero corresponde às expectativas estáticas ou constantes do modelo Mundell-Fleming. Se ρ é positivo, tem-se uma situação de potencial explosividade diante de desvios ou choques isolados sobre os valores fundamentais, dado que, neste caso, os choques continuariam se propagando mesmo com a exaustão do impacto inicial.

A equação (1b') é um caso particular de (1b). Nesta, quanto mais alto é o ρ, mais curta é a memória. O coeficiente ρ em (1c) indica a velocidade de regressão das expectativas em relação a alguma média passada, periodicamente revista.[1]

As *expectativas racionais* propostas por Muth (1961) constituem uma crítica às expectativas extrapolativas e adaptativas. Estas duas últimas freqüentemente revelam-se falsas, com um processo de aprendizado e revisão incompleto. A racionalidade, no entanto, levaria os agentes a utilizar sistematicamente todas as informações a seu alcance, sem incorrer duas vezes no mesmo erro de previsão. As relações (1d) e (1d') representam tal formação de expectativas:

(1d) $\hat{u}^{0}_{t+1} = E[\hat{u}_{t+1} \mid I_{t}] = \hat{u}_{t+1} + e_{t+1}$

(1d') $E[e_{t+1} \mid I_{t}] = 0$

onde $E[\hat{u}_{t+1} \mid I_{t}]$ é a esperança matemática condicional da variação em u a partir do conjunto de informações (I) disponíveis para o agente no momento t. Lembrando-se que, por definição, a esperança matemática dos erros (e_{t+1}) deve ser nula e que não pode haver correlação entre os erros e qualquer uma das informações disponíveis, não há viés nas expectativas. Ter-se-ia "previsão perfeita" (*perfect foresight*) se estivéssemos em um mundo determinístico, ou seja, se o conjunto de informações fosse completo e se o processo não tivesse um caráter estocástico.

O "núcleo duro" novo-clássico se caracteriza pela conjunção entre expectativas racionais e a suposição de uma contínua operação dos mercados em condições de equilíbrio geral walrasiano, não sendo este, inclusive, o único contexto em que necessariamente as expectativas racionais podem se integrar em teoria. Se estiver presente um ajustamento contínuo nos mercados correntes de trabalho e de bens e serviços, absorvendo em pouco tempo as eventuais modificações nos parâmetros, as expectativas racionais e os preços nestes mercados convergem rapidamente em direção aos preços de equilíbrio.

No tocante aos ativos, os agentes projetariam valores fundamentais a partir das condições de equilíbrio em vigor ou esperadas e tais valores fundamentais deveriam em tese constituir-se em centros de gravidade para seus preços, via arbitragem. Qualquer afastamento em relação a estes fundamentos significaria oportunidades de ganho não aproveitadas, o que seria irracional nesta abordagem.[2]

---

[1] As chamadas "análises técnicas" comumente empregadas nos mercados financeiros (média móvel, análise gráfica etc.) se inscrevem nesta categoria ou nas expectativas adaptativas.

[2] "A hipótese de expectativas racionais delineia um comportamento no qual os agentes agem *como se* conhecessem o *verdadeiro* modelo da economia. Notemos que este conhecimento

Observe, porém, que tanto nos mercados de bens e serviços e de trabalho anteriormente abordados, quanto nos de ativos, o mecanismo de auto-reforço entre expectativas racionais e preços depende, entre outras, de duas suposições cruciais: há um conjunto de informações abrangente e igualmente disponível para todos os agentes e a normalidade dos mercados é a realização de transações a preços de equilíbrio. Caso contrário, *não seria racional* estabelecer o cálculo de maximização exclusivamente com preços de equilíbrio e valores fundamentais de ativos.

Prevalecendo as premissas novo-clássicas, ter-se-ia a paridade do poder de compra (PPC) nas taxas de câmbio, além da paridade das taxas de juros nominais e reais, descontando-se desta os prêmios de risco. Tais fundamentos para taxas de juros e de câmbio deveriam atuar com ainda maior liberdade e força no caso de regimes cambiais flexíveis e economias financeiramente integradas.

No entanto, conforme já aludimos, a experiência com taxas flexíveis de câmbio a partir de 1973, realizada ao mesmo tempo em que se materializava a integração financeira abordada em outras partes deste livro, registrou forte volatilidade cambial e desvio na maior parte do tempo em relação à PPC (Rivera-Batiz e Rivera-Batiz, 1994). Em lugar dos equilíbrios automáticos de balanço de pagamentos via ajustamento de preços, assistiu-se à emergência de desequilíbrios profundos e duráveis em conta corrente. Veremos a seguir algumas tentativas pelas quais o arcabouço de equilíbrio com expectativas racionais buscou responder a tal evidência, adaptando seus fundamentos teóricos.

ESPECULAÇÃO, ULTRAPASSAGEM (*OVERSHOOTING*), BOLHAS ESPECULATIVAS E HETEROGENEIDADE DE COMPORTAMENTOS

Conforme abordamos no caso do mercado cambial no Capítulo 10, em condições de estabilidade nos fluxos associados ao balanço básico de pagamentos, a especulação tende a atuar de modo a reforçar tal estabilidade. Em termos gerais, a especulação estabilizaria qualquer mercado financeiro onde se façam presentes duas condições: a primeira é a existência de valores fundamentais cuja imposição se acredita ser feita pelos mecanismos de mercado. A segunda é a de que os especuladores se caracterizem pelo acesso mais rápido a informações e antecipem mais rapidamente os efeitos de mudanças nos fundamentos. A especulação, em tal contexto, aceleraria a transição rumo aos equilíbrios.

---

não é de modo algum obrigatório. As expectativas racionais também podem ser interpretadas como uma hipótese instrumental. Elas podem igualmente decorrer da presença, no mercado, de um pequeno número de operadores que conhecem este modelo e cumprem o papel da arbitragem" (Hellier, 1994, p. 242). Cumpre observar porém que, em pequeno número, tais operadores podem exatamente tentar subverter a ordem estabelecida pelos fundamentos.

Contudo, basta que a gravitação em torno de valores fundamentais exija tempo para que se abra a possibilidade de que a especulação deixe de ser estabilizadora. Como observa Hellier (1994, p. 91), a "especulação não é uma atividade de longo prazo".

Os modelos de ultrapassagem ou de hiper-reação (*overshooting*) da taxa de câmbio, iniciados por Dornbusch (1976), buscam mostrar que, caso exista algum retardo no ajuste de preços nos mercados de bens e serviços em relação aos preços de ativos em mercados financeiros, com expectativas racionais, o ajuste no tempo envolve um período intermediário no qual a taxa de câmbio ou outro preço de ativo se afasta de (ultrapassa) seu valor de equilíbrio, hiper-reagindo em relação a mudanças em seus fundamentos. Na ausência de operação plena da PPC, a atuação da PNCJ leva a tal *overshooting*.

O gráfico (a) da Figura A.1 — de Dornbusch e Fisher (1991, p. 899) — ilustra uma situação de ultrapassagem em um enfoque monetário onde se supõe a vigência da PPC apenas no longo prazo e a PNCJ (ignorando riscos, ou seja, com substituição internacional perfeita de ativos) todo o tempo, via arbitragem. Após um choque de expansão monetária, os ajustes de preços e da taxa nominal de câmbio apontam para uma mudança do índice nominal de ambos de I_0 para I_e , de modo a manter-se a taxa real de câmbio. No entanto, um ajuste lento nos preços implica um excesso de liquidez real e uma redução na taxa de juros doméstica no curto prazo.

A arbitragem levaria a uma explosiva saída de capital que só se deteria quando a desvalorização cambial fosse suficientemente alta para gerar uma expectativa de valorização da moeda local, de modo a compensar o diferencial de juros. Isto só aconteceria com uma ultrapassagem na desvalorização, conduzindo o patamar nominal de câmbio a níveis acima daquele de equilíbrio. A partir daí, a elevação dos preços domésticos e a redução da liquidez real, aumentando a taxa de juros doméstica, permitiriam o ajuste nominal da taxa de câmbio em direção ao patamar de equilíbrio. Expectativas racionais e eficiência no mercado cambial (inexistência de assimetrias no acesso a informações e reflexos destas informações diretamente na taxa de câmbio) realizam automaticamente a hiper-reação, sem necessariamente se materializar a saída de capital.

A literatura chama de *bolha especulativa racional* a um desvio entre o preço de um ativo e seu valor fundamental em condições de expectativas racionais. O gráfico (b) da Figura A.1 exibe uma ultrapassagem que atravessa vários períodos, por conta de um retardo de um período nos ajustes deflacionários nos preços no caso de uma política monetária deflacionária cuja implementação é efetuada em três períodos. As expectativas racionais dissolvem e recriam a bolha a cada período, como resultado da PNCJ diante de retardo da PPC.

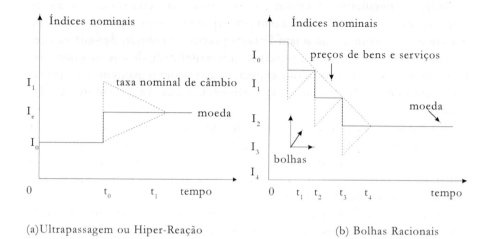

(a)Ultrapassagem ou Hiper-Reação   (b) Bolhas Racionais

Figura A.1
Ultrapassagem e bolhas especulativas

A possibilidade de bolhas mesmo em presença de expectativas racionais e de eficiência no mercado de um ativo também é mostrada nas equações (2a-2c) adiante (De Grauwe et al., 1989) (Bourguinat, 1989) (Canuto e Laplane, 1995). Digamos que se trata de uma ação cujos dividendos previstos por período são x_t ou de uma debênture negociável que promete pagamentos reais de juros neste mesmo montante por período.

Dado um preço de ponto de partida para o ativo (u_t), sabe-se que a arbitragem fará sua variação de preço no período adequar-se de modo a prover um ganho ou perda de capital cuja soma com os dividendos ou juros (x_t), descontando-se o prêmio de risco (pr_t), não supere o rendimento alternativo em uma aplicação sem risco ($r'.u_t$), como em (2a). O valor fundamental do ativo (u_f), por sua vez, equivale ao valor presente da soma de dividendos ou juros e prêmios esperados, conforme (2b). Finalmente, a solução geral da equação (2a), compreendendo todos os valores possíveis para u_t, está apontada em (2c), onde o preço do ativo sem uma bolha (b_t) revela-se apenas uma entre muitas possibilidades.

(2a) $E[u_{t+1} | I_t] - u_t + x_t = r'.u_t + pr_t$

(2b) $u_f = \sum_{i=0}^{\infty} m^{i+1} . E[(x_t) | I_t]$ com $m = (1 + r')^{-1} < 1$

(2c) $u_t = u_f + b_t$

Bolhas especulativas racionais, estocásticas ou determinísticas, assim como os modelos de ultrapassagem, incorporam então a possibilidade de que transações com ativos sejam feitas a preços divergindo de seus valores fundamentais. Depreende-se, portanto, a possibilidade de que não necessariamente todos os agentes com expectativas racionais pautem suas previsões e comportamentos tendo como referência exclusiva tais valores fundamentais.

Por exemplo, suponha a presença de uma bolha em certo mercado. A não ser que os agentes operadores regulares — inclusive especuladores — neste mercado considerem a bolha próxima de uma explosão, são levados a tomar os preços em desvio como referência, independentemente de sua opinião sobre o valor fundamental.

Evitar a bolha durante muito tempo antes de seu desaparecimento pode significar um elevado custo de oportunidade, em termos de perda de rendimento ou de parcela de mercado. Ao mesmo tempo, operar com o ativo — e eventualmente vendê-lo — em meio à bolha exige que o agente se paute por preços correntes esperados para o futuro (desajustados ou não), independentemente de sua opinião sobre os valores fundamentais, sob pena de incorrer em prejuízo se assim não proceder.

Na verdade, basta haver heterogeneidade nos procedimentos ou nas expectativas dos participantes para que desvios sistemáticos possam se efetivar entre valores fundamentais e expectativas quanto aos preços correntes dos ativos. Suponha, por exemplo, que no mercado cambial estejam presentes três tipos de agentes: (1) "fundamentalistas" que se orientam pela PPC; (2) corretores especializados que se utilizam das chamadas "análises técnicas", as quais extrapolam tendências para o futuro imediato a partir do comportamento recente do mercado em relação a alguma referência (média móvel, gráficos); e (3) agentes com um comportamento "mimético" que tomam a expressão imediatamente anterior dos preços como manifestação de fundamentos. Sobre estes últimos, cumpre notar que, para agentes que se sentem pouco informados, uma possibilidade racional é partir das informações indiretamente reveladas pelos preços de equilíbrio de mercados, se acreditam na eficiência destes mercados.

A expectativa média de variação cambial no mercado será a média ponderada representada em (3), onde o primeiro termo à direita corresponde aos fundamentalistas (expectativas racionais), o segundo às análises técnicas (expectativas regressivas) e o terceiro aos miméticos (expectativas perfeitamente extrapolativas), com seus pesos respectivamente dados por

$$\eta^f + \eta^r + \eta^{mim} = 1.$$

(3) $\quad \hat{u}^0_{t+1} = \eta^f . E[PPC | I_t] + \eta^r . -r . [u_t - u^m] / u_t + \eta^{mim} . \hat{u}_t$

A expectativa média muda com deslocamentos de agentes entre os grupos ou por eliminação de seus componentes. Se a PPC prevalece a maior parte do tempo, há uma convergência em direção ao primeiro grupo. Por sua vez, caso os fundamentalistas se mostrem bons em suas previsões apenas por acaso, serão os outros grupos que crescerão e, com eles, a possibilidade de divergência entre expectativas e fundamentos.

A formulação dos modelos de bolhas e ultrapassagem significa um afastamento em relação à crença quanto ao automatismo do equilíbrio com taxas de câmbio flexíveis e mercados financeiros integrados. A interdependência e a coordenação entre políticas econômicas nacionais voltam a ser consideradas relevantes, uma vez que, em conformidade com a própria experiência histórica, nega-se o suposto isolamento entre países e a estabilidade como atributos dos regimes cambiais flexíveis e desregulados.

APÊNDICE
3

Mercados de ativos e macroeconomia aberta: um enfoque keynesiano

O modelo keynesiano simples de macroeconomia aberta do Capítulo 11 introduziu as restrições de balanço de pagamentos, reduzidas então à balança comercial, como mais uma possibilidade de restrições de demanda agregada à operação dos mercados de bens e serviços e de trabalho em seus níveis potenciais máximos. Quando dirigiu-se às economias em conjunto, o modelo apontou em sua interdependência a presença de mecanismos de transmissão de choques recessivos e expansivos, assim como os riscos de que guerras comerciais resultem em recessão internacional.

Conforme já observamos, Keynes localizou uma assimetria entre as capacidades de estímulo e de restrição à atividade econômica pela política monetária, vale dizer, o fato de que seu poder recessivo não tem necessariamente um poder simétrico de estímulo em ambientes recessivos ("pode-se puxar uma corda, mas não empurrá-la"). Um corolário desta assimetria da política monetária é o de que uma economia internacional em expansão supõe disponibilidade de liquidez internacional em condições adequadas, de modo a minimizar a presença de crises de liquidez localizadas em países específicos e/ou para liberar políticas fiscais e monetárias nacionais. A alternativa seria o estabelecimento de mecanismos de coordenação entre as políticas macroeconômicas nacionais e/ou de regras de ajuste que impusessem também responsabilidades de aceleração do crescimento ou de saída de capitais por parte das economias superavitárias.[1]

---

[1] Keynes, em sua participação como representante inglês na Conferência de Bretton Woods (sobre esta, veja o capítulo sobre o sistema monetário internacional), defendeu uma simetria nos ônus de ajuste entre países superavitários e deficitários. Da mesma forma, argumentou a favor da criação de uma moeda escritural como instrumento de gestão da liquidez internacional, de modo a minimizar as chances de escassez desta última.

A evolução da economia internacional, com crescente mobilidade de capitais, se fez acompanhar por uma confiança de que esta mobilidade poderia permitir ajustamentos macroeconômicos sem aquele viés recessivo. No modo como foi efetuada a absorção e superação do modelo keynesiano simples pelo modelo Mundell-Fleming (ver Capítulo 12), a administração da demanda agregada seria capaz de suavizar flutuações em torno de ambos os equilíbrios interno e externo, impedindo a ação cumulativa de desequilíbrios e crises na economia internacional. Uma vez estendido o modelo para incorporar preços flexíveis, bem como o equilíbrio geral walrasiano e as expectativas racionais, reemergiu até a idéia de que tais flutuações reversíveis se dariam em volta do pleno emprego, no longo prazo ou até mesmo nos curtos prazos, caso não se façam presentes rigidezes contratuais ou de outra natureza sobre os mecanismos de ajuste de preços. A instabilidade do modelo keynesiano simples aberto cedeu lugar a seu oposto.

As abordagens walrasianas aos mercados internacionais de ativos, tratadas no Capítulo 13, uma vez acopladas à macroeconomia aberta do Capítulo 12, completaram o edifício novo-clássico. Em relação ao velho modelo clássico, os preços de ativos e a distribuição internacional na alocação da riqueza incorporam agora a influência dos riscos associados aos fundamentos dos ativos. Além disso, o novo modelo introduz a idéia de que a integração financeira e o comércio internacional de ativos propiciam ganhos de bem-estar derivados da diversificação de riscos e da especialização entre agentes (por meio do repasse de riscos para agentes especializados em assumi-los, como nos mercados de derivativos exemplificados no Capítulo 10).

Conforme mostrou a trajetória de modelos, sobre os alicerces clássicos foi sendo reconstruído um edifício em que ao mesmo tempo se incorporavam as mudanças nas relações macroeconômicas internacionais, e cada etapa absorvia e superava analiticamente a anterior. Ao final, obteve-se uma construção teórica na qual permanece em operação a "economia da feira da aldeia" mencionada no Apêndice 1, como um "núcleo duro" que se manteria como uma abstração adequada independentemente das profundas diferenças que separam as economias modernas de suas antecessoras no passado, como por exemplo:

(1) Há um crescente peso de transações financeiras com ativos, refletindo as magnitudes e a negociabilidade dos itens que compõem a riqueza patrimonial nas economias de mercado modernas. Apesar disto, os mercados de bens e serviços continuariam atuando como seus centros de gravidade. Estes últimos, por sua vez, teriam no mercado de trabalho a garantia de sua estabilidade. A estabilidade do mundo "real" controlaria a instabilidade e as possibilidades de crise do mundo "virtual" das finanças. Mesmo os fenômenos de ultrapassagem e de bolhas especulativas teriam seus deslocamentos domesticados no longo prazo.

(2) A despeito da crescente importância relativa dos fluxos das contas de capital em relação ao comércio de bens e serviços, estendendo ao plano internacional aquele desenvolvimento da economia de ativos, estes bens e serviços permaneceriam regulando as taxas de câmbio (paridade de poder de compra) e os equilíbrios interno e externo no longo prazo.

(3) Não obstante o caráter cada vez mais creditício e socialmente convencionado da moeda, sua criação e os mecanismos de transmissão monetária seriam ainda assimiláveis ao caso da moeda-mercadoria e seus atributos naturais, conforme presente na idéia de saldos monetários reais (físicos) univocamente determinados no equilíbrio geral walrasiano.

Em contraste, na *Teoria Geral* de Keynes, matriz de onde se formou o modelo keynesiano simples, as decisões de alocação da riqueza entre os vários ativos monetários e não-monetários assumem uma posição central e não-neutra no tocante aos destinos da macroeconomia, como delineamos no Apêndice 1. Dessas decisões alocativas e da resultante dinâmica dos mercados de ativos dependem os investimentos autônomos e, por conseguinte, a dinâmica dos mercados de bens e serviços e de trabalho, em uma ordem de determinação inversa àquela de velhos e novos clássicos. A instabilidade macroeconômica do modelo keynesiano simples aberto exige, portanto, um tratamento compatível da dinâmica dos mercados de ativos.

O presente apêndice resume uma possível abordagem do que seria a extensão da dinâmica liderada por ativos — a "economia de Wall Street" — de Keynes para o contexto de macroeconomia aberta, retomando pois o trajeto suspendido ao final do modelo keynesiano simples.[2] Inicialmente, comparamos com os enfoques walrasianos o que seria um equilíbrio keynesiano de portfólio em economias abertas, ressaltando os papéis da incerteza e da liquidez como atributos considerados na alocação de riqueza. A seção seguinte revisita, a partir do prisma keynesiano, os mecanismos automáticos de ajuste pelos quais, nos modelos clássico e novo-clássico, a "economia da feira da aldeia" comanda a "economia de Wall Street". Finalmente, seguindo-se a contribuição de Minsky, introduz-se a dinâmica de expansão e retração nos mercados de ativos e sua relação com os ciclos econômicos, em um contexto de economias financeiramente integradas.

LIQUIDEZ, INCERTEZA E EQUILÍBRIO DE PORTFÓLIOS

A descrição contábil das estruturas patrimoniais no Capítulo 9 diferenciou os ativos a partir de sua negociabilidade com estabilidade de preços (liquidez), além de seus atributos de prazo de vencimento e de características de risco não atinentes à liquidez. O atributo de liquidez, na abordagem pelo equilíbrio de portfólios, foi tentativamente assimilado no cálculo do prêmio de

---

[2] Não há espaço aqui para dar conta das variadas interpretações do paradigma de Keynes. Limitaremo-nos a resumir uma possível linha de desenvolvimento.

risco estabelecido a partir de variâncias e covariâncias esperadas, caracteri-zando-se a moeda por seus retornos monetários e riscos de preço nulos (exceto pelo risco cambial). As diferentes negociabilidades dos ativos em mercados institucionalmente organizados, por outro lado, não são contem-pladas. No caso do enfoque monetário, a liquidez nem sequer cumpre algu-ma função.[3]

Keynes, por outro lado, enfatizou a presença de elementos não-redutíveis a riscos calculáveis com segurança pelos agentes, dada a presença de incerte-za, sobretudo no caso de ativos com vencimento mais longo, como apresenta-do no Apêndice 1. Neste ponto, o próprio autor abre margem inclusive para duas interpretações distintas. De um lado, há trechos de Keynes (1937) muito citados na literatura, onde se pode mostrar o autor como "radicalmente" cético em relação a qualquer possibilidade de formulação de cálculo de ris-co. Por outro, conforme observado por Vercelli (1991, pp. 72-9), a oposição entre incerteza e risco não precisa ser — e não é — absoluta na teoria geral.

Nesta segunda interpretação, a incerteza e seu grau dizem respeito à con-fiança nas distribuições de probabilidade que subjetivamente os agentes decisórios formulam. Em princípio, o grau de incerteza "não está correlacio-nado com outras propriedades da probabilidade (níveis, erro esperado, men-surabilidade)". Pode-se tratar a incerteza como um continuum em que, em um extremo, há uma situação na qual "somente uma distribuição de proba-bilidade é epistemologicamente possível e o grau de confiança está em seu máximo", sendo este o caso usual na teoria econômica. No outro extremo, estaria a "a incerteza ou ignorância completas", onde nenhuma distribuição de probabilidade é considerada digna de confiança, sendo este o único caso visto pelos niilistas (Vercelli, 1991, p. 73). Ambos os extremos seriam casos especiais de um quadro mais geral.

A preferência pela liquidez dos ativos é fruto de tal incerteza, na me-dida em que aquele atributo constitui um refúgio em relação a esta, dado que a liquidez permite o não aprisionamento da riqueza em formas específi-cas e mais vulneráveis a eventos inesperados. Em condições nas quais a racionalidade só pode operar de modo circunscrito, com incerteza, a liquidez se torna uma propriedade desejável, tão mais apreciada quanto menor o grau de confiança na estimativa dos retornos e riscos envolvidos. A liquidez e a moeda não cumprem função na alocação de riqueza no modelo walrasiano sem riscos porque não há incerteza neste.

---

[3] O modelo walrasiano de equilíbrio geral tem dificuldades para introduzir a moeda. No sistema walrasiano, "qualquer mercadoria pode ser o numerário, a unidade de conta, ao mes-mo tempo em que não existem as outras necessidades a serem cobertas pela moeda.(...) Da mesma forma, a moeda não cumpre qualquer posição como reserva de valor, como forma peculiarmente líquida de preservação da riqueza. Destarte, nenhuma mercadoria — ou sím-bolo — em particular se transforma em moeda, a não ser mediante alguma definição arbitrá-ria e ad hoc" (Canuto, 1997a, p. 207).

Os agentes atribuem um prêmio subjetivo aos ativos em conformidade com sua liquidez. Cada ativo tem sua taxa subjetiva de retorno dada por:

(1) $z_k = q - c + g + l$
com $k = 1, ..., n$ ativos

onde:

• q é a taxa interna de retorno dos fluxos de caixa esperados associados ao ativo.
• c é a taxa correspondente aos custos de manutenção do ativo em carteira, mensurada como percentual do preço à vista deste ativo. Incorpora os custos de liquidez impostos pelos passivos que sejam usados para financiar posições em ativos produtivos de bens ou serviços (ativos "instrumentais", na terminologia de Keynes) ou em outros ativos financeiros. Os c's de devedores são os esperados q's de seus credores (Minsky, 1991).
• g é a taxa esperada de ganhos de capital com a revenda do ativo (igual a zero quando se trata de um ativo não-negociável).
• l é um prêmio atribuído à liquidez do ativo (máximo no caso dos ativos monetários).

Observe que (q - c) é uma taxa de rendimento que, uma vez transformada em um preço de ativo, seria o equivalente ao valor fundamental (u_f) do ativo em (2b) do Apêndice 2.[4] Comparando as equações (1) acima e (2a) do Apêndice 2, nota-se que, estando em ambas as equações os ganhos de capital esperados, a diferença entre elas reduz-se justamente ao contraponto entre o prêmio de risco nesta segunda e o prêmio de liquidez (desconto por iliquidez) na primeira, com este último refletindo tanto a avaliação subjetiva de risco quanto o grau de confiança em tal estimativa. Evidentemente, expectativas racionais *versus* racionalidade limitada fazem outra diferença.

A incerteza e o correspondente grau de confiança entram de três modos em (1). Antes de tudo, há um estado de confiança do agente decisor quanto a suas expectativas a respeito do conjunto — ou de um subconjunto — de ativos. Além desse nível mais geral, a maior ou menor confiança também se estabelece em relação às expectativas específicas ao ativo no que diz respeito a seu rendimento e a alguma medida de risco. Finalmente, há também um componente de expectativa quanto às condições de liquidez específicas ao ativo, ou seja, quanto à sua negociabilidade com estabilidade de preço no correspondente mercado secundário. Os três componentes se expressam em

---

[4] O preço de demanda do ativo seria algo como o valor presente dos fluxos líquidos de caixa esperados, descontados pela taxa de custos de manutenção do ativo em carteira. Seria exatamente a equação 2b do Apêndice 2 reinterpretada. A eficiência marginal do Capital é definida no capítulo 11 da *Teoria Geral* como "a taxa de desconto que iguala o valor presente dos fluxos de anuidades esperadas ao preço corrente de oferta".

prêmios de liquidez específicos a cada ativo, ainda que mudanças no estado geral de confiança afetem todos em uma mesma direção. Em geral:

• No caso de um investimento em equipamentos por uma firma em um mercado de bens ou serviços, financiado com emissão de títulos de dívida de longo prazo, tendem a ser baixos o l e o g, enquanto seu "preço de demanda" é definido pelo q obtido das receitas e despesas operacionais e o c que é a taxa de juros paga pelo título emitido.

• Ativos monetários e quase-moedas têm altos prêmios de liquidez, baixos (q - c) e também baixos ganhos de capital.

• Ações, títulos de dívida negociáveis e outros ativos não tão estáveis em seus preços quanto os anteriores, porém altamente negociáveis, propiciam como rendimento esperado a seus detentores a possibilidade de ganhos de capital, além daquilo que representa o custo de manutenção para os emissores dos títulos. O prêmio de liquidez desta classe de ativos estará em níveis intermediários em relação aos dois casos anteriores etc.

Os atributos dos ativos tendem a mudar conforme sua quantidade ofertada. Quanto menos escasso o ativo, menor é seu rendimento esperado, qualquer que seja seu atributo mais significativo. Se os ativos instrumentais em mercados específicos de bens e serviços aumentam em ritmo superior ao dos próprios mercados, representam excesso de capacidade instalada. Por seu turno, mais ações e títulos de dívida emitidos sobre uma dada estrutura patrimonial implicam menores chances de ganhos de capital. Da mesma forma, mais ativos monetários resultam em menor escassez de liquidez e prêmios mais reduzidos por esta.

Cada detentor de riqueza busca maximizar o rendimento de sua carteira de ativos, sob a restrição de que o valor líquido deste portfólio não exceda a soma ($\overline{W}$) da riqueza herdada do período anterior, acrescida da poupança corrente:

$$(2) \quad Max \ R = \sum_{k=1}^{n} Z_k \ (A_k) + \lambda \ [\overline{W} - \sum_{k=1}^{n} A_k \cdot \overline{P}_k]$$

onde $\partial z_k / \partial A_k < 0$, enquanto A_k e P_k são respectivamente as quantidades desejadas e os preços de oferta dos ativos e λ é o multiplicador de Lagrange.

As condições de primeira ordem da solução de (2) apontam que, na margem, as quantidades de todos os ativos componentes da carteira serão tais que seus rendimentos (z_k) se igualarão. Este é um resultado intuitivo, pois, se tal igualdade não estiver prevalecendo, haverá margem para recomposição e elevação de rendimento do portfólio.

De (2) resultam as demandas de cada um dos ativos. Qualquer que seja o mecanismo de ajuste — preços ou quantidades — em seus mercados, é a partir deles que se constituem a demanda por investimento e outros gastos autônomos que determinam o equilíbrio nos mercados de bens e serviços.

Deles também obtém-se a demanda por ativos monetários e quase-monetários como forma escolhida de preservação de riqueza. Neste segundo caso, trata-se da demanda especulativa por moeda, no sentido de que o agente avalia os preços vigentes de ativos não-monetários como excessivamente elevados, ao levar em conta o prêmio pela liquidez.

Se diminui (aumenta) o grau de confiança dos agentes em relação a suas expectativas quanto ao conjunto de ativos e, por conseguinte, sobe (cai) o prêmio que atribuem à liquidez, haverá um deslocamento de demanda em direção a ativos mais (menos) líquidos. Nos mercados de ativos se elevam (reduzem) as taxas de juros ou de retorno que os ativos menos líquidos têm de oferecer para compensar a renúncia por tal liquidez. Conseqüentemente, reduz-se (cresce) a carteira de projetos de investimentos produtivos viáveis.

> "Na medida em que os passivos de uma unidade são ativos financeiros de outras unidades, os preços dos instrumentos que geram o c e que são usados para financiar posições são determinados pelos mesmos fluxos de caixa esperados, custos de manutenção (carregamento) e preocupações com liquidez que determinam os valores dos instrumentos que geram q. (...) Uma maior valoração subjetiva da liquidez; uma redução de fluxos de lucros esperados; um aumento nos custos de manutenção (carregamento) de ativos financeiros e de capital: todos levam a uma queda de preços de ativos de capital e financeiros" (Minsky, 1991, p. 159).

Da mesma forma, uma maior (menor) disponibilidade de ativos líquidos induz a menores (maiores) prêmios pela liquidez. "A moeda é não-neutra em função não do risco mas de sua liquidez(...) dado que os ativos têm diferentes combinações de c, q e l" (Minsky, 1991, p. 159). Vale lembrar aqui a já mencionada desconfiança de Keynes quanto à capacidade de políticas monetárias mais frouxas serem suficientes para reverter um cenário depressivo. Afinal, expectativas apontando para crescentes prêmios pela liquidez podem mais que compensar e absorver tais aumentos de liquidez, sem permitir que estes revitalizem os preços de demanda de ativos instrumentais.

"Keynes está interessado em determinar o sistema de preços dos ativos, a valoração das várias classes de riqueza e as condições em que podem proporcionar variações de fluxos de produção e emprego. Keynes subordina o mercado de bens e de trabalho ao sistema de avaliação de ativos" (Belluzzo e Almeida, 1989, p. 124). O estado de confiança e as expectativas na economia com respeito aos ativos se expressam na alocação em seus portfólios e, como resultado, a avaliação dos ativos instrumentais se manifesta pelo efeito multiplicador dos gastos autônomos, na geração de renda nos mercados de bens e serviços e de trabalho. O processo alocativo da riqueza entre ativos comanda o processo gerador de renda e emprego.

A taxa de investimentos em cada curto prazo reflete o ajustamento dos portfólios ao que seriam os estoques de equilíbrio associados ao dado estado das artes das expectativas. No contexto de curto prazo e de rápido ajuste de preços nos mercados de ativos, estes preços se moverão de modo a compatibilizar demandas e ofertas. Em prazos mais longos, as quantidades de ativos reprodutíveis — como os instrumentais — são aumentadas ou diminuídas conforme os estados de expectativas vigentes estabeleçam preços de demanda daqueles ativos (quanto os agentes estão dispostos a pagar por eles) em patamares respectivamente maiores ou menores que seus preços de oferta. Dependerá daí a trajetória de renda e emprego da economia.[5]

O equilíbrio de portfólios e de mercados de ativos nesta construção keynesiana não difere da walrasiana apenas pela presença da incerteza e do prêmio pela liquidez associado ao estado de confiança. Na verdade, o equilíbrio keynesiano é instável tanto em termos paramétricos quanto no tocante a seu ajustamento a choques. Quanto menor o grau de confiança dos agentes, maior a suscetibilidade dos parâmetros de seus cálculos em relação a "notícias" e outros tipos de choques de informação.

Ao mesmo tempo, uma vez que há uma interligação de estruturas patrimoniais por meio dos ativos, choques isolados de desvalorização ou falência de portfólios podem ter um efeito de propagação acentuado mediante tais elos. Em adição a um simples efeito de mudança em preços relativos de ativos, o não-cumprimento de obrigações em termos de fluxos correntes de *caixa* por algumas unidades repercute sobre outras estruturas patrimoniais, além de criar uma possibilidade de *contágio* nas expectativas e na valoração de outros ativos. Ambos os efeitos — de caixa e de contágio — terão maior repercussão quanto maiores forem o grau de interligação entre as estruturas e o grau de dependência (fragilidade) em relação a receitas correntes, podendo ser disparada uma deflação generalizada de ativos e patrimônios líquidos.

A rigor, o estado geral de confiança influenciará a propagação dos choques. Se os ânimos estão fortes, deflações localizadas não trazem grandes conseqüências. Se os ânimos estão fracos, por sua vez, valorizações isoladas não mudam o cenário geral. Contudo, quando há convergência entre âni-

---

[5] Nos termos de Minsky (1991, p. 158), o *insight* fundamental de Keynes foi a percepção de que "existem dois níveis de preços em uma economia capitalista, com diferentes determinantes". De um lado, "salários e produtos correntes, os quais, quando combinados com as condições de financiamento, determinam as condições de *oferta* de bens de investimento". De outro, "ativos financeiros e de capital, os quais, [também] quando combinados com as condições de financiamento, determinam a *demanda* por bens de investimento". Os preços de demanda dos "ativos financeiros e de capital são capitalizações de futuros fluxos de caixa ou lucros brutos esperados, em um mundo com incerteza". Os investimentos e o crescimento da renda estão associados a uma disponibilidade de ativos produtivos com preços de demanda suficientemente superiores a seus preços de oferta.

mos e choques, coloca-se a possibilidade de ondas de deflação ou inflação de ativos.

Observamos anteriormente que o estado de confiança se refere também a subconjuntos de ativos. Este é o caso das economias nacionais nos processos alocativos de portfólio em uma economia internacional financeiramente integrada. As finanças internacionalizadas introduzem outro nível de decisão. Trata-se agora de optar não apenas entre manter riqueza sob as formas monetária, de títulos ou de propriedades reais, como também em qual moeda nacional (Herr, 1991). Há uma proporção de ativos emitidos e aceitos por agentes cuja moeda funcional não é aquela em que os ativos são denominados.

Aos atributos nacionais de risco, inclusive o cambial, aplica-se a questão do estado de confiança quanto à qualidade de sua moeda e de seus outros ativos, vista esta qualidade como uma taxa não-pecuniária similar ao prêmio pela liquidez. Afinal, assim como no caso do conjunto de ativos e de estruturas patrimoniais individuais, as economias nacionais se defrontam com compromissos e direitos em divisas herdados do passado em cada momento no tempo, colocando-se a *crise cambial* quando reservas de liquidez externa, saldos comerciais correntes e os fluxos líquidos de ingresso de capital de longo e curto prazos não conseguem impedir uma inadimplência (*default*) em relação às obrigações de pagamento do país.

Economias financeiramente integradas implicam a possibilidade também de efeitos de caixa e de contágio decorrentes de uma desvalorização de ativos e/ou inadimplência de um país, dependendo do peso da economia nacional nos portfólios internacionalizados.[6]

O mesmo tipo de qualificação que o equilíbrio de portfólios keynesiano colocou sobre o walrasiano, a partir do prêmio pela liquidez, se aplica no caso da macroeconomia aberta com economias financeiramente integradas. Na paridade não-coberta de taxas de juros entre ativos imperfeitamente substitutos inscreve-se um prêmio de confiança. A alocação internacional de riqueza condicionará fortemente as taxas de investimento nos países específicos, adicionando-se uma dimensão "país" (*country risk*) a seus ativos.

No tocante à taxa de câmbio, por exemplo, "os fundamentos das expectativas cambiais não estão no balanço de pagamentos em conta corrente equilibrado, mas sim nas expectativas quanto a se, no futuro, a política econômica de um país será defender a taxa de câmbio ou não" (Herr, 1991, p. 162). A *credibilidade* de uma moeda e das políticas econômicas nacionais que tenham efeitos sobre os valores de seus ativos é, no caso das expectativas racionais, ditada pela leitura sistemática das informações. A racionalidade

---

[6] A possibilidade destes efeitos de caixa e contágio seguindo uma crise cambial são freqüentemente desconsiderados pelos economistas que distinguem crises de contágio e cambial. Veja, por exemplo, Krugman (1991).

circunscrita no modelo keynesiano, por sua vez, introduz um prêmio subjetivo de confiança.[7]

Em termos mais gerais, deve-se observar que condições mais favoráveis de acesso e preço de financiamento afetam positivamente a posição dos investimentos nas carteiras de ativos de três modos: reduzem as taxas de desconto utilizadas na formação dos preços de demanda dos ativos com fluxos de caixa futuros; diminuem os custos de produção e o preço de oferta dos bens de investimento; e, adicionalmente, fortalecem a disposição das estruturas patrimoniais para alavancarem-se externamente em relação a seu autofinanciamento. O inverso prevalece para condições financeiras menos favoráveis. Para além do processo alocativo/redistributivo de portfólios e seus efeitos de ajustamento, Minsky (1977; 1986; 1991) detectou, a partir exatamente de condições de disponibilidade e custo de financiamento endogenamente determinadas, a presença de mecanismos cíclicos no bojo dos quais os preços de ativos e os volumes das estruturas patrimoniais se modificam. Veremos adiante esta dinamização do equilíbrio keynesiano de portfólio e sua relação com o ciclo econômico.

Antes, contudo, cabe uma revisita aos mecanismos de ajustamento automático ao pleno emprego por meio dos preços flexíveis discutidos no Capítulo 12.

UMA REVISITA AO AJUSTAMENTO MACROECONÔMICO COM PREÇOS FLEXÍVEIS

Os gastos autônomos determinam, por meio do multiplicador, o nível de demanda agregada de bens e serviços e de emprego. Por sua vez, os investimentos, os gastos públicos financiados por endividamento, os saldos comerciais permitidos pelas contas de capital etc. são determinados no equilíbrio de portfólios. Tudo o mais permanecendo constante, inclusive os preços de bens e serviços, a variação nos salários nominais se torna a única possibilidade de mudança no sistema. O ajustamento automático descrito no Capítulo 12 partiu de tal variação.

Em situações de alto desemprego prolongado, dificilmente se manterão os níveis de salários nominais vigentes. Contudo, essa mudança terá efeito sobre o próprio emprego apenas na extensão e direção com que afete a demanda agregada. Na *Teoria Geral*, Keynes argumentou que, no contexto gerador do desemprego, uma redução nos salários nominais tem resultados não apenas lentos e ineficazes no tocante ao emprego, como mais provavelmente contrários.

---

[7] No Capítulo 10 apresentamos um exemplo de fluxos cambiais no qual a regularidade do balanço básico de pagamentos atuava como âncora da especulação e da cobertura de risco. Em situações de baixos prêmios de confiança, os fluxos das contas de capital de longo prazo tendem a "cruzar a linha" e assumir comportamentos menos diferenciados em relação a especuladores e *hedgers*.

Uma primeira hipótese é a de que a queda nos salários nominais se traduza em termos reais, ou seja, eleve-se a razão entre preços de bens e serviços e os salários nominais. O aumento do *mark up* por si só não aumentaria o emprego, sendo este determinado pela demanda agregada. Se houver alguma tendência na produção, será de diminuição, diante da retração no consumo de bens e serviços acompanhando o declínio dos salários reais.

A segunda possibilidade, considerada mais plausível por Keynes, é justamente aquela considerada no "efeito Keynes" do Capítulo 12. Caem os preços, acompanhando os salários nominais, e o resultado da deflação seria hipoteticamente um aumento no volume real de meios de pagamento e, por conseguinte, uma diminuição na taxa de juros. No entanto, três observações evidenciam os limites desse efeito:

1. O componente de investimentos na demanda agregada é quem teria de crescer. Porém, de um ponto de vista keynesiano, não há a perfeita substitubilidade entre investimento e consumo e nem a perfeita independência entre os componentes autônomo e induzido do investimento, como formulado nas curvas IS. O efeito induzido da renda sobre os investimentos não é automaticamente compensável pelo efeito das taxas de juros, até porque, raciocinando em termos de movimento do sistema, provavelmente o descenso cíclico causador do desemprego estará significando uma eficiência marginal do capital em baixa. Este é o mesmo fator subjacente à ineficácia da política monetária expansiva em contextos recessivos, a qual, aliás, teria o mesmo efeito hipotético da queda de salários nominais e de maneira mais direta.

2. A deflação de preços de bens e serviços e de rendas nominais também se reflete em deflação nominal de ativos, inclusive os quase-monetários. Não apenas o volume de liquidez real aumenta menos que o postulado pelo ajuste como, principalmente, dado o caráter nominal dos contratos, a deflação (absoluta ou relativa) trará efeitos assimétricos sobre as estruturas patrimoniais, punindo, em especial, os devedores. Mesmo que todos os contratos sejam pós-fixados (indexados), a taxa nominal mínima a ser paga é zero por cento, a não ser que se esteja em um mundo hipotético onde credores efetuem pagamentos a devedores como compensação por uma deflação absoluta (Davidson, 1993)! Convém lembrar também que, em um mundo monetário, as decisões de produção requerem aluguel ou compra prévia de insumos antes da produção ser efetuada. Por todos estes aspectos, pode-se esperar um resultado da deflação em termos de efeitos de caixa e de contágio recessivos como aqueles abordados na seção anterior.

3. Como aponta Desai (1995, p. 113), "os custos de manutenção da moeda são negligenciáveis e, a despeito de seu rendimento nominal ser zero, a moeda tem um valor pela liquidez", fazendo com que a taxa própria de juros paga pela moeda "caia mais lentamente que a de qualquer outro ativo".

Conforme já observamos, a moeda supõe regras que limitem sua produção pelos agentes individuais e sua substituição por outros ativos, de modo a preservar uma escassez mínima (Belluzzo, 1993). Não se pode imaginar que a atividade monetária e financeira dilatada pela valorização de seus produtos possa gerar emprego e renda alternativos aos bens e serviços (Davidson, 1994).

Uma terceira possibilidade seria o *efeito Pigou*, segundo o qual a deflação de preços de bens e serviços e o suposto aumento no volume de moeda resultante elevariam a riqueza patrimonial dos agentes privados e, por conseguinte, seu consumo. Prevalecem também aqui as considerações (2) e (3) sobre o efeito Keynes. Além disso, se a elasticidade dos preços de ativos em relação aos preços correntes de bens e serviços é maior que a unidade, o efeito final da deflação pode ser, ao contrário, uma redução no patrimônio e no consumo privados — um "efeito Aglietta" (Aglietta, 1996).

Em relação ao Capítulo 12, restaria o "efeito comércio exterior" da diminuição de salários nominais, equivalente à desvalorização cambial. Contudo, conforme mostrado no Capítulo 11, abre-se a possibilidade de um efeito local recessivo se não há um aumento na demanda global ou uma redistribuição desta em direção à economia com desemprego. Adicionalmente, se o problema de desemprego é geral na economia internacional, o efeito comércio exterior não é generalizável (uma "falácia de composição"), mediante tal política de *beggar-my-neighbour* ("empobrecer meu vizinho").

No caso do efeito comércio exterior também surge a pergunta sobre por que não utilizar diretamente o instrumento de desvalorização cambial. Dependendo do grau de integração das economias e do peso de importações, o receio com a inflação resultante da desvalorização pode vir a dirigir a política de ajuste à redução de custos salariais em seu lugar — como nas propostas de desregulamentação dos mercados de trabalho, de diminuição nas contribuições sociais etc., desde os anos 80. Neste contexto, as políticas de *beggar-my-neighbour* se tornam de *beggar-my-labour* ("empobrecer meu trabalho"), com efeitos recessivos já de início.

Há, portanto, no "núcleo duro" keynesiano, razões para esperar um fracasso na redução de salários nominais e nos preços como mecanismos de ajuste do nível de produção de bens e serviços e do emprego. A rigor, a flexibilidade de salários nominais e preços mostrou-se, ao contrário, potencialmente desestabilizadora.

Tomando como perspectiva prazos mais longos, atravessando vários períodos de produção e de atuação do multiplicador, observações adicionais sobre o emprego e o mercado de trabalho podem ser feitas:

• O desemprego por períodos prolongados provoca uma histerese na oferta de mão-de-obra, com parte da força de trabalho se retirando do mercado.

• Uma baixa taxa de investimentos por períodos longos também gera uma histerese na oferta de empregos, por meio da redução relativa da capacidade instalada. Tal efeito só não acontece na abordagem das funções de produção clássicas, na qual uma substitubilidade entre trabalho e outros fatores de produção torna compatíveis o pleno emprego e qualquer índice de capacidade produtiva instalada. Se há um encolhimento relativo dessa capacidade instalada e não existe aquela substitubilidade, torna-se mais baixo o nível de emprego a partir do qual passam a se colocar restrições de oferta de bens e serviços e conseqüente inflação, ou seja, a "taxa de desemprego sem aceleração inflacionária" da curva de Phillips (*Non-accelerating inflation rate of unemployment* — NAIRU).

• Existem muitas combinações possíveis entre nível de emprego, taxas de crescimento e de inflação, conforme demonstrado pelos deslocamentos da curva de Phillips a partir dos anos 70 (Ormerod, 1994). Enquanto o modelo (novo)clássico supõe um ajustamento inexorável ao pleno emprego e a curva de Phillips vertical, partindo exclusivamente da relação entre expectativas de preços e salários, as opções de combinação entre desemprego, crescimento e inflação para a gestão macroeconômica podem ser também determinadas a partir de vários outros fatores. Na próxima seção, por exemplo, veremos um ciclo econômico ao longo do qual se desloca a curva relacionando níveis de emprego e de crescimento, a partir da dinâmica dos mercados de ativos.

CICLOS DE PREÇOS DE ATIVOS E CICLOS ECONÔMICOS

Finance e funding

Conforme descrevemos no Capítulo 9, a criação de moeda é um processo envolvendo três classes de agentes (banco central, bancos comerciais e agentes privados não-bancários) e duas interfaces (entre o banco central e os bancos comerciais e entre estes e seus clientes não-bancários). O papel do banco central como *market maker* diferencia como efetivamente líquidos os ativos monetários privadamente criados pelos bancos em comparação com os emitidos por outros tipos de instituições financeiras. No mesmo contexto, a partir de estágios mínimos de desenvolvimento do sistema bancário — quando se tem redepósitos no próprio sistema dos créditos criados pelos bancos, bem como câmaras de compensação e um mercado atacadista interbancários, além de, sobretudo, um banco central cumprindo funções de emprestador de última instância —, a mediação pelas decisões estratégicas dos bancos comerciais na criação de moeda se torna necessariamente um elemento ativo no processo (Chick, 1986). Os bancos comerciais continuarão distintos em relação a outras instituições financeiras, "pelo menos enquanto estas últimas não dispuserem de sistemas de compensação e mecanismos de empréstimos em última instância" comparáveis (Carvalho, 1992, p. 114).

Em qualquer economia monetária moderna, a maior parte daquilo que constitui moeda é criada por agentes privados, os bancos, e "o comportamento destes agentes deve ser compreendido a partir de suas motivações básicas, como qualquer outro agente". Os bancos têm suas próprias expectativas e preferências pela liquidez e suas "escolhas de portfólio são orientadas pela necessidade de combinar rentabilidade e liquidez" (Carvalho, 1992, p. 110). A criação de moeda pelos bancos comerciais, atendendo à demanda dos clientes não-bancários e buscando adequação de suas reservas (inclusive por meio da política de redesconto do banco central), responde a sua avaliação das condições econômicas mais gerais e das operações de crédito específicas a que corresponde tal criação monetária, visto que estas comprometem suas estruturas patrimoniais. Trata-se, portanto, de um sistema monetário que, de um lado, não se acomoda automaticamente às demandas de seus clientes e nem, de outro, é inteiramente determinado pelas autoridades monetárias.[8]

É crucial, então, examinar como este sistema monetário atua no tocante às mudanças na demanda de ativos monetários que acompanham as flutuações dos mercados de bens e serviços. Em se tratando de uma economia efetivamente monetária — e não da "feira na aldeia", onde o escambo pode ser uma forma de transação — compras de bens e serviços são feitas em moeda, quer esta seja obtida com a venda de bens e serviços ou mediante emissão de uma dívida. Neste contexto, Keynes afirmou que "em geral, os bancos detêm a posição-chave na transição de um nível de atividade mais baixo para outro mais alto [nos mercados de bens e serviços]. Se se recusam a relaxar [sua oferta de crédito], o crescente congestionamento do mercado de empréstimos de curto prazo ou do mercado de novas emissões, conforme seja o caso, inibirá aquele aumento, não importa quão disposto esteja o público a poupar parte de suas rendas futuras. (...) O investimento pode ser restringido pela liquidez e nunca pela poupança" (Keynes, 1938, p. 222).

Estas assertivas apontam para um entendimento da poupança e do financiamento de gastos correntes e de investimento, por parte de Keynes, distinto

---

[8] O modelo Mundell-Fleming partiu do suposto da perfeita controlabilidade do volume de pagamentos pelo banco central (uma oferta monetária vertical). Em contraposição, Moore (1988), seguindo Kaldor, ressaltou a endogenização de reservas pelos bancos comerciais para defender a idéia de uma oferta monetária horizontal, na qual o banco central define a taxa de juros básica à qual a oferta se adequa à demanda monetária. Implicitamente, a curva horizontal supõe que os bancos comerciais são uma mera correia de transmissão passiva das demandas dos clientes não-bancários, sendo portanto uma simplificação do processo de criação monetária, tanto quanto no caso da oferta vertical. A rigor, mesmo com o banco central tendo comando sobre as taxas de juros básicas a partir do mercado aberto e do redesconto, o *spread* entre estas taxas de captação dos bancos comerciais e suas taxas de aplicação vai depender do modo como vêem o volume e a qualidade de sua demanda, reintroduzindo-se uma oferta de crédito monetário nem horizontal nem vertical.

daquele presente nos modelos macroeconômicos apresentados anteriormente. Vejamos em quê.

A determinação da renda nos mercados de bens e serviços pelo multiplicador keynesiano implica que os investimentos geram a poupança necessária a seu financiamento. Contudo, a materialidade deste processo envolve dois aspectos financeiros básicos. "O empresário, quando decide investir, tem de estar sendo atendido em dois pontos. Primeiro, deve poder obter suficiente financiamento de curto prazo durante o período de realização do investimento. Segundo, deve poder mais cedo ou mais tarde consolidar (*fund*) seus passivos de curto prazo em uma emissão de longo prazo em condições satisfatórias" (Keynes, 1938, p. 217). Portanto:

1. Para além da poupança, é preciso que, direta ou indiretamente, detentores de riqueza incorporem em seus portfólios os ativos correspondentes aos investimentos, renunciando à liquidez de ativos mais líquidos. Isto será tão mais decisivo quanto se esteja em uma economia em crescimento, na medida em que tratar-se-á de investimentos em expansão e, neste caso, provavelmente firmas sem poder recorrer exclusivamente a lucros retidos. Keynes denominou de *funding* (consolidação) a emissão e aceitação de ativos compatíveis com os prazos de maturação dos investimentos.[9]

2. A autonomia do investimento em relação aos fluxos anteriores e correntes de poupança supõe, em uma economia monetária, que os gastos com bens e serviços associados ao investimento sejam financiados por alguém no intervalo temporal do multiplicador, enquanto geram a poupança, particularmente no caso de expansão. Não é a renda real que restringe as compras, mas a liquidez, sendo esta obtenível também pela emissão de dívida e não apenas pela venda de bens e serviços.

É o crédito bancário de curto prazo que pode cumprir aquela função de financiamento temporário, com Keynes chamando de *finance* a esta criação monetária para viabilizar gastos planejados. "Nada a não ser uma operação contábil pela qual um banco compra um ativo — um direito contra a firma que toma emprestado — mediante a criação de um passivo contra ele próprio, ou seja, os depósitos à vista que a firma utilizará para efetuar suas compras" (Carvalho, 1992, p. 149).[10]

---

[9] Recorde-se que, em nosso exemplo de contabilidade nacional do Capítulo 9, os investimentos revelaram *ex post* uma combinação de títulos de curto e longo prazos como sua contrapartida. Veremos adiante que o *funding* não precisa ser integral, como pode parecer nos termos de Keynes.

[10] A abordagem em termos de *finance* e *funding* foi desenvolvida após a *Teoria Geral*. Em relação a esta e à sua versão por Hicks (e conseqüentemente o Mundell-Fleming), cumpre notar três aspectos. Primeiro, distinguem-se agora os impactos dos diferentes tipos de gastos correntes sobre a liquidez gerada pelos bancos, tornando-se os gastos autônomos em relação à renda corrente o foco da pressão. Segundo, a natureza temporalmente diferenciada destes impactos e de seus correspondentes efeitos sobre o preço a ser pago pela renúncia de liquidez está finalmente considerada. Por fim, como observa Davidson (1994), o *finance* implica a quebra da dicotomia entre as curvas IS e LM.

A preferência pela liquidez influencia os dois aspectos ou momentos financeiros do investimento (o *finance* e o *funding*) e do crescimento da renda. No caso do *finance* pelo banco, este aceita receber um ativo — o título de dívida emitido pela firma que toma o empréstimo — lastreado em outro ativo ilíquido, ou seja, o conjunto de ativos instrumentais a ser adquirido. Ao mesmo tempo, o banco entrega em contrapartida seu passivo monetário criado contabilmente, vale dizer, seus depósitos à vista. Os ativos colaterais exigidos como garantia pelos bancos reduzem, sem eliminar, seus riscos (Carvalho, 1992). Também vale observar que a operação pode ser feita por um intermediário financeiro não-bancário, com este assumindo a iliquidez temporária, mas a operação continua dependendo da colocação em disponibilidade de depósitos à vista em bancos comerciais ou outra instituição criadora de moeda.

Trata-se de um declínio temporário, de curto prazo, na liquidez do intermediário financeiro, a ser revertido pelo *funding*. Evidentemente, a firma tomadora também assume um risco especulativo, pois ela e o banco estão apostando nos preços dos ativos não-monetários detidos em suas carteiras, ou seja, na viabilidade da consolidação do *finance* em *funding* ou, no mínimo, na rolagem do débito até a maturação do investimento. No tocante ao *funding*, por seu turno, quer se dê mediante empréstimos ou nos mercados de títulos negociáveis (*securities*) e quer seja realizado no início de um projeto ou durante sua execução, resulta em uma "manutenção permanente de bens de capital" em carteiras de ativos (Chick, 1993).

As demandas monetárias para fins especulativos e por necessidades transacionais associadas à renda, da *Teoria Geral* de 1936, tiveram como antecedente, em Keynes (1930), a demarcação de duas esferas de circulação monetária alimentadas pelos bancos. Além da *circulação produtiva* (*industrial circulation*) associada à produção e circulação de bens e serviços, Keynes apontou uma *circulação financeira* demandada pelas operações com ativos e estoques patrimoniais, em primeira instância estando descolada e apenas parcialmente dependente da primeira. A determinação da taxa de juros na circulação financeira afeta a produtiva, mas em princípio o movimento financeiro tem determinantes próprios que não necessariamente se identificam com aqueles da demanda monetária para fins transacionais.

A criação monetária e alocação de portfólio dos bancos tem nesta circulação financeira uma alternativa em relação à produtiva, inclusive adquirindo títulos governamentais e outras quase-moedas sem efeito direto sobre a demanda de bens e serviços. Dado que as duas circulações não têm necessariamente um movimento convergente todo o tempo, as decisões bancárias quanto ao volume de meios de pagamentos a ser gerado podem conter diferentes magnitudes e custos para o *finance* dedicado aos mercados de bens e serviços.[11]

Pollin e Justice (1994) destacam os quatro determinantes financeiros de acordo com os quais os requisitos de *finance* e *funding*, acompanhando uma elevação de investimentos produtivos, podem ou não se defrontar com exigências de elevação de taxas de juros, de curto e/ou longo prazos, como forma de induzir agentes a especulativamente liberar liquidez em troca dos correspondentes ativos:

• A política monetária do banco central, acomodatícia ou não, sobre as condições de crédito de curto prazo.

• A atuação da preferência pela liquidez dos intermediários financeiros em sua aceitação de redução temporária de liquidez, atuação que dependerá das condições econômicas gerais e de seus clientes, assim como da avaliação da própria situação patrimonial do intermediário. Torna-se crucial a confiança dos intermediários nas possibilidades de recomposição de reservas líquidas junto ao banco central, via mercado aberto ou redesconto. Também já mencionamos a disjuntiva entre as circulações monetárias financeira e produtiva.

• A atuação da preferência pela liquidez dos agentes não-bancários detentores de riqueza, da qual dependerá o *funding* dos investimentos.

• As respostas do ambiente institucional financeiro em termos de inovações financeiras que permitam uma maior velocidade de circulação do estoque disponível de reservas (um ponto ressaltado já em Minsky, 1957).

Pollin e Justice assinalam a contribuição que maiores níveis de poupança podem dar para uma resposta favorável desses determinantes à expansão dos investimentos. Maiores montantes dos saldos monetários gerados na formação de renda que não sejam dedicados à aquisição de bens de consumo implicam maior disponibilidade de liquidez para outros fins, amortecendo as eventuais resistências encontradas nos determinantes financeiros mencionados.[12] De qualquer modo, *finance* e *funding* são pro-

---

[11] Carvalho (1992) recupera este ponto para, inclusive, mostrar o simplismo das versões verticalistas e horizontalistas da oferta monetária defrontada pela demanda proveniente dos mercados de bens e serviços (veja nota 8 acima). A idéia das duas circulações será aqui retomada adiante.

[12] As preferências pela liquidez das empresas não-financeiras, por exemplo, caem com um aumento em seus lucros correntes. Este aumento de lucros amplia, por sua vez, não apenas as poupanças das empresas (fundos internos), como sua capacidade de alavancar-se mediante fundos externos, um aspecto ressaltado por Kalecki e retomado por Mott (1985-86). Em tal contexto, "poupanças empresariais (fundos internos) aumentadas tanto reduzem a necessidade de empréstimos empresariais quanto, simultaneamente, fortalecem seu acesso a fontes externas" (Pollin e Justice, 1994, p. 285).

cessos monetários, até mesmo porque esses determinantes podem variar independentemente de mudanças na propensão a poupar dos receptores de renda.

A rigor, os dois momentos lógicos de *finance* e *funding*, apresentados aqui a partir de projetos específicos de investimento, se superpõem nas estruturas patrimoniais. Em cada momento no tempo, estas estruturas apresentam ativos e passivos anteriores e incorporam novos, com a combinação de *finance* e *funding* se manifestando na estrutura temporal de compromissos de pagamentos e de fluxos de receita monetária esperados.

A *fragilidade financeira* de uma estrutura patrimonial será tão maior quanto maior for a carga de obrigações de pagamento em prazos anteriores à maturação dos investimentos e, portanto, maior for o comprometimento de receitas correntes, incluindo nestas receitas a venda possível de ativos líquidos detidos como reservas (Minsky, 1977). O papel do *funding* é justamente aliviar esta fragilidade financeira e um sistema monetário-financeiro será tão mais *funcional* quanto mais seja capaz de transformar ativos de curto prazo em fontes de consolidação de longo prazo (Studart, 1992).

A fragilidade financeira implica não haver uma rentabilidade e um valor presente dos fluxos líquidos de caixa esperados, associados ao patrimônio, que sejam definíveis em termos reais. Em um mundo de expectativas racionais e de equilíbrio geral permanente (a "feira da aldeia"), uma viabilidade *ex ante* em termos reais da estrutura patrimonial se traduz em agentes continuamente dispostos a sustentá-la. Já em um mundo onde a incerteza e a preferência pela liquidez afetam as decisões de alocação de portfólio (uma "economia de Wall Street"), a viabilidade das estruturas de ativos não é independente dos termos de acesso à liquidez corrente.

Minsky (1977) identificou três tipos básicos de posição patrimonial quanto à fragilidade financeira:

1. *Hedge* ou *coberta*, quando os fluxos de caixa operacionais são suficientes para atender aos compromissos de pagamento derivados das dívidas e, portanto, o *funding* predomina.

2. *Especulativa*, quando o valor atual da receita de liquidez esperada é maior do que o valor atual de compromissos mas o fluxo não é sempre positivo. O agente espera satisfazer suas obrigações de pagamento por sua rolagem parcial, ou seja, o agente especula com os diferenciais de preços entre seus ativos e passivos. Um banco comercial, com seus depósitos à vista como passivos e aplicações de curto prazo como ativos, é um exemplo de finanças especulativas, ainda que de curta temporalidade e institucionalmente sustentadas.

3. A posição *Ponzi*, sendo esta uma exarcebação da especulativa, ocorrendo quando a inadimplência só pode ser contornada mediante endividamento explosivo, mesmo que este seja visto como temporário.[13]

Há na posição especulativa uma vulnerabilidade em relação às taxas de juros, mesmo com o valor patrimonial líquido positivo, visto que: uma elevação nos juros implica maior comprometimento de pagamentos em relação à receita corrente; o prazo mais longo de vencimento de seus ativos em relação aos passivos significa uma redução de preços maior dos primeiros; e, finalmente, dado o caráter subjetivo da avaliação patrimonial pelos credores, sua sustentabilidade pode sofrer uma reavaliação desfavorável. Simetricamente, quando há dinamismo na atividade econômica e nos correspondentes fluxos de liquidez, a adoção de posições especulativas se torna mais atraente.

O grau de fragilidade financeira de uma economia como um todo será dado pela média ponderada e pela dispersão das posições de suas estruturas patrimoniais. A composição entre os grupos de posições e o grau de fragilidade financeira de seu conjunto podem mudar, ao longo do tempo, tanto pela disposição dos agentes de declinar *voluntariamente* do *hedge*, quanto pela elevação de taxas de juros ou por outro fator que deprima os preços de seus ativos. Estes dois movimentos de fragilização financeira, um voluntário e outro não, estão na base dos ciclos conjuntos de preços de ativos e da atividade econômica localizados por Minsky. Vejamos como.

Fragilidade financeira e ciclos econômicos

Um movimento macroeconômico de expansão da renda supõe gastos autônomos crescentes e portanto, do lado privado, um cotejo entre preços de demanda e de oferta de ativos de capital onde os primeiros estão mais altos. Perspectivas de lucro em ascensão e condições de financiamento convergentes apontam em tal direção, fazendo moverem-se para cima, em conjunto, os preços relativos de demanda de ativos financeiros não-monetários e de capital — além do baixo custo financeiro reduzir o preço de oferta destes últimos.

O *finance* e o *funding* tendem a se mover de modo complementar e, em contextos de otimismo, a incorporação de ativos nas carteiras tende até a ir além dos limites do *funding*, assumindo posições patrimoniais especulativas. Afinal, ganhos de capital são antecipados com relativa confiança e a especulação com ativos financeiros e de capital, envolvida no *finance* e no *funding*,

---

[13] Ponzi foi um "mago das finanças" de Boston que usou o oferecimento de retornos altos sobre depósitos para sustentar uma estrutura intrinsecamente deficitária, enquanto o volume de novos depósitos foi superior a suas obrigações de pagamento (Minsky, 1977). A analogia com as "correntes" é evidente.

torna-se convidativa. Regras de precaução no financiamento são relaxadas, particularmente à medida que se prolonga a prosperidade.

Tentativas de contenção pelo governo tendem a ser contestadas no lado privado e cresce, inclusive, a atuação de intermediários financeiros não-bancários, dado que a segurança do banco central se torna menos crucial. Acompanhando todos estes círculos virtuosos mencionados, aumenta a parcela de posições patrimoniais especulativas.

A desaceleração macroeconômica, por seu turno, tende a se associar a círculos viciosos na direção inversa. Os mercados financeiros, portanto, acentuam os efeitos das flutuações dos preços de demanda de ativos financeiros e de capital em relação aos de oferta e, portanto, amplificam os ciclos da renda nominal (Dow, 1986-87).

No tocante ao vale (piso) da desaceleração, Keynes sugeriu elementos dos mercados de bens e serviços que tendem a deter a contração indefinida: exaustão de estoques, reposição de capital fixo, gastos autônomos mínimos de consumo etc. Não impediriam, porém, a continuidade de uma estagnação. Contra esta, seria necessária uma elevação nos gastos autônomos governamentais na política fiscal, dada a provável ineficácia de uma política monetária expansiva. Ao longo da crise econômica, também o conjunto de estruturas patrimoniais vai sofrendo um saneamento rumo a posições cobertas, pelo corte de investimentos, "queima" de ativos e passivos mediante seu *writing-off* e/ou falências de algumas unidades patrimoniais etc.

A virada cíclica de expansão para recessão nos mercados de bens e serviços é disparada por uma desaceleração nos investimentos. Abrem-se aqui dois possíveis conjuntos — não exclusivos e não excludentes — de determinantes desta desaceleração:

1. No capítulo 11 da *Teoria Geral*, Keynes mencionou dois fatores como possíveis responsáveis pelo declínio da atratividade de incrementos nos estoques de bens de capital. De um lado, custos marginais crescentes em seu setor produtor, provocando aumento em seu preço de oferta. De outro, uma queda na renda prospectiva acompanhando a abundância relativa dos ativos de capital. O segundo fator cresceria em importância, em relação ao primeiro, quanto maior fosse o horizonte temporal em consideração.

Enquanto o primeiro fator só subsiste com a hipótese (muito questionada) de rendimentos decrescentes, o segundo pode abranger tanto as possibilidades de superexpansão de capacidade instalada em relação ao crescimento de mercados correntes, como a de um relativo esgotamento de projetos de investimento em novas oportunidades (inclusive tecnológicas). Haveria, de qualquer modo, um declínio na eficiência marginal do capital independente da fragilização financeira que acompanha a fase expansiva do ciclo.

2. Uma elevação nos prêmios pela liquidez e, conseqüentemente, nas taxas de juros de equilíbrio de portfólios é destacada por Minsky. Tal mudan-

ça seria endogenamente provocada pela ultrapassagem de determinados níveis da fragilização financeira da economia.

No mesmo sentido, Dow (1986-87, p. 245) também aponta uma crescente sucção relativa de liquidez pela circulação financeira em detrimento da circulação produtiva. À medida que cresce a atividade em mercados puramente especulativos, os retornos em ativos com limitações de oferta — sobretudo ganhos de capital com propriedade imobiliária, ouro, antigüidades etc. — mantêm-se elevados em comparação com os ativos dos mercados "produtivos". A demanda de fundos para financiar a atividade especulativa em geral cresce e, independentemente da disposição de intermediários financeiros em manter seu *finance* e *funding* endógenos, o retorno exigido para a efetivação destes na atividade produtiva tende a subir.

Quaisquer que sejam os determinantes da desaceleração de investimentos, o conseqüente impacto sobre a renda e os fluxos de caixa se abate sobre uma estrutura financeiramente vulnerável a choques e cuja fragilidade financeira se acentua, agora involuntariamente. Uma *crise financeira* se materializa quando se instala uma necessidade generalizada de realizar posições mediante venda de ativos, inclusive levando a uma deflação dos preços de ativos financeiros usados como reservas de liquidez. Estabelece-se uma *crise econômica* se "efeitos em cascata" são gerados entre a crise financeira e quedas adicionais em investimentos e demanda agregada por bens e serviços (Minsky, 1991).

O ciclo de Minsky comporta várias temporalidades possíveis. No entanto podemos apontar, entre outros, dois aspectos gerais:

1. Embora os determinantes de ordem financeira sejam centrais na expansão e na crise, o fôlego da fase de prosperidade depende da existência de um leque amplo de oportunidades de investimento produtivo, inclusive as oportunidades dadas pelas trajetórias tecnológicas exploradas. O motivo apontado por Keynes para a queda na eficiência marginal do capital, conforme discutido antes, sugere isso. Há uma dimensão real que, apesar de comandada pela economia de ativos financeiros, mantém determinantes próprios. A "autonomia relativa" da órbita produtiva só não existiria se esta fosse perfeitamente moldável pelo mundo virtual das finanças — inclusive a dimensão natural, física, dos processos e produtos.

2. A sucção de moeda e crédito pela circulação especulativa de ativos afeta a renda média da economia, tomando-se o ciclo como um todo. Comparemos dois ciclos com crises disparadas em um mesmo nível de fragilização financeira macroeconômica e, no segundo ciclo, maior febre especulativa anterior à crise. Neste segundo, o pico atingido pelo crescimento do PIB e pelo emprego será menor ou, em outra possibilidade, será maior a razão entre o índice de preços de ativos em geral e o PIB ao final da prosperidade. Por sua vez, uma maior expansão das finanças especulativas exigirá uma

contração financeira mais profunda durante o saneamento. Em qualquer destas possibilidades, como diz Dow (1986-87): "quanto mais exarcebado o ciclo financeiro, mais baixos são os níveis médios de produto e emprego".

Keynes estava voltado para o papel a ser cumprido pelas políticas fiscal e monetária — e cambial — no contexto de depressão do período entre as guerras mundiais. Minsky, por seu turno, dirigiu-se ao largo ciclo de expansão norte-americana no pós-guerra e sua reversão a partir dos anos 70, indagando por que não ocorreu então uma depressão similar.

Minsky observa que, embora a política monetária anticíclica continuasse incapaz de por si só reverter o sinal da trajetória de investimentos, a atuação do banco central como emprestador em última instância teria facilitado o refinanciamento de unidades e minimizado as necessidades de liquidar posições via venda de ativos. Já desde meados dos anos 60, tal política amortecera experiências embrionárias de crise financeira. Ao mesmo tempo, nos momentos de desaceleração, os fluxos correntes de lucros tiveram sua tendência de baixa suavizada por déficits públicos, além dos títulos de dívida pública que financiavam tais déficits constituírem instrumentos seguros e altamente negociáveis, aplacando a ansiedade de aplicadores por segurança e liquidez (Minsky,1977).

Ambas as políticas fiscal e monetária cumpriram papéis centrais não apenas na sustentação do longo ciclo de prosperidade do pós-guerra, como também impedindo a eclosão de uma depressão ao final. Contudo, seu próprio êxito em termos de sustentar níveis elevados e crescentes de fragilização financeira dissipou sua capacidade de manter um desempenho macroeconômico como o dos "anos dourados" do pós-guerra. Não ocorreu uma depressão, mas a economia norte-americana passou a conviver com instabilidade inflacionária e de crescimento nos anos 70, permanecendo sua gestão macroeconômica presa a um *stop and go*: diante de qualquer choque inflacionário e conseqüente reação antiinflacionária de política, rápidas e profundas recessões se seguiam e, após qualquer resposta a estas, a aceleração inflacionária se colocava.[14]

No contexto de mudanças entre o fim da prosperidade do pós-guerra e as décadas de 80 e 90, há um dos pontos do ciclo de Minsky que requer maior detalhamento, de modo a poder incorporar transformações financeiras que vêm se acelerando nas economias avançadas desde o início dos anos 80. No ciclo de Minsky, a expansão econômica e a fragilização financeira foram associadas à disposição do sistema de sustentar crescentes propor-

---

[14] Os deslocamentos na curva de Philips mencionados na seção anterior. Veja Guttman (1994) para um exame dessas armadilhas e do modo como a era Reagan nos EUA alterou sua configuração. Sobre as tendências inflacionárias nos anos 70, Guttman realça seu papel na queima relativa do valor de ativos, constituindo assim uma forma de saneamento de fragilidade financeira distinta da clássica deflação de ativos.

ções entre ativos não-monetários e ativos líquidos nos portfólios, sem distinguir, entre os primeiros, os títulos associados à intermediação bancária e as *securities* (títulos negociáveis em mercados secundários, como ações, debêntures negociáveis etc.).[15] O sistema bancário — incluindo seu sistema de compensação e o banco central — cumpre as funções monetárias em qualquer circunstância. O *funding*, porém, tanto pode ser feito por meio de captações e aplicações a prazo por bancos, ou seja, com base no crédito bancário, quanto pode ser feito mediante emissão de títulos diretamente pelos tomadores finais, com base, portanto, nos mercados de capitais.

Sabe-se (veja a parte sobre o sistema monetário internacional) da tendência generalizada ao aumento de proporções das *securities* desde os anos 80, particularmente a partir dos processos de liberalização financeira que permitiram a criação livre tanto destes títulos quanto de mercados secundários para sua negociação. As transformações financeiras vêm sendo caracterizadas como os três D's: *desregulamentação* dos sistemas financeiros, *descompartimentação* entre os segmentos financeiros, dado que a desregulamentação permitiu invasões recíprocas de territórios entre instituições bancárias e não-bancárias e *desintermediação*, visto que as *securities* ganharam proporções maiores na intermediação financeira (Bourguinat, 1995). Com a generalização de processos de liberalização financeira nas economias avançadas e nas principais economias periféricas, tem inclusive ocorrido um processo de homogeneização relativa nestas direções, ainda que persistindo características nacionais (Aglietta, 1996). Que implicações para o ciclo de Minsky poderiam trazer estes três D's?

Antes de tudo, cabe ressaltar que as experiências concretas com sistemas com base no crédito bancário comportam uma variedade muito grande de *funcionalidades*, no sentido definido por Studart (1992) e abordado acima: capacidades de transformar ativos de curto prazo em fontes de consolidação de longo prazo. Zysman (1983) evidenciou como sistemas baseados no crédito no Japão, na Alemanha e em outras economias avançadas exibiram desempenho de alavancagem do investimento por empresas não-financeiras superior ao sistema com base em mercados de capitais da Inglaterra e dos Estados Unidos. Por outro lado, também mostrou como aquele desempenho superior supôs relações de proximidade entre bancos e indústria, assim como em maior ou menor grau um suporte estatal quanto à elasticidade do crédito pelos bancos, condições não encontradas, por exemplo, na maioria das economias em desenvolvimento. Dado o caráter institucional e historicamente determinado dos sistemas financeiros, traços nacionais peculiares certamente limitam o escopo para generalizações neste campo. Isto tende a se colocar também no tocante à atual expansão de *securities* na economia global.

---

[15] Recorde a nota 3 do Capítulo 9.

Podemos, contudo, arriscar uma generalidade nos seguintes aspectos:

1. Do ponto de vista dos detentores de riqueza, o *funding* por meio de títulos negociáveis implica menores descontos por iliquidez nas aplicações de longo prazo, em relação a, por exemplo, depósitos bancários a prazo não-negociáveis. Em sistemas funcionais baseados no crédito, é exatamente aí que repousa seu sucesso, ou seja, na capacidade de coordenar passivos de curto prazo e créditos de longo prazo, fazendo uso inclusive da elasticidade do crédito, de modo a minimizar a restrição posta pela iliquidez de títulos não-negociáveis de longo prazo. O declínio relativo da posição da atividade bancária na intermediação financeira de longo prazo, em favor de *securities*, fez-se acompanhar por uma expansão de títulos de longo prazo com prêmios de liquidez mais altos. Ao mesmo tempo, os três D's e a concorrência na intermediação induziram ofertantes de títulos de curto prazo a aproximarem o retorno oferecido àqueles de longo prazo.

Como resultados deste processo, não apenas a "curva de rendimento" (a estrutura temporal de taxas de juros) reduziu sua inclinação, como os mercados de títulos de longo prazo passaram a funcionar de modo mais próximo aos monetários, tornando-se ambos influenciados por um mesmo conjunto de determinantes (Baer, 1993; Cintra, 1995). A política monetária tradicional, baseada na manipulação da curva de rendimentos, perdeu poder discricionário no tocante às taxas de juros de curto prazo e o volume de meios de pagamento, diante das possibilidades de substituição parcial da moeda por outros títulos, bem como no que tange às proporções entre taxas de curto e longo prazos.

2. No caso das *securities*, os ganhos e perdas de capital são diretamente refletidos nos preços dos ativos e não pelos efeitos sobre a estrutura de ativos e passivos dos intermediários, como é no sistema baseado no crédito. Portanto, os choques deixam de estar acomodados na média da estrutura patrimonial dos intermediários. A despeito dos fatores comuns que conectam a evolução dos preços dos ativos — como o contágio —, a negociabilidade e o caráter mais individualizado dos efeitos dos choques levam a uma maior volatilidade dos preços de ativos em relação a preços e a níveis da produção corrente de bens e serviços, como tornou-se o caso nos anos 80 (Canuto e Laplane, 1985). As bolhas especulativas, objeto até das análises walrasianas, como vimos no Apêndice 2, passaram a constituir-se em um fenômeno recorrente.

Abrem-se, portanto, maiores oportunidades para atividades especulativas; em decorrência da impossibilidade de *hedge* perfeito para todos os participantes nos mercados, tende inclusive a se elevar a rentabilidade para seus operadores básicos. Schulmeister (1988), por exemplo, mostra a emergência de ganhos para operadores no mercado cambial a partir da volatilidade das taxas de câmbio e dos limites de flexibilidade para grande parcela dos participantes. Também aponta nessa direção a invasão nas atividades financeiras por parte de empresas não-financeiras nos anos 80 (Braga, 1993; Chesnais, 1995). Vale lembrar ainda o ponto colocado por Keynes (1930) e Dow (1986-87) sobre a sucção de recursos monetários pela circulação especulativa e evidenciado por Allen (1994) para os EUA nos anos 80.

Em relação à intermediação bancária *funcional*, a alavancagem de empresas não-financeiras por meio dos mercados de capitais é menor, conforme observado no estudo histórico de Zysman (1983) e em Allen (1994). Este fato, em conjunto com a volatilidade dos preços dos ativos e a continuidade dos bancos centrais como instituições que atenuam os impactos das crises financeiras e sua transformação em crises econômicas abertas, implicaram uma mudança na configuração do ciclo de Minsky. Tende-se agora a ter ciclos mais intensos e curtos de preços de ativos — agora *objetivados* em seus preços de mercado — e menos associados aos ciclos econômicos.

Integração financeira

Assim como estendemos o equilíbrio keynesiano de portfólios à macroeconomia aberta, é preciso observar se fronteiras nacionais e monetárias introduzem novos aspectos neste processo de *finance, funding* e fragilização financeira quando referido à escala internacional de economias financeiramente integradas. Cumpre averiguar como economias individuais e seu conjunto são afetadas pela integração financeira.

Antes de tudo, vale lembrar que a abertura do modelo keynesiano simples introduziu a possibilidade de restrição de demanda à operação das economias no pleno emprego a partir da balança comercial, incluindo sua cumulatividade por meio da interdependência entre as economias. A abertura financeira abre a possibilidade de relaxamento dessa restrição comercial e de seus efeitos cumulativos via interdependência, único aspecto ressaltado pelo Mundell-Fleming e pelos modelos walrasianos de equilíbrio de portfólios, com estes destacando também os ganhos de diversificação de riscos. Por seu turno, o equilíbrio keynesiano de portfólio introduziu, como novidades específicas da economia aberta, os diferentes prêmios nacionais de confiança associados à incerteza e os efeitos de caixa (em divisas) em países individuais.

Suponhamos dois sistemas financeiros nacionais com diferentes funcionalidades. Imaginemos que o primeiro sistema tem maior capacidade de consolidar temporalmente as estruturas patrimoniais e comporta, portanto, maior sustentabilidade de investimentos produtivos pela intermediação financeira. Neste caso, a integração financeira pode permitir ao segundo sistema a obtenção de maior fôlego financeiro, caso a funcionalidade possa ser de fato a ele estendida. Dado que os tamanhos dos portfólios, em seu mundo virtual, podem ser ampliados de forma endógena, não haveria necessariamente um "efeito-deslocamento" (*crowding out*) do segundo país sobre o primeiro, por causa daquela utilização, e o resultado líquido seria um aumento na sustentabilidade financeira do conjunto.

Por outro lado, é preciso observar que:

- O risco cambial insere outro elemento de fragilização financeira nas estruturas patrimoniais e nas economias, visto que movimentos conjuntos ("comportamentos de manada" disparados pelo contágio) de entrada e saída financeira criam a possibilidade de crises cambiais provocadas nas contas de capitais. Este fator, que tende a ser subestimado nos modelos com expectativas racionais, é acentuado em momentos e situações nos quais o grau de confiança está reduzido.

- Se por um lado a interação finanças-investimentos torna-se potencialmente mais virtuosa no conjunto com a possível difusão dos sistemas financeiros mais funcionais, por outro a possibilidade de fugas de capital cria também a correspondente possibilidade de interação viciosa entre crises financeira e econômica em subconjuntos nacionais do sistema.

- A concorrência entre os países por melhores prêmios de confiança e a vulnerabilidade diante de saídas bruscas de capital favorecem a adoção de políticas fiscal e monetária recessivas, em relação a mudanças cambiais ou outros tipos de políticas defensivas de renda e emprego, diante de choques nos balanços de pagamentos. A gestão macroeconômica isolada dos países tende, portanto, a embutir um viés recessivo em seu conjunto se há plena liberdade de movimento e volatilidade de capitais (Eatwell, 1996).

- A política monetária, com eficácia já reduzida pelos três D's, tem de dar conta agora da volatilidade de meios de pagamento por intermédio do balanço de pagamentos. A política fiscal, incluindo o endividamento público, também passa a sofrer "a tirania dos mercados financeiros", com os riscos de fuga de capital se traduzindo diretamente em riscos de crise fiscal (Bourguinat, 1995).

- Dada uma provável maior dificuldade de avaliação transfronteiras de credibilidade dos agentes que emitem ativos, o risco de crédito se eleva, ou seja, há maior possibilidade de inadimplência deliberada (o problema da maior "assimetria de informações" através das fronteiras) (Gray e Gray, 1994).

- A diversificação internacional de portfólios reduz seu risco associado a choques individualizados, porém aumenta o número de possíveis choques sobre todos os portfólios (Gray e Gray, 1994). Diante dos diversos elos que conectam as economias e os portfólios entre os países, pode-se esperar que haja uma subida na covariância no cálculo de risco, a qual tende a reduzir os ganhos de diversificação.

- A variabilidade cambial cria mais uma possível atividade especulativa, com as taxas de câmbio.
- A circulação internacional de ativos aumenta os níveis nacionais necessários de reservas em divisas.
- Em uma crise de liquidez como a da virada da expansão em crise, sobre estruturas patrimoniais financeiramente fragilizadas, os elos mais fracos são os primeiros a ser rompidos. Um determinado conjunto nacional de ativos pode ser o primeiro a ser escolhido na realização de posições e, deste modo, sofrer uma crise, sem ter sido responsável por ela.
- Se as oportunidades de investimento diferenciadas entre os países apontam na direção de divergência em seus crescimentos, essa tendência será exarcebada pela atração de compradores de ativos para as economias melhor dotadas de potencial de crescimento (Dow, 1986-87). O ciclo financeiro acentuará a convergência de renda apenas se os mais atrasados estiverem em tal posição por causa de restrições de ordem financeira.

Estes pontos mostram que, no conjunto da economia internacional, a integração financeira potencializa o papel desta esfera na atividade econômica, carregando com isso também a instabilidade intrínseca às finanças, conforme abordado nesta seção. Deste modo, a instabilidade via interação das balanças comerciais analisada pelo modelo keynesiano simples aberto tem a seu lado tanto as possibilidades de ajuste quanto a instabilidade providas pelas contas de capitais.

Ao mesmo tempo, cumpre realçar as possibilidades de mudança na "funcionalidade" do sistema financeiro integrado, quando se unificam sistemas nacionais com funcionalidades diferenciadas. Quanto à tendência de ganharem os padrões de financiamento mais ou menos funcionais — e os correspondentes efeitos expansivos ou recessivos sobre o investimento —, não se trata de uma questão passível de resposta em nível abstrato, dependendo, na verdade, da especificidade histórica que se esteja analisando.

Os papéis cumpridos pelo banco central nas economias nacionais, solapados como resultado da integração financeira e monetária, tornam-se ainda mais necessários em nível global para atenuar as chances de crises financeiras e econômicas. Não apenas na regulação das operações monetárias e financeiras, por meio de acordos e regras de monitoramento dos fluxos de capital entre os países, como também na provisão de liquidez internacional suficiente para evitar sua escassez e o florescimento do "rentismo", ou seja, do ganho improdutivo com o aluguel de dinheiro. Na ausência da criação contábil supranacional de moeda, a economia internacional, mais do que nunca, passa a depender de sistemas monetários nacionais que cumpram adequadamente a função de comprar bens ou ativos de longo prazo, fornecendo em troca ativos líquidos, sob pena de, se assim não ocorrer, a economia internacional manter-se em um equilíbrio de baixo crescimento a longo prazo, o fantasma que aterrorizou Keynes em sua época.

BIBLIOGRAFIA

Aglietta, M. *Macroéconomie financière*. Paris: La Découverte, 1996.

Agosin, M., e Alvarez, R. "Le Conviene a los Países de América Latina Adherirse al Nafta?". *Pensamiento Iberoamericano*, n° 26, 1995, pp. 275-291.

Akamatsu, K. "A Historical Pattern of Economic Growth in Developing Countries". *The Developing Economies*, vol 1., n° 1, março-agosto de 1962.

Akyüz, Y. "Inestabilidade incertidumbre en los mercados financieros internacionales". *Boletín del CEMLA*, novembro de 1991, pp. 265-292.

—. "Taming international finance", em Michie e Smith (orgs.) 1995, pp. 55-90.

Alchian, A., e Woodward, S. "The Firm is Dead; Long Live the Firm. A Review of Oliver E. Williamson's The Economic Institutions of Capitalism". *Journal of Economic Literature*, vol. 26, março de 1988, pp. 26-79.

Allen, R. *Financial Crises and Recession in the Global Economy*, Aldershot: Edward Elgar, 1994.

Almeida, J.S.G. *Crise Econômica e Reestruturação de Empresas e Bancos nos Anos 80*. Tese de doutoramento, IE-UNICAMP.

Almeida, P.R. de. "Dois Anos de Processo Negociador no Mercosul: Caminhos e Instrumentos da Integração". *Boletim de Integração Latino-Americana*, março de 1993, pp.10-21.

Almeida, S.M.E.S. "O Papel dos Organismos Financeiros Internacionais nas Economias em Desenvolvimento", em IPEA/IPLAN. *Para a Década de 90 - Prioridades e Perspectivas de Políticas Públicas*, vol.II — Setor Externo, Brasília, 1990.

Aragão, J.M. "A Tarifa Externa Comum: Ponderações sobre sua Definição". *Boletim de Integração Latino-Americana*, n° 10, julho-setembro de 1993.

Araújo Jr., J.T. "The Latin American Monetary System After the End of Inflation". *Revista de Economia Política*, vol. 14, n° 4, outubro/dezembro de 1994.

Ashworth, W. *Breve História de la Economia Mundial, 1850-1950*. México, Fondo de Cultura Económica, 1958.

BACEN. *Boletim do Banco Central do Brasil*, abril de 1996, Separata.

Baer, M. *O Rumo Perdido: a Crise Fiscal e Financeira do Estado Brasileiro*. Rio de Janeiro: Paz e Terra, 1993.

Baer, W. *A Industrialização e o Desenvolvimento Econômico do Brasil*, 2ª ed., Fundação Getúlio Vargas, Rio de Janeiro, 1975.

Bacha, E. "Mercados Financeiros Internacionais: Uma Perspectiva Latino-Americana". *Estudos Econômicos*, FIPE/USP, vol. 11, n° 3, 1981.

Bacha, E. "Selected International Policy Issues on Private Market Financing for Developing Countries". PUC-Rio, mimeo, 1993.

Balassa, B. "Tariff Protection in Industrial Countries: An Evaluation". *Journal of Political Economy*, maio/junho de 1969.

—. "Towards a Theory of Economic Integration", em *Kyklos*, vol. XIV, n° 1, 1961.

—. *The Theory of Economic Integration*, tradução portuguesa, *Teoria da Integração Econômica*. Lisboa: Livraria Clássica, 1964.

Baillie, R., e McMahon, P. *The Foreign Exchange Market: Theory and Econometric Evidence*. Cambridge: Cambridge Univ. Press, 1989.

Barbosa de Araújo, A. *O Governo Brasileiro, o BIRD e o BID: Cooperação e Confronto*. IPEA, Série IPEA, n° 131, 1991.

Barros, O. "Oportunidades abertas para o Brasil face aos fluxos globais de investimento de risco e de capitais financeiros nos anos 90", em *Estudo de Competitividade da Indústria Brasileira*, Campinas, MICT/FINEP/PADCT, 1993.

Bastos Marques, M.S. "FMI — A Experiência Brasileira Recente", em Batista Jr., P.N. (org.), *Novos Ensaios sobre o Setor Externo da Economia Brasileira*. Fundação Getúlio Vargas, Rio de Janeiro, 1988.

Batista Jr., P.N. "Fluxos Financeiros Internacionais para o Brasil desde o Final da Década de 1960", em Batista Jr., P.N. (org.), *Novos Ensaios sobre o Setor Externo da Economia Brasileira*. Fundação Getúlio Vargas, Rio de Janeiro, 1988.

Batista Jr., P.N. "Participação Brasileira no Mercado Financeiro Internacional: Custo e Perfil da Dívida Externa". IBRE — Fundação Getúlio Vargas, Rio de Janeiro, mimeo, 1979.

Baumann, R. "Comportamento Recente do Capital Estrangeiro: Algumas Considerações Gerais", em IPEA/IPLAN. *Para a Década de 90 - Prioridades e Perspectivas de Políticas Públicas*, vol.II — Setor Externo, Brasília, 1990.

Baumann, R. "Intra-Industry Trade: A Comparison Between Latin America and Some Industrial Countries". *Weltwirtschaftliches Archiv*, Band 130,Heft 3, 1994.

Baumann, R. "Recent Measures Affecting Foreign Investment in Brazil", trabalho apresentado no Seminário sobre Tendências do Investimento Direto Externo e Estratégias de Corporações Transnacionais no Brasil, UN/UNCTAD e Universidade de Campinas, São Paulo, 3-6 de novembro de 1992, mimeo.

Baumann, R. e Lerda,J.C., (orgs.) *Brasil, Argentina, Uruguai: A Integração em Debate*. Editora Marco Zero, 1987.

Baumann, R. "Uma avaliação das exportações intra-firma do Brasil: 1980-90". *Pesquisa e Planejamento Econômico*, vol. 23, n° 3, dezembro de 1993, pp. 487-512.

—. "Uma visão econômica da globalização", em Baumann (org.), 1996, pp. 33-54.

—. (org.) *O Brasil e a Economia Global*. Rio de Janeiro: Campus, 1996.

Belluzzo, L.G.M., e Almeida, J.S.G. "Enriquecimento e Produção: Keynes e a Dupla Natureza do Capitalismo". *Novos Estudos Cebrap*, n° 23, março 1989 pp. 120-7.

Belluzzo, L.G.M. "La natureza de la moneda y la gestión monetaria". *Investigación económica*, n° 203, jan-mar. 1993 pp. 77-101.

Bergsman, J. *Brazil — Industrialization and Trade Policies*. Londres: Oxford University Press, 1970.

Bhagwati, Jagdish N. "International Trade and Economic Expansion". *American Economic Review*, vol. 48/1, 1958.

Bhagwati, J., e Hudec, R.E., (orgs.) "Fair Trade and Harmonization: Prerequisites for Free Trade?". *Economic Analysis*, vol. 1; *Legal Analysis*, vol. 2. Cambridge e Londres: MIT Press, 1996.

BIS. *Annual Report*, Basle, Bank for International Settlements, 1997.

Bielschowsky, R. "Transnational Corporations and the Manufacturing Sector in Brazil". Santiago, Naciones Unidas, Comisión Económica para América Latina y el Caribe, 1992.

Bielschowsky, R., e Stumpo, G. "Empresas transnacionales manufactureras en cuatro estilos de reestructuración en América Latina. Los casos de Argentina, Brasil, Chile y Mexico después de la sustitución de importaciones", *Desarrollo Productivo* n° 20, Santiago, Naciones Unidas, Comisión Económica para América Latina y el Caribe, 1995.

Bleaney, M. *The Rise and Fall of Keynesian Economics*. Londres: Macmillan, 1985.

Bliss, C. "Trade and Development", em Hollis B. Chenery e T. N. Srivivasan, orgs. *Handbook of Development Economics*, vol. 2, North-Holland, 1989.

Bourguinat, H. "Les structures dissipatives de la finance globale", *in* Bourguinat, H. & Artus, P. (orgs.), *Théorie économique et crises de marchés financiers*. Paris: Economica, 1989 pp. 179-203.

—. *La tyranie des marchés: essai sur l'économie virtuelle*. Paris: Economica, 1995.

Boyer, R., e Drache, D. (orgs.) *States Against Markets. The Limits of Globalization*. Londres: Routledge, 1996.

Braga, H. "Aspectos Distributivos do Esquema de Subsídios Fiscais à Exportação de Manufaturados". *Pesquisa e Planejamento Econômico*, vol. 11, n° 3, 1981 pp. 783-802.

Braga, J.C.S. "A Financeirização da Riqueza: a Macroestrutura Financeira e a Nova Dinâmica dos Capitalismos Centrais". *Economia e Sociedade*, n° 2, ago. 1993 pp. 25-57.

Brandão, M. A. Diniz "Uma Avaliação do Processo Negociador". *Boletim de Integração Latino-Americana*/Edição especial. Secretaria Geral das Relações Exteriores, Subsecretaria-Geral de Assuntos de Integração Econômica e de Comércio Exterior, março de 1993.

Branson, W.H., e Henderson, D.W. "The Specification and Influence of Asset Markets", *in* Jones, R.W., e Kenen, P.B. (orgs.), *Handbook of international economics.* Amsterdam: North Holland, vol. II, 1985 pp. 749-805.

Bressand, A., e Nicolaidis, K. "Regional Integration in a Networked World Economy", em Wallace, W., org. *The Dynamics of European Integration.* Londres: The Royal Institute of International Affairs, 1990.

Buira, A. "Reflexiones sobre el Sistema Monetario Internacional", mimeo. Bogotá, maio de 1995.

Canuto, O. "Investimento Direto Externo e Reestruturação Industrial". *Texto para Discussão* n° 27, Instituto de Economia, UNICAMP São Paulo, 1993.

Canuto, O. "La industria brasileña y la apertura económica al exterior", *in* Samper, E. *et al., La reconversión industrial: Colombia y otras experiencias.* Bogotá: Fescol, 1991 (pp. 111-25).

—. *Brasil e Coréia do Sul: os (Des)Caminhos da Industrialização Tardia.* São Paulo: Nobel, 1994.

—. "Competition and Endogenous Technological Change: An Evolutionary Model". *Revista Brasileira de Economia*, vol. 49, n° 1, jan/mar. 1995 pp. 21-33.

—. "O Equilíbrio Geral de Walras", *in* Carneiro, R. (org.), *Os Clássicos da Economia.* São Paulo: Ática, vol. 1, 1997a pp. 203-10.

—. "Padrões de Especialização, Hiatos Tecnológicos e Crescimento com Restrição de Divisas". *Revista de Economia Política*, 1997b (no prelo).

Canuto, O., e Laplane, M.F. "Especulação e Instabilidade na Globalização Financeira". *Economia e Sociedade*, n° 5, dez. 1995 pp. 31-60.

Calvo, G.A. Leiderman, L. Reinhart, C.M. "Capital Inflows to Latin America: The 1970s and the 1980s". IMF *Working Paper* n° 92, 1992.

Carneiro, F.G. "Dívida Externa: do Império aos Brady Bonds". *Conjuntura Econômica*, setembro de 1996.

Carvalho, F.J.C. *Mr. Keynes and the Post Keynesians: Principles of Macroeconomics for a Monetary Production Economy.* Aldershot: Edward Elgar, 1992.

Carvalho Pereira, J.E. *Financiamento Externo e Crescimento Econômico no Brasil: 1966/73.* IPEA, Relatório de Pesquisa n° 27, 1974.

Castro, A. B. "A Capacidade de Crescer como Problema", em Velloso, 1996.

Castro, A. C. *As Empresas Estrangeiras no Brasil: 1860-1913.* Rio de Janeiro: Zahar editores, 1979.

Caves, R.E., Frankel, J.A., e Jones, R.W. *World Trade and Payments: An Introduction.* Nova York: HarperCollins, 1996.

Caves, R. E. e Johnson, H. G. (orgs.) *Readings in International Economics.* Londres: George Allen & Unwin Ltd., 1968.

Caves, R. E., e Jones, R. W. *World Trade and Payments.* Boston: Little, Brown and Company, 1973.

Caves, R. E. *Multinational Enterprise and Economic Analysis.* Cambridge: Cambridge University Press, 2ª edição, 1996.

CEPAL. *Dos Estudios sobre Empresas Transnacionales en Brasil.* Santiago, Naciones Unidas, Comisión Económica para América Latina y el Caribe, 1983.

CEPAL *Inversión Extranjera en América Latina y el Caribe. Informe 1995.* Santiago, Naciones Unidas, Comisión Económica para América Latina y el Caribe, 1995.

Chacholiades, M. *Economia Internacional.* México: McGraw-Hill, 1989.

Chenery, H. B., e Srivivasan, T.N. *Handbook of Development Economics.* Amsterdà: North-Holland, 1989.

Chesnais, F. *La mondialisation du capital.* Paris: Syros, 1995.

Chick, V. "The Evolution of the Banking System and the Theory of Saving, Investment and Interest". *Économies et Sociétés*, Série MP, n° 3, 1986.

—. "Sources of Finance, Recent Changes in Bank Behaviour and the Theory of Investment and Interest", in Arestis, P. (org.), *Money and Banking: Issues for the Twenty-First Century*. Nova York: St. Martin's Press, 1993 pp. 55-74.

Chick, V., e Caserta, M. *Provisional Equilibrium and Macroeconomic Theory*. Discussion Papers in Economics (n. 94-09). Londres: University College, 1994.

Chipman, J.S. "A Survey of the Theory of International Trade: Part 2, The Neoclassical Theory". *Econometrica*, 33, 1965.

—. "International Trade", em Eatwell, Milgate e Newman,1984, pp. 922-955.

Cintra, M.A.M. "O Circuito Keynesiano de *Finance*-Investimento-*Funding* nos Países Centrais e nos de Inflação Crônica". *Ensaios FEE*, vol. 16, n° 1, 1995 pp. 313-41.

Cipolla, C. M. (org.) *The Fontana Economic History of Europe*. Glasgow: William Collins & Sons Ltd., 1977.

Coase, R. "The Nature of the Firm". *Economica*, vol. 4, novembro de 1937, pp. 386-405.

Colander, D. e Coats, A.W., (orgs.) *The Spread of Economic Ideas*. Cambridge: Cambridge University Press, 1993.

Commission Of The European Commision Growth, "Competitiveness, Employement — The Challenges and Ways Forward into the 21st Century: White Papers". Bruxelas e Luxemburgo, Office for official Publications of the European Communities, 1993.

Cooper, R. C. (org.) *International Finance*. Harmondsworth: Penguin Books, 1969.

Corden, W.M. "The Structure of a Tariff System and the Effective Tariff Rate". *Journal of Political Economy*, junho de 1966.

Cruz, P.R.D. *Dívida Externa e Política Econômica*. São Paulo: Brasiliense,1984.

Cumby, R. e Levich, R. "On the Definition and Magnitude of Recent Capital Flight", em Lessard, D.R. Willliamson, J. (org.), *Capital Flight and Third World Debt*. Institute for International Economics, Washington, 1987.

Davidson, P. "Asset Deflation and Financial Fragility", in Arestis, P. (org.), *Money and Banking: Issues for the Twenty-First Century*. Nova York: St. Martin's Press, 1993 pp. 7-24.

—. *Post Keynesian Macroeconomic Theory: A Foundation for Successful Economic Policies for the Twenty-First Century*. Vermont: Edward Elgar, 1994.

De Grauwe, P. et al. *Exchange Rate Theory: Chaotic Models of Foreign Exchange Markets*. Oxford: Blackwell, 1993.

De Grauwe, P. *International Money — Post-War Trends and Theories*. Oxford: Clarendon Press, 1991.

Desai, M. "Monetary Theory and Monetary Policy in the General Theory", in Desai, M., *The Selected Essays of Meghnad Desai - Macroeconomics and Macroeconomic Theory*. Aldershot: Edward Elgar, 1995 pp. 109-22.

Destler, I.M. *American Trade Politics*, Institute for International Economics with the Twentieth Century Fund, Nova York, 1992.

Dias Carneiro, D. *Private International Capital Flows to Brazil*. CEPAL/PNUD, Série Financiamiento del Desarrollo, n° 33, Santiago, 1995.

Dias, V.V. "Brasil entre o Poder da Força e a Força do Poder", em Baumann, R. (org.) *O Brasil e a Economia Global*. Rio de Janeiro: Campus, 1996.

Dixit, A.D., e J.E. Stlitz "Monopolistic Competition and Optimum Product Diversity". *American Economic Review*, 67, 1977, pp. 297-308.

Dooley, M. "A Retrospective on the Debt Crisis", em P. Kenen (org.), *Understanding Interdependence - The Macroeconomics of the Open Economy*. Princeton: Princeton University Press, 1995.

Dornbusch, D. "Flexible Exchange Rates and Interdependence". *IMF Staff Papers*. vol. 30, 1983.

Dornbusch, R. "Expectations and Exchange Rate Dynamics". *Journal of Political Economy*, vol. 84, 1976 (pp. 1161-76).

Dornbusch, R., e Fisher, S. *Macroeconomia*. São Paulo: Makron, McGraw-Hill, 1991.

Dow, S. "Post Keynesian Monetary Theory for an Open Economy". *Journal of Post Keynesian Economics*, vol. IX, n° 2, inverno 1986-87 pp. 237-57.

Dreifuss, R. A. *A Época da Perplexidade*. Rio de Janeiro: Vozes, 1996.

Dunning, J. H. "Trade, Location of Economic Activity and the Multinational Enterprise: A Search for an Eclectic Approach", em Ohlin (org.), 1977.

—. *Explaining International Production*. Londres: Unwin Hyman, 1988.

—. "Changes in the Level and Structure of International Production: The Last One Hundred Years", em Dunning, 1988.

—. *The Globalization of Business*, Londres, Routledge.

Durán, E. "El Sistema de Bretton Woods a los Cincuenta Años: El Futuro de la Cooperación Económica Internacional y la Visión Latinoamericana". SELA, SP/DFGAN/Di, n° 8, Bogotá, mimeo.

Eatwell, J. "Desemprego em Escala Mundial". *Economia e Sociedade*, n° 6, jun. 1996 (pp. 25-43).

Eatwell, Milgate e Newman, *The New Palgrave: A Dictionary of Economics*, Macmillan, 1984.

Eichengreen, B. "Editor's Introduction", em B. Eichengreen (org.), *The Gold Standard in Theory and History*. Londres: Methuen & Co., 1985.

Eichengreen, B. "The Endogeneity of Exchange-Rate Regimes", em P. Kenen (org.), *Understanding Interdependence — The Macroeconomics of the Open Economy*, Princeton: Princeton University Press, 1995.

Epstein, G. "International Capital Mobility and the Scope for National Economic Management", em Boyer e Drache (orgs.), 1996, pp. 211-224.

Erbe, S. "The Flight of Capital from Developing Countries". *Intereconomics*. novembro-dezembro de 1985.

Ethier, W.J. "Internationally Decreasing Costs and World Trade". *Journal of International Economics*, 9, 1979 pp. 1-24.

—. "National and International Returns to Scale in the Modern Theory of International Trade". *American Economic Review*, 2, 1982.

Falvey, R.E. "The Theory of International Trade", em Greenaway e Winters,1994.

Fama, E. "Agency Problems and the Theory of the Firm". *Journal of Political Economy*, vol. 88, n° 2, abril de 1980, pp. 288-307.

Feinberg, R. Bacha, E. "When Supply and Demand Don't Intersect: Latin America and the Bretton Woods Institutions in the 1980s". *Development and Change*, vol. 19, 1988.

Feldstein, M. Horioka, C. "Domestic Saving and International Capital Flows". *Economic Journal*, vol. 90, 1980.

Fernández de Lis. S. e Santillán, J. "Regímenes Cambiarios e Integración Monetaria en Europa". *Pensamiento Iberoamericano*, vol.27, janeiro-junho de 1995.

Ferreira, C.K.L. *O Financiamento da Indústria e Infra-Estrutura no Brasil: crédito de Longo Prazo e Mercado de Capitais*. Tese de doutoramento, IE-UNICAMP.

Fisher, S., e Samuelson, P.A. em Eatwell, Milgate e Newman, *The New Palgrave: A Dictionary of Economics*, Macmillan, 1984.

Fleischer, G. A. *Teoria da Aplicação do Capital. Um Estudo das Decisões de Investimento*. São Paulo: Edgar Blucher Ltda. e Ed. Universidade de São Paulo, 1973.

Forero Gonzalez, M. e Filgueiras Almeida, S. Lampert, C.E. Pacceli, E. Albuquerque, J.R. Rodrigues, M. *O Brasil e o Banco Mundial — Um Diagnóstico das Relações Econômicas: 1949-1989*. IPEA/IPLAN, Brasília, 1990.

Franco, G. "A Primeira Década Republicana", em Abreu, M.P. (org.), *A Ordem do Progresso — Cem Anos de Política Econômica Republicana — 1889-1989*. Rio de Janeiro: Campus, 1989.

Frankel, J.A., e Froot, K.A. "Using Survey Data to Test Propositions Regarding Exchange Rate Expectations". *American Economic Review*, vol. 77, mar. 1987 pp. 133-53.

Fritsch, W. "Apogeu e Crise na Primeira República: 1900-1930", em Abreu, M.P. (org.), *A Ordem do Progresso — Cem Anos de Política Econômica Republicana — 1889-1989*. Rio de Janeiro: Campus, 1989.

Fuentes, J.A. "El Regionalismo Abierto y la Integración Econômica". *Revista de La Cepal*, nº 53, agosto de 1994, pp. 82-89.

—. *A Fantasia Organizada*. Rio de Janeiro: Paz e Terra, 1985.

Furtado, C. *Formação Econômica da América Latina*. Rio de Janeiro: Lia Editor S.A., 1959 e Editora Fundo de Cultura, 1963.

Garcia, M. e Barcinski, A. "Capital Flows to Brazil in the Nineties: Macroeconomic Aspects and the Effectiveness of Capitak Controls". *Anais do XXIV Encontro Nacional da AN-PEC*, Águas de Lindóia, dezembro de 1996.

Généraux, J. *Économie Politique / 3. macroéconomie ouverte*. Paris: Hachette, 1996.

Globerman, S. e Dean, J. "Recent Trends in Intra-Industry Trade and Their Implicattions for Future Trade Liberalization". *Weltwirtschaftliches Archiv*, vol.126, 1990.

Gonçalves, R. "Competitividade Internacional, Vantagem Comparativa e Empresas Multina-cionais: O Caso das Exportações Brasileiras de Manufaturados". *Pesquisa e Planejamento Econômico*, vol. 17, nº 2, agosto de 1987, pp. 411-436.

—. *Empresas Transnacionais e Internacionalização da Produção*. Rio de Janeiro: Vozes, 1992.

—. "Transformações Globais, Empresas Transnacionais e Competitividade Internacional do Brasil". Instituto de Economia Industrial/UFRJ, preparado para *Estudo de Competitivi-dade da Indústria Brasileira*, Campinas, MICT/FINEP/PADCT, reproduzido em *Texto para Discussão* nº 320, Instituto de Economia/UFRJ, 1994.

—. "Brasil, Dois Anos de Economia", em Sader et al., 1996, pp. 55-71.

—. "Globalização Financeira e Inserção Internacional do Brasil". *Revista Brasileira de Polí-tica Internacional*, ano 39, nº 1, 1996, pp. 72-88.

—. "Globalisation financière, investissement international et vulnerabilité externe du Brésil". *Cahiers du Brésil Contemporain*, EHESS, Maison des Sciences de l'Homme, 1997.

Gonçalves, R. "Globalização Financeira, Liberalização Cambial e Vulnerabilidade Externa da Economia Brasileira", em R. Baumann (org.), *O Brasil e a Economia Global*. Rio de Janeiro: Campus/SOBEET, 1996.

Gonçalves, R. "Latin America's Trade Issues and Perspectives: A Skeptical View". *The Fletcher Forum of World Affairs*, vol.16, n1, inverno de 1992, pp. 1-13.

—. *Ó Abre-Alas: Nova Inserção do Brasil na Economia Mundial*. Rio de Janeiro: Relume-Dumará, 1994.

Gonçalves, R. e Prado, L.C.D. "Alternatives to the World Trade System", em Cavanagh, Wysham e Arruda, *Beyond Bretton Woods: Alternatives to the Global Economic Order*. Boulder: Pluto Press, 1994.

Gordon, L., e Grommers, E. *United States Manufacturing Investment in Brazil. The Impact of Brazilian Government Policies, 1946-1960*. Boston, Graduate School of Business Administration, Harvard University, 1962.

Graham, R. *Britain and the Onset of Modernization in Brazil, 1850-1914*. Cambridge: Cambridge University Press, 1968.

Gray, H.P., e Gray, J.M. "Minskyan Fragility: The International Financial System", *in* Dymsky, G. & Pollin, R. (orgs.), *New Perspectives in Monetary Macroeconomics: Explorations in the Tradition of Hyman P. Minsky*, Univ. of Michigan Press, 1994 pp. 143-67.

Greenaway, D. e Winters, L.A, orgs. *Surveys in International Trade*. Oxford: Blackwell, 1994.

Griffith-Jones, S. e Stallings, B. "Nuevas Tendencias Financieras Globales: Implicaciones para el Desarrollo". *Pensamiento Iberoamericano*, nº 27, janeiro-junho de 1995.

Grossman, G., e Helpman, E. *Innovation and Growth in the Global Economy*. Cambridge: Mass: The MIT Press, 1991.

Grubel, H.G. e Lloyd P.J. *Intra-industry trade: The Theory and Measurement of International Trade in Differentiated Products*. Londres: Macmillan, 1975.

Grubel, H. G. *International Monetary System*. Harmondsworth: Penguin Books, 1977 (3ª ed.).

Guillochon, B. *Économie internationale*. Paris: Dunod, 1993.

Guttman, R. *How Credit-Money Shapes the Economy: The United States in a Global System*. Nova York: M.E.Sharpe, 1994.

Hall, P., org. *Political Power of Economic Ideas*. Princeton University Press, 1989.

Harris, L. "International Financial Markets and National Transmission Mechanisms", em Michie e Smith (orgs.) 1995, pp. 199-212.

Harrop, J. "The Political Economy of Integration", em *The European Community*. Edgar Elgar, 2ª ed., 1992.

Heckscher, E. Effects of Foreign Trade on Distribution of Income, em Ellis, H.S. e L.A. Metzler, *Readings in the Theory of International Trade*. Londres: George Allen and Unwin Ltd, 1950, pp. 272-300.

—. "Quantitative Measures in Economic History". *Quarterly Journal of Economics* 53, 1939, pp. 167-93.

—. "A plea for Theory in Economic History". *Economic Journal*, Historical Supplement Nº 4, 1929, pp. 523-54.

Hellier, J. *Macroéconomie ouverte*. Paris: PUF, 1994.

Helpman, E. e Krugman, P.R. *Market Structure and Foreign Trade: Increasing Returns, Imperfect Competition and the International Economy*. Cambridge, Mass: MIT Press, 1985.

Helpman, E. "Increasing Returns, Imperfect Markets and Trade Theory", em Jones e Kenen, 1990.

Herr, H. "External Constraints on Fiscal Policy: An International Comparison, *in* Matzner, E. e Streeck, W. (orgs.), *Beyond Keynesianism: Socio-Economics of Production and Full Employment*. Aldershot: Edward Elgar, 1991 pp. 161-81.

Higashi, H., Canuto, O., e Porcile, G. *Modelos Evolucionistas de Crescimento Endógeno*. Textos para discussão, IE-UNICAMP, nº 56, 1996.

Hine, R.C. *The Political Economy of European Trade*. Wheatsheaf Books Ltd, 1985.

Hirschman, A.O. "A Dissenter's Confession: The Strategy of Economic Development Revisited", em Meier, G. e Seers, D. *Pioneers in Development*. World Bank, 1984.

—. "The Rise and Decline of Development Economics". *Essays in Trespassing: Economics to Politics and Beyond*. Cambridge University Press, 1981.

Hobsbawm, E. *Era dos Extremos. O Breve Século XX, 1914-91*. São Paulo: Companhia das Letras, 1995.

Holland, M., Canuto, O., e Xavier, C.L. *Taxas de Câmbio, Elasticidades-Renda e Saldo Comercial na Economia Brasileira*. Texto para discussão nº 59, IE-UNICAMP, 1997.

Hood, N., e Young, S. *The Economics of Multinational Enterprise*. Londres: Longman, 1979.

Horta, M.H. "O Retorno dos Países Latino-Americanos ao Mercado Financeiro Internacional", em IPEA, *Perspectiva da Economia Brasileira — 1994*. Rio de Janeiro, 1993.

Hymer, S. *The International Operations of National Firms: A Study of Direct Foreign Investment*. Cambridge: The MIT Press, 1976.

Ianni, O. *Teorias da Globalização*. Rio de Janeiro: Civilização Brasileira, 1995.

IMF. *Balance of Payments Manual*. Washington DC., International Monetary Fund, 1993.

—. *International Capital Markets. Developments, Prospects, and Policy Issues*. Washington DC, International Monetary Fund, 1995.

—. *International Capital Markets. Developments, Prospects, and Policy Issues*. Washington DC, International Monetary Fund, 1996.

—. *Direction of Trade Statistics*, International Monetary Fund. 1994.

Jacquemot, P. *La Firme Multinationale: Une Introduction Economique*. Paris: Economica, 1990.

Johnson, H. "The Transfer Problem and Exchange Stability". *Journal of Political Economy*, vol. 64, nº 3, 1958, pp. 212-215.

Johnson, H.G. *International Trade and Economic Growth*. Cambridge, MA: Harvard University Press, 1958.

—. "An Economic Theory of Protectionism, Tariff Bargaining and the Formation of Customs Unions". *Journal of Political Economy*, vol. 73, 1965, pp. 256-83.

Jones, R. J. B. *Globalisation and Interdependence in the International Political Economy.* Londres: Pinter Publishers, 1995.

Jones, R.W. "Heckscher-Ohlin Trade Theory", em Eatwell, Milgate e Newman, *The New Palgrave: A Dictionary of Economics*, Macmillan, 1984.

—. "The Structure of Simple General Equilibrium Models". *Journal of Political Economy*, 73, 1965, pp. 557-572.

—. "Effective Protection and Substitution". *Journal of International Economics*, fevereiro de 1971.

Jones, R. W., e Kenen, P. B. (orgs.) *Handbook of International Economics*, volume I. Elsevier Science Publishers B.V., 1984.

Jones, R.W. e Neary "The Positive Theory of International Trade", em Jones, R.W. & P.B. Kenen (org.) *Handbook of International Economics*, North-Holland, 1990.

Kaldor, N. "Market Imperfections and Excess Capacity". *Economica*, fevereiro, 1935, pp. 33-50.

Kaldor, N. "Speculation and Economic Stability". *Review of Economic Studies*, nº 1, 1939.

Kenwood, A. G., e Lougheed, A. L. *The Growth of the International Economy, 1820-1960.* Londres: George Allen & Unwin, 1971.

Keynes, J.M. *Tract on Monetary Reform*, 1923 (republicado em Moggridge, D. (org.), *The Collected Writings of John Maynard Keynes*, vol. IV, Londres: Macmillan, 1971).

—. *A Treatise on Money: The Applied Theory of Money*, 1930 (republicado em Moggridge, D. (org.), *The Collected Writings of John Maynard Keynes*, vol. VI, Londres: Macmillan, 1971).

—. *A Teoria Geral do Emprego, dos Juros e da Moeda.* São Paulo: Abril Cultural, 1983 (original publicado em inglês em 1936).

—. "The General Theory of Employment". *Quarterly Journal of Economics*, vol. 51, fev. 1937 pp. 209-23.

—. "The 'ex ante' theory of the rate of interest", 1938 (republicado em Moggridge, D. (org.), *The Collected Writings of John Maynard Keynes*, vol. XIV, Londres: Macmillan, 1973).

Khan, M.S. e Haque, N. Ul "Capital Flight from Developing Countries". *Finance & Development*, março de 1987.

Killick, T. Malik, M. "Country Experience with IMF Programmes in the 1980's". *The World Economy*, setembro de 1992.

Kindleberger, C.P. "How ideas Spread Among Economists: Examples from International Economics", em Colander e Coats, 1993, pp. 43-60.

Kindleberger, C. P. *International Capital Movements.* Cambridge: Cambridge University Press, 1987.

Kindleberger, C.P. *The World in Depression — 1929-1939*, 2ª ed. Londres: Pelican Books, 1987.

Korhonen, P. "The Theory of the Flying Geese Pattern of Development and its Interpretations. *Journal of Peace Research*, vol. 31, Nº 1, 1994.

Kregel, J.A. "Economic Methodology in the Face of Uncertainty: The Modelling Methods of Keynes and the Post-Keynesians". *Economic Journal*, vol. 86, 1976 pp. 209-25.

—. "Global Portfolio Application, Hedging, and September 1992 in the European Monetary System", *in* Kregel, J.A. e Davidson, P. (orgs.), *Employment, Growth and Finance: Economic Reality and Economic Growth.* Aldershot: Edward Elgar, 1994 pp. 169-83.

Krueger, A.O. "The Political Economy of the Rent-Seeking Society". *American Economic Review*, junho de 1974.

—. "Trade Policy and Economic Development: How We Learn". *American Economic Review*, março de 1997.

Krugman, P. *Exchange-Rate Instability.* The MIT Press, Cambridge, Massachusetts, 1990.

Krugman, P. "Financial Crises in the International Economy", *in* Feldstein, M. (org.), *The Risk of Economic Crisis.* Chicago: The University of Chicago Press, 1991 pp. 85-109.

Krugman, P. "What Do We Know About the International Monetary System?", em P. Kenen (org.), *Understanding Interdependence — The Macroeconomics of the Open Economy*, Princeton: Princeton University Press, 1995.

Krugman, P. "What Should Trade Negotiators Negotiate About?", *Journal of Economic Literature*, Vol. XXXV, março de 1997, pp. 113-120.

—. "Increasing Returns, Monopolistic Competition, and the Pattern of Trade". *Journal of International Economics*, 9, 1979 pp. 469-479.

—. "Scale Economies, Product Differentiation and the Pattern of Trade". *American Economic Review*, 70, 1980, pp. 950-959.

Kume, H. "O Plano Real e as mudanças na estrutura da tarifa aduaneira", *Revista Brasileira de Comércio Exterior*, n° 48, 1996, pp. 5-11.

Labini, S.P. *Oligopolio y Progreso Técnico*. Barcelona: Oikos, 1966.

Lavagna, R. "Integração Argentina-Brasil: Origem, Resultados e Perspectivas", em Motta Veiga, P., (org.) *Cone Sul: A Economia Política da Integração*, Funcex, 1991.

Leontief, W. "Domestic Production and Foreign Trade: The American Position Re-examined". *Proceedings of the American Philosophical Society*, 37, 1953, pp. 332-49.

Lerda, J.C. "Globalização da Economia e Perda de Autonomia das Autoridades Fiscais, Bancárias e Monetárias", em R. Baumann (org.), *O Brasil e a Economia Global*. Rio de Janeiro: Campus/SOBEET, 1996.

Lima Florêncio, S.A. "Mercosul e Intercâmbio Brasil-Argentina: Explosão Comercial ou Crescimento Sustentado? Alguns Elementos para Reflexão", em *Boletim de Integração Latino-Americana*, N° 12, janeiro-março de 1994.

List, G.F. "Nazionaler System der Volkswirtschafslehre". Tradução brasileira: "Sistema Nacional de Economia Política", Coleção *Os Economistas*, apresentação de Cristovam Buarque, Nova Cultural, 1986.

Locke, J. "Some Considerations on the Consequences of the Lowering of Interest and Raising the Value of Money". *Several Papers Relating to Money, Interest and Trade*, Londres, 1696.

Lutz, M. "Is There a Case for Free Trade Areas?", em Schott, J., org., *Free Trade Areas and U.S. Trade Policy*. Washington, D.C.: Institute for International Economics, 1989.

Maddison, A. *Phases of Capitalist Development*. Oxford: Oxford University Press, 1982.

Malan, P. Bonelli, R. Paiva Abreu, M. Carvalho Pereira, J.E. *Política Econômica Externa e Industrialização no Brasil (1939/52)*. IPEA, Relatório de Pesquisa n° 36, 1977.

Malynes, G. *Consuetudo, Vel Lex Mercatoria*, Londres, 1622.

Manchester, A. K. *Preeminência Inglesa no Brasil*. São Paulo: Brasiliense, 1973.

Marshall, A. *Princípios de Economia*. São Paulo: Abril Cultural, 1982 (original publicado em inglês em 1890).

Mathieson, D., e Rojas-Suarez, L. "Liberalization of the Capital Account: Experiences and Issues". Washignton D.C., International Monetary Fund, IMF Working Paper n° 46, 1992.

Matzner, E., e Streeck, W. "Introduction", *in* Matzner, E. e Streeck, W. (orgs.), *Beyond Keynesianism: Socio-Economics of Production and Full Employment*. Aldershot: Edward Elgar, 1991.

McCallum, B. *International Monetary Economics*. Oxford: Oxford University Press, 1966.

McCombie, J.S.L., e Thirlwall, A.P. *Economic Growth and the Balance-of-Payments Constraint*. Londres: McMillan, 1994.

Mckenzie, L.W. "Equalitity of Factors Prices in the World Trade". *Econometrica*, 23, 1955, pp. 239-257.

McKinnon, R. "Currency Substitution and Instability in the World Dollar Standard" *American Economic Review*, vol. 72, 1982.

Meade, J.E. *A Geometry of International Trade*. Londres: Allen and Unwin, 1952.

Metzler, L.A. "Tariffs, International Demand and Domestic Prices". *Journal of Political Economy*, 57, 1949b, pp. 345-51.

—. "Tariffs, The Terms of Trade, and the Distribution of National Income". *Journal of Political Economy*, 57, 1949a, pp. 1-29.

—. *Readings in the Theory of International Trade*. Philadelphia: Blakiston, 1949.

Meyer, A. e Bastos Marques, M.S. "A Fuga de Capital no Brasil". *Texto para Discussão n°* *06/89*, IBRE — Fundação Getúlio Vargas, Rio de Janeiro, agosto de 1989.

MICT — Secretaria de Comércio Exterior. *Balança Comercial Brasileira.*

Michie, J., e Simith, J. (orgs.) *Managing the Global Economy.* Oxford University Press, 1995.

Ministério Da Economia Argentino. "Iniciativas Inter e Intraempresariales Argentino-Brasileñas en El Marco Del Mercosur". Relatório coordenado por Gustavo Lugones, outubro de 1992.

—. "Integracion Comercial, Intercambio Intra-Industrial Y Creacion y Desvio de Comercio. Relatório coordenado por Jorge Lucangelli, setembro de 1992.

Minsky, H.P. "Central Banking and Money Market Changes". *The Quarterly Journal of Economics*, vol. LXXI, n° 2, maio 1957 (republicado em Minsky, H.P. — *Can 'it' happen again?. Nova York:* M.E.Sharpe, 1982 pp. 162-78).

—. "The Financial Instability Hypothesis: An Interpretation of Keynes and An Alternative to 'Standard' Theory". *Nebraska Journal of Economics and Business*, vol. 16, n° 1, 1977 (republicado em Minsky, H.P. — *Can 'it' happen again?*, Nova York: M.E.Sharpe, 1982 pp. 59-70).

—. *Stabilizing an Unstable Economy.* New Haven: Yale Univ. Press, 1986.

—. "The Financial Instability Hypothesis: A Clarification", *in* Feldstein, M. (org.), *The Risk of Economic Crisis.* Chicago: The University of Chicago Press, 1991 (pp. 158-66).

Morley, S., e Smith, G. "Import Substitution and Foreign Investment in Brazil". *Oxford Economic Papers*, vol. 23, n° 1, março de 1971, pp. 120-135.

Moore, B. *Horizontalists and Verticalists.* Cambridge: Cambridge Univ. Press, 1988.

Mott, T. "Towards a Post-Keynesian Formulation of Liquidity Preference". *Journal of Post Keynesian Economics*, vol. 8, inverno 1985-86, pp. 222-32.

MRE — Acordo de Alcance Parcial de Complementação Econômica n° 18, firmado no âmbito da ALADI entre a Argentina, o Brasil, o Paraguai e o Uruguai, 29/11/1991.

—. Tratado para a Constituição de um Mercado Comum entre a Argentina, o Brasil, o Paraguai e o Uruguai, 26/3/1991.

—. Departamento de Integração Latino-Americana. "Mercosul-Nafta: Perspectivas de Relacionamentos". *Política Externa*, vol. 2, junho de 1993.

Mundell, R. A. "International Trade and Factor Mobility". *American Economic Review*, vol. 47, n° 3, junho de 1957, pp. 321-335.

Mussa, M. Goldstein, M. Clark, P. Mathieson, D. Bayoumi, T. *Improving the International Monetary System — Constraints and Possibilities.* IMF Occasional Paper 116, Washington, dezembro de 1994.

Muth, J.F. "Rational Expectations and the Theory of Price Movements". *Econometrica*, vol. 29, 1961 pp. 315-35.

Myint, H. "The 'Classical Theory' of International Trade and the Underdeveloped Countries". *Economic Journal* 68, pp. 317-337,1958.

Naciones Unidas — CEPAL. *Anuário Estadístico de América Latina Y Caribe.* Edição 1995, Santiago do Chile, fevereiro de 1996.

—. *El Regionalismo Abierto en América Latina y El Caribe, La Integración Economica Al Servicio de La Transformacion Productiva con Equidad.* Santiago do Chile, 1994.

—. *Políticas para Mejorar La inserción en la Economía Mundial.* Santiago do Chile, 1994.

Nurkse, R. "Contrasting Trends in Nineteenth and Twentieth Century World Trade", em Haberler e Stern (orgs.), *Equilibrium and Growth in the World Economy.* Cambridge, 1962.

Ohlin, B. *Interregional and International Trade.* Cambridge, Mass: Harvard University Press, 1933.

Ohlin, B. (org.) *The International Allocation of Economic Activity.* Londres: Macmillan, 1977.

Oliveira, G. *Brasil — FMI — Frustações e Perspectivas.* São Paulo: Bienal, 1993.

Ormerod, P. *The Death of Economics.* Londres: Faber & Faber, 1994.

Oppenheimer, P. "International Monetary Arrangements: The Limits to Planning". *Papers Presented to the Panel of Academic Consultants,* nº 8, Bank of England, julho de 1977.

Patterson, G. e Patterson, E. "Objectives of the Uruguai Round", em Finger, J.M. e Olechowski, A. *The Uruguai Round: A Handbook for the Multilateral Trade Negotions.* World Bank, 1990.

Peláez, C.M. *História da Industrialização Brasileira.* Rio de Janeiro: APEC, 1972.

Peláez, C.M. Suzigan, W. *História Monetária do Brasil: Análise da Política, Comportamento e Instituições Monetárias.* IPEA, monografia nº 22, Rio de Janeiro, 1976.

Pereira, L.V. "Integração do Cone Sul: Algumas Reflexões", em Motta Veiga, P., (org.) *Cone Sul: A Economia Política da Integração,* Funcex, 1991.

Pilbeam, K. *International Finance.* Londres: Macmillan, 1994.

Plihon, D. "A Ascensão das Finanças Especulativas". *Economia e Sociedade,* nº 5, dez. 1991 pp. 61-78.

—. *Les taux de change.* Paris: La Découverte, 1995.

Pollin, R., e Justice, C. "Saving, Finance and Interest Rates: An Empirical Consideration of Some Basic Keynesian Propositions", *in* Dymsky, G. e Pollin, R. (orgs.), *New Perspectives in Monetary Macroeconomics: Explorations in the Tradition of Hyman P. Minsky.* Univ. of Michigan Press, 1994 pp. 279-308.

Pomfret, R. *International Trade: An Introduction to Theory and Policy.* Oxford: Blackwell, 1993.

Prado, L.C.D. "A Economia Política da Integração: A Experiência do Mercosul". Instituto de Economia Industrial, Universidade Federal do Rio de Janeiro, texto para discussão Nº 329, maio de 1995.

—. "A Economia Política da Liberalização e Proteção Comercial dos EUA e do Brasil Depois da Segunda Guerra Mundial", em Guicci, G. e David, M.D., (orgs.) *Brasil-EUA: Antigas e Novas Perspectivas sobre Sociedade e Cultura.* Rio de Janeiro: Leviatã, 1994.

—. "Integração Regional, Mercosul e o Desenvolvimento da América Latina" em M. Arruda, R. Gonçalves e L. Prado. *Mercosul ou Integração dos Povos do Cone Sul?.* Rio de Janeiro: PACS-FASE-UFRJ, 1992.

—. "O Fenômeno da Inflação Numa Perspectiva Histórica", em Vieira et al. *Na Corda Bamba: Doze Estudos sobre a Cultura da Inflação.* Rio de Janeiro: Relume-Duramará, 1993.

Prado, L.C.D. e Melo, H.P. de "Inter-relações entre o Mercosul, Iniciativa Amazônica e Area de Livre Comércio Sul-Americana", Relatório de Pesquisa, Projeto PNUD/IPEA, maio de 1995.

Prebisch, R "The Economic Development of Latin America and Its Principal Problems", Document E/CN 12.89. United Nations, Economic Commission for Latin America, 1949.

—. "Five Stages in My Thinking on Development " em Seers e Meier, *Pioneers in Development.* Washington: World Bank, 1985.

Ramos, A. P. *Uma Avaliação das Fontes de Financiamento Externo da Economia Brasileira nos Anos 90.* IPEA — Diretoria de Pesquisa, Rio de Janeiro, abril 1997, (mimeo).

Ramos, J. *Política Económica Neoliberal en Países del Cono Sur de América Latina, 1974-1983.* Fondo de Cultura Económica, México, 1989.

Rivera-Batiz, F.L., e Rivera-Batiz, L.A. *International Finance and Open Macroeconomics.* Nova York: Macmillan, 1994.

Rogers, C. *Money, Interest and Capital: A Study in the Foundations of Monetary Theory.* Cambridge: Cambridge Univ. Press, 1989.

Ruffin, R. "International Factor Movements", em Jones e Kenen (orgs.), 1984, pp. 237-288.

Sader, E. et al. *O Brasil do Real.* Rio de Janeiro: EdUerj, 1996.

Salama, P. "La financiarisation excluante: l'exemple des économies latino-américaines". Paris: GREITD, 1995.

Salvatore, D. *Economía Internacional,* 4ª ed. Colômbia: McGraw Hill, 1995.

Samuelson, P. "International Trade and the Equalization of Factor Prices". *Economic Journal*, 58, 1948, pp. 163-83.

—. "The Gains from International Trade", em *Canadian Journal of Economics and Political Science*, 5, pp. 195-205, 1939.

—. "International Factor Price Equalization Once Again". *Economic Journal*, 59, 1949, pp. 181-197.

—. "The Gains of International Trade Once Again". *Economic Journal*, 72, 1962, pp. 820-829.

—. *Foundations of Economic Analysis*. Cambridge, Mass., publicado originalmente em 1947, edição de 1983, Harvard University Press.

Schott, J.J., org. *Free Trade Areas and U.S. Trade Policy*. Washington, D.C.: Institute for International Economics, 1989.

Schulmeister, S. "Currency Speculation and Dollar Fluctuations". *Banca Nazionale del Lavoro Quarterly Review*, nº 167, dez. 1988 pp. 343-65.

Seers, D. "The Limitations of the Special Case", em Oxford University Institute of Economics and Statistic, maio de 1963.

SELA. *50 Years of the Bretton Woods Institutions: Viewpoint of the Developing Countries*. Documents of the Group of 24 and Elements for Latin American and Caribbean Action, SP/DRE/Di, nº 5, Caracas, novembro de 1994.

Simon, Y. *Les marchés dérivés: origine et développement*. Paris: Economica, 1994.

Singer, H.W. "The Distribuition of Gains Between Investing and Borrowing Countries". *American Economic Review*, maio, 1950.

Smith, A. "Imperfect Competition and International Trade", em Greenaway e Winters, 1994.

Södersten, B. e G. Reed *International Economics*. Nova York: St. Martin's Press, 1980.

Solomon, R. *The International Monetary System 1945-76: An Insider's View*. Nova York: Harper & Row, 1977;

Spraos, J. "The Statistical Debate on the Net Barter Terms of Trade Between Primary Commodities and Manufactures". *Economic Journal*, março de 1980.

Stigler, G. *The Organization of Industry*. University of Chicago Press, 1968.

Stolper, W. e Samuelson, P. "Protection and Real Wages". *Review of Economics Studies*, 9, pp. 58-73, 1941.

Studart, R. *Investment Finance, Saving and Funding and Financial Systems in Economic development*. Doctoral thesis, University College, Londres, 1992.

Tavares, M.C. "Ajuste e Reestruturação nos Países Centrais: a Modernização Conservadora". *Economia e Sociedade*, nº 1, 1992 pp. 21-57.

Tavares, M.C. *Da Substituição de Importações ao Capitalismo Financeiro*. Rio de Janeiro: Zahar editores, 1972.

Tew, B. *The Evolution of the International Monetary System — 1945-77*. Londres: Hutchinson University Library, 1977.

The Havana Charter. Havana, 1947.

Tobin, J. "A Proposal for International Monetary Reform", em J.Tobin, *Essays in Economics*. Cambridge: MIT Press, 1982.

Triffin, R. *Gold and the Dollar Crisis*. New Haven: Yale University Press, 1960.

Triffin, R. "The Myth and Realities of the So-Called Gold Standard", em B. Eichengreen, op.cit., 1985.

Turner, P. *Capital Flows in Latin America: A New Phase*. BIS Economic Papers, nº 44, maio de 1995.

Turner, P. "Capital Flows in the 1990s: A Survey of Major Issues". Basle: Bank For International Settlements, BIS Economic Papers nº 30, 1991.

Tussie, D. "The Policy Harmonization Debate: What can Developing Countries Gain from Multilateral Trade Negotiations?". *Unctad Review*, Nova York e Genebra, 1994.

UN/CEPAL. *Balance Preliminar de la Economia de América Latina y el Caribe 1996*, Santiago, 1996.

UNCTAD — United Nations Conference on Trade and Development. *Trade and Development Report*, diversos números.

—. *World Investment Report, 1996.* Genebra, United Nations Conference on Trade and Development, 1996.

Urwin, D. *The Community of Europe, A History of European Integration* since 1945. Longman, 1991.

USDT. North American Free Trade Agreement. Texto preparado em 15 de setembro de 1992.

Vaillant, M. e Vera, T. "Bloques Comerciales versus Multilateralismo: Mercosur, el caso de um pequeño bloque Sur-Sur", em Bizzozero, Bodemer, Vaillant, orgs. *Nuevos regionalismos: cooperación o conflicto.* Caracas: Editorial Nueva Sociedad.

Van der Wee, H. *Histoire Économique Mondiale, 1945-90.* Louvain: Academia Duculot, 1990.

Vernon, R. "International Investment and International Trade in the Product Cycle". *The Quarterly Journal of Economics*, vol. 80, mimeo de 1966.

Versiani, F.R. "A Experiência Latino-Americana de Integração e os Novos Acordos Brasil — Argentina — Uruguai", em Baumann, R., e Lerda, J.C., (orgs.) *Brasil, Argentina, Uruguai: A Integração em Debate.* São Paulo: Marco Zero, 1987.

Velloso, J. P. R. (org.) *O Real, o Crescimento e as Reformas.* Rio de Janeiro: José Olympio, 1996.

Vercelli, A. *Methodological Foundations of Macroeconomics: Keynes and Lucas.* Cambridge: Cambridge Univ. Press, 1991.

Verspagen, B. *Uneven Growth Between Interdependent Economies: An Evolutionary View on Technology Gaps, Trade and Growth.* Aldershot: Avebury, 1993.

Vinner, J. *International Trade and Economic Development.* Oxford, 1953.

Von Doellinger, C., e Cavalcanti, L. *Empresas Multinacionais na Indústria Brasileira.* Rio de Janeiro: IPEA/INPES, 1975.

—. "Política, Política Econômica e Capital Estrangeiro no Brasil: décadas de 30, 40 e 50". *Revista Brasileira de Mercado de Capitais*, vol. 8, n° 3, 1975.

Vousden, N. *The Economics of Trade Protection.* Cambridge University Press, 1990.

Wallace, W., org. *The Dynamics of European Integration.* Londres: The Royal Institute of International Affairs, 1990.

Warsh, D. "The Development of the Ideas: Strategic Trade Policy and Competitiveness", em Colander e Coats, 1993, pp. 85-94.

Watkins, M. "A Staple Theory of Economic Growth". *The Canadian Journal of Economics and Political Science*, XXIV, 1963.

Weintraub, S. "Regionalism and the Gatt: The North American Initiative". *SAIS Review,* v. III, N° 1, primavera-verão, 1991.

Wells, J. e Sampaio, J. "Endividamento Externo, Etc. — Uma Nota para Discussão". *Estudos CEBRAP* n° 6, outubro/dezembro de 1973.

Willmore, L. "Estudo Comparativo do Desempenho das Empresas Estrangeiras e Multinacionais no Brasil". *Pesquisa e Planejamento Econômico*, vol. 15, n° 3, 1985, pp. 615-638.

Willmore, L. "Controle Estrangeiro e Concentração na Indústria Brasileira". *Pesquisa e Planejamento Econômico*, vol. 17, n° 1, 1987, pp. 161-189.

Williamson, J. "Reform of the International Financial Institutions". *Canadian Foreign Policy*, vol.III, n° 1, primavera, 1995.

Williamson, J. "Advice on the Choice of an Exchange Rate Policy", em E. M. Classen (org.) *Exchange Rate Policies in Developing and Post-Socialist Economies.* San Francisco: ICS Press, 1991.

Williamson, J. *The Failure of World Monetary Reform, 1971-74.* Great Britain: Thomas Nelson and Sons, 1977.

Woodruff, W. "The Emergence of an International Economy, 1700-1914", em Cipolla, volume 4 (2), 1977.

World Bank *World Development Report, 1996.* Washington DC: The World Bank, 1996.

WTO *International Trade. Trends and Statistics, 1995.* Genebra: World Trade Organization, 1995.

—. *Trade and Foreign Direct Investment.* Genebra: World Trade Organization, 1996.

Zini, A. "Política Cambial com Liberdade ao Câmbio", em R. Baumann (org.), *O Brasil e a Economia Global*. Rio de Janeiro: Campus/SOBEET, 1996.

Zini Jr., A. A. "Capital Flows, Monetary Instability and Financial Sector Reform in Brazil". Washington D.C.: Inter-American Development Bank, 1994.

Zini Jr., A.A. *Taxa de Câmbio e Política Cambial no Brasil*. São Paulo: Edusp, 1993.

Zockun, M. H. *A Importância das Empresas Brasileiras de Capital Estrangeiro para o Desenvolvimento Nacional*. São Paulo: FIESP/CIESP, 1987.

Zysman, J. *Governments, Markets, and Growth: Financial Systems and the Politics of Industrial Growth*. Londres: Martin Robertson, 1983.

Yeager, L. *International Monetary Relations: Theory, History and Policy*, 2ª edição. Nova York: Harper & Row, 1976.

ÍNDICE REMISSIVO

A Campus quer ajudar você
a manter-se atualizado!
Para isso, você precisa nos ajudar
a conhecê-lo melhor.
Preencha a ficha de cadastro abaixo
e envie pelo correio ou fax: (021) 507-1991

Central de Atendimento Campus

 0800-265340

Nome:_____

Escolaridade:_____

☐ masc. ☐ fem.   Data de nascimento:_____/_____/_____

1) Endereço Residencial:_____

Bairro:_____ Cidade:_____ Estado:_____

CEP:_____ Telefone:_____ Fax:_____

Empresa: _____

Onde compra livros: ☐ Livrarias ☐ Feiras e Eventos ☐ Mala-direta

Sua área de interesse é:

☐ **NEGÓCIOS**	☐ **INFORMÁTICA**	☐ **NÃO-FICÇÃO**
☐ Estratégia	☐ Hardware	☐ Livros
☐ Gestão, Motivação, Liderança	☐ Redes e Conectividade	Técnicos
☐ Reorganização e Mudanças	☐ Programação e Linguagem	☐ Ciências
☐ Qualidade e Gerência de Serviços	☐ Análise de Sistemas	Humanas
☐ Marketing	☐ Sistemas Operacionais	☐ Auto-
☐ Produção e Operações	☐ Aplicativos Gráficos	Ajuda
☐ Finanças e Controle Gerencial	☐ Planilhas	
☐ Casos Empresariais	☐ Processadores de Textos	
☐ Economia	☐ Bancos de Dados	
	☐ Multimídia	
	☐ Iniciantes ☐ Intermediário ☐ Avançado	

20299-999 – RIO DE JANEIRO – RJ

O selo será pago por
EDITORA CAMPUS LTDA.

CARTÃO RESPOSTA
NÃO É NECESSÁRIO SELAR

EDITORA
CAMPUS

ISR-52-0085/86
UP–AC– PRES.VARGAS
DR/RJ

Serviços de impressão e acabamento
executados, a partir de filmes fornecidos,
nas oficinas gráficas da EDITORA SANTUÁRIO
Fone: (012) 565-2140 - Fax (012) 565-2141
http://www.redemptor.com.br - Aparecida-SP